Victimology

피해자학

김재민

박영사

머리말

　피해자학은 범죄행위 혹은 인권침해행위가 인간에게 어떠한 영향을 미치는지, 어떻게 하면 피해자가 신속하게 피해를 극복할 수 있는지, 이미 피해를 당한 자뿐만 아니라 잠재적 피해자인 일반인이 반복적으로 피해를 당하지 않기 위해서는 어떤 방안이 강구되어야 하는지를 탐구하는 학문이다.

　범죄행위 및 인권침해 행위로 인한 피해는 개인 대 개인의 관계에서만 생겨나는 것이 아니라 국가 대 개인, 심지어 국가 대 국가 간에도 발생할 수 있다. 피해자학자들이 주목해야 하는 점은 피해 사실에 대하여 전혀 책임이 없는 무고한 피해자가 많이 존재하고 있다는 사실이다. 예기치 않은 피해로 인해 그들의 정상적인 삶이 파괴되거나 통상적으로 누려야 할 행복한 일상을 상실한 채 많은 고통을 당하고 있는 것이다.

　그렇기에 개인의 범죄행위나 인권침해 행위, 혹은 권력남용 행위로 인하여 억울하게 피해를 당하는 사례가 없도록, 더 나아가 피해자화 현상이 지속되거나 반복되지 않도록 사전에 예방을 철저히 하는 한편, 이미 발생한 사안에 대하여는 다양한 보호 및 지원활동을 통하여 피해자의 피해 회복을 적극적으로 도와야만 한다. 그것이 바로 국가의 기본 책무인 것이며 사회공동체를 이루며 살아가는 우리들의 본분이기도 하다. 본서의 집필 목적도 바로 여기에 있다.

　본서는 제1편 피해자학 총론, 제2편 피해자 대책론, 제3편 피해자 유형론과 같이 크게 세 부분으로 구성되었다. 제1편 총론 부분에서는 피해자학 연구의 발전 과정과 연구 방법, 피해자학의 정의, 피해자 개념 및 피해자화 이론, 세계 각국의 피해자보호운동 등을 살펴보았고, 제2편에서는 피해자 보호를 위한 법적 토대, 피해자 권리, 피해자 보호·지원, 회복적 사법 문제 등을 다루었으며, 제3편에서는 살인, 성폭력, 가정폭력, 아동학대, 노인학대, 학교폭력, 교통사고, 국가범죄 등 다양한 피해자 유형을 제시하면서 각 피해자별 특징과 이에 대한 대응방안 및 피해자 정책의 방향 등을 제시하여 보았다. 특히 제3편의 피해자 유형론에 대한 연구는 미국 문헌을 주로 참고하면서 한국적 상황을 반영하고자 노력하였다. 아울러 이 책은 저자가 2016년에 펴낸 『피해자학』에 기초하고 있으면서도 최신의 피해자학 이론을 반영하여 본문의 내용을 전면적으로 재구성하였다.

끝으로 이 책이 나오기까지 아낌없이 성원해 준 박영사 장규식 과장과 이면희님께 깊은 감사를 표한다. 아무쪼록 본서가 피해자보호의 중요성을 바르게 인식시키는 일과 피해자의 권리를 실효적으로 보장하는 데에 있어서 작은 기여를 할 수 있기를 바라마지 않는다.

2021. 1. 10. 저자

차례

제1편 피해자학 총론

제2편 피해자 대책론

제3편 피해자 유형론

표·그림 차례

표 차례

그림 차례

법령명 축약표

○ 가정폭력처벌법: 가정폭력범죄의 처벌 등에 관한 특례법

○ 가정폭력방지법: 가정폭력 방지 및 피해자보호 등에 관한 법률

○ 범죄신고자법: 특정범죄 신고자 등 보호법

○ 성폭력방지법: 성폭력 방지 및 피해자보호 등에 관한 법률

○ 성폭력처벌법: 성폭력범죄의 처벌 등에 관한 특례법

○ 소송촉진법: 소송촉진 등에 관한 특례법

○ 아동학대처벌법: 아동학대범죄의 처벌 등에 관한 특례법

○ 의사상자지원법: 의사상자 등 예우 및 지원에 관한 법률

○ 청소년성보호법: 아동·청소년 성보호에 관한 법률

○ 특정범죄가중법: 특정범죄 가중처벌 등에 관한 법률

○ 특정강력범죄법: 특정강력범죄의 처벌에 관한 특례법

○ Framework Decision: Council Framework Decision of 15 March 2001 on the standing of victims in criminal proceedings

○ UN Declaration: Declaration of Basic Principles of Justice for Victims of Crime and Abuse of Power

○ Victims Directive 2012: Directive 2012/29/EU of the European Parliament and of the Council of 25 October 2012

PART 01
피해자학 총론

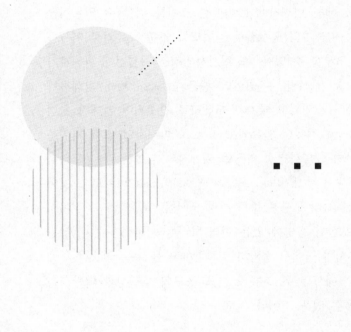

제1장 피해자학 연구의 발전

제1절 피해자에 대한 관심의 역사

범죄로 인한 피해는 인간이 존재하는 곳이면 어디든 예나 오늘이나 변함없이 발생하고 있다. 그래서 범죄피해는 인류의 역사와 그 맥을 같이하고 있다고 해도 과언이 아니다.[1] 하지만 범죄피해를 당한 피해자가 자신을 해친 범죄자에게 어떠한 조치를 취할 수 있는지를 결정함에 있어서 피해자의 형사절차 참여도를 기준으로 인류 역사를 크게 세 시대로 구분할 수 있다. 즉, 형사사법적 의사결정에 피해자가 완전히 주도적으로 참여할 수 있었던 황금기(Golden Age), 피해자가 피해회복 절차에서 소외되고 국가가 피해자로 간주되어 가해자 처벌에 온전한 주도권을 쥐었던 암흑기(Dark Age), 피해자의 법적 지위를 개선하여 형사사법적 의사결정 과정에 피해자의 참여를 다시 고려하기 시작한 피해자 재부상기(Reemergence of the Victim)가 바로 그것이다.[2] 물론 이러한 시대 구분은 주로 서양 역사를 기반으로 한 것이어서 우리나라를 포함한 동양에 있는 여러 나라들의 피해자에 대한 관심의 역사와 그 시기 면에서 정확히 일치한다고 볼 수는 없으나 전체적인 방향성 측면에서는 위 분류가 어느 정도의 보편성과 타당성을 지닌 것으로 볼 수 있을 것이다.

1. 피해자의 황금기

인류가 문자를 사용하기 이전의 고대 사회에서는 씨족, 부족 등과 같은 원시 공동체 사회의 질서를 유지하기 위한 원시적 규범체계가 존재했다. 이러한 규범은 보통 다음과 같이 3가지 전제 조건을 가지고 있었다. 첫째, 타인에게 상해를 입히는 행동은 사적인 범죄로 간주된다. 둘째, 상해를 입은 피해자는 가해자에게 그에 상응한 행동을 취할 권리가 주어진다. 셋째, 피해자의 가해자에 대한 보복 행위는 같은 종류의 행위로 가해진다.

이와 같이 원시적 규범 체계가 표방했던 3가지 원칙들은 피해자로 하여금 '피의 복수(blood fueds)'를 장려하는 요인으로 작용하였다.[3] 범 죄자에게 어떤 조치를 취할 것인가는 피해자나 피해자 친족이 결정하 였고 범죄자에게는 피해자에게 입힌 위해의 정도에 상응한 수준의 해 악을 가해야 한다는 탈리오 법칙(*lex talionis*)이 이 시대를 지배했다. 동 해보복의 원리라고도 불리는 이 탈리오 법칙에 따라 가해자에게 가해 지는 응보는 전체 피해를 복구하기에 충분한 정도의 실제적 혹은 금 전적 배상이라야 했다. 범죄 행위를 규제할 성문의 법전이 없었고 가 해자의 범죄 행위를 규제할 체계적인 법집행 시스템도 존재하지 않았 기에 피해자 및 그 친족들이 직접 범죄문제를 다루었던 것이다.[4]

그러므로 이 시기를 원시적인 '피해자 사법 시스템(victim justice system)'이 가동된 시기라고 할 수 있으며, 피해자가 피해회복에 있어서 주도권을 가지고 행동했다는 점에서 피해자의 '황금기'라고도 불릴 수 있는 것이다. 한국 고대 역사기록을 보면 기원전 6천 년 전부터 1 천 년 전쯤까지 이어진 신석기 시대의 씨족사회 혹은 부족사회가 위 에서 언급한 외국의 고대 역사에 상응한다고 보인다. 이 시기의 고대 한국사회에서도 씨족 중에 누가 살해당하면 씨족원 모두가 보복에 나서는 전통이 있었다.[5]

인류가 문자를 사용하게 된 이후부터는 절도나 폭행과 같은 범죄 들을 사적인 비행으로 보아 그 대상이 된 자를 피해자로 규정하는 성 문의 규범이 정립되기에 이르게 되는데, 기원전 21세기경에 작성된 것으로 알려진 '우르남 법전(the Code of Ur-Nammu)'과 기원전 2천년 경에 작성된 것으로 보이는 '함무라비 법전(the Code of Hammurabi)'이 대표적이다. 특히 바빌로니아의 함무라비 법전에는 과거 전통적으로 이어져 내려오던 시민들 상호 간의 '피의 복수'를 국가에 의한 형벌 시스템으로 대체하려는 시도가 엿보이는 것이 특징이다.[6] 그렇다고 해서 이 규정이 국가가 형사사법 절차에서 피해회복의 주도권을 피 해자에게서 빼앗고 피해자를 형사절차에서 소외시켰다고 볼 수 없다.

함무라비 법전에는 강자로부터 약자를 보호하는 규정을 두었을 뿐만 아니라 가해행위를 한 자에 대해 피해자가 입었던 피해와 동등한 수준의 해악을 가하든가 아니면 가해자가 피해를 배상하되 피해 입기 전과 동등한 수준으로 회복시켜 주어야 한다는 내용들이 담겨 있었기 때문이다. 심지어 강도 피해가 발생했는데 가해자 체포에 실패한 경우 그 사건이 발생한 지역을 관할하는 통치 책임자가 피해자의 손해를 어떤 형태로건 대체해 줄 수 있도록 하였으며, 피해자가 범죄행위로 사망한 경우에는 관청이 그 친족에게 금전적 보상을 해 주어야 한다는 내용까지 포함하고 있는 것이다.7) 그런 의미에서 함무라비 법전은 인류 최초의 '피해자 권리 규정(victim's rights statue)'이라고 불릴 만하다.8) 하지만 이러한 피해자에 대한 지대한 관심은 국가를 피해자의 반열에 올려놓았던 중세 이후의 절대왕정 체제에 밀려 19세기 중반까지 수면 위로 부상하지 못하였다.9)

한국의 고대사를 보면 여러 성읍국가의 연맹으로 형성된 연맹왕국이라고 할 수 있는 낙랑조선에 범금8조(犯禁八條)가 존재하였던바 이 또한 성문화된 피해자 보호규범의 일종으로 볼 수 있겠다. 그중 다음과 같이 3개조만이 전해지고 있다. 첫째, 사람을 죽인 자는 즉시 사형에 처한다. 둘째, 남에게 상해를 입힌 자는 곡물로써 배상한다. 셋째, 남의 물건을 훔친 자는 데려다 노비로 삼는다. 단, 노비에서 벗어나 민(民)이 되려고 하는 자는 1인당 50만 전을 내야 한다.10)

첫째 조항을 보면 살인행위에 대하여 동해보복의 탈리오 법칙이 동일하게 적용되고 있다는 것을 알 수 있고, 둘째 조항과 셋째 조항은 피해자의 상해로 인해 초래된 노동력 상실에 대하여 피해자에게 직접적인 배상을 명령하고 있음을 알 수 있다. 이로써 고대 한국 사회에서도 피해자를 두텁게 보호하는 사법체계가 작동되고 있었음을 알 수 있다. 비록 손해배상 체계가 오늘날과 같이 정밀하지는 못하지만 가해자에 대한 응징의 정도와 피해자에 대한 배상의 규모면에서 오늘날과 비교해 볼 때 결코 부족하지 않기에 한국 역사에서도 이 시기를 피해자의 황금기라고 칭하는 데 큰 문제가 없다고 사료된다.

2. 피해자의 암흑기

서양의 유럽대륙의 경우를 살펴보면 중세 초 중앙집권적인 군주지배체제가 정착되면서 범죄사건을 국가가 주도권을 쥐고 다루기 시작했다. 강력한 왕권을 배경으로 공적 제재가 일반화되면서 가해자는 벌금형인 속죄금을 국가에 대하여도 내야 했고, 프랑크 왕국(481~843년) 말기에는 속죄금 전액이 오직 국고에 귀속되는 벌금형으로 정착되어 피해자는 배상을 받지 못한 채 자력으로 피해를 회복해야만 하는 처지에 놓이게 된다.11) 이 시기에 봉건 영주들은 범죄자가 피해자에게 지불해야 하는 보상에 대하여 소유권을 주장하게 되었고, 통치자들은 범죄 행위의 피해자가 국가라고 선언함으로써 피해자의 지위는 차차 축소되어 나아갔다.12)

하지만 서부 및 중부유럽의 대부분을 정복하여 프랑크 왕국을 제국으로 확장시킨 후 신성로마제국 황제직을 수여받은 카롤루스 대제 (742년 또는 747~814년, Karl der Große, Carolus Magnus)의 사후에는 중앙 정부의 통제가 약화되자 사적 보복도 극성하게 되는데 이런 상황은 12세기까지 지속되게 된다. 또 1066년 노르망디 출신의 윌리엄에 의해 정복을 당하기 전 영국에서도 범법행위를 한 자가 피해자에게 배상을 하지 않으면 피해자 가족은 가해자에게 '피의 보복'이 가능했기에13) 피해자 자력으로 자신이 입었던 피해를 구제하는 행위가 완전히 금지된 것은 아니었다. 윌리엄이 잉글랜드를 정복하여 왕권을 쥔 이후에 순회재판을 하면서 정의를 구현하는 왕정체제를 확립하였지만 이때에도 잉글랜드의 옛 관습과 앵글로색슨의 법을 유지하고 존중하겠다는 점을 분명히 하여 시민법정에서는 기존의 관습법을 적용하여 재판을 하였으므로 공적 형벌과 사적 보복이 가능한 양자의 혼재 시기가 계속 이어졌다.14)

그러다가 12세기에 '란트평화령(Landfriedensgesetz)'이 공포되면서 사적 결투를 제한하거나 금지하고, 이에 위반한 자에 대하여는 형사적 제재를 가하는 규정이 시행되었고 이러한 성향은 유럽사회 전반에 영향을 미치게 되었다. 이 란트평화운동은 중세의 형사사법 제도가 사적 형벌체제로부터 공적 형벌체제로 전환되는 결정적 계기가 되었다. 더 나아가 14~15세기 봉건제도가 몰락하고 종교개혁과 르네상스가 일어나면서 관료제와 상비군을 핵심으로 하는 근대적 정치체제가 등장하였고, 이에 따라 왕권이 크게 강화되는 등 강력한 국가체제를 갖추게 되면서 범죄는 피해자 개인에 대한 것이 아니라 국가를 향한 것이라는 인식이 각인되어 피해자를 형사절차의 국외자로 취급하는 성향이 이전보다 강하게 나타나게 되었던 것이다.[15]

중세시대가 막을 내리고 산업혁명을 통해 도시화가 급속히 진행되자 혈연관계를 중심으로 맺어졌던 공동체사회(gemeinschaft)가 경제적 이익을 중심으로 인간관계가 형성되는 이익사회(gesellschaft)로 전환됨에 따라 과거 피해자 중심 사법체계는 급속히 붕괴되고 국가 주도하에 가해자 처벌이 중심이 되는 형사사법 체제가 확고하게 자리 잡게 되었다. 그 결과 피해자가 새롭게 조명을 받게 되는 20세기 중반까지 피해자는 국가의 형사법 집행에 협조하는 증인에 불과한 처지에 놓이게 되었던 것이다. 피해자들은 자신이 입었던 피해라든가 그 고통에 대하여 주변의 관심을 얻지 못했고, 가해자를 직접 응징하거나 직접 배상을 수령할 수 있는 주도적 지위도 상실하였기에 이러한 시대를 일컬어 피해자의 '암흑기'라고 칭하는 것이다.[16]

한국 역사를 살펴보면 삼국시대와 고려시대 그리고 조선시대에 걸쳐서 강력한 중앙집권적 왕정제도가 시행되면서 형사사법 권력은 국가의 통치질서를 위태롭게 하는 범인의 색출과 제재에 주안점을 두었기에 피해자의 법적 지위는 서양의 중세시대와 마찬가지로 매우 위축된 상황이었다고 볼 수 있다. 다만, 오늘날의 삼심제도에 해당하는 삼복제도(三覆制度)가 조선 초기 세종 때 정비되어 억울하게 누명을 쓴 채 사형의 벌을 받아야 할 죄인, 즉 사실상의 사법폭력 피해자를 구제하는 기능을 하였다는 점, 조선 초기에 시행되기 시작하여 숙종 때 더욱 강화된 암행어사 제도가 권력남용 피해자를 구제하는 기능을 하였다는 점, 조선 태종 때부터 의금부가 다른 사법기능에서 다루었던 사건의 재심을 했던 것은 물론 의금부 주관하에 신문고 제도를 운영함으로써 간접적으로 피해자의 억울함을 해소해 주는 역할을 했다는 점 등은 피해자 보호적 차원에서 의미 있는 역사적 사건들이라 하겠다.[17]

3. 피해자 재부상기

중앙집권적 군주지배 체제가 이어져 왔던 중세시대부터 국가권력이 강화되어 왔던 20세기 초반의 근대국가 체제에 이르기까지 피해자는 국가의 형사사법 절차 진행에 기여하는 '증인'으로서의 성격이 강조되었을 뿐 그가 입은 해악과 이를 감내해야 하는 고통 및 피해의 회복에 대해서는 형사사법기관이 크게 관심을 기울이지 못하였다는 것은 전술한 바와 같다. 그러나 20세기 초중반에 접어들면서 범죄학 분야에 새로운 변화가 일어나기 시작하였다. 학자들이 피해자를 과거와는 다른 시각으로 바라보기 시작하면서 범죄학의 그늘에 묻혀 있던 피해자를 새롭게 바라보기 시작하였던 것이다. 그리고 이러한 학계의 움직임은 피해자 인권 신장 및 피해자 보호 운동으로 점차 확대되어 나아갔다.

우선 범죄학계에서 일어났던 새로운 동향들을 살펴보면, 미국의 범죄학자 서덜랜드(Edwin Sutherland)는 1924년 범죄학 저서에서 '범죄피해자'라는 독립된 장(章, Chapter)을 두고 범죄피해자의 다양한 유형과 범죄피해 비용, 피해자화의 범위, 직접피해자와 간접피해자 개념 등을 제시하였을 뿐만 아니라 가정폭력 살인범죄에 있어서 가해자와 피해자 간 인종적 관련성을 분석하는 등 과거 범죄학에서 미처 다루지 못한 내용들을 언급하였다.[18] 그런가 하면 유럽에서는 1940년대에 시작해서 1950년대 중반에 이르기까지 벤자민 멘델슨(Benjamin Mendelsohn)과 한스 폰 헨티히(Hans von Hentig)와 같은 범죄학자들이 피해자 연구의 토대를 닦았다. 한스 폰 헨티히는 1941년에 발표한 '범죄자와 피해자 간의 상호작용에 대한 견해(Remarks on the Interaction between Perpetrator and Victim)'라는 논문과 이후 1948년에 발간한 『범죄자와 피해자(The

Criminal and His Victim)』라는 책에서 피해자와 범죄자 간의 상호관계 및 피해자화의 결과 발생에 있어서 피해자의 역할에 대해 집중 조명하였다. 벤자민 멘델슨 역시 1956년에 『피해자학(victimology)』이라는 책을 저술하면서 피해자와 가해자 간의 역학관계에 관심을 갖고 피해자의 비난 정도에 따라 6가지 유형으로 피해자를 분류하였다.[19]

이후 미국의 범죄학자들 역시 범죄에 있어서 피해자의 역할에 관한 연구를 이어갔다. 1958년 마빈 울프강(Marvin E. Wolfgang)은 필라델피아에서 발생한 살인사건의 분석을 통해 26%의 살인사건이 피해자 유발에 의한 것이었다는 것을 밝힌 바 있고, 1968년 스티븐 쉐이퍼(Stephen Schafer)는 그의 저서 『피해자와 범죄자: 기능적 책임에 대한 연구(The Victim and His Criminal: A Study in Functional Responsibility)』에서 피해에 대한 위험성을 기준으로 피해자를 유형화했던 헨티히와는 달리 범죄에 대한 피해자의 책임성을 기준으로 피해자를 구분하였다. 1971년 메나헴 아미르(Menachem Amir)는 필라델피아에서 발생한 강간사건의 19%가 피해자의 유발행동에 의해 발생한 사건이었다고 주장함으로써 범죄 발생의 원인이 전적으로 범죄자에게만 있는 것이 아니라는 주장을 폈다.[20]

이처럼 범죄의 발생 원인에 있어서 피해자의 역할론에 중점이 가 있던 연구활동은 이후 피해자 권리보장 및 피해자 지원과 관련된 법률의 제정, 형사절차에서의 피해자 참여 보장, 피해자 인권보호 운동의 전개, 피해보상 및 지원 정책 추진 등으로 확대되어 나아갔다. 여성과 아동 피해자에 대한 페미니스트들의 인권 보호 운동의 전개, 범죄피해자 보호·지원을 위한 정부기구 및 NGO의 출현, 범죄피해자 보호를 위한 기본법의 제정, 피해배상 및 보상제도 강화 등이 바로 그것이다. 1985년에 UN에서 범죄피해자 보호를 위한 국제규범이 정립된 이후 현재까지 형사사법 절차에서의 피해자 권리보호 및 피해 회복을 위한 지원활동을 어떻게 전개할 것인가 하는 것은 전 세계 문명국가들의 당면 과업으로 부상하고 있다. 이제 피해자는 과거의 암흑기를 벗어나 새로운 황금기를 맞이하고 있는 것이다.

제2절 피해자학의 발전

1924년 미국의 범죄학자 서덜랜드가 피해자 문제를 그의 저서에서 독립된 장으로 구분하여 다룬 것은 획기적인 것이었지만, 피해자학을 과학적 방법으로 처음 연구한 사람은 1940년대 독일의 한스 폰 헨티히이며,[21] 피해자학을 범죄학으로부터 독립시켜 독자적 학문 영역으로 발전시킨 사람은 같은 시대의 루마니아 변호사였던 벤자민 멘델슨이라고 알려지고 있다.[22] 이들은 모두 경험적 방법을 통해 범죄 행위에 있어서 범죄자와 피해자 간의 상호작용에 대한 연구를 시도하였기에 실증주의 피해자학자라고 칭할 수 있다. 뒤이어 피해자학은 보수주의, 급진주의, 페미니즘과 같은 시대 이데올로기의 영향을 받으면서 특유의 이론을 전개해 나아갔는가 하면 실증주의적 피해자학과 급진주의적 피해자학의 결함을 지적하면서 비판한 피해자학이 등장하기도 했다.

이처럼 초기 실증주의적 입장에서 피해자학을 연구한 사람들은 범죄 원인에 있어서 피해자의 역할과 책임을 분석하는 데 연구의 주안점을 두었으나 시간이 흐르면서 범죄학을 관통했던 여러 이데올로기들의 영향 아래 피해자에 대한 다양한 연구들이 진행되었다.

특히, 20세기에 들어서면서 피해자라는 존재가 재조명되기 시작하면서 형사절차에서 피해자 권리를 강화하고 피해자 보호 및 지원 시스템을 확충하는 방안들을 적극적으로 모색하게 된다. 이는 피해자의 인권보호 문제를 연구의 중점으로 삼았던 피해자학자들에 힘입은 바 크다. 이하에서는 시기별로 피해자학이 어떻게 발전했는지를 개괄적으로 살펴보기로 한다.

1. 실증주의 피해자학

실증주의 범죄학(positivist criminology)이 범죄 발생에 인과적 조건이 있음을 전제하고 그 조건들을 과학적으로 탐구하는 방법으로 범죄 행위들을 규명하고자 했던 것처럼 실증주의 피해자학(positivist victim-ology)도 실증주의 범죄학자들이 사용했던 논리를 사용하여 피해자학을 연구하였다. 즉, 피해자화되는 사람들의 숫자를 측정하거나 피해자화되는 유형을 분류하면서, 왜 피해자들이 다른 사람들보다 피해자화되기 쉬운지, 그리고 피해자와 가해자 상호 간의 관계에서 피해자가 범행에 어떤 기여를 했는지를 밝혀보고자 했다. 범죄피해를 당하지 않는 이상적인 개인과 범죄피해를 당하는 피해자가 서로 어떻게 다른지를 탐색해 보고자 한 것이다.[23] 이하에서 대표적인 학자들의 견해를 살펴본다.

1) 한스 폰 헨티히

피해자학을 태동시킨 초기의 학자들이 바로 이 실증주의 피해자학 파에 속한다고 볼 수 있는데 한스 폰 헨티히는 그 대표적인 인물이다. 그는 범죄자와 피해자 상호 간의 관계에 관심을 가진 가운데 피해자에 대하여 최초로 과학적 연구를 시도한 사람으로 알려져 있다. 특히 헨티히는 일반인이 피해자화되기 쉽도록 만드는 제반 위험 요소들을 심리학적, 사회학적, 생물학적 변수를 가지고 설명하였다. 그는 1948년 『범죄자와 피해자(The Criminal and His Victim)』라는 저서에서 피해자가 갖는 취약성이 범죄피해 발생에 기여하고 있다고 주장하였다. 즉, 피해자가 가해자를 자극하거나 범행을 촉발하거나 범행이 용이한 상황을 만듦으로써 범죄 발생을 돕는 '원인적 역할(causative role)'을 한다고 주장한 것인데,[24] 그는 피해자의 범죄에 대한 취약성을 기준으로 아래의 [표 1]과 같이 피해자를 분류하였다.[25]

[표 1] 한스 폰 헨티히의 피해자 유형 분류

일반적 유형의 피해자	
1. 아동과 청소년	신체적으로 약하기에 공격에 취약함
2. 여성	신체적뿐만 아니라 법률상으로도 여성은 약자로 분류됨
3. 노인	신체적으로는 약하나 물질적으로 부요하기에 범죄에 취약함
4. 정신적 결함이 있는 자	정신박약, 정신병, 약물중독, 알코올중독 등으로 인해 범죄에 취약함
5. 이주민, 소수자, 우둔자	다른 문화에서 살아왔던 이주민은 인간관계에 무력감을 갖기에 적응을 잘 못하는 소수자, 우둔자와 함께 살기에 취약함
심리학적 원인을 가진 피해자	
6. 우울증 환자	자기보존 본능이 제대로 작동하지 않아 범죄자의 공격에 쉽게 압도됨
7. 탐욕스러운 자	이득에 대한 과도한 욕심으로 지능과 사업경험, 내부 억제력이 쓸모없게 되어 피해자화됨
8. 방탕한 기질이 있는 자	감각적이고 방종적인 기질이 있는 자의 경우 다른 취약 요소와 결합하여 피해자화됨
9. 고독과 상심에 빠진 자	고독과 상심은 정신적 능력을 약화시키는 중요 요인이 되어 쉽게 범죄자의 표적이 됨
10. 학대자	정신질환이 있는 자의 경우 학대행위가 지속되면 결국 반격을 받아 자신이 피해자로 될 위험이 존재함
11. 곤란한 상황에 빠진 자	자신의 과오로 무력한 상황에 빠져 방어적 행동이 불가능한 경우 범죄자의 이상적 목표물이 됨
범죄자로 전환되는 피해자	
12. 행동하는 피해자	특정 기질, 연령, 알코올, 자신감 상실 등의 영향으로 피해를 당할 때 범죄 행위로 나아감

(출처: Harvey Wallace & Cliff Roberson, Victimology, Prentice Hall, 2011, pp.10-11)

한스 폰 헨티히는 "피해자 특성이 범죄행동의 결정 요인 중 하나로 취급되어야 하며, 가해자와 피해자 간에 악의적 공생관계가 존재하는 경우가 자주 있다는 점을 주지해야 한다"라고 밝혔는데,[26] 이는 피해자들이 항상 범죄행동의 1차적 원인 제공을 한다는 것은 아니지만 일정한 피해자 특성이 피해자화를 야기하는 데 기여할 수 있다는 것을 의미한다. 비록 그의 피해자에 대한 접근방법이 범죄학적인 사고를 기반으로 하였기 때문에 피해자 인권 보호와 피해 회복을 위한 정책 개발에는 한계를 지니는 이론이었지만, 악의적 피해자의 선별을 통해 피해자 지원 범위를 올바르게 결정하고, 취약한 피해자에 대한 재피해자화 예방정책을 수립함에 있어서는 오늘날에도 많은 도움을 주고 있는 이론이라고 할 것이다.[27]

2) 벤자민 멘델슨

피해자학을 뜻하는 '빅티몰로지(victimology)'라는 용어를 처음 사용한 사람이 바로 벤자민 멘델슨(Beniamin Mendelsohn)이다. 그래서 멘델슨을 피해자학의 아버지라고 칭하기도 한다.[28] 변호사였던 벤자민 멘델슨은 소송 준비를 위해 피고인을 비롯한 많은 사건관계자들을 만나 그들을 상대로 범죄 행위와 관련된 설문조사를 실시하였다. 1963년에 들어서면서 그는 이러한 경험적 연구를 토대로 범죄 행위 발생에 있어 가해자와 피해자 간에 강한 상관관계가 있음을 발견하게 되었고, 그 결과 범죄행동에 기여하는 피해자를 피해자의 책임 정도에 따라 [표 2]와 같이 6가지 유형으로 분류하여 제시하였다.[29]

[표 2] 벤자민 멘델슨의 피해자 유형 분류

피해자 유형	구체적 사례
1. 완전히 무고한 피해자	아동 혹은 범행과는 전혀 무관한 일반인
2. 약간의 죄책이 있는 피해자	유산을 하다가 죽은 산모
3. 가해자와 같은 수준으로 죄책이 있는 피해자	타인의 범행을 돕다가 피해를 입은 사람
4. 가해자보다 죄책이 더 큰 피해자	타인이 범행을 하도록 부추겨 그로부터 범죄 피해를 입은 사람
5. 범죄행동에 있어 대부분의 죄책을 져야 할 피해자	피해자가 오히려 죄책을 감당해야 하는 경우로서 불법의 공격을 가하다가 정당방위로 공격을 당한 피해자
6. 상상에 의한 피해자	정신질환을 겪는 자가 환각을 통해 원인 없이 자신을 피해당했다고 여기는 경우

(출처: Benjamin Mendelsohn, "The Victimology", Studies Introductionales
Ales de Psycho-Sociologie Criminelle, 1956. pp.25-36)

피해자학

멘델슨이 가해자와 피해자 간의 상호관계를 통해 범죄현상을 분석한 점은 헨티히와 유사한 점이라고 할 수 있다. 범죄 행위를 함에 있어서 가해자와 피해자 간에 형성될 수 있는 이런 긴밀한 상관성 때문에 이 두 사람의 관계를 그는 '형벌 커플(penal couple)'이라 칭하였다.30) 다만 그의 피해자 유형론은 범죄 발생에 있어서 피해자의 책임성 여부가 강조되었다는 점에서 헨티히의 유형론과 구분된다.

한편, 그는 피해자학이 다루어야 할 피해자의 범위를 단순히 범죄피해자에 국한하지 않고 자연재해의 피해자 등 다양한 피해자들을 포괄함으로써 종래 범죄학에 종속되었던 '범죄학의 특별 영역으로서의 피해자학'에서 벗어나 독자적인 학문영역으로서의 '일반 피해자학(general victimology)'을 성립시키는 데 공헌하였다. 그는 인간이 다양한 요인에 의해서 고통을 받고 있기 때문에 피해자학이 범죄로 인한 피해자화 현상만에 중점을 두고 연구하는 것은 너무 협소한 관점이라고 하면서 ① 범죄로 인한 피해자(통상적 범죄피해자), ② 자기 자신에 의한 피해자(자살 등), ③ 사회환경으로 인한 피해자(인종차별 등), ④ 기술의 적용에 따른 피해자(교통사고 등), ⑤ 자연환경에 따른 피해자(지진 등)를 포함한 5가지 영역을 제시하였다.31)

3) 스티븐 쉐이퍼

스티븐 쉐이퍼(Stephen Schafer) 또한 범죄자와 피해자 간의 상호관계를 연구하고 피해자의 유형화를 시도한 학자 중의 한 사람이다. 그는 헨티히가 피해자를 '범죄피해 위험요인(risk factors)'으로 분류한 것과는 달리 범죄 행위에 대한 피해자의 '기능적 책임성(functional responsibility)'에 기반을 두고 피해자 유형을 분류하였다.32) 그런데 그의 분류유형은 범죄 행위에 대한 피해자의 책임 문제를 이미 다루었던 벤자민 멘델슨의 것과도 다르다. 벤자민 멘델슨은 범행에 기여한 피해자에게 책임이 어느 정도 있는지 그 책임의 크기를 기준으로 분류하였지만 쉐이퍼는 피해자가 부담하여야 할 책임의 정도뿐만 아니라 책임부과 여부를 결정할 수 있는 사회적·심리적·정치적·상황적 요소들의 기능적 역할을 아울러 고려하여 피해자 유형을 분류했다는 특징을 보이는 것이다. 1968년에 발표한 저서 『피해자와 그의 범죄자 (The Victim and His Criminal)』에서 그는 피해를 유발하는 피해자 유형 7가지를 [표 3]과 같이 제시하였다.[33]

[표 3] 스티븐 쉐이퍼의 피해자 유형 분류

피해자 유형	유형 해설
범죄와 무관한 피해자 (unrelated victims)	단순히 불행스럽게 범죄의 표적이 된 피해자로서 책임이 없는 피해자
피해를 유발한 피해자 (provocative victims)	범죄자가 피해자의 특정 행동에 대응하는 과정에서 피해가 야기되는 것으로서 범죄자와 책임을 공유해야 하는 피해자
피해를 촉진시키는 피해자 (precipitative victims)	피해자가 자신을 위험한 장소 및 시간에 노출시키거나 부적절한 의상 착용, 위험한 행동, 잘못된 화법 사용 등으로 인해 범행결과에 대하여 어느 정도 책임을 져야 하는 피해자
생물학적으로 취약한 피해자 (biologically weak victims)	노인, 아동, 병자 등과 같이 신체적 조건으로 인해 범죄자의 타깃이 되는 자로서 범죄결과에 대하여 책임이 없는 피해자
사회적으로 취약한 피해자 (socially weak victims)	이주민, 소수자 및 사회적으로 순조롭게 통합되지 못하는 까닭에 범죄자의 표적이 되기 쉬운 자로서 책임이 없는 피해자
자신에게 피해를 야기한 피해자 (self-victimizing)	약물 사용, 매춘, 도박 기타 피해자와 가해자가 서로 협력하여 수행할 수 있는 행동에 가담한 까닭에 전적으로 자신이 행위 결과에 대하여 책임을 져야 할 피해자
정치적 피해자 (political victims)	권력자에게 반대하거나 복종적 지위를 유지하는 과정에서 피해자화가 된 경우로서 그 결과에 대하여 책임이 없는 피해자

(출처: William G. Doerner & Steven P. Lab. Victimology, Anderson Publishing Co. 2002, p.8)

쉐이퍼는 이처럼 피해자를 그저 범죄 발생에 일정한 책임을 져야 할 대상자로만 바라본 것이 아니라 책임을 부과할 수 있는 근거를 사회적·심리적·상황적 요소들의 기능에서 찾았다는 점에서 헨티히나 멘델슨의 연구와 차별화되었다. 그런 의미에서 그는 범죄를 단지 개인적 행동으로만 평가해서는 안 되고 사회적 현상의 일종으로 평가

되어야 한다고 말한다. 즉, 모든 범죄가 그저 단순한 이유로 발생하고 있는 것이 아니라, 피해자가 주의를 기울이지 않거나, 어떤 범행을 촉진하는 행동을 하거나, 범행을 유발하는 행동을 함으로써 범죄 행위에 기여하기 때문에 발생한다고 본 것이다. 결국 범죄 발생에 있어서 피해자가 부담해야 할 '기능적 책임'의 발생은 타인이 자신을 해치지 못하도록 어떤 조치를 취해야 함에도 아무런 조치를 취하지 않느냐 아니면 그런 범행이 일어나지 않도록 능동적으로 어떤 조치를 취하느냐에 달려 있다고 한다.[34)]

4) 마빈 울프강

마빈 울프강(Marvin E. Wolfgang)은 경찰의 살인사건 기록을 토대로 피해자가 범죄를 어떻게 촉발하는지 경험적 연구를 시도한 학자이다. 일례로 그는 미국 필라델피아의 588건의 살인사건 중에서 150건인 26%에 해당하는 사건의 피해자가 최초의 단계에서 폭력을 행사하는 등 직접적이고 능동적으로 범죄를 촉발하는 경우였다고 밝혔다. 즉, 피해자가 유발한 살인(victim precipitated criminal homicide)이라는 작업가설을 새로 제시하고 경험적 자료에 의해 그 이론가설의 타당성을 검증하려 했던 점이 울프강의 큰 공적인 것이다.[35)]

울프강은 이 연구분석을 통해 범죄피해를 촉발하는 요소 3가지를 적시하였는데 첫째, 피해자와 가해자 간에 사건 발생 전 상호 인간관계가 존재한다는 사실, 둘째, 살인사건은 종종 사소한 의견불일치에서 시작하여 점점 통제력을 잃어가는 형태를 띤다는 사실, 셋째, 피해자에 의해 소비되는 알코올의 양이 피해자가 촉발하는 살인범죄의 요인이 되기도 한다는 사실 등이었다. 울프강은 1958년 저서에서 피해자는 약한 사람으로서 수동적으로 행동하는 자인 반면, 가해자는 거칠고, 강하며, 매우 공격적인 사람으로서 타격을 가할 만한 피해자를 찾는 사람이라고 개념 지우는 방식이 항상 옳은 것은 아님을 지적하였다. 이러한 조사 결과로부터 울프강은 헨티히의 견해를 지지하게 됐고, 피해자가 범죄의 결정요인이라는 하나의 결론에 도달했다. 따

라서 그도 또한 피해자학과 관련된 초기의 경험적 연구의 선구자 가
운데 한 사람으로 평가받고 있다.[36]

5) 메나헴 아미르

메나헴 아미르(Menachem Amir) 또한 피해 원인을 경험적으로 연구한
학자 중 한 사람이다. 그는 미국 필라델피아주에서 발생한 1958~1960
년 사이의 강간 사건을 조사하여 분석하였는데, 그 결과 전체 강간
사건의 19%가 피해자가 피해를 촉진하였다고 주장하였다. 메나헴 아
미르는 범죄행동을 촉발하는 여러 가지 요인을 검토하였는데 울프강
의 연구에서와 같이 알코올 사용이 범죄피해와 상관성이 높다는 것,
피해자의 유혹적 행동이 범죄피해로 연결된다는 것, 심지어 어떤 피
해자는 강간을 통해 성적인 통제를 받고자 하는 무의식적인 욕구가
있다는 것 등을 제시하였다.[37]

이러한 피해자의 범죄 촉발적 행동과 관련하여 그는 1971년에 저
술한 책에서, "범죄자가 범행의 유일한 근거와 이유는 아니며, 피해자
가 항상 무고하다거나 범죄피해를 일방적으로 당한 것만은 아니다.
피해자의 역할과 피해자가 범행 촉발의 형태로 범죄에 기여하는 문
제들이 현재 부상하고 있는 피해자학이라는 학문이 관심을 가져야
할 주요 관심사 중의 하나가 되고 있다."라고 언급하였다.[38]

범죄 행위에 있어서 피해자의 책임 존재 여부와 책임의 수준에 대
한 논란은 메나헴 아미르 이전의 벤자민 멘델슨이나 스티븐 쉐이퍼
와 같은 학자들에게까지 거슬러 올라갈 수 있지만 메나헴 아미르의
성범죄에 대한 피해자 유발 개념은 여성단체 및 피해여성의 대변인
들로부터 거센 비판을 받았으며 학계에서도 반발을 사게 되었다.

6) 프랭클린

프랭클린(Franklin)이라는 학자는 피해자 유발 논쟁에 대하여 보다
실증적 연구를 수행하면서 범죄 행위에 대하여 피해자 유발을 인정
하기 위한 4가지 가정(假定)을 제시하였다. 첫째, 피해자 행동은 범죄

행동을 설명할 수 있다. 둘째, 범죄자는 피해자가 어떤 신호를 보낼 때만 범죄행동이 활성화된다. 셋째, 범죄행동을 발생시키기 위해서는 피해자의 행동이 필요조건이자 충분조건이 된다는 주장에 동의하지 않는다. 넷째, 피해자의 의도는 피해자화된 그 사건을 통해 측정된다는 것 등이다.[39] 그러나 아무런 의도를 갖지 않은 피해자들이 오늘날 '무동기 범죄'에 의해 희생되는 사례가 종종 있는 것을 보면 범죄는 피해자의 반응이나 신호가 없이도 발생할 수 있으며 피해자의 범행 관련 의도 없이도 범죄피해를 당할 수 있는 것이어서 위 가정은 한계를 지니고 있다고 볼 것이다.

7) 커티스

커티스(Curtis)라는 학자는 피해자의 범죄유발과 범죄자의 범죄의도를 통합하려는 노력을 기울였다. 그리하여 순수한 피해자 촉진행위(precipitation)로부터 완전한 범죄자 책임까지 총 5단계로 피해자 촉진 유형을 분류였다. 여기서 주의해야 할 점은 피해자가 순수하게 범죄를 유발하거나 범죄행동에 범죄자보다 책임이 큰 사유도 존재하지만 피해자의 범죄 촉진 행동은 범죄성립에 기여하는 한 요소에 불과할 뿐 범죄 성립에 있어서 필수불가결한 지배적 요소는 아니라고 지적한 점이다.[40]

[표 4] 범죄자와 피해자의 상대적 책임분배

		피해자 개입 정도		
		명백한 유발행위의 존재	어느 정도의 개입행위 존재	미미한 개입 또는 개입행위 부존재
범죄자의 범행의도 정도	치밀한 사전 의도의 존재	범죄자 피해자 책임 동등	범죄자 책임이 더 큼	완전한 범죄자 책임
	어느 정도의 범행의도 존재	피해자 책임이 더 큼	범죄자 피해자 책임 동등	범죄자 책임이 더 큼
	범행의도 거의 없거나 전혀 없음	완전한 피해자 촉진행위	피해자 책임이 더 큼	범죄자 피해자 책임 동등

(출처: Curtis, L.A. Criminla Violence: National Patterns and Behavior. Lexington, MA: D.C. Health, 1974)

예를 들어 피해자의 명백한 유발행위가 있거나 어느 정도 범죄 행위에 개입할 경우에는 항상 범죄 행위에 대한 크고 작은 책임이 따르지만 피해자가 범죄 행위에 전혀 개입하지 않은 경우 피해자는 범죄 결과에 대하여 전혀 책임이 없는 경우가 존재한다는 것이다.

8) 스미스와 바이스

스미스(Smith)와 바이스(Weis)라는 학자는 멘델슨이 주장한 '일반적 피해자학(general victimology)'에 포함되어야 하는 학문 영역을 다음과 같이 광범위하게 제시하였다.[41]

첫째, 피해자 개념의 창조와 관련된 연구이다. 여기에는 ① 법적 절차진행에 있어서의 피해자 개념 연구(편파수사 또는 위법한 불기소 처분과 같은 피해 사례), ② 일상적 절차진행에 있어서의 피해자 개념 연구(부모의 학대, 친구의 왕따와 같은 피해 사례), ③ 과학적 절차진행에 있어서의 피해자 개념 연구(의료사고 또는 산업화 진행으로 인한 피해 사례) 등에 관한 연구가 있다.

둘째, 위의 피해자 개념을 직접 적용할 수 있는 가해의 주체에 대한 연구이다. 즉, 형사사법 공무원들의 행태와 같이 법적 절차에 관여하는 자들에 대한 연구, 부모나 교사와 같이 아동의 일상생활에 관여하는 중요한 타인에 관한 연구, 인간의 심리현상을 과학적으로 연구하는 행동과학자나 사회현상을 과학적으로 분석하는 사회과학자들에 대한 연구 등이 바로 그것이다.

셋째, 피해자화된 이후 피해자의 반응에 관한 연구이다. 여기에는 피해자의 도움 요청, 고소·고발과 같은 사법적 대응, 다른 이들의 결과에 대한 대응 반응 등이 있다.

넷째, 피해자 문제를 다루는 제반 사회기관들에 대한 연구이다. 여기에는 경찰의 초기 위기 개입, 피해자 지원을 위한 사회서비스망 형성, 의료기관이나 민사법원의 역할 등이 연구된다.

생각건대 일반 피해자학의 견지에서 위의 스미스와 바이스가 전제한 피해자 개념 중 '일상적 진행절차' 및 '과학적 진행절차'에서의 피해자 개념이라든가 벤자민 멘델슨이 제시한 '사회환경에 의한 피해자' 및 '자연환경에 의한 피해자'는 그 범위가 모호해서 지나치게 확장될 수 있다는 비판이 제기될 수 있다. 즉, '일상적 진행절차'나 '사회환경에 의한 피해자' 개념에는 범죄나 인권침해 정도에 이르지 아니한 '불편함'이나 '성가심'조차 피해행위로 포섭할 수 있는 것이고, '자연재해로 인한 피해자' 개념에는 모든 국민이 피해자로 해석될 수도 있는 것이어서 그 범위가 너무 크게 확대될 가능성이 있는 것이다.

만일 피해자의 범위가 지나치게 확대될 경우 정작 신속히 보호받아야 할 보다 중요하고 긴급한 피해자들에 대한 서비스가 약화될 우려가 존재한다. 공공기관이건 민간기관이건 피해자 지원을 위한 인적·물적 자원이 한정되어 있기 때문이다. 이런 이유로 피해자학이 다루어야 할 피해자의 범위는 '범죄로 인한 피해자'와 '인권침해를 당한 피해자'로 한정하는 것이 적합하다고 볼 것이다.

2. 급진적 피해자학

급진적 피해자학은 마르크스주의자(Marxist)들이 주장한 급진적 범죄학 이론을 기반으로 전개되었다. 테일러(Taylor), 왈튼(Walton), 영(Young)이라는 학자들은 자본주의, 계급제도, 이윤착취, 국가의 역할 등에 관한 마르크스의 사상과 마르크스의 유물론적 방법론이 범죄의 분석과 형사법 연구에 적용될 수 있다고 보았다.[42] 그들은 사회적 일탈행동이 개인이나 특정 사회의 병리적 현상 때문에 발생하는 것이라기보다는 사회의 모순된 권력구조, 지배구조, 권위구조 등에 대항하는 방식 때문에 발생한다고 보았으며 그러한 인간의 반응들은 진솔한 행동에 해당한다고 하였다.[43]

비행과 범죄에 관한 이들 급진주의자들의 이론은 낙인이론에서 얻은 통찰력과 마르크스주의자들의 구조분석이론을 혼합하여 구성한 것이다. 낙인이론이란 가벼운 일탈행위를 한 자에 대하여 일탈자 혹은 범죄자라는 사회적 낙인이 가해지면 손상된 자아정체성을 갖게 됨은 물론 과거의 건강한 자아관념이 일탈적 자아관념으로 전환되어 더 심각한 일탈행위로 나아간다는 이론이며,[44] 구조분석이론이란 사람의 일탈행동이 권력과 재산, 그리고 권위의 사회적 불평등과 같은 구조적 문제에서 비롯된다고 보는 이론이다. 여기에는 한 개인의 범죄행동이 있을 때 그 행동 자체만을 볼 것이 아니라 그 행동의 의사결정에 영향을 미치는 요소들을 정치적 콘텍스트 안에서 조명할 수 있어야 한다는 의미도 포함되어 있다.[45]

이에 급진주의 범죄학에서는 범죄가 한 개인이 가진 범죄적 성향 때문에 발생하는 것이 아니라 그 사회의 지배층들이 경제사회적 불평등에 대항하는 자를 범죄자로 낙인찍기 때문에 범죄와 일탈이 생겨난다고 보고 있다. 즉, 급진주의 범죄학자들은 불평등의 모순된 사회에 존재하는 문제들을 해결하는 과정에서 발생한 특정의 일탈적 행동이 어떤 방식으로 선택되었는지 설명해야 한다는 것이다.[46]

1970년대 영국의 마르크스주의자들은 경제적 착취를 당하는 계층들의 범죄뿐만 아니라 경제적 특권을 가지고 있는 계층들의 범죄에도 관심을 가졌다. 불평등한 기회가 주어진 사회, 그리고 부자나 빈자나 합법적 수단과 비합법적 수단을 총동원하여 재산과 부를 축적하고자 경쟁하는 사회에서는 위 두 부류의 계층에서 모두 범죄가 발생하고 그 질적 특성도 공통점을 가진다고 했다.[47] 하지만 1970년대 당시 영국의 노동자 계급은 현저하게 범죄자 취급을 많이 받았고 그들의 행동을 범죄로 규정함에 있어서 사법시스템도 불균형적으로 작동하여 노동계급의 범죄화를 촉진했다는 주장이 제기되었다.[48] 권력을 가진 지배계층이나 기업가들의 범죄에 대해서는 법집행이 약화되지만 노동자 계층에 대해서는 범죄혐의를 추궁하기 위해 많은 자원이 동원된다는 것이다.

지배계층이 물질적으로 궁핍한 상황에 놓이거나 기업가들이 환경의 불확실성 때문에 긴장이 고조될 때 기업 이윤을 유지하기 위해서 범죄 행위로 나아갈 수 있음도 지적하였는데 이러한 행위는 개인의 도덕성의 붕괴로 인한 것이 아니라 자본주의 사회에서만 발견할 수 있는 특유의 현상에서 비롯된 것이라고 해석했다.[49] 결국 정치적 지배계급의 범죄는 사회에 매우 큰 경제적 비용을 발생시키고, 시민의 건강과 안전에 관련된 기업인들의 범죄는 시민들의 생명을 위협하고 신체에 큰 손상을 가하게 된다고 하였다.[50]

결론적으로, 급진적 범죄학의 이론들을 피해자학적 논리로 설명해 본다면 다음과 같다. 첫째, 자본주의 사회의 경제구조와 이를 떠받치는 권력구조의 모순으로 인해 노동자계급의 저항행동을 지배계급이 범죄로 만듦으로써 사법 시스템에 의한 피해자를 양산한다. 둘째, 자본주의 사회가 발전하면 지배계층이건 피지배계층이건, 기업가건 노동자건 재산의 축적을 위한 경쟁이 심화되어 모든 계층에서 범죄가 발생할 수 있고 그로 인해 범죄의 상대방이 피해를 입을 수 있다. 셋째, 지배계층의 재산범죄는 큰 재정적 손실로 이어져 국민 전체에게 피해비용을 전가시킬 수 있고, 기업가들의 범죄는 소비자이자 노동자인 일반 국민들을 피해자화하여 그들의 생명과 안전을 위협할 수 있다.

3. 보수적 피해자학

보수적 피해자학(conservative victimology) 역시 보수적 범죄학(conservative criminology)의 이면(裏面)이라고 볼 수 있다. 범죄 발생의 원인은 범죄피해의 원인이 되며, 재범예방 정책은 재피해자화 방지 대책이 되기 때문이다. 그렇다면 보수적 범죄학이 무엇이며 어떤 배경으로 출현하게 되었는지를 먼저 살펴본다.

보수적 범죄학은 1980년대와 1990년대 초 미국과 영국에서 신우익(New Right) 사상이 지배적일 때 등장하였다. 여기에 속한 학자 중에는 초기 고전주의 범죄학자들이 범죄 원인으로 지목하였던 '인간의 자유선택' 이론의 중요성을 재조명하거나, 범죄의 원인과 직결되는 개인의 기질 형성에 생물학적 혹은 심리학적 요인들의 영향을 다시 새롭게 강조하던 이들로 이루어졌다. 스펙트럼이 다양한 이들 보수적 범죄학자들은 범죄 발생이 사회의 구조적 불평등에서 기인한다고 생각하기보다는 개인적 선택행동 혹은 개인의 기질적 성향에서 비롯된다고 보았다.[51]

그중에 윌슨(James Q. Wilson)이라는 학자는 강력범죄자들에 대한 기존의 진보적인 교정 및 갱생 프로그램을 포함하여 사회적 책임론에 기초한 진보적 형벌제도나 진보적 범죄억제정책의 비효과성을 비판하였다. 그는 범죄자들이란 범죄로 인해 어떻게 이익을 얻을 수 있을지 기회를 엿보는 자들이기에 그들의 범행은 범법자를 처벌하는 사회적 조치를 어떻게 하느냐에 따라 영향을 받는다고 주장하였다. 즉, 범죄자는 체포 및 처벌의 가능성과 범죄로 인해 얻을 수 있는 수익을 '비용편익 분석(cost-benefit analysis)'을 통해 수행하는 '이성적인 행위자(rational actor)'이므로 범죄자 재활을 위한 형사정책을 펼 것이 아니라 범죄자의 선택행동을 변경시키도록 해야 한다는 신고전주의 범죄학자들의 견해 또는 실용주의 범죄학자들의 입장(neo-classical or utilitarian view)을 취한 것이다.[52]

이러한 이론에 기초해서 윌슨은 범죄이익 추구로 동기화된 약탈적 범죄자(predatory criminal)들이 각 개인은 물론 사회공동체까지 피해자화한다고 역설하였다. 그가 1985년도에 켈링(Kelling)과 함께 제시했던 '깨진 유리창 이론(broken window theory)'도 이러한 배경으로 제시된 것이다.[53] 결국 개인 혹은 사회공동체의 피해자화를 막기 위해서는 범죄자에 대한 처벌을 완화할 것이 아니라 형벌의 강화를 통해 범죄의지를 억제해 나아가야 한다고 한 것이다. 작은 무질서를 방치하면 비공식적 통제가 와해되고 그렇게 되면 보다 중한 범죄자들이 유입되면서 범죄율이 증가하여 범죄 피해가 늘어난다는 것이다. 그래서 외부로 나타나는 사회해체의 조짐들에 대하여 경찰이 묵인해서 안 된다는 무관용 경찰활동(no tolerance policing)이 등장하게 된다.[54]

이 외에도 보수적 범죄학자들이 제시한 내용의 예를 들자면 첫째, 범죄 행위를 관용하는 사회의 도덕적 빈곤이 범죄를 양산하고 있다는 이론, 둘째, 범죄자들을 병리적으로 만드는 독특한 마음체계가 있는데 이에 토대를 둔 병리적 사고방식에 의해 범죄가 발현된다는 이론, 셋째, 개인의 생물학적 특성이라든가 지능이 사회학습에 부정적 영향을 미쳐 범죄행동의 원인이 된다는 이론 등이 있다.[55] 이들 모두 범죄의 원인이 빈곤이나 사회적 불평등과 같은 거시적인 사회구조적 요소에서 비롯되는 것이 아니라 인간 개인의 본성과 인성, 도덕적 결함과 같은 미시적 요인으로부터 기인한다는 공통점이 있다.

결국 보수적 피해자학에서의 범죄피해 예방 전략은 신속한 검거와 엄격한 형벌을 통하여 범죄자의 범행 의지를 범죄적 의사결정 단계에서 차단해야 한다는 것과 범죄자가 지니고 있는 범죄적 소인을 잘 관리하고 통제하는 것에 있다고 요약할 수 있겠다.

4. 비판적 피해자학

모비(Mawby)와 월크레이트(Walklate)가 제시한 비판적 피해자학 (Critical Victimology)은 실증주의 피해자학과 급진적 피해자학의 부적합성에 대한 대응 차원에서 등장한 학파로서,[56] 어떤 유형의 피해자학이 다른 유형의 피해자학보다 더 지배적인 이유를 넓은 사회적 콘텍스트에서 찾아보고자 하는 데 목적을 두고 있다. 아울러 비판적 피해자학은 '좀 더 넓은 사회적 범주에서 어떤 피해자학적 논리가 더욱 설명이 잘 될 것인지를 검증하고, 그러한 피해자학적 논리가 범죄 피해자에 대한 정책대응 및 서비스 제공과 어떻게 맞물려 있는지를 이해하기 위한 시도'를 추구하는 학파이다.[57]

비판적 피해자학자들은 어떤 행동은 범죄라고 규정하면서 왜 어떤 행동은 범죄라고 하지 않는지 의문을 던지면서 부유층이나 권력자들에 의해 저질러지는 많은 범죄들이 범죄로 취급되지 않고 있는 사회적 상황을 지적한다. 대량학살이 오늘날에도 몇몇 국가에서 행해지지만 여전히 우리는 이러한 일에 별반 관심을 갖지 않고 있으며 국민을 통제하고 있는 권력집단이 권력남용 행위를 통해 인권을 침해하고 있지만 언론에 잘 보도되지 않는 현실도 문제 삼고 있다.[58]

아울러 모비와 월크레이크는 실증주의 피해자학이 과학적 연구방법을 강조한 나머지 피해자화를 촉진하는 행동패턴이나 규칙성에만 집착하고 있다고 비판한다. 실증주의 피해자학이 표방하고 있는 과학적 접근방법이라는 것도 객관성이라는 가면 뒤에 숨어서 이론가의 주관적 가치판단을 투영하는 것이며, 그들의 이론에 담겨 있는 피해자의 범죄촉진적 역할과 거기에 암시되어 있는 피해자 비난의 요소가 가정폭력, 강간, 성희롱, 아동학대와 같은 젠더 범죄 피해자들에 대한 여성 인권론자들의 관심을 부차적인 사항으로 만들고 있다고 지적한다.59) 즉, 연구의 과학성을 강조하지만 그 연구에는 연구자의 주관이 투영되기 때문에 실제 피해자 상황을 제대로 못 본다는 것이다.

한편, 이들은 또한 급진적 피해자학이 안고 있는 취약점도 밝히고 있다. 즉, 급진적 피해자학이 범죄성(criminality)과 피해의식(victimhood) 개념을 만들어 내는 데 있어서 국가의 역할을 강조함과 동시에, 범죄를 정의함에 있어서 사회적 합의보다 사회적 갈등을 강조함으로써 종래 실증주의 피해자학에 도전하는 것처럼 보이지만, 피해자학을 연구함에 있어서 보편적 원리의 창출이 가능하다고 전제함으로써 결국은 급진적 피해자학도 실증주의로 서서히 빠져들게 된다고 지적하고 있다.60) 그런 보편의 원리를 만들어 내는 것보다 피해자가 처한 실제 상황을 중심으로 역사적으로 특수한 원리들을 발견하려고 노력해야 한다는 것이다.

이 외에도 종래 피해자학이 의존하고 있는 대다수의 분석들이 그 사회에서 통용되던 종래의 공식적인 개념과 정부가 제시하는 공식 자료에 의존하였기 때문에 기존의 사회체계에 의문을 제기하지 못하였던 점, 피해자 인권운동과 결합된 조직들이 현존하는 국가의 사회통제 시스템에 편입되어버린 점, 현존하는 사회에 대한 비판을 사회의 안전에 대한 위협으로 인식하고 있던 소수의 정치 권력자들과 피해자학이 타협한 나머지 현존하는 상황에 안주해버린 점 등도 비판적 피해자학에 의해 지적을 받은 사항이다.61)

모비와 월크레이크는 이러한 실증주의 피해자학과 급진주의 피해자학이 갖고 있는 취약점을 해결하기 위해서는 사회구조가 어떻게 피해자의 생활실태를 형성했는지, 그리고 피해자의 삶의 실제 상황이 어떠한지를 문서화하는 데 관심을 갖는 방향으로 피해자학을 발전시켜 나아가야 된다고 주장하였다. 실체를 구성하고 있는 것이 과연 무

엇인지를 판단하고 결정하는 것이 이들 비판 피해자학자들의 주요 관심사였던 것이다.[62]

한편, 로버트 엘리아스(Robert Elias)라는 학자는 현실세계에서 '피해자'라는 개념이 얼마나 자주 정치적으로 이용되는지, 그리고 정부가 피해자의 인권 보장이나 피해자 지원 정책을 추진함에 있어서 가시적인 성과는 내놓지 못하면서 얼마나 자주 피해자를 정치적 슬로건 혹은 상징으로 활용하고 있는지를 드러내고자 하였다. 그는 20세기 현대 사회를 무대로 활동한 학자로서 피해자 인권보호 정책 개발을 위해 애쓴 사람이기도 하지만 피해자의 열악한 실태 및 정부가 추진한 피해자 보호정책의 부조리한 실체를 드러내고자 노력하였다는 점에서 비판적 피해자학 정립에 기여한 인물로 분류할 수 있다.[63]

5. 피해자 인권중심 피해자학

한스 폰 헨티히나 스티븐 쉐이퍼 등 초기 피해자학자들의 연구성향과는 달리 20세기 후반을 넘어서면서 많은 학자들이 피해자가 당하는 고통과 피해 회복에 관심을 보이기 시작하였다. 그러므로 현 시대의 주류를 이루고 있는 피해자학은 범죄행동에 피해자가 어떤 수준으로 범죄 원인을 제공했는지 여부를 파악하는 등 범죄통제적 관점에 주안점을 두는 것이 아니라, 피해자가 당하는 고통에 관심을 갖고 피해 현상을 객관적으로 관찰·분석하면서 피해 회복에 주목하는 학문으로서 피해자 지원과 복지, 인권 존중과 배려를 통한 실질적 피해회복의 피해자학이라고 할 수 있다. 이것은 향후 21세기 피해자학이 지향해 나아가야 할 방향이기도 하다. 피해자학이 태동하던 시기에 가해자와 피해자 간의 상호작용을 통한 피해 원인 분석에 머물렀던 피해자학이 '피해자를 위한 과학'으로 어떻게 발전해 나아가게 되었는지 이하에서 살펴보고자 한다.[64]

1) 슈나이더

독일의 슈나이더(Schneider)는 피해자학을 학문으로 체계화한 학자로 불린다. 그는 1975년 『피해자학: 범죄피해자를 위한 과학(Viktimologie: Wisserschaft vom Verbrechensopfer)』이라는 책에서 피해자학을 범죄학으로부터 독립시켜야 하며, 피해자학은 그 고유의 영역 및 과제를 가져야 함을 주장했다. 그는 자기 자신이 심리학 연구에 종사했던 경험을 살려 피해자의 내면과 관련된 영역을 탐구했으며, 특히 성적 피해를 당한 아동의 심리나 범죄 피해에 대한 불안과 공포, 피해자의 사회적 고립 문제 등에 깊은 관심을 가졌다. 그는 또한 피해자학의 개념, 범죄자와 피해자의 관계, 피해자의 유형, 피해자가 느끼는 불안이나 공포 등 총론적 문제를 정리함과 아울러, 피해자 연구의 방법론으로 피해자 조사를 주장하였다. 이러한 기초를 근간으로 형사사법에서 피해자의 위치, 형법이나 형사소송법상에서의 피해자의 지위, 나아가 피해자 보상이나 손해회복, 피해자 재활에 대한 심리적 원조 등과 같은 피해자 정책 문제 등 다양한 영역으로 연구를 확장했는데 오늘날 활발하게 논의되고 있는 피해자학의 주제는 대부분 이 시기에 확립됐다고 볼 수 있다.[65]

2) 카멘

많은 학자들이 피해자학을 통해 사회관계 속에서 피해자가 담당하는 역할에 관한 탐구를 확대해 나아가는 가운데 카멘(Karmen)이라는 학자는 피해자학이 발전하려면 다음과 같은 3가지 영역에 집중할 것을 주장하였다.[66]

첫째, 피해자가 어떻게 그리고 왜 위험한 상황 속에 놓이게 되었는가에 대한 탐구를 해야 한다는 것이다. 이것은 피해자를 비난하려는 것이 아니라 피해자가 위험한 상황에 처한 역학관계를 살펴보고자 함이다.

둘째, 피해자학은 경찰, 검찰, 법원 그리고 관계기관들이 피해자와 어떻게 상호작용을 하는지를 평가해 보아야 한다. 피해자가 형사사법 절차의 각 단계에서 어떤 처우를 받았는지를 확인해 보아야 한다는 것이다.

셋째, 피해자학자들은 피해자가 입은 손실을 보상하기 위한 노력이 얼마나 효과적인지를 평가해 보아야 하고, 피해자의 개인적 필요나 정서적 필요를 충족시켜 주고자 하는 노력의 효과성도 검토해 보아야 한다는 것이다.

요컨대, 카멘은 피해자학을 연구하는 학자들이 다양한 학제적 입장을 토대로 사회관계 속에서 피해자의 역할과 그 역학관계에 관한 탐구를 해야 함을 지적함과 동시에 형사사법기관이 피해자와 어떤 상호작용을 하였는지에 관해서도 관심을 가짐으로써 2차 피해자화 현상에 대한 통찰을 가능하게 했으며, 피해자의 필요에 관심을 촉구함으로써 피해자 지원에 대한 지평을 열었다고 평가할 수 있을 것이다.[67]

3) 로버트 엘리아스

로버트 엘리아스(Robert Elias)는 캘리포니아 출신의 정치사회학자로서 1986년에 발간한 『피해자화의 정치학— 피해자, 피해자학과 인권(The Politics of Victimization–Victims, Victimology, and Human Rights)』을 저술한 것으로 유명하다. 그는 피해자학이 형사법상 범죄피해를 입은 자뿐만 아니라 인권 침해를 당한 자도 역시 피해자의 범주에 포함시켜 연구해야 한다고 주장하였다.[68] 그런 의미에서 로버트 엘리아스는 비판적 피해자학자로 분류할 수도 있지만 피해자 인권옹호를 위해 노력한 학자로도 분류할 수 있다.

아울러 그는 피해자라는 개념이 '현실 세계에서 사회적으로 축조(social construction of reality)'된 개념이라는 사실을 환기하면서 이러한 원리를 충분히 이해하지 못하게 되면 피해자의 권리 또한 제대로 보장하기 어렵다고 말한다. 예를 들어 정치지도자들이 피해자의 권리를 보장해야 된다고 외치지만 현실을 들여다보면 선거에 성공하기 위한 정치적 지지 획득전략에 불과할 수 있고, 관료들이 피해자 입장을 옹호함으로써 비효율적 법집행에 대한 비판을 피해가려 하거나 자신의 치적을 홍보하려는 시도일 수 있다는 것이다.[69]

이처럼 비본질적인 동기에 의해 피해자 보호정책이 축조될 경우 이러한 정책들은 일관성과 지속성이 결여되기 쉽고 내실 있는 정책 운용이 어렵게 된다. 결국 피해자의 권리 확보는 피해자의 현실적 상황을 제대로 인지한 개인이나 집단에 의해 외부적으로 지지되고 옹호되어 일반 시민이 이를 인식하는 단계에까지 이르러야만 실현될 수 있다고 엘리아스는 주장한다.[70]

4) 페미니즘 피해자학

1948년 한스 폰 헨티히가 피해자 유형을 분류할 때 여성을 취약한 피해자의 한 유형으로 분류한 것은 범죄 발생의 기여적 요소를 찾기 위함이었지 여성의 인권 옹호를 위한 것은 아니었다. 범죄학 이론들도 1980년대까지는 젠더(gender)나 성차별 문제에 대해서 그다지 문제의식을 갖지 못했다. 다시 말하면, 남성이었다면 형사사법기관으로부터 보호를 받을 범죄피해라도 여성이기 때문에 범죄피해의 고통을 감내해야 하는 것에 대하여 기존의 범죄학이 무관심했다는 것이다.

그러던 것이 1970년대에 급진적인 페미니스트들(radical feminists)이 등장하면서 피해자학에도 페미니스트적 관점이 생겨나기 시작하였다. 이 급진주의적 페미니즘은 모든 사회조직이나 사회적 신념을 관통하고 있는 압제, 그것도 가장 근본적이고 광범위하며 지속적으로 진행되고 있는 압제라고 여겨졌던 가부장 제도에 대해서 비판이론을 발전시켜 나아갔다. 그들이 인식한 가부장 제도는 남성이 폭력을 수단으로 여성에 대하여 우월적 권한을 행사할 수 있다는 것을 의미했으며, 이러한 권한 행사는 국가, 사회조직, 사상 들을 남성이 통제할 수 있다는 사고에 의해 더욱 촉진된다고 보았다.[71]

페미니스트들은 남성과 여성의 차이를 정하는 범주를 생물학적인 차이에 두기보다는 문화적 기대에 기반을 두고 사회 속에서 만들어지는 것으로 간주하였다. 그래서 페미니스트들은 종래 범죄학자들이 여성들에 의해 저질러진 범죄를 간과해버리거나 여성범죄를 남성과의 관계를 지속하기 위한 시도 정도로 이해하면서 '남성다움'과 '여성다움'의 기준을 가지고 범죄이론을 전개해 왔다고 비판했다.[72] 이러한 범죄학에서의 여성에 대한 편견은 피해자학에도 이어져 가부장적이고 남성 중심적으로 구성된 사회적 지배구조의 영향으로 인해 가정과 직장에서 피해를 입는 여성들이 존재하고 있다고 보았다. 그런 의미에서 범죄피해를 당한 여성들에 대한 페미니스트들의 피해자 보호 운동은 '피해자 인권운동' 차원에서 바라볼 수 있을 것인바 이하에서 관련된 학자들의 주장 몇 가지를 소개하고자 한다.

맥키넌(MacKinnon)은 법률시스템뿐만 아니라 국가의 운영체제에도 남성적 특질이 배어 있어 강간을 당한 여성 피해자의 피해 경험을 객관적으로 평가하지 못하고 그 심각성을 희석시켜 모호하게 만든다고 주장하였다. 가부장적 사회 시스템에서는 여성 피해자는 항상 여성다운 존재로 만들어지기에 설령 성범죄 피해를 당했다 하더라도 강압에 의한 것이 아니라 상호 간의 마음속에 있었던 것들이 현실로 나타났을 뿐이라는 인식이 있다는 것이다. 성범죄 피해사례에서 성욕이 있는 여성은 남성이 여성으로부터 성적으로 얻기 원하는 것을 여성도 진실로 원하고 있다는 가정(假定)이 편만(遍滿)하게 퍼져 있기 때문에 남성들이 여성에 대하여 행사는 폭력적 힘을 보지 못하게 만든다고 말했다. 형사사법기관들도 대체로 이러한 가정의 토대 위에서 법집행을 하고 있기 때문에 강간 피해를 당한 여성이 피해경험을 진술하더라도 이에 대하여 비효과적으로 대응을 하고 있다고 비판을 하고 있는 것이다.[73]

스팔렉(Spalek)은 여성의 피해경험에 대한 민감한 대응이 중요하고 이러한 민첩한 대응에 초점을 맞춘 연구들이 기존의 연구들을 보완하여야 한다고 주장했다. 이러한 새로운 연구방법은 강간이나 가정폭력과 같은 사건의 기록을 촉진했는데, 이를 통해 과거에 경찰에 신고되지 않거나 공식적 조사에서 발견되지 않은 것조차도 연구에서 다룰 수 있게 되었다. 이로 인해 페미니즘 피해자학자들은 폭력피해를 당한 여성들의 경험을 다룬 여성보호기관에 대하여 깊은 관심을 갖게 되었으며 여성은 남성의 폭력행위를 그저 수동적으로 감내해야 할 존재가 아니라 그들의 삶의 환경을 적극적으로 개선해 나아감과 동시에 자신의 폭력적 파트너와 관계개선을 해 나가기 위해 노력해야 할 능동적 존재라는 인식을 강화시켰다. 그래서 위 연구자들은 폭력피해를 당한 여성을 피해자라고 부르기보다는 생존자(survivor)로 칭하는 것이 적합하다고 말한다.74)

페미니즘 피해자학 이론을 요약해 보면 맥키넌이 지적한 것처럼 여성에 대한 편견이 존재하는 가부장적 사회에서는 성범죄 피해를 당한 여성의 경우 일반인의 선입견으로 고통을 받을 수 있음은 물론 형사사법 시스템 전반에 있어서 적절하고도 공정한 처우를 받기가 어렵다는 것을 알 수 있다. 또 스팔렉이 주장한 것과 같이 여성을 피해자로 하는 각종 범죄사건들이 암수범죄화하는 사례가 많아 피해사실이 드러나지 않은 채 피해 회복이 지연되거나 피해를 감내하면서 살아가는 경우도 있었다. 이러한 페미니즘 피해자학자들의 영향을 받아 오늘날 세계 문명국가들은 가정폭력이나 성폭력을 당한 여성 피해자들이 형사사법 절차와 피해자 보호·지원 행정에서 성차별과 사회적 편견을 넘어서서 공정한 처우를 받을 수 있도록 관련 규정을 정비해 나아가려는 노력을 기울이고 있다.

6. 한국의 피해자학

서구에서 피해자에 대한 관심이 체계적으로 연구되기 시작한 것을 1960년대로 보았을 때 우리나라는 그보다 20여 년이 지난 1980년대에 접어들어서야 범죄피해자 문제에 대한 구체적 관심을 갖게 되었다고 볼 수 있다. 그러던 중 1987년 헌법에 범죄피해자구조청구권 개념을 도입하고, 범죄피해자구조법을 제정하는 등 우리나라 실정법에서도 피해자 보호 문제가 수면 위로 부상하기 시작했다. 이는 1980년 일본에서 「범죄피해자 등 급부금 지급법」이 제정되고, 선진 각국들이 범죄피해자 보상 및 구제제도를 마련하는 등 세계 각국이 피해자 보호정책을 추진하고 있는 현상을 간파한 정부가 도도한 시대적 흐름에 부응하기 위해서 내린 조치였다고 보인다.75)

이처럼 1980년대에 형사정책의 관심이 피해자 측에 쏠아지면서

1990년대에 들어서면서는 다양한 피해자 관련 연구물들이 나오게 되었다. 특히 1990년 한국형사정책연구원이 설립되어 범죄학 및 피해자학 연구에 집중할 수 있었던 것과 1992년 한국피해자학회가 창립되면서 「피해자학 연구」라는 학술지가 탄생한 것 등은 우리나라에서 피해자에 관한 연구에 큰 촉진제가 되었다. 현재 이러한 피해자에 대한 연구는 비단 한국피해자학회뿐만 아니라 한국형사정책학회·한국형사법학회와 같은 형사법 관련 학회에서도 다루어지고 있으며, 한국경찰법학회와 같이 경찰실무와 법제문제를 다루는 학회를 포함하여 대한범죄학회·한국범죄심리학회와 같은 범죄학 관련 학술단체에서도 활발하게 논의되는 등 그야말로 피해자학의 르네상스를 맞이하고 있다고 해도 과언이 아닌 상황이다.76)

그렇지만 피해자에 대한 일반의 인식은 여전히 낮은 편이고 학문의 성과도 아직 부족한 것이 사실이다. 우리나라 피해자학 또는 피해자 정책의 발전을 위해서는 이제부터라도 범죄피해 실태와 피해자 지원 활동에 관한 실증적 자료를 축적하는 동시에 형사사법 분야 종사자와 사회복지 분야 종사자들의 피해자 보호의식을 제고하도록 노력하여야 할 것이다.77)

제3절 현대사회에서의 피해자보호운동

1. 피해자보호운동의 개념

'피해자보호운동(victim movement)'의 개념은 '사회운동(social movement)'의 개념으로부터 추출될 수 있다.78) 사회운동이라 함은 '집단적 동질성을 갖고 있는 다양한 개인이나 그룹 또는 단체들이 정치적·문화적 갈등을 겪으면서 행하게 되는 상호 간의 비공식적 상호작용'을 의미한다.79) 그러므로 피해자보호운동이라 함은 '범죄피해를 당한 개인 및 범죄피해 문제에 대하여 집단적 동질성을 갖고 있는 단체나 그룹들이 정치적·문화적 갈등을 겪으면서 피해자 지위를 개선하기 위해

행하는 비공식적 상호작용'이라고 정의할 수 있을 것이다.[80]

2. 피해자보호운동의 조건

피해자보호운동은 사회운동과 같이 5가지 조건의 영향을 받게 된다.[81] 첫째, 구조적 기여도 또는 구조적 긴장(structural conduciveness and strain) 조건이다. 어떤 사회가 사회체제의 변혁을 수용할 수 있는 개방성을 갖추었는지 여부가 피해자보호운동에 영향을 미친다는 것이며, 이상과 현실의 괴리로 인한 긴장이 피해자보호운동을 가속화한다는 것이다.[82] 과거 남성 수사관들에 의한 성폭력 2차 피해가 여론의 뭇매를 맞자 경찰서에 여성청소년과를 신설하여 성폭력 사건을 여성 수사관이 담당하도록 한 사례가 이에 해당할 것이다.

둘째, 일반화된 신념의 성장과 확산(growth and spread of generalized belief) 조건이다. 이는 일반 대중이 변화가 불가피하다는 사실을 어느 정도 믿고 있는지 여부가 영향을 준다는 것이다.[83] 1985년 UN에서 형사사법 절차에서의 피해자 권리보호 원칙에 관한 선언이 발표된 후 세계 여러 선진국들이 앞다투어 피해자 보호정책을 실시하게 되자 학계나 시민단체 등으로부터 영국의 VS, 미국의 NOVA, 독일의 Weisser Ring과 같은 피해자 보호 시스템들이 소개되어 피해자 보호에 관한 일반 대중의 인식이 확산되는 계기가 된 것을 그 예로 들 수 있다.

셋째, 촉발 요인(precipitating factors) 조건이다. 이는 변화를 촉발할 수 있는 갑작스러운 사건이 존재하는지 여부가 영향을 준다는 것이다.[84] 2019년 7월경 SNS에 사진을 올린 다수의 여성으로부터 나체 사진을 전달받거나 불법으로 얻은 이들의 신상정보로 협박하여 가학적인 영상 등의 음란물을 제작하고 배포하여 재산상 이득을 취한 사건이 발생하자[85] SNS를 통한 성착취 피해자 보호를 위하여 성폭력범죄 처벌 등에 관한 특례법 개정을 추진한 사례가 이에 해당한다.

넷째, 행동 개시를 위한 참가자들의 동원(mobilization of participants for action) 조건이다. 이는 어느 정도 많은 사람들이 피해자보호운동에 나설 준비가 되어 있느냐에 관한 것이다.[86] 2018년 12월 대기업의 하청업체 노동자 김 모 씨가 석탄 운반용 컨베이어 장비에 몸이 끼여 목숨을 잃은 충격적인 사건이 발생하자 하청노동자의 잇따른 사망사고에 노동·시민사회·정당 들이 '위험의 외주화 금지 대책위원회'를 꾸리고 서울 광화문 세월호 광장의 노동자 분향소 뒤편에서 천막농성을 진행하였던 것은 피해자 보호정책 추진을 위한 동원 사례라고 볼 수 있다.[87]

다섯째, 비효율적인 사회통제의 실행(inefficient operation of social control) 조건이다. 이는 사회통제가 비효율적일 때 피해자보호운동을 더욱 촉발한다는 것이다.[88] 학원폭력사건이 빈발하자 학부모들이 연대하여 경찰의 순찰 강화와 법원의 경미한 형사처벌에 집단적으로 항의하는 사례가 이에 속할 것이다.

3. 피해자보호운동의 단계

피해자보호운동은 사회운동(social movement)과 마찬가지로 5단계로 진행된다.[89] 1단계는 '태동(incipiency)의 단계'이다. 이는 피해자보호운동을 위한 리더십이 확립이 되지 않은 상태이고 통합적인 노력도 없는 단계이다. 2단계는 '융합(coalescence)의 단계'이다. 이는 피해자 문제에 대하여 공감하는 대중들로부터 공식적 비공식적 조직을 형성해 나아가는 단계이다. 3단계는 '조직화 단계(institutionalization)'이다. 이는 피해자운동 조직을 확장하고 신규회원을 모집하며 이 운동을 수행하기 위한 자원을 최대한 확보해 나아가는 단계이다. 4단계는 '분열(fragmentation)의 단계'이다. 이는 조직화 단계가 성공적으로 진행되었을 때 조직 내부에서의 갈등과 압력으로 인해 발생한다. 5단계는 '종결(demise)의 단계'이다. 피해자보호운동의 목적이 달성되었다고 보고 피해자보호운동을 끝내는 단계이다.[90]

4. 피해자보호운동의 개요

1950년대 이후 행형의 실무가들의 피해자에 대한 관심은 피해자의 복지를 위하여 그에 대한 지원과 보호 대책을 강화할 것을 호소하는

'피해자보호운동'으로 나타나게 되었는데 이러한 피해자보호운동의 주요 의제로는, ① 여성보호, ② 아동의 권리확보를 위한 노력, ③ 점증하는 범죄문제에 대한 관심, ④ 범죄피해자 보상에 대한 주장, ⑤ 법률 개정작업 등이 제시되었다.[91]

피해자보호운동의 연혁을 개괄적으로 살펴보면, 1960년대에는 피해자보호운동을 통한 피해자보호 필요성에 대한 인식의 확산으로 서구 선진 국가를 중심으로 범죄피해보상제도가 마련되기 시작하였으며(피해자 구제 시책에 대한 관심), 1970년대에 들어서는 여성단체를 중심으로 여성 및 아동피해자 권익보호와 범죄피해자 지원을 위한 민간단체의 피해자보호운동이 활성화되기 시작하였고(피해자 지원 및 권리회복에 대한 관심), 북미와 유럽을 중심으로 형사절차상 피해자 지위에 관한 논의가 촉발되어 1980년대에는 많은 나라에서 피해자 지위강화를 위한 형사절차법 개정이 추진되었던 것을 볼 수 있다(형사법상 피해자 지위 향상을 위한 입법에 대한 관심).[92]

이처럼 피해자보호운동이 전개되면서 인권보호에 대한 관심이 서구 선진국을 비롯하여 세계 각국으로 확산되기에 이르렀고 이윽고 피해자 인권보호의 표준안 마련을 위한 국제사회의 논의도 활발해지기 시작하였다. 이러한 시대적 분위기로 인해 1980년 유엔범죄방지회의(UN Congress on Prevention of Crime and Treatment of Offenders) 제6차 회의에서 범죄피해자 인권보호를 위한 국제적 기준과 원칙을 마련하자는 공감대가 형성되면서 1982년 'UN Declaration' 초안이 성안되기에 이르렀던 것이다.[93] 그뒤로 3년 후인 1985년, 이탈리아 밀라노에서 열린 제7차 유엔범죄방지회의에서 이 초안이 만장일치로 통과되면서 같은 해 11월 29일 유엔총회에서 공식적으로 '범죄 및 권력남용 피해자를 위한 정의에 관한 기본원칙 피해자 인권보호 선언(Declaration of Basic Principles of Justice for Victims of Crime and Abuse of Power, 이하 'UN Declaration')이 채택되어 피해자 인권보호를 위한 국제적 기준이 탄생하게 되었고, 이후 범죄 및 권력남용 피해자 보호를 위한 국제사회의 노력은 더욱 확장되고 있다.[94] 이 'UN Declaration'은 국제적으로 구속력은 없지만 각국 정부 지도자들이 이를 형사정책 발전을 위한 지침으로 활용할 수 있기 때문에 이 'UN Declaration'이 가지고 있는 형사정책의 '가이드라인'으로서의 성격을 과소평가해서는 안 될 것이다.95)

제4절 주요 국가들의 피해자보호운동

1. 영국의 피해자보호운동

피해자보호운동과 관련하여 선구적 활동을 한 사람 중 하나가 영국의 마저리 프라이(Margery Fry)였다. 그녀는 영국의 전통적인 형사정책이 형사정의를 실현할 수 있는지에 대해 의문을 제기하면서 범죄피해자에 대한 경제적 보상과 가해자-피해자 간 화해를 유도하기 위한 국가적 차원의 제도가 필요함을 주장하였다.96) 이러한 그녀의 활동은 민간 차원의 피해자보호를 위한 자원봉사 활동을 촉진했는데, 특히 강간과 아동학대 피해자보호를 위한 피해자보호운동이 활발하게 전개되기 시작하였다. 1970년대에는 민간자원봉사단체에 의한 심리적 상담과 치료 등 실제적 측면에서의 지원이 본격화되면서 1974년에 브리스톨에서 피해자 지원조직의 연합체가 결성되었고, 1978년 잉글랜드와 웨일즈 지역 피해자 지원단체가 협력하여 '전국 피해자지원 연합회(Naitional Association of Victims Support Schemes)'가 조직되어 오늘날의 민간 피해자 지원조직인 '빅팀 서포트(Victim Support, VS)'가 탄생하였다.97) 이하에서는 빅팀 서포트의 구체적 활동을 비롯하여 영국에서 전개된 여타 피해자보호운동들을 살펴본다.

1) 빅팀 서포트를 통한 피해자 지원

빅팀 서포트(Victim Support, VS)는 정부조직으로부터 독립되어 있는 민간 자선단체로서 범죄나 기타 외상을 줄 수 있는 사건으로 인해 고통 받는 사람들이 필요한 지원을 받을 수 있게끔 도와주는 역할을 수행하는 조직이다. 이를 통하여 범죄피해자 등이 삶에 대한 안전감을 느끼도록 하고, 범죄피해를 극복할 수 있는 자신감을 부여해 주고자 한다. 이러한 지원은 무료이며, 지원요청자의 비밀을 보장해 주고, 피해자의 구체적 필요에 부응할 수 있도록 하루 24시간, 연중 365일 어느 때이든지 피해자 맞춤형으로 제공된다. 이때 범죄로 인해 고통을 겪고 있다면 그 사건이 과거에 발생했든지 아니면 현재 진행 중이든지, 경찰에 범죄신고를 했든지 안했든지, 직접피해자와 간접피해자를 막론하고 지원을 요청할 수 있다.

빅팀 서포트가 제공해 주고 있는 맞춤형 지원에는 ① 피해자가 필요로 하는 정보 및 조언의 제공, ② 즉각적인 정서적 지원과 실제적 지원, ③ 장기간에 걸친 정서적 지원과 실제적 지원, ④ 피해자 인권옹호, ⑤ 동료들에 의한 지원과 집단 작업, ⑥ 회복적 사법 지원, ⑦ 신변보호 서비스, ⑧ 형사절차 진행 과정에서의 조력 등이 있다. 빅팀 서포트에 소속된 직원들은 중앙정부의 정책입안자들과 지방정부의 공무원들은 물론 형사사법 시스템 종사자 및 다른 피해자 지원단체 종사자들과도 긴밀히 협력하면서 피해자 권리 보호를 위한 활동을 전개한다.

피해자는 빅팀 서포트 홈페이지에 접속할 경우 그가 필요로 하는 모든 정보에 대한 접근이 가능하다. 예컨대, 범죄피해를 입었을 때 일반적으로 심리적 충격 양상이 어떻게 나타나는지 그리고 심리적 외상으로 인해 어떤 증상이 발생할 수 있는지 등을 설명해줌으로써 피해심리를 이해하도록 도와주고, 가정폭력의 피해자의 경우 웹사이트 혹은 전화 등을 활용하여 빅팀 서포트 사무소에 주거 신청을 하면 쉼터를 제공받도록 관련 부서와 연계해주는 역할을 한다.[98]

2) 피해자 헌장 제정

1980년대에 활발하게 일어나기 시작한 피해자보호운동의 영향으로 영국 정부는 1990년 '피해자 헌장(Victims' Charter)'을 제정하여 피해자 보호 및 지원의 기본 틀을 정립하였다. 이때 최초로 제정된 피해자 헌장은 피해자 개인에 대한 권리 향상에 초점을 두었다기보다는 형사사법 시스템이 피해자를 위하여 어떻게 작동되어야 하는지 형사사법 체계 전반의 개선을 위한 바람직한 법집행 모델을 소개하는 데 중심이 가 있었다. 1996년에 이 피해자 헌장은 피해자가 받아야 할 서비스 기준을 27개 항목으로 구분하여 상당히 많은 부분이 개정되기에 이른다.99)

2006년도에는 종전의 '피해자 헌장'을 대체하기 위해 그 내용을 보완하여 '피해자 규칙(Code of Practice for Victims of Crime: Victims' Code)'을 제정하여 시행하였는데 2015년에 이를 개정하여 다음과 같이 각 장별로 피해자 권리를 제시하고 있다. 즉, 제1장은 피해자 권리를 강화한 특별한 조치들에 대한 설명을 하고 있고, 제2장은 성인 피해자에 대하여 경찰수사 단계, 공판 전 단계, 공판 단계, 상소 단계, 공판 이후 단계별로 그들이 향유할 수 있는 권리 및 서비스 제공자들의 의무를 열거하고 있으며, 그 밖에 회복적 사법, 보상신청, 고소절차 등에서의 피해자 권리도 제시하고 있다. 제3장에서는 아동이나 청소년 피해자에 대하여도 성인 피해자와 유사한 방식으로 각 단계별로 피해자 권리를 보호하도록 하고 있으며, 제4장에서는 사업체나 법인이 피해를 당했을 경우 '피해충격진술(Victim Impact Statement)'을 할 수 있는 근거를 두고 있으며, 제6장은 여타 피해자 지원 담당자들의 의무를 규정하고 있다.100)

한편, 2015년에 공포된 영국 북아일랜드의 피해자 헌장(The Victim Charter Order)은 법규명령(stationary rules) 형태로 제정되었는바, 피해자가 향유할 수 있는 절차상의 권리(entitlement)를 22개로 분류하여 제시하고 있다. 여기에 제시된 피해자의 주요 권리는, ① 공정하고도 전문성 있는 절차의 진행으로 인간의 존엄과 인격적인 존중이 보장된 처우를 받을 권리, ② 피해자의 의도를 이해시킬 권리와 서비스 제공자의 의도를 피해자가 이해할 권리, ③ 형사사법 절차 진행 단계별로 필요한 정보를 업데이트하여 제공받을 권리, ④ 서비스 제공자가 피해자의 필요를 고려할 수 있도록 하는 권리, ⑤ 활용 가능한 피해자

지원목록을 제공받고 지원을 해 줄 서비스 제공자를 대동할 수 있는 권리, ⑥ 폭력피해자가 입은 손상에 대하여 보상을 신청할 권리, ⑦ 법원에 청문절차가 있을 때 피해자가 가해자와 분리되어 편안한 마음으로 방문할 수 있도록 요구할 수 있는 권리, ⑧ 범죄가 피해자에게 어떤 영향을 미쳤는지 피해자가 법원에 진술할 수 있는 권리, ⑨ 가해자에 대한 형벌 여부와 사후 관리 방향에 대하여 설명을 들을 권리, ⑩ 피해자 지원 서비스에 만족하지 못할 경우 그것을 서비스 제공자에게 알릴 수 있는 권리 등이 있다.101)

3) 피해자 및 증인보호 강화

영국은 1999년 '소년사법 및 형사증거법(Youth Justice and Criminal Evidence Act 1999, YJCE Act)'을 제정하여 협박을 받기 쉬운 증인에 대한 보호조치 제도를 마련하였다.102) 즉, 위 법 제2편 '형사절차 목적 달성을 위한 정보 또는 증거의 제공' 제1장의 제목을 '심신이 취약하거나 공포감을 가진 증인에 대한 특별조치 지침'이라고 제시하고서 같은 장 제16조와 제17조에서 '형사절차에서 증인이 18세 이하이거나 증인이 제공한 증거의 질적 가치가 증인의 정신질환이나 기타 심각한 지적 손상으로 인해 멸실될 상황에 처해 있을 때, 그리고 피해자가 증언에 대한 공포나 스트레스가 심할 때 피해자 지원을 받을 권리가 있다'는 규정을 두고 있는 것이다(YJCE Act Part II, Chapter I, 16-17).

이 밖에도 나이가 어린 증인의 증언에 대하여 비디오 녹화를 하도록 하거나(YJCE Act Part II, Chapter I, 21), 법원에서 증언할 때 피고인이 증인을 보지 못하도록 스크린을 설치하거나 비디오를 통해 증언의 실황을 중계하도록 하는 규정과(Chapter I, 23-24), 증인에게 일정한 장애가 있을 경우 질의응답을 통해 의사소통이 가능하도록 특별한 수단이 제공되어야 하는 등의 규정(Chapter I, 30)을 담고 있다. 특히 2007년에는 '증인헌장(Witness Charter)'을 제정하여 형사사법 시스템 내에서 증인 보호체계를 확립하고 증인이 향유할 수 있는 권리를 명확히 하였다. 아울러 2008년 '형사증거법(Criminal Evidence [Witness

Anonymity] Act 2008)'을 통해 증인으로 하여금 익명 증언이 가능하도록 하였다.103)

4) 피해자 감독관 제도의 출범

'피해자 감독관(Victims' Commissioner)'제도는 2004에 제정한 '가정폭력, 범죄 및 피해자법(Domestic Violence, Crime and Victims Act 2004)'에 기반을 두고 있다.104) 위 법률에는 피해자 감독관의 역할을 ① 피해자나 증인의 이익 증진, ② 피해자나 증인을 위한 업무처리를 양호하게 수행하도록 독려, ③ 피해자 규칙 집행에 관한 지속적 점검 등으로 규정하고 있다.105)

피해자 감독관은 법무부 장관이 임명하지만 정부 및 다른 형사사법기관으로부터 직무가 독립되어 있는 기관으로서 피해자의 고충을 청취하고, 피해자나 증인의 필요를 대변하며, 피해자의견진술(Victim Personal Statement)이나 범죄피해보상(criminal injuries compensation)과 같은 영역에 있어서 제도의 원활한 작동 여부를 점검한 후 개선 방향에 대한 종합의견을 제시해 주는 역할을 담당한다.106) 이러한 의견제시를 위하여 법무부 장관과 수시로 회의를 하는 가운데 피해자업무 관련 연차보고서를 제출하며, 상원위원의 자격으로 피해자 관련 정책결정 회의에 참여하여 피해자의 입장을 전달하고, 국가형사사법위원회(The National Criminal Justice Board) 위원 자격으로 형사정책과 관련된 회의가 열릴 때 형사사법기관의 수장들에게 피해자를 위하여 어떤 내용을 개선해야 하는지에 대한 의견 제시를 한다.107)

그러나 피해자 감독관은 개별 피해사건에 대하여 그들의 권익을 직접 옹호할 수 없으며 형사사법기관이 이미 내린 결정을 번복하도록 요청할 수는 없다. 예를 들어 영국의 범죄손해보상위원회(Criminal Injuries Compensation)에서 피해자의 보상 신청을 기각하였다 하더라도 이를 번복하도록 요구할 수 없다는 것이다. 피해자에게 제공되는 서비스를 점검하고 피드백을 제공하는 역할이 주 임무이기 때문이다.108)

5) 피해자의견진술 제도 운용

피해자는 형사절차에서 자신이 범죄를 통해 겪은 신체적·심리적·경제적 피해에 대하여 말할 수 있어야 한다. 범죄가 자신의 삶에 끼친 영향에 대하여 형사사법기관에 진술할 기회가 제공되어야 하는 것이다. 영국은 1996년 피해자 헌장을 개정하여 '피해충격진술(Victim Impact Statement)' 제도를 시범 운영하다가, 2001년 '피해자의견진술(Victim Personal Statement)'이라는 명칭으로 바꾼 뒤 이 제도를 전국적으로 시행하였다. 다만 이때는 법적 근거가 뒷받침되지 못했으나 2013년 피해자 규칙이 개정되면서 법적 근거도 또한 마련하게 되었다.[109]

피해자의견진술은 경찰을 비롯한 여타 형사사법기관, 예컨대 법원이나 가석방 심사위원회 등에 구술이나 서면 형태로 제출할 수 있다. 피해자의견진술에 포함될 수 있는 내용으로는 ① 범죄의 결과로 겪었던 신체적·재정적·정서적·심리적 손상이나 받았던 치료조치, ② 피해자가 느꼈던 무력감이나 공포감, ③ 더이상 안전하지 못하다는 감정, ④ 가족들이 받았던 충격, ⑤ 매일의 일상에서 삶의 질의 변화, ⑥ 추가적인 지원이 필요한지의 여부, ⑦ 현재 진행되고 있는 범죄로 인한 충격 여파 등을 들 수 있다. 하지만 범죄자 처벌에 대한 의견 제시는 할 수 없도록 하고 있다. 가석방 심사위원회에 제출하게 되는 피해자의견진술에도 범죄자의 석방 여부에 대한 코멘트라든가 범죄자가 지닌 위험 요소 등을 포함시켜서는 안 되고 그러한 위험 요소가 있다면 따로 그 정보를 교정기관에 제출하는 것에 그쳐야 한다.[110]

피해자의견진술은 범죄 행위가 초래한 피해의 심각성을 법원이 올바르게 판단하도록 도움을 제공함으로써 형을 선고할 때 엄격한 사법심사를 하도록 하는 데 영향을 미칠 가능성이 있다. 그러나 법원이 형을 선고할 때는 피해자의 진술에만 매이지 아니하고 과거 판례들과 범죄자에 대한 심리학자나 정신의학자들의 감정서, 그리고 범죄행위가 발생했을 때 범죄자를 더 중하게 처벌할 가중적 처벌요소와 함께 정상 참작 요소까지 종합하여 판단하게 된다.

피해자들은 경찰에 목격자 진술을 함과 동시에 피해자의견진술을 할 수 있는데 이후 형사절차 진행 과정에서 새롭게 진술할 내용이 발생하면 그 다음 단계에서 이를 반영하여 형벌 선고 전이나 가석방 결정이 내려지기 전에 피해자의견진술을 할 수 있다. 다만, 형사절차가 신속하게 진행될 수 있기 때문에 적절한 시간에 피해자의견진술 제도의 존재와 활용 방법을 사전에 피해자에게 알려주어야 하고, 이를 거부하거나 취소했을 때는 사법절차의 신속한 진행 때문에 이 제도를 아예 활용하지 못할 수 있다는 것도 고지해 주도록 하고 있다.111)

하지만 형사사법기관이 피해자의견진술을 강요해서는 안 된다. 피해자의견진술이 없을 경우라도 법원은 피해상황을 경시하거나 어떤 가정도 하지 않아야 하며, 법원이나 경찰에 제출된 피해자의견진술은 검찰과 늘 공유하도록 하고 있다. 피해자의견진술을 할 때 피해자는 법정에서 소리 내서 읽을 수 있도록 법원에 요청할 수 있고, 피해자 대신 타인으로 하여금 대독하도록 할 수도 있는데, 이 경우 법원은 대독할 자를 선정할 수 있다. 18세 미만의 아동에 대해서는 법원 결정으로 책임 있는 성인이 진술 내용을 대신 읽을 수 있음을 고지해 주어야 하며 이때 요약 진술이나 부분 진술도 가능하다. 아울러 피해자의견진술은 법정에서 증거로 사용될 수 있으므로 피고인 측과 공유될 수 있음을 알려주어야 한다.112)

2. 미국의 피해자보호운동

미국은 1960년대 폭력범죄가 증가하고 그에 따른 사회적 후유증이 심각해지자 피해자보호에 관한 여론이 형성되고 이로 인해 각 주정부에서도 범죄피해보상제도를 비롯 피해자문제에 관심을 갖기 시작하였다.113) 특히 존슨(Johnson) 대통령이 집권하던 시기에 활성화된 사회복지에 대한 시민의 요구는 피해자의 법적 지위를 향상시키는 데 기여하였다. 이에 따라 1965년 미국 의회는 처음으로 국가범죄피해자조사(National Crime Victimization Survey, NCVS)를 실시하는 연구 프로젝트를 승인했었고 이는 오늘날까지 계속 이어지고 있다.114)

이때 전개된 피해자보호운동은 크게 2가지 양상으로 전개되었다. 그 첫째는 초기의 피해자 보호 프로그램으로서 대다수 국민들의 지원을 이끌어내는 데 성공했던 여성인권운동(feminist movement)이다. 1960년대에는 강간 피해를 당한 여성들이 범죄자 취급을 당하고, 가정폭력 피해를 당한 여성들도 형사사법기관의 관심을 받지 못하던 것이 관행이었는데 이러한 시대적 상황을 바라보며 여성인권운동가들이 사회에 공식적으로 문제제기를 시작하였던 것이다. 이로 인해 여성들은 자기 몸을 스스로 통제하는 부분에 있어서 발언권을 강화하는 방안을 모색하게 되었고, 형사사법기관이 강간죄나 가정폭력 범죄 시 발생하는 폭력행위를 저지할 책임이 있음을 부각시켰다. 두 번째는 법질서 준수운동(law and order movement)이다. 이 운동은 범죄자가 지나치게 많은 권리를 향유하고 있다는 점을 지적하고, 범죄자의 처우를 처벌중심으로 전환해 줄 것을 요청하는 보수적인 사회운동이었다. 1960년대 베이비 부머들에 의한 인구폭발로 인해 범죄가 증가하고, 반전시위를 비롯한 폭동이 빈발하자, 대법원의 자유주의적 이념에 기초한 온건한 판결에 대항하여 범법자를 응징할 수 있는 법을 제정할 것과 법원의 엄격한 처벌을 요구하는 보수적 시민운동이 일어났던 것이다.[115] 이하에서 미국의 구체적인 피해자보호운동을 살펴본다.

1) 전국적 피해자지원 조직 출범

1960년대 후반부터 범죄피해자와 그 가족이 다양한 피해자 지원 프로그램에 자원봉사자로 참여하면서 피해자가 겪는 고통에 대하여 연방 및 주 정부의 관심이 증대되어 '법집행지원행정기구(Law Enforcement Assistance Administration, LEAA)'가 연방정부에 창설되었으며 1974년에는 위의 '레아(LEAA)' 주도하에 각계각층의 피해자 지원세력들이 여론을 형성, 1975년 피해자지원을 위한 전국적 피해자지원 조직인 NOVA(National Organization for Victim Assistance)'가 탄생하게 된다.[116]

NOVA의 주요 임무는 ① 피해자를 서비스 단체 혹은 피해자가 필요로 하는 자원과 연결해 주고(assist), ② 피해자 인권옹호에 종사하는 자들이나 피해자 위기대응 업무에 종사하는 자들의 업무숙련도를 높이기 위한 훈련을 실시하며(train), ③ 범죄피해자와 직접 접촉하며 일하는 사람들이 탁월성과 전문성을 발휘하며 피해자 보호업무를 수행할 수 있는 핵심 역량을 갖추도록 자격증 프로그램을 운영하고(credential), ④ 피해자 권리를 보호할 수 있는 공공정책 형성에 주도적으로 참여하고 있다는 것과 피해자의 아픔을 대변하는 전국적 조직으로 봉사하고 있음을 홍보하는 것(promote) 등이다.[117]

또한 NOVA는 지향하고 있는 조직의 핵심가치를 ① 사람들의 곤경에 대하여 관심을 갖고 대응하며 돌보는 연민(compassion), ② 탁월한 업무수행과 맡은 일에 대한 정의로운 대응이 조직원들의 헌신을 명예롭게 만든다는 책임감(accountability), ③ 업무수행에 있어서 팀워크와 파트너십의 중요성을 인식하는 협동심(collaboration), ④ 조직구성원 각자가 하는 일이 사람들의 인생을 변화시킨다는 희망을 가지고 일에 매진하는 열정(passion) 등 4가지를 제시하고 있다.[118]

NOVA는 15명의 선출직 이사로 이사회를 구성하면서도 전문지식을 제공받기 위해 전문분야 종사하는 자들 다수를 명예이사로 추대하여 운영하고 있다. NOVA 구성원이 되려면 일반회원 혹은 특별회원으로 가입신청을 해야 하는데 일반회원들에게는 피해자 인권옹호, 위기대응, 범죄피해자나 위기상황에 처한 자들에 대한 양질의 훈련기회 등을 제공해 주며, 특별회원들은 이에 더하여 '국가 인권옹호지도자 센터(National Advocacy Leadership Center)'와 연결되어 피해자 지원 전문가로서의 경력관리, 취업정보 등의 혜택을 제공받는다.

NOVA가 운영하는 위기대응팀(Crisis Response Team, CRT)의 훈련 프로그램은 심리적 외상 완화를 비롯한 위기관리 기법들이 포함되는데 이들은 30년 이상의 기간 동안 현장 테스트를 거친 모범사례들로 구성된다. CRT훈련을 받은 팀은 소규모나 대규모의 위기상황, 예컨대 화재·집단총격·허리케인으로 인한 피해 등이 발생하게 되면 그 상황에 투입되어 정서적 차원에서 응급조치를 취하는 임무를 수행하게 되는데 이를 위하여 최소한 24시간의 현장 테스트 교육을 받게 된다. 이들 CRT팀은 범죄피해자뿐만 아니라 대규모 재난피해가 발생할 경우 피해자들의 심리상태를 이해하는 가운데 점증하는 비정상적 상황에서 그들이 정상적으로 대응할 수 있도록 지원활동을 전개하며, 종국적으로는 정서적·물리적 피해를 극복하고 신속히 회복할 수 있도록 돕는다. NOVA는 이처럼 회원들에게 위기개입 훈련만을 시키는 것이 아니라 지방공무원과 피해자 지원을 위한 정책 입안자, 피해사건의 생존자를 위한 지원활동도 전개하고 있다. 아울러 NOVA의 CRT팀에 의한 위기개입이 종료되어도 자체적으로 위기관리를 해 나아갈 수 있도록 해당 공동체 관리에 책임 있는 자들에 대하여도 피해자 지원 요령도 교육하고 있다.[119]

2) 법무부 피해자대책실 운영

1982년 미국 언론의 피해자에 대한 관심과 레이건 대통령의 주도적인 역할로 인해 피해자문제를 해결하기 위한 태스크 포스 팀이 정부 주도로 조직되었으며, 이 태스크 포스 팀이 만들어 낸 권고사항을 실천하기 위한 움직임이 시작되었다. 이에 1984년에 개정된 '범죄피해자법(Victims of Crime Act, VOCA)'에 근거하여 1988년 법무부에 '범죄피해자대책실(Office for Victims of Crime, OVC)'이 설립되었다. 피해자대책실은 범죄피해자 및 이들을 지원해 주는 서비스 제공자에게 필요한 정보를 원활하게 공급해 줄 수 있는 시설을 구축하는 한편, 피해자 지원 전문가들의 훈련을 지원하거나, 피해자권리를 보호하기 위한 법안 모델을 개발하는 등의 활동 등을 전개하였다.[120] NOVA도 피해자 지원 전문가들을 위한 훈련 프로그램을 운영하지만 OVC 역시 '훈련/기술지원 센터(Training and Technical Assistance Center)'를 두고서 피해자 보호 전문가들에게 수준별 서비스 제공을 위한 훈련의 기회를 제공하고 있다.[121]

아울러 OVC는 범죄피해자기금(Crime Victims Fund)의 운영 책임을 맡고 있는데 이 기금을 통해 모든 주정부와 컬럼비아 특별구, 미국령

버진아일랜드, 괌, 푸에르토리코 등의 행정기관이 피해자에게 지급하고 있는 범죄피해 보상금을 보충해 주는 차원에서 범죄피해자법 (VOCA)에 근거한 보조금을 지급하고 있다. 이 밖에도 피해자 보호 전문가들의 전문성 향상을 위한 훈련 프로그램에 대한 지원, 지방정부가 주도하는 국지적 피해자 지원 프로그램 지원, 기술적 지원을 위한 비용 등을 지출하고 있다. 이때 범죄피해를 당한 피해자에 대하여는 즉각적인 지원과 지속적인 지원을 병행하여 피해자의 피해 회복을 돕는다. 특히 OVC는 대테러 비상준비기금 항목을 별도로 편성하고서 테러 피해자들이 현재 진행 중인 표준 피해자 서비스에서 자금을 따로 빼지 않고도 필요한 도움을 받을 수 있도록 2020년 현재 최대 5천만 달러를 적립해 놓고 있다.[122]

한편, OVC는 홈페이지에 주요 피해유형별로 피해자가 피해 회복을 위해 활용할 수 있는 정보, 예컨대 주요 발간물 목록이라든가 피해자 지원을 받을 수 있는 관련 기관의 웹주소 등을 제공해 주고 있다. 이 홈페이지에 게시된 피해자 유형 및 자료제공 대상자 유형으로는 ① 아메리칸 인디언이나 알라스카 원주민 피해자, ② 폭력 피해자, ③ 캠퍼스 범죄 피해자, ④ 아동, 청소년, 노인 피해자, ⑤ 사기범죄, 증오범죄, 인신매매범죄 피해자, ⑥ 살인 피해자 및 그 유족, ⑦ 신분증 절도 피해자, ⑧ 가정폭력, 성폭력, 스토킹 피해자, ⑨ 법집행 공무원의 피해자 지원 지침 자료, ⑩ 피해자의 신체적·정신적 건강 지원에 관한 자료, ⑪ 테러나 대규모 폭력사태 피해자, ⑫ 장애인 피해자, ⑬ 피해자 지원 종사자들의 기술사용 지원 자료, ⑭ 피해자의 권리 유형 및 피해자 권리고지에 관련된 자료 등이 있다.[123]

3) 피해자 권리보호 운동 전개

1982년 레이건 대통령 산하에 설치되었던 범죄피해자를 위한 태스크 포스 팀은 '피해자는 모든 사법절차에 출석해서 청문할 수 있는 권리를 보장해 주어야 한다'라는 내용을 연방 수정헌법에 반영하고자 하였으나 이러한 시도는 실패로 끝났다. 그러나 같은 해 연방정부가

'피해자와 증인 보호를 위한 통합법(Omnibus Victim and Witness Protection Act)'의 한 부분을 차지하고 있는 '피해자 권리장전(Crime Victims' Bill of Right)'을 통과시켰고, 뒤이어 1990년에는 '피해자 권리와 배상에 관한 법(the Victim's Right and Restitution Act of 1990)'의 내용에 전술한 피해자 권리장전의 내용을 반영함으로써 피해자 권리보호를 위한 여정에 진보가 있었으며, 1994년에 초당적인 지지하에 통과되었던 여성폭력방지법(Violence Against Women Act)도 피해자 권리보호 개념을 담고 있는 연방법률이라는 의미를 지니고 있다.124)

1995년에는 '피해자를 위한 국가 헌법수정 네트워크(National Victims' Constitutional Amendment Network)'가 결성되어 피해자 권리보호를 위한 연방 헌법수정 초안이 제시되었다. 이러한 노력으로 인해 '범죄피해자를 위한 헌법상의 권리'라는 명칭의 초당적 수정안이 도입되기에 이르렀는데 미국의 많은 주들이 이를 입법모델로 삼게 되었다. 연방정부가 채택한 범죄피해자의 법률상 권리는 아래와 같이 8가지로 요약할 수 있다. 즉, ① 피해자가 공정한 처우와 함께 존엄한 대우를 받고 프라이버시의 보장을 받을 권리, ② 기소된 가해자로부터 보호받을 권리, ③ 법원에서 진행하는 모든 형사절차에 대하여 고지 받을 권리, ④ 법정의 모든 공개절차에 출석할 수 있는 권리, ⑤ 범죄와 관련된 모든 공개절차에 나와 진행상황을 청취하고 진술을 할 수 있는 권리, ⑥ 변호사와 사건에 대하여 접견하고 상담할 수 있는 권리, ⑦ 배상을 받을 권리, ⑧ 가해자에 대한 기소, 형 선고, 투옥, 석방 등의 정보에 대하여 통지 받을 권리 등이 바로 그것이다.125)

이에 따라 각 주에서도 헌법에 피해자 권리보호 규정을 담게 되었는데 1996년 코네티컷주 헌법의 예를 보면 위에서 제시한 8가지 피해자 권리와 유사한 권리를 규정하고 있지만 그 외에도 ① 피의자(피고인)의 체포가 이뤄질 경우 피의자(피고인)가 가져야 할 어떠한 권리도 생략되지 않은 가운데, 피해자가 관련된 사건이 적시에 처리될 권리, ② 만일 피해자가 법정에 출석하여 다른 사람의 증언을 듣게 될 때 피해자의 증언이 영향을 받을 수 있다고 법원이 판단하는 경우가 아닌 한 피고인이 출석할 권리를 갖는 모든 사법절차에 피해자도 출석할 권리, ③ 검사와 서로 협의할 권리, ④ 검사와 피고인 간의 유죄협상(plea agreement)에 반대하거나 혹은 찬성할 수 있는 권리, 그리고 법원의 유죄인정(plea of guilty)이 있기 전에 피해자가 법정에서 진술할 권리, ⑤ 법원의 형 선고에 대하여 피해자가 진술할 권리, ⑥ 손해배상을 국가가 강제집행 해줄 수 있는 사례와 같이, 피해자를 위해서도 국가가 손해배상을 강제집행 하도록 할 수 있는 권리 등이 추가적으로 포함되어 있다.126)

3. 독일의 피해자보호운동

독일의 경우 1960년대 이래 최근에 이르기까지 피해자보호를 위하여 각 지역별로 다양한 피해자 지원단체가 조직되어 활동해 왔다. 물론 이러한 지원단체 조직은 열악한 지위에 있는 피해자를 보호함으로써 피해자의 권익을 지키겠다고 하는 피해자보호운동의 일환으로 보아야 할 것이다. 이러한 지원조직의 형태는 여성의 집, 여성을 위한 피난처, 여성상담소, 가정폭력 피해상담소, 미성년 성범죄 피해자 상담소, 강간피해자 위기센터 등이 되겠는바, 이 중에서 가장 잘 알려진 조직이 1976년에 결성된 '바이서 링(Weisser Ring, 백색 고리)' 제도이다. 이 바이서 링 조직이 생겨남으로 인해 그동안 산발적으로 행해지던 피해자지원 활동이 보다 체계적으로 전개되기 시작하였다.127) 이하에서는 바이서 링의 활동을 비롯하여 독일에서 전개되었던 피해자보호운동을 좀 더 세부적으로 살펴본다.

1) 바이서 링의 활동

'바이서 링(Weisser Ring)'은 '백색 고리'로 번역되는 독일 특유의 피해자 보호 및 지원활동 단체이다. 1960년대에 전국 각지의 자원봉사 단체들이 산발적으로 피해자 지원을 해 오다가 1976년에 전국적인 통합조직으로 출범했으며, 1988년에는 정신 심리상담을 비롯한 보다 전문적 원조를 제공하는 범죄피해자보호협회가 결성되어 활동영역을 넓혀가고 있다.128) 이 단체는 국가의 보조금 없이 운영되고 있기에 국가로부터 독립된 민간기구라고 할 수 있다. 바이서 링이 수행하고 있는 주요 임무를 보면, ① 피해자에 대한 일반적 지원 및 상담, ② 피해자와의 법정 동행, ③ 피해자를 위한 서류 작성, ④ 다른 피해자 보호기관과의 연계, ⑤ 피해자가 최초로 방문했던 변호사에 대한 법률상담 비용 지원, ⑥ 범죄피해 후 발생하는 외상에 대한 최초의 상담 비용 및 법의학적 수사에 소요된 비용 산정 및 지원, ⑦ 형사소송 절차에서 피해자 권리보호 활동을 한 변호사에 대한 추가적 변호 비용 산정, ⑧ 범죄피해자보상법(Opferentschädigungsgesetz, OEG)에 따라 피해자가 정부의 지원을 받도록 되어 있는 경우 피해자의 신청 절차 지원 등이 있다. 이 외에도 가해자와 피해자의 화해 및 중재 역할 수행, 피해자의 법적 지위 향상과 사회적 상황의 개선을 위한 입법 청원, 피해자 보호 정책 수립의 요구, 일반 시민을 상대로 한 피해자 인식 제고를 위한 계몽활동 전개 등의 업무를 수행하고 있다.129)

바이서 링은 무료로 피해자에게 온라인 상담을 진행하고 있다. 이때 피해자가 온라인상에서 입력하거나 상담했던 내용은 모두 외부 서버에 암호화되어 기밀로 처리된다. 피해자가 온라인으로 상담을 신청하면 보통 72시간 이내에 답변을 받도록 되어 있고, 보다 신속한 처리를 원하면 전국에 분포되어 있는 지방사무소 중 가장 가까운 곳에 직접 방문을 하거나 긴급전화 116-006을 활용하도록 하고 있다.130)

바이서 링은 2020년 현재 연방 전역의 18개 주에 400개의 신고사무소(Anlaufstellen)를 설립하여 운영하고 있는데 전문적인 훈련을 받은 2,900명의 자원봉사자와 매월 최소 2.5유로 이상의 회비를 납부하는 4만 5천 명의 회원으로 조직되어 있다.131) 모든 바이서 링 사무소는 변호사, 심리학자, 의사, 법의학자 등과 같은 전문가와 긴밀히 연계함으로써 피해자가 필요로 하는 법률적·심리사회적·심리치료적·의학적 지원 업무를 수행하고 있으며, 다른 자원봉사 단체와도 네트워크를 구축하고 있어 피해자가 필요한 때에는 언제든지 자원봉사 조직과 연계해 주고 있고, 형사절차 진행 과정에서도 피해자의 권리를 보호를 지원하는 활동을 하는 한편, 피해자의 물질적 손해회복을 위한 제반 청구 절차의 진행도 돕고 있다.[132]

2) 범죄피해보상제도의 도입

근대 독일 형법은 형벌권이 국가에 독점된다고 보아 형사절차에 피해자가 관여할 여지가 없었기에 1970년대 초 독일형법 대개혁이 있었던 때조차도 피해자 문제보다는 범죄자의 성공적 사회복귀와 범죄예방을 형법의 중심 과제로 삼고 있었다. 그러나 1970년대를 지나면서 피해자 문제를 새롭게 인식하기 시작했고 그 결과 1976년 5월 범죄피해자 보호의 첫 출발점이라고 할 수 있는 범죄피해자보상법 (Opferentschädigungsgesetz, OEG)의 제정이 이루어졌다. 이 법은 사회적 보상관계를 규율하고 있는 독일 연방법으로서 범죄자의 폭력에 기인한 피해로부터 시민을 보호하는 것이 국가의 책무라는 사상에 기반을 두고 있는바, 범죄 행위로 인해 피해자가 생활 능력이 없고 의지할 것이 없으며 도움이 필요한 경우 국가가 이들 피해자를 보호하여야 한다는 것으로서 독일 기본법 제20조 제1항에 규정한 사회국가 원리에 기초한 법이다.[133] 이 법을 통해서 폭력범죄 피해자는 치료비, 일실임금 및 재취업을 위한 비용을 공적으로 보상받을 수 있는 길이 열리게 되었다.[134]

1976년에 제정되었던 위 법은 1985년 1월에 한 차례 개정되었고, 2011년 6월에 재차 개정된 바 있다. 위 법률을 구성하고 있는 주요 내용을 보면, ① OEG에서 정하고 있는 지역이나 독일의 선박, 항공기에서 자기 또는 타인에 대한 불법적 공격을 받거나 정당방위 과정 중에 건강의 손상을 입은 사람은 이 법이 정한 바에 따라 보상을 청구할 수 있다는 규정, 적어도 3년 동안 독일에 체류하는 외국인에게는 독일인과 같은 보상 혜택이 주어져야 한다는 외국인 보상금 청구 규정, 그리고 가해자가 자기 행위의 정당성 여부에 관하여 착오가 있다 하더라도 이 보상에는 영향을 미치지 않고, 고의적인 위법행위로 건강을 침해당해 피해가 발생한 경우이면 족하다는 등의 보상청구권에 관련된 규정(§1. Anspruch auf Versorgung), ② 부상을 당했다 하더라도 부상자가 가해행위를 한 경우 혹은 보상을 신청한 자의 다른 행동으로 말미암아 보상을 허용하는 것이 불공평한 경우에는 보상을 하지 않는다는 보상청구 거부 규정(§2. Versagungsgründe), ③ 보상 연금을 산정할 경우, OEG에 근거하여 보상을 청구하건, 다른 법률을 통해 보상을 청구하건 부상 정도에 따라 균일한 보상연금 기준이 설정되어 서로 다른 청구 간에 통일성이 있어야 한다는 청구의 일치에 관한 규정(§3. Zusammentreffen von Ansprüchen), ④ 범죄피해 보상은 피해가 발생한 지역을 관할하는 주정부가 보상책임을 져야 하고, 피해를 당한 지역 여부에 대한 판단이 불가능할 경우에는 피해자가 거주하거나 체류한 지역의 주정부가 보상책임을 져야 하며, 피해자가 합법적인 체류를 하지 않았다면 연방정부가 보상책임을 져야 한다는 비용부담 책임에 관한 규정(§4. Kostenträger), ⑤ 특정 주정부가 피해에 대하여 보상을 한 경우 피해에 책임이 있는 제3자에 대한 손해배상청구권이 보상을 한 그 주정부로 이전된다는 손해배상 청구권의 전환 규정(§5. Übergang gesetzlicher Schadensersatzansprüche), ⑥ 부상의 정도에 따라 최대 월별 기본 연금의 20배까지 지급한다는 규정을 두고 있는 보상기준 규정(§10b. Härteausgleich) 등으로 구성되어 있다.135)

3) 형사절차에서의 피해자 지위 강화

1986년 12월에 개정된 독일의 피해자보호법(Opferschutzgesetz)은 같은 해 형사소송법과 법원조직법 및 관련 법률 개정과 맞물려 시행되었다. 특히 형사소송법은 이 시기의 개정으로 인해 피해자의 형사절차 참여권이 강화되어, ① 형사사법기관이 소송 결과를 피해자에게 통지하도록 하거나 피해자에게 각종 형사절차상의 권한을 고지해 주도록 하는 피해자의 정보획득권이 인정되었고, ② 변호사의 조력을 받을 권리가 보장과 함께 소송기록 열람권도 가지게 되었으며, ③ 구 형사소송법 제395조에서 규정하고 있던 사인소추의 경우 그 참가자격을 제한적으로 특정하고 있었으나, 1986년 개정법에서는 사인소추가 가능한 피해자 그룹을 6개로 나누어 강간 등 성범죄의 피해자, 모욕이나 비방 등 범죄에 의한 피해자, 유기나 학대 등 범죄에 의한 피해자, 약취나 인질 등의 범죄에 의한 피해자, 살인미수의 피해자 및 피살자의 친족, 기소강제절차의 의하여 공소제기를 한 피해자 등으로 그 범위가 확대되었고,136) ④ 피해자가 부대공소(附帶公訴)로 공판에 참여하게 되면서 법관 또는 감정인에 대한 기피신청권, 질문권, 재판장의 명령 및 질문에 대한 이의신청권, 증거신청권, 의견진술권 등 검사에게 인정되는 거의 모든 권한이 인정되기에 이르렀으며, ⑤ 변호사 비용이 없는 공소참가인을 위하여 비용을 보조할 수 있도록 하는 규정 등이 도입되었다.137)

이러한 피해자의 법적 지위는 2004년 제1차 피해자권리개혁법과 2009년의 제2차 피해자권리개혁법 마련을 통해 더욱 강화되어 왔다. 제1차 개혁법에서는 피해자 정보권이 더욱 확대되고, 증인에 대한 부담이 감소되었으며, 피해자의 근친도 국가비용으로 변호인의 조력을 받아 부대소송을 할 수 있도록 하였고, 배상명령제도에 있어서 법원이 이에 대한 결정을 하지 않을 수 있는 재량을 광범위하게 축소하였다. 제2차 개혁법에서는 형사소송법 총 35개 조항이 신설되었는데 그 핵심방향은 어린이와 미성년 피해자들의 권리를 확장하고, 형사절차에 협력한 증인에 대한 보복이나 불이익을 방지하고자 하는 데 있었다. 이에 따라 부대소송이 가능한 목록의 범위에 강제결혼의 경우가 추가되고, 중대한 스토킹 피해자에 대하여 변호인의 조력을 받을 수 있게 하였으며, 인질 관련 범죄의 일부에 대해서 부대소송이 제기될 경우 변호인의 조력을 국가재정으로 부담하는 것이 가능하도록 하였다. 특히 형사소송법 제397조 및 제397조의a에 따르면 부대기소권자들은 형사절차의 모든 단계에서 변호인의 조력을 받을 수 있고 변호인에 의한 소송대리도 가능하도록 하였다. 18세 미만의 어린이나 청소년 피해자 등 자신의 이해에 따라 행동하기 어려운 자들을 위해 '피해자변호인'을 선임하도록 하였다.138)

4) 증인에 대한 보호

독일은 1998년 4월 30일에 증인보호법을 제정하여 범죄 행위로 피해를 입은 16세 미만의 자 또는 공판정에 출석하지 않을 염려가 있는 증인에 대하여 진실의 발견을 위해 필요한 때에는 증인신문을 녹화 또는 녹음하는 방법으로 기록할 수 있도록 하였다. 아울러 증인이 공판정에 출석하여 신문을 받는 경우 피고인이 법정에 존재하는 것이 증인에게 현저한 악영향을 주리라고 여겨지는 절박한 위험의 상황에서는 피고인을 퇴정시키거나 공개를 금지하는 조치를 할 수 있도록 하였으며, 2001년에는 '증인보호조화법(Zeugenschutz-Harmonisierungsgesetz, ZSHG)을 마련하여 증인의 가족 구성원들도 증인보호프로그램에 포함시켜 보호하게 되었다.139)

2009년 형사소송법 개정 시에는 제68조의b에 증인에 대한 변호인의 조력에 관한 규정을 도입하였는데 이에 따르면 모든 증인은 변호인의 조력을 받을 수 있도록 하였다. 또한 형사소송법 제475조의 범위를 넘지 않는 한도 내에서 서류열람등사권도 가지도록 하였으며, 증인신문에 있어서도 변호인 동석권을 갖더라도 변호인 동석권이 증거 수집에 있어서 중대한 장애로 작용할 때에는 이를 배제되도록 하였다.140)

4. 일본의 피해자보호운동

1960년대 일본에서는 아사이치 이치노세(Asaichi Ichinose)의 아들이 범죄자에게 살해당하자 도시샤 대학의 미노루 오야(大谷實) 교수와 더불어 정부로부터 범죄피해자보상금 지급을 촉구하는 피해자보호운동을 전개하였다. 피해자 유족들이 조직한 '살인범죄 박멸을 위한 유가족 모임', '피해보상제도 도입을 촉진하기 위한 모임' 등이 결성된 것들이 그러한 유형의 운동이었다. 그러다가 1974년 8명의 사망자와 380여 명의 중경상자를 발생시킨 '미츠비시 중공업 빌딩 폭파사건'이 있고서부터 무고한 피해자에 대하여 국가적 지원이 필요하다는 여론이 형성되어 1980년 '범죄피해자 급부금 지급법(Crime Victim's Benefit

Payment Act)'이 제정되었지만 더이상의 피해자 구조제도는 실체화되지 못하였다.[141]

이후 1983년 성범죄피해자 지원을 위하여 '도쿄 강간구원 센터'가 설립되는 등 일부 민간단체의 피해자보호활동이 전개되었으나 본격적인 피해자 지원책이 마련되지 못하다가 1990년대 들어서야 다시 범죄피해자에 대한 문제의식이 높아지면서 북미와 유럽 선진국의 영향 아래 이하에서 보는 바와 같이 국가 차원 혹은 민간 차원에서 범죄피해자 보호대책들이 적극적으로 모색되기 시작하였다.[142]

1) 국가 차원의 피해자보호운동

가. 형사사법기관의 피해자대책

일본 검찰의 경우 1991년 후쿠오카 지검에서 '피해자 통지제도'를 시작한 바 있는데 이를 1999년부터 전국에 확대 시행하게 되었다. 이를 통해 검찰은 사건처리 결과 또는 재판 결과를 피해자에게 통지해 줌으로써 피해자 정보권이 신장되는 계기를 제공하였다. 하지만 일본 정부의 피해자대책의 발전은 경찰청이 선도했다고 보아도 과언이 아닐 정도로 경찰 분야에서 두드러졌다. 일본 경찰청은 1996년에 '범죄피해자대책 요강'을 제정하고 본청과 지방경찰청에 피해자대책실을 설치하여 종합적인 피해자대책 운영실무를 운영하도록 하는 한편, 성범죄피해자 보호를 위해 여성 전담경찰관을 배치하였고, 피해자에게 수사 진행상황을 알려주는 '피해자연락제도'를 시행하였으며, 1999년에는 범죄수사규범을 개정하여 경찰수사 과정에서 보다 체계적으로 피해자 보호활동을 전개하도록 하였던 것이다. 이 외에도 일본 경찰청은 범죄피해자 등 급부금 지급제도를 주관하고 있고, 피해자 지원에 관한 민간단체를 조직화하는 한편, 범죄피해자 지원포럼을 결성하여 전국적 차원에서 범죄피해자 지원정책을 조정하고 기획하는 역할도 수행하였다. 이 외에도 1999년 정부 차원에서 '범죄피해자대책 관계성청 연락회의'를 설치한 이래로 관계기관 간의 상호 협력을 통해 보다 체계적인 피해자대책을 추진하고자 노력하고 있고, 2001년에는 법무부가 범죄피해자 업무를 전담하는 담당관 제도를 신설하였는가 하면, 지방검찰청에서는 '피해자 지원요원' 제도를 만들어 '피해자 등 통지제도' 업무를 수행하도록 하고 있으며, 보호관찰기관에도 피해자 관련 업무를 수행하는 담당자를 지정하여 운용하고 있다.143)

나. 범죄피해자 기본법 제정

일본은 2004년에 '범죄피해자 기본법(犯罪被害者等基本法, Basic Act on Crime Victims)'을 제정하였다. 이는 오카무라(岡村)라는 변호사의 피해자보호운동이 결정적인 계기가 된다. 그는 자신의 아내가 살해된 후 피해자의 법적 지위가 너무 열악한 사실에 충격을 받고 '범죄피해자 유가족 연합(National Association of Crime Victims and Surviving Families)'을 결성하여 피해자의 법적 지위를 개선하기 위한 노력을 기울였는데 이러한 그의 운동이 결실을 본 것이다.144)

그러나 이 법이 제정되기까지는 여러 노력이 있었다. 특히 1999년 '전국 피해자지원 네트워크'가 '피해자 권리선언'을 공표하면서 피해자 권리보장을 위한 입법운동을 하겠다고 밝혔는데, 주요 내용을 보면, ① 공정하게 대우받을 권리, ② 형사사건에 대하여 정보제공을 받을 권리, ③ 피해회복을 받을 권리, ④ 형사절차에서 의견을 진술할 권리, ⑤ 적정한 지원을 받을 권리, ⑥ 재피해로부터 보호를 받을 권리, ⑦ 평온하고 안전하게 생활할 권리 등이 제시되었다.

1999년에는 일본 변호사연합회가 '범죄피해자 기본법 요강안'을 마련하여 제시했으며, 법무부도 같은 해에 '형사절차에 있어서 피해자 등의 보호'라는 명칭의 법안을 마련하여 여론수렴을 한 뒤 그해 12월 '범죄피해자 기본법안'이라는 이름으로 국회에 제출하였다. 이후 2000년에 '형사소송법 및 검찰심사회법의 일부를 개정하는 법률과 범죄피해자 등의 보호를 위한 형사절차상 부수조치에 관한 법률'이 공포되었는가 하면, 2001년에는 '범죄피해자 급부금 지급법'의 개정 노력도 있었다. 그러다가 마침내 2004년에 '범죄피해자 기본법'이 제정되어 2005년부터 시행되기에 이르렀던 것이다.145)

이 범죄피해자 기본법은 제1장 총칙, 제2장 기본시책, 제3장 범죄피해자시책 추진회의 등 3개의 장에 총 30개의 조문과 부칙으로 구성되어 있다. 제1장 총칙에서는 법 제정의 목적(제1조), 용어의 정의(제2조), 기본이념(제3조) 등이 규정되어 있고, 그 밖에 정부의 '범죄피해자 등 기본계획' 작성의무(제8조)및 법제상·재정상의 조치의무(제9조), 연차보고 의무(제10조) 등이 제시되어 있다.

범죄피해자 기본법 제2장 기본시책에서 제시되고 있는 중요한 시책은 ① 피해자 상담 및 정보제공, ② 손해배상 청구절차 진행에 따른 지원, ③ 피해자의 경제적 부담을 덜어주기 위한 급부금 지급절차에 대한 지원, ④ 피해자의 정신적·신체적 상황에 맞는 의료 또는 사회복지 차원의 지원, ⑤ 임시적 보호조치 혹은 보호시설 입소 승인을 통한 피해자의 신변안전 보호, 범죄예방에 대한 안내, 증인 자격으로 형사절차에 참여할 경우 안전을 확보하기 위한 특별한 조치, 다른 범죄로 인한 피해를 막기 위한 피해자 개인정보의 철저한 관리, ⑥ 범죄로 인하여 자신의 집에 계속 거주하기 어려운 피해자에 대하여 공공 주거시설에 입소할 수 있도록 조치, ⑦ 범죄피해자의 고용안정을 위해 범죄피해자의 현 상황을 고용주에게 이해시키기 위한 국가나 지방정부의 노력, ⑧ 국가나 지방정부가 형사절차에 관한 정보제공을 통해 피해자의 형사절차 참여를 촉진시킬 수 있도록 노력, ⑨ 피해자에 대한 보호조치와 수사 그리고 재판업무 담당자들이 피해자를 접촉함에 있어서 피해자의 평온한 생활 유지 및 피해자 인권보장이 가능하도록 피해자의 정신적·신체적 고충에 대한 이해도를 높이기 위한 교육훈련의 강화, ⑩ 피해자의 상황에 대한 국민의 이해도를 높이기 위한 홍보활동과 교육의 강화, ⑪ 기타 피해자 관련 조사연구의 추진, 민간단체에 대한 원조, 피해자 정책 수립 시 피해자 의견 반영 등이 규정되어 있다.

2) 민간 차원의 피해자보호운동

일본의 민간단체에 의한 피해자보호운동이 1960년대부터 산발적으로 진행되어 왔다는 것은 앞서 언급한 바와 같으나 1970년대에도 여성과 아동을 위한 피해자보호운동이 있었다. 예를 들어 1975년에는 시민이 주축이 된 태스크 포스 팀이 구성되어 가정폭력 피해여성과 그들의 아동을 위한 대책을 강구해 줄 것을 요구하면서 정부에 압력을 가한 결과 1977년에 가정폭력 피해여성과 아동들을 위한 쉼터가, 1983년에 성범죄 피해자를 위한 강간 구원센터가 각각 동경에 개설되기에 이르렀다. 이후 1991년에 전국 교통사고 유가족 모임이 결성되었는가 하면 1992년에는 동경의치과대학 난치질환연구소에 범죄피해자 상담실이 개설되어 심리상담이 시작되었다.[146)

한편, 실질적 의미에서 일본 최초의 범죄피해자에 대한 체계적 연구는 1992년부터 시작되었다고 볼 수 있다. 1992년 전국적 규모의 가정폭력실태조사 연구가 진행된 결과 일본의 가정폭력이 그다지 심각하지 않다는 주장은 신화에 불과한 것임을 보여주었다. 이후 각종 심포지엄과 연구활동, 그리고 그 결과에 대한 언론보도를 통해서 범죄에 의한 여성의 피해가 심각하다는 사실이 일본 언론에 보도되면서 일반 대중이 피해자 문제를 새롭게 인식하게 되었다.[147) 특히 피해자학·범죄사회학·형법학·형사소송법학 연구자들이 함께 모여 '범죄피해자 실태조사연구회'를 결성한 뒤 '범죄피해자구원기금'의 지원으로 1992년부터 1994년까지 3년에 걸쳐 범죄피해자의 실태 파악을 목표로 광범위하고 체계적인 연구를 수행한 후 1996년에 그 연구 결과를 발표함으로써[148) 피해자에 대한 일반인들의 관심을 증폭시키는 전기를 마련하였다.

5. 한국의 피해자보호운동

1980년대 중반까지만 해도 한국사회에서 범죄피해자에 대한 인식은 그다지 크지 못하였다. 그러던 중 1987년 헌법이 범죄피해자구조청구권(제30조)과 피해자의견진술권(제27조 제5항)을 규정하면서 피해자 정책이 태동하였다.[149) 1990년대 초기에 접어들면서는 피해자보호를 주창하는 조직이 생성되기 시작하였는데 그중 하나가 1991년에 설립된

'한국성폭력상담센터(Korean Counseling Center for Sexually Assaulted Women)'
이다. 이후 1995년에는 '범국가적 피해자보호운동 그룹(Nationwide Victim
Movement Group: NVMG)이 결성되면서 여성 범죄피해자의 인권 개선
을 촉구하는 피해자보호운동이 전개되었고 이러한 운동은 가정폭력
피해자와 성폭력피해자의 인권을 보호할 특별법 제정 촉구 운동으로
발전하였다.150)

　그 결과 1994년에 '성폭력범죄의 처벌 및 피해자보호 등에 관한 법
률'이 제정되고, 1997년에 '가정폭력처벌법'이 제정되었으니 한국의
피해자보호운동이 실질적인 결실을 보게 된 것이라 할 수 있을 것이
다. 피해자보호운동은 여기에 머무르지 않고 피해자를 포함한 범죄신
고자들의 신변 보호를 강화하기 위하여 1999년에는 '범죄신고자법'을
제정하였다. 이후 범죄피해자의 필요에 정부가 적극적으로 부응하며
지원정책을 강구해야 한다는 목소리를 내게 되자 2001년 정부는 마
침내 '여성가족부'라는 국가 중앙조직을 신설하여 여성 및 아동 범죄
피해자 보호와 지원을 강화하기에 이르렀다.

　2005년에는 범죄피해자의 법적 지위 강화와 피해자 지원의 충실을
기하기 위해 '범죄피해자보호법'을 제정하게 되었다. 이 법은 범죄피
해자 보호를 위한 기본법으로서의 성격을 지녔다고 할 수 있는데, 그
주요 내용은, ① 범죄피해자 보호 및 지원의 기본 시책, ② 범죄피해
자 보호·지원에 관한 기본계획, ③ 민간 피해자지원단체 등록 및 벌
칙규정, ④ 범죄피해자구조금 지급요건 및 절차, ⑤ 형사조정제도 등
을 담고 있다. 2007년에는 '형사소송법' 개정을 통하여 피해자 권익보
호를 위한 장치를 추가하였다. 이때 개정된 피해자보호적 차원의 조
항의 예를 들면, ① 신뢰관계 있는 자와의 동석권(제163조의2, 제221조
제3항, 제276조의2), ② 비디오 중계방식에 의한 증인신문(제165조의2), ③
피해자에 대한 통지제도(제259조의2), ④ 피해자를 위한 심리의 비공개
(제294조의3), ⑤ 피해자의 재판기록 열람·등사권 인정(제294조의4), ⑥
피해자의 법정진술권 강화(제294조의2, 제294조의3) 등을 들 수 있다.151)

　한편, 2009년 10월 21일 박민식 의원이 발의한 「범죄피해자 보호기

금법」 법안이 2010년 4월 19일 법제사법위원회에서 수정가결된 후, 2010년 4월 21일 제8차 국회 (임시회) 본회의에서 의결되었다. 당시 법제사법위원장을 대리하였던 박민식 의원의 "…범죄피해자의 희생으로 만들어지는 연간 1조 5,000억 원이 넘는 벌금액의 4% 이상을 범죄피해자보호기금으로 설치하고 이 재원을 기반으로 범죄피해자에 대한 실질적인 보호 및 지원이 가능하도록 하는 것…"이라는 주장에 대하여 일부 의원이 기금을 조성할 것이 아니라 일반예산으로 하자며 반대를 하기도 하였으나 출석의원 202인 가운데 찬성 186명, 반대 5명, 기권 11인으로서 범죄피해자보호기금법안이 법제사법위원회의 수정안대로 가결되기에 이르렀고,[152] 2010년 5월 14일 법률 제10284호로 제정되어 2011년 1월 1일부터 시행에 들어가게 되었다.[153] 이하에서는 지금까지 전개되어 온 피해자보호운동의 개요를 국가기관 활동과 민간기관의 활동으로 구분하여 살펴본다.

1) 국가 차원의 피해자보호운동

국가 차원의 피해자보호운동은 무엇보다도 경찰과 검찰 혹은 법무부 등 행정부를 중심으로 추진한 피해자보호정책의 개발 및 피해자권리보호 운동과 국회를 중심으로 피해자의 법적 지위 향상을 위한 입법적 노력을 들 수 있겠다. 입법적 차원의 피해자보호운동에 대해서는 앞서 기술하였기에 여기서는 경찰, 검찰, 법무부를 중심으로 전개되었던 피해자보호운동에 국한하여 살펴본다.

가. 경찰

한국 경찰은 2004년도 이전까지만 해도 범죄사건 해결력을 높여 범죄피해자인 국민의 불만을 신속히 해소한다는 일반적 차원에서 지극히 산발적으로 피해자 문제를 접근했을 뿐 범죄피해자 보호를 위한 구체적 전략이 수립되어 있지 않았고, 이 전략을 수행할 전담기구도 구성되어 있지 못하였다. 그러다가 2004년 2월 경찰청 혁신기획단 내에 범죄피해자보호를 위한 태스크 포스 팀이 구성되었고, 곧이어

경찰청장·실국장·계장 간의 혁신토론회에 범죄피해자 보호문제를 공식 의제로 다루어 활발한 토론이 진행되기에 이르렀으며, 그해 5월에는 일본의 저명한 피해자학자인 미야자와 고이치(宮澤浩一)를 초빙하여 경찰 수뇌부가 경찰의 범죄피해자대책 추진 방향에 대한 강의를 듣는 등 경찰지휘관들이 범죄피해자 보호문제에 점차 관심을 기울이게 되었다.154)

그러던 중 2004년 5월에 범죄수사규칙(제10조의3)을 개정, 피해자에 대한 정보제공 지침을 명시하게 되었으며, 동년 6월에는 경찰청 수사국에 '범죄피해자 대책실'을 설치하여 경찰 역사상 처음으로 범죄피해자 보호를 위한 전담기구를 출범시키게 되었다. 뒤이어 전국 지방경찰청 및 각 경찰서 수사1계장을 '범죄피해자 대책관'으로 임명하여 전국 범죄피해자 대책관 워크숍을 실시하였고, 동년 8월에는 경찰청 훈령인 「범죄피해자보호규칙」을 제정, 범죄피해자 보호의 기본방향과 지침을 제시하였고, 동년 9월에는 일선에서 피해자보호업무를 일관성 있게 추진하기 위하여 '피해자서포터' 제도를 출범시키게 되었다.155)

이후 2005년 2월 22일에는 범죄피해자 보호업무를 인권적인 시각에서 보다 충실히 추진한다는 것을 목표로 인권보호센터를 개소, 기존의 범죄피해자대책실을 범죄피해자대책계와 인권보호계로 확대 개편하게 되었다.156) 인권보호계는 경찰의 인권정책을 수립하고 관련 법령을 정비하는 한편, 인권침해 신고의 접수 및 처리, 각급 경찰관서의 인권시책 이행 실태 확인 및 평가 등의 업무를 수행하도록 하였다. 이와 더불어 외부통제기구인 인권수호위원회와 시민인권보호단을 운영하면서 국가인권위원회 및 시민인권단체의 창구 역할도 맡도록 하였다. 범죄피해자대책계는 범죄피해자에 대한 신속한 피해 회복을 지원하는 한편, 수사 과정에서 발생할 수 있는 인권침해 방지를 위한 대책을 수립하고, 피해자 서포터 활동을 분석·지도하며 국가인권위원회와 협력하여 각급 경찰관서의 인권교육을 기획하고 집행하도록 하였다.157)

이후 2010년 10월 22일 「경찰청과 그 소속기관 직제(대통령령 제

22259호)」및「경찰청과 그 소속기관 직제 시행규칙(행안부령 제165호)」 개정에 따라 경찰청 수사국 산하에 설치되었던 인권보호센터를 감사관 소속으로 이관하면서 '인권보호담당관'직을 신설, 산하에 '범죄피해자대책계'와 '인권보호계'를 두는 방식으로 개편하게 되었다.

나. 검찰

피해자 보호를 위한 대책에 관한 한 검찰도 지속적인 관심을 가지고 법령 개선 및 각종 피해자 정책 실현을 위하여 노력해 왔다고 볼 수 있다. 1990년 6월「범죄피해자 증인보호를 위한 특별지시」를 하달한 이래, 1999년 2월「성범죄수사 및 공판관여시 피해자 보호지침」제정, 2000년 8월「가정폭력사건 수사지침」제정 등 피해자 보호에 대하여 꾸준한 관심을 표명해 왔었다. 그러다가 2003년 말 검찰과 피해자 보호에 관심을 가진 시민들의 협력하에 김천·구미 범죄피해자지원센터가 개소되면서 2004년부터 검찰의 피해자 보호 시책이 크게 발전하기 시작하였는데, 김천·구미 피해자지원센터의 성공적 운영에 힘입어 현재 검찰이 협력하고 민간이 주도하는 피해자 지원조직이 전국으로 확대되기에 이르렀다.[158]

2004년에 경찰의 피해자 보호시책이 다양하게 개발되었던 것과 마찬가지로 대검찰청에서도 2004년 10월 전국 검찰청에「범죄피해자 보호 및 지원에 관한 지침」을 시달하여 전국의 지검 또는 지청에 피해자지원실과 피해자지원담당관을 설치하여 범죄피해자에 대한 정보 제공과 피해자 상담, 법정동행의 임무를 수행하게 하는 한편, 피해자상담 전용전화 1301번 운용, 피해자 전용 조사실 설치를 통한 피해자 진술 영상녹화 등 매우 구체적이고 실제적인 정책이 제시되었다.[159]

특히 2006년에는 2002년 제정되었던「인권보호 수사준칙」을 전부 개정하였는데, 동 준칙 제44조부터 제52조까지를 범죄피해자 보호에 관한 내용을 규정하면서, 범죄피해자의 진술권 보장(제44조), 피해자에 대한 정보제공(제45조), 2차 피해방지(제46조), 신뢰관계 있는 자와의 동석(제47조), 전용조사실의 이용(제48조), 피해자 등의 신변보호(제49

조), 피해자의 권리고지와 유익한 정보제공(제50조), 성폭력 등 피해자의 보호(제51조), 피해자·참고인의 조사(제52조) 등 피해자 보호를 위한 상세한 업무처리 지침을 정립하게 되었다.[160]

아울러 피해자 문제에 관심을 갖고 있는 검찰청 인사들이 법무부의 피해자 정책에 관여하면서 2005년 이후 범죄피해자보호법의 제정과 개정, '범죄피해자 보호·지원에 관한 기본계획' 수립에 관한 정책의 수립과 집행, 범죄피해자보호법과 범죄피해자구조법의 통합을 통한 범죄피해자 구조제도 개선, 범죄피해자보호기금법 제정 등이 추진되었다. 이후 2008년 대검찰청에 피해자인권과가 설치되면서 검찰조직의 범죄피해자지원 활동이 보다 체계화되기 시작하였다.[161]

다. 법무부

범죄피해자보호법의 제정과 더불어 2006년 12월 법무부에서는 '범죄피해자 보호·지원에 관한 기본계획(이하 '범죄피해자 기본계획')'을 수립하였는바, 바로 이 범죄피해자 기본계획이 여러 국가기관과 각 지방자치단체의 구체적인 범죄피해자 보호·지원 시행계획 추진을 위한 방향타 역할을 하게 되었다. 당시 범죄피해자보호법 제12조에는 법무부 장관으로 하여금 '범죄피해자 기본계획'을 5년마다 수립하도록 하였는데, 각 국가기관이나 지방자치단체들은 매년 이 기본계획에 근거하여 '시행계획'을 수립한 후 해당 시책을 추진하도록 하였다. 범죄피해자 기본계획의 종국적 목적은 범죄피해자의 인간 존엄성 보장 및 범죄피해자의 실질적인 피해 회복을 통해 선진복지국가를 이루어 나아가는 데 있다고 보아야 할 것이다.[162]

2006년도 법무부가 수립한 범죄피해자 기본계획의 핵심 내용은 ① 손실복구의 지원, ② 형사절차에의 피해자 참여 확대, ③ 2차 피해의 예방, ④ 원상회복 조치와 같은 실질적 피해회복 지원 등으로 요약할 수 있다. 이후 '2012년 범죄피해자 보호·지원에 관한 2차 기본계획'이 다시 제시되었는데, 여기서는 기본이념으로서 인간존엄성 보장, 피해자의 명예와 사생활의 평온 보호, 법적 절차에의 참여권 보장 등을 선언한 가운데 그 이념을 실현하기 위한 기본시책들로서, ① 손실복구 지원, ② 형사절차 참여 보장, ③ 사생활의 평온과 신변의 보호 등을 제시하였다. 위의 '손실복구 지원'을 위한 구체적 시책들로서 범죄피해자 조기지원 시스템 및 상담－진술－치료－경제적 지원의 원스톱 시스템을 구축하고, 범죄피해자 상황과 처지에 맞는 다각적인 자활을 지원하며 범죄피해자구조금 제도를 개선하는 내용이 포함되어 있었다. '형사절차 참여권'을 보장하기 위한 구체적 시책으로서는 피해자의 재판절차 참여권을 보장함과 동시에 전문가의 조력을 통한 자유로운 진술을 보장하기 위한 방책을 강구해야 함을 밝히고 있으며, '사생활의 평온과 신변보호'를 위하여 형사절차상 2차 피해방지와 범죄피해자의 개인정보 보호를 위해 노력할 것임을 명시하였다.[163]

2) 민간 차원의 피해자보호운동

1970년대 이전 한국사회의 정치경제적 상황을 보면 개발도상국의 대열을 벗어나지 못한 채 저소득층에 대한 복지시책조차 충분하지 못한 상황이었으므로 정부건 민간조직이건 범죄피해자 문제에 대한 관심을 기울일 만한 여력이 없었다고 보아도 좋을 것이다. 1980년의 경우도 독재정권에 의해 시민사회단체 활동이 엄격하게 통제되었기 때문에 피해자보호를 위한 민간조직의 활동이 위축될 수밖에 없었던 환경이었다.[164]

1990년에 들어서면서부터는 한국에서도 범죄피해자 보호를 위한 민간조직이 생겨나기 시작하였다. 1991년에 설립된 한국성폭력상담소는 성폭력 피해 여성에 대한 상담을 전개하는 것은 물론, 성폭력의 원인과 예방 대책을 연구하는 등 여성인권 보호에 앞장섰던 조직이라고 말할 수 있겠다. 이후 여성의 전화, 사랑의 전화 등 여성·청소년·노인·아동의 권익보호를 위한 민간조직이 출현하게 되었다. 하지만 이 시기에 생겨난 이러한 민간조직들은 피해자보호를 위한 전문조직이었다기보다는 여성·청소년·아동에 대한 일반적 보호조직으로서 전문인력이나 조직체계 면에서 취약점을 지니고 있었다. 그 가운데서도 1994년 성폭력처벌법과 1997년 가정폭력처벌법 제정을 계기로 성폭력, 가정폭력, 아동학대, 성매매 등의 피해자를 위한 전문 상담소와 보호시설이 각지에 설립되었고, 각 특별법에 근거하여 정부로부터 보조금을 받을 수 있게 되면서 점차 민간조직의 피해자보호활동이 활기를 띠게 되었다.[165]

그러다가 2001년 여성가족부가 창설되면서 아동과 여성 피해자 보호를 위한 지원 시스템이 급속도로 정비되기 시작하였다. '성폭력방지법'에 근거를 둔 성폭력피해상담소와 성폭력피해자보호시설의 설치·운영, '가정폭력방지법'에 근거한 가정폭력상담소와 가정폭력피해자보호시설의 설치·운영, '성매매방지 및 피해자보호 등에 관한 법률'에 근거한 성매매피해상담소와 성매매피해자 지원시설의 설치·운영, '아동복지법'에 근거한 긴급전화 개설과 아동보호전문기관이 설치·운영되는 등 각 민간의 피해자 지원조직이 과거보다 훨씬 전문화되었고, 국가나 지방자치단체가 상담소나 보호시설의 설치·운영에 소요되는 경비를 보조하게 됨으로써 민간조직의 피해자보호활동이 더욱 촉진되기에 이르렀다.[166]

이와 더불어 2003년에 검찰청의 후원으로 설립된 이후 전국적 민간조직으로 성장한 '범죄피해자지원센터'와 여성가족부 및 경찰청의 지원 속에 설치되었던 '해바라기 아동센터' 및 '원스톱 지원센터' 등도 피해자 보호 및 지원을 위해 활발한 활동을 전개하였다. 범죄피해자지원센터는 최초 김천·구미지역에 설립된 이후 현재 전국 56개 지역으로 확대되어 운영되고 있는데 피해자 상담, 사건 직후의 위기 개입, 형사절차에 대한 정보 제공, 의료정보 제공, 형사사법기관에의 동행서비스, 범죄현장 청소, 쉼터 제공, 피해자 안전 확보 등의 활동을 전개한다. 현재는 스마일 센터와 연계하여 범죄피해자의 심리치료로 지원하고 있다. 2004년 성적 학대를 당한 아동을 보호하기 위해 출발한 해바라기 아동센터는 여성부가 각 지역의 주요 병원과 협력하여 설립한 민간조직으로서 학대아동에 대한 상담, 의료지원, 사건조사, 법률지원 등을 원스톱 서비스로 진행하도록 되어 있다. 아동을 위한 종합진료체재를 구축하고, 학대행위에 대한 범죄수사를 진행하며, 소아정신과 의사 및 아동심리학자 등 전문가 그룹이 아동의 치료를 담당하고, 내방한 학대 아동 및 그 가족을 상대로 상담서비스를 제공하는 것이다.167) 2005년 경찰청의 주도적 지원 아래 설립된 '여성·학교폭력 피해자 원스톱 지원센터'는 최초 서울 경찰병원에 설치되어 여성경찰관, 상담사, 간호사 등이 24시간 상주하면서 상담·수사·의료지원·법률상담 등을 동시에 제공해 왔는데, 이후 심리치료 기능이 빠진 원스톱 지원센터와 심리치료 기능을 유지하고 있던 '해바라기 여성·아동센터'를 합하여 현재 '성폭력피해자통합지원센터'라는 명칭하에 통합적으로 운영되고 있다.168)

제2장 피해자학의 정의

제1절 피해자학의 개념

　피해자학 연구는 피해자학이라는 학문의 올바른 정의에서부터 시작되어야 한다. 피해자학을 뜻하는 '빅티몰로지(victimology)'라는 용어는 피해자를 뜻하는 라틴어 '빅티마(victima)'와 지식의 체계를 뜻하는 그리스어 '로고스(logos)'가 결합된 단어이다. 따라서 피해자학은 '피해자에 관한 지식의 이론적 체계'라고 정의할 수 있다.[169] 1993년에 에자트 파타(Ezzat A. Fattah)라는 학자는 피해자학자들의 피해자에 대한 권익옹호 주장이 '법과 질서' 준수를 외치는 보수적 이데올로기를 강화하여 형사사법기관으로 하여금 가해자에 대하여 보다 가혹한 응징을 하도록 하는 압력으로 작용할 것이라고 비판적 견해를 제시하였다. 사회의 제반 피해자 관련 이슈에 대하여 피해자학이 관심을 갖게되었을 경우 초래될 수 있는 다소 부정적인 현상을 언급한 것이다. 그러나 피해자학은 에자트 파타가 언급하는 바와 같이 '피해자문제를 둘러싼 사회현상'을 묘사하는 것에 머무르는 학문이 아니다. 피해자학은 피해자와 관련된 사회현상 및 사회적 반응을 과학적으로 조사하고 분석하는 학문인 것이다.[170]

　종래 범죄학이 범죄현상과 원인을 과학적으로 해명하고 분석하여 범죄방지를 위한 합리적 정책수단 개발이 가능하도록 사실적 기초를 제공하는 기능을 수행해 왔다면, 피해자학은 단지 사실로서의 피해현상 진술에 머무르지 않고 피해자화 방지와 피해자보호를 위하여 피해현상을 과학적으로 분석하고, 이를 통해 피해자 문제에 대처해 나아갈 수 있는 총체적 의미의 피해자 대책을 탐구하는 학문이라고 할수 있다. 그러므로 피해자학은 각종 입법수단을 통한 피해자 정책의 규범화를 촉진하고, 공공기관의 피해자 지원을 위한 자원 확보를 촉구하며, 일반 사회인으로 하여금 피해자의 불합리한 현실에 주목하게 만들어 그들의 법적 지위 개선과 인권보호를 위한 지지를 이끌어낼 동력으로 작용할 수 있게 되는 것이다.171)

　피해자학이 피해자의 요구사항이 무엇인지를 밝혀내고 사회로부터 지지를 이끌어내는 것을 목표로 한다는 점에서 '사회 운동(social movement)'과 유사한 측면이 있다고도 볼 수 있지만 논리정연한 이론체계를 가지고 객관성과 과학성을 추구해 가는 학문분야라는 점에서 유형·무형의 실력행사를 통해서 사회변화를 추구해 가는 단순한 '사회적 운동'과는 다른 것이며 오히려 피해자를 위한 '사회 운동' 자체가 피해자학의 연구 대상이 된다.172)

　이로 보건대 피해자학은 피해현상 규명이라는 점에서 경험과학적 성격을 지님과 동시에 합리적이고 타당한 법규범과 필요한 정책의 정립을 모색한다는 측면에서 규범과학적 속성도 지님으로써 종합과학적 성격을 띠고 있다고 말할 수 있을 것이다.173) 결국 피해자학은 '법학·생물학·심리학·사회학 또는 의학 등 인접과학을 망라하는 학제적 관점을 가지고서 범죄피해자 및 인권침해를 당한 피해자의 피해 상황을 규명하고, 피해자화 과정과 양상을 밝혀내는 한편, 이러한 피해에 대한 피해자의 반응 및 피해자를 둘러싼 사회환경의 반응을 과학적으로 연구하는 학문분야'라고 말할 수 있을 것이다.174)

제2절 피해자학의 연구방법

1. 피해자학 연구범위의 설정

1) 범죄학의 특별영역

　피해자학은 독자적인 학문이 아니고 범죄학의 한 부분영역에 속한다는 견해이다. 범죄학이 여러 가지 문제 중 피해자 문제를 다루는 경우에는 그 자체로 피해자학이라 부를 수 있다고 한다. 이러한 입장에 서 있는 학자가 범죄학자 한스 폰 헨티히(Hans von Hentig)이다. 그는

1948년 『범죄자와 피해자』에서 대부분 범죄학에 관한 내용을 다루면서 마지막 장에서만 피해자 문제를 언급하고 있을 뿐 피해자학을 독자적인 학문영역으로 취급하지 않고 있다.[175]

이 입장에 의하면 피해자학은 범죄학이 이미 수행해 오고 있던 분야를 연구하는 것으로서 독립적이고 새로운 것이 아니므로 '여분의 모험적인 기획(superfluous enterprise)'에 불과하다고 한다. 한스 폰 헨티히의 추종자인 스티븐 쉐이퍼(Stephen Schafer)와 미야자와 고이치(宮澤浩一) 등도 피해자학을 범죄학의 범주에 포함된 것으로 이해하고 있다.[176]

2) 일반적인 학문영역

벤자민 멘델슨(Beniamin Mendelsohn)은 루마니아의 변호사로 일할 당시 범죄피해자, 그중에서도 강간 피해자 문제에 착안하였던 최초의 사람이다. 그는 이후 범죄피해자만에 국한하지 않고 모든 피해자를 다 포섭함으로써 일반적 피해자학의 주창자가 되었다. 즉, 범죄학과는 독립된 독자적 학문영역으로서 피해자학을 주장하였던 것이다.[177]

일본 도쿄 치의과대학 교수이자 정신과 의사였던 나카타 오사무(中田修)는 1958년 발표한 논문 「멘델슨-새로운 생물사회학적, 심리학적 사회과학으로서의 피해자학」에서 멘델슨이 제시했던 아래의 6가지 주장이 새로운 과학으로서의 피해자학의 비전을 제시한 고전적 사례에 해당한다고 피력하였다.[178] 즉, '① 피해자학은 모든 피해자들과 그들이 당하는 고통과 그 치유의 문제에 초점을 맞추어야 한다. 피해자학은 그 자체로서 정당성이 있는 과학이다. ② 피해자학은 자체적인 학술지를 가져야 한다. ③ 피해자학은 자체적 조직을 가져야 한다. ④ 피해자은 국제적 조직을 가져야 한다. ⑤ 피해자학계는 국제 학술세미나를 개최하여야 한다. ⑥ 피해자학에서는 피해자학적인 처방이 제시되어야 한다.'는 것 등이 바로 그것이다.[179]

이러한 멘델슨의 노력은 피해자학을 독자적인 학문영역으로 발전시키는 데는 공헌했지만 피해자학의 범주를 지나치게 광대하게 책정함으로써 피해현상을 일관성 있게 설명하는 데 어려움을 주었다. 피해자의 개념이 지나치게 확장되면 피해자에게 실질적 도움을 주지 못하고 공허한 이론으로 남기 쉬운 것이다.[180]

3) 인권침해 연구 영역

최근의 많은 피해자학자들은 피해자학을 인권침해 연구영역으로 삼고자 한다. 엘리아스 뉴먼(Elias Neuman)이나 로버트 엘리아스(Robert Elias)와 같은 학자들이 이에 속한다. 이들은 피해자학을 피해자의 인권침해 행위에 대한 과학적 연구로 발전시켜 나아가고자 노력한다. 범죄학의 특별영역으로 피해자학을 이해하는 입장에 서 있는 학자들은 피해자 관련 연구에 초점을 가짐으로 말미암아 피해자학 발전에 기여한 측면이 있었는가 하면, 일반적 피해자학 입장에 서 있는 학자들은 피해자에 대한 관심의 확장, 피해자의 심리이해 및 피해자 치료법 개발 등에 나름 기여한 바가 있다.[181]

그러나 이 두 입장만 가지고는 현대사회에서 발생하는 피해자 문제 대응에 한계가 따를 수밖에 없다. 만일 실정법 영역 밖에서 인권침해를 당하는 자들에 대한 피해현상을 방치한 채 그들에 대한 피해자 구조체계 마련 등과 같은 법률적·제도적 환경을 개선하기 위한 노력을 기울이지 않는다면 그것은 또 다른 차원의 새로운 피해를 야기할 수 있는 것이다.[182] 비록 비범죄 영역이라 하더라도 사실상 인권침해가 있는 분야를 연구 영역으로 삼아 피해자학을 연구할 가치가 여기에 있다. 이를 전통적 범죄학 및 일반 피해자학과 구별하여 '범죄피해자학(crime victimology)'이라 칭할 수 있을 것이다. 전통적 범죄학(criminology)과 일반 피해자학(general victimology), 그리고 범죄피해와 인권침해 문제를 함께 다룰 수 있는 범죄피해자학(crime victimology) 간의 상관관계를 [그림 1]과 같이 표현할 수 있다.[183]

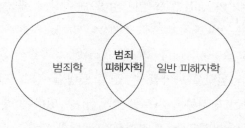

범죄학　　범죄　　일반 피해자학
　　　　피해자학

┃그림 1┃ 범죄 및 인권침해 연구영역으로서의 범죄피해자학

2. 피해자학 연구방법론

　　피해자학이 피해자와 관련된 사회현상을 과학적으로 조사하고 분석하는 한편, 피해자의 인권침해 실태를 관찰하고 이의 회복과 재발방지 대책을 강구하는 데 기여하는 학문이라면 이 피해자학의 연구방법론은 다소 복합적이라고 볼 수 있다. 즉, 피해자화 현상과 원인을 해명하기 위해서는 통계분석, 표본조사, 참여적 관찰 등과 같이 경험과학적 방법을 사용해야 하는가 하면, 피해자화 방지대책을 강구하기 위해서 현존하는 법률, 제도, 시책을 분석하고 미비점을 보완할 수 있도록 정책 제시를 하는 것처럼 규범학적 방법도 사용해야 하는 것이다.184) 법학자들의 경우 대개 규범학적 연구방법을 채택하지만 많은 피해자학 연구자들은 경험과학적 연구방법을 즐겨 사용하고 있는바, 이하에서는 후자의 연구방법론 중 대표적인 것 두 가지를 소개해 보고자 한다.

1) 공식범죄통계에 의한 연구

　　먼저 공식범죄통계 연구방법이 있다. 이는 미국에서 흔히 UCR(Uniform Crime Report)라고 부르는 공식적 범죄통계 기록에 토대를 둔 연구방법을 의미한다. 이 UCR는 FBI가 각 지방의 법집행기관으로부터 입수한 범죄 관련 통계를 총집결하여 매년 발간하는 통계자료이다. 이는 우리나라 경찰이 매년 발간하는『경찰통계연보』,『경찰백서』, 혹은 검찰이 발간하는『범죄분석』등과 유사하다고 볼 수 있다. 미국

UCR의 장점은 총 인구의 90% 이상에 해당하는 사람들의 범죄적 동향을 이 통계기록에 포함시킬 수 있을 뿐만 아니라 각 지역 및 대도시, 소도시, 대학 캠퍼스 단위별로 각각의 해당 지역 법령에 위반한 범죄현황을 파악할 수 있고, 연령별·성별·인종별로 분류된 인구통계학적 범죄통계 자료를 획득할 수 있다는 장점이 있다.

반면 UCR는 범죄피해자에 대한 상세한 내용과 통계에 잡히지 않는 피해 사실을 파악하기 어렵다는 단점이 있다. 즉, 법집행기관에 신고하지 않은 범죄피해는 UCR 통계에 산입되지 않는다는 것, 강간죄와 같이 중범죄라든가 연방법률에 위배되는 범죄는 쉽게 통계로 잡히지만 단순폭행을 비롯한 경미한 범죄까지 망라하기 어렵다는 것, 동일한 범죄자가 한 사건으로 여러 범죄를 범한 경우 가장 중한 범죄만이 통계에 잡힐 수 있다는 것 등이 단점으로 지적된다. 이는 UCR만 가지고서는 범죄피해 상황에 대한 온전한 파악이 어렵다는 것을 의미한다.[185]

이러한 단점은 우리나라 공식적 범죄통계자료에도 동일하게 적용된다고 할 것이다. 미국의 FBI는 범죄적 특성에 관한 정보가 미흡하다는 UCR의 단점을 극복하기 위해 국가사건기반 보고시스템(National Incident-Based Reporting System, NIBRS)을 구축, 범죄에 대한 자료수집 범위의 확대를 통해 상세한 정보까지 입수하고자 하는 노력을 기울인 바 있다. 그러나 법집행기관 전체가 NIBRS에 참여하는 것은 아니어서 이 또한 한계를 지녔다고 할 수 있다.[186]

우리나라 공식적인 범죄통계자료 중의 하나인 검찰의 『범죄분석』을 통해서도 일응 범죄피해자에 대한 일정 수준의 정보를 얻을 수 있다. 즉, 범죄피해자의 성별, 연령별 정보와 함께 피해 시의 상황 및 범죄자와 피해자와의 관계 등을 파악할 수가 있는 것이다. 이때 피해 시의 상황에 관한 정보는 피해자가 범죄피해를 당했을 때의 구체적 정황이 어떠했는지를 나타내는 것으로서 ① 취침 중, ② 일하는 중, ③ 부재 중, ④ 담화 중, ⑤ 혼잡 중, ⑥ 보행 중, ⑦ 딴 데 정신을 잃은 상황, ⑧ 속은 상황, ⑨ 기타, ⑩ 미상 등 총 10가지 유형으로 분류하고 있다. 그리고 피해자와 범죄자와의 관계에 있어서는 피해자의 유형을 ① 국가, ② 공무원, ③ 고용자, ④ 피고용자, ⑤ 직장동료, ⑥ 친구, ⑦ 애인, ⑧ 동거친족, ⑨ 기타 친족, ⑩ 거래 상대방, ⑪ 이웃, ⑫ 지인, ⑬ 타인, ⑭ 기타, ⑮ 미상 등 총 15가지 유형으로 분류하고 있다.[187] 하지만 이러한 피해자 관련 자료는 범죄예방정책 및 피해자 보호정책 수립에 일정 부분 기여할 수 있겠으나 피해자의 경제적·심리적·신체적 피해 상황까지는 파악이 어렵고, 수사기관에 신고하지 않은 사건의 경우에는 여전히 범죄피해를 파악하기 어렵다는 한계를 지니고 있다.

2) 피해자 조사 연구

공식적 범죄통계 연구의 단점을 극복하기 위한 것이 바로 피해자 조사 연구이다. 조사자가 피해자를 직접 방문하거나 설문지를 배포한 다든지 전화를 거는 방식으로 피해상황을 보다 구체적으로 조사하는 방식이기에 공식적 통계기록보다 훨씬 많은 피해자 관련 정보를 얻을 수 있는 것이다. 물론 단점도 있다. 피해자가 여러 가지 이유로 피해사실에 관하여 허위의 진술을 할 수도 있고, 조사자의 질문방식에 따라 부정확한 답변을 얻을 수도 있으며, 시간과 비용의 소모가 많다는 점 등이 바로 그것이다.

한국형사정책연구원에서는 1994년부터 전국규모의 범죄피해자 조사를 실시해 오고 있는데, 2009년부터 조사 내용과 방법이 전면적으로 개편되고, 조사대상도 대폭 확대되어 이 전국범죄피해조사가 통계청으로부터 국가승인통계로 지정되기에 이르렀다. 특히 2013년에 실시한 2012년도 발생 범죄의 전국범죄피해조사는 미국의 개선된 NCVS 조사표를 벤치마킹하여 범죄피해 사건에 대한 구체적인 질문과 단서를 제공함으로써 응답자가 특정 사건에 대하여 지속적으로 회상이 가능하게 하고 기억을 자극하도록 선별질문을 구성하여 대한민국에 거주하고 있는 가구 및 만 14세 이상의 가구원을 대상으로 조사를 진행하였다. 이때 조사에 참여한 가구는 가구대표 6,300명, 가구원 7,017명이었다. 조사 내용은 폭력성 범죄군과 재산 범죄군의 피해 실태, 주거침입이나 자동차 관련 범죄피해 실태, 경찰신고 및 처리 현황, 범죄피해 취약성 요인 분석, 범죄에 대한 인식 및 두려움에 관한 것들이었다. 예를 들어 폭력성 범죄군에 관한 조사에 있어서는 사건 발생 일시 및 장소, 흉기소지 여부 등과 같은 피해 상황, 신체상해의 종류와 치료 및 배상과 같은 피해 결과, 피해자 및 가해자 특성 등과 같은 내용이 조사되었고, 재산범죄군 중 사기죄와 같은 경우에는 사기수법, 사기로 인한 재산피해액 규모, 재산 피해액의 회수 여부 등이 조사되었다.[188]

　　2014년도에 진행된 전국범죄피해조사에서는 범죄피해자 지원 유형 및 현황에 관한 조사와 더불어 범죄피해자 가족들의 피해자 지원기관 이용 현황 및 만족도 조사, 범죄피해 이후의 사회적 경험과 피해 회복 정도에 관한 조사가 진행되었다. 특히 범죄피해자 및 가족을 대상으로 한 조사에서는 심층면접을 통해 피해 후 신체적·정신적 고통과 경제적 필요, 사법처리 과정에서의 어려움, 보복에 대한 두려움, 사회적 지원 및 정서적 지원과 정보 접근 경험 등에 관한 조사가 진행되었다. 피해자 지원기관 종사자에 대해서는 피해자 지원활동에 대한 인식, 피해자 지원 인력의 전문성 여부과 교육이수 여부, 피해자 지원활동의 문제점과 개선사항 등에 대한 조사가 이루어졌다.[189]

　　미국의 경우 UCR와 NIBRS의 단점을 극복하기 위하여 1973년에 정부의 사법통계국(Bureau of Justice Statistics) 주관하에 각 세대를 상대로 범죄피해자화 현황을 파악하기 위한 전국적인 피해자 조사가 진행되었다. 이러한 피해자에 대한 전국적 조사가 처음에는 NCV(National Crime Survey)라고 부르다가 1993년 확장된 연구방법를 채택하면서 NCVS(National Crime Victimization Survey)라 개칭하여 오늘에 이르고 있다. 2016년도의 경우 미국의 NCVS는 총 134,690세대에 대해서 실시되었는데 그중 12세 이상의 성인이 조사에 참여했으며 전체 인원은 총 224,520명에 달하였는데 이들은 2012년도에 범죄피해자 인터뷰에 참여한 자들로 구성되었다.[190]

미국의 피해자 조사는 2단계로 진행되는데 1단계는 조사 대상자들이 지난 6개월 동안 강간, 성폭행, 강도, 심각한 폭행, 단순 폭행, 대인간 절도, 주거침입 절도, 자동차 절도, 단순 절도 등의 범죄피해를 입었는지를 기억 회상 차원에서 물어보는 단계이다. 그 내용으로는 ① 총기나 칼 종류로 피해를 입었는지, ② 야구방망이나 프라이팬 가위 등으로 피해를 입었는지, ③ 던진 돌이나 병 등으로 피해를 입었는지, ④ 붙잡힌 채 주먹으로 맞아 피해를 입었는지, ⑤ 강간 기타 여러 유형의 성폭행으로 피해를 입었는지, ⑥ 면전에서 협박이나 위협적 행위로 피해를 입었는지, ⑦ 기타 다른 협박행위나 특정인에 의한 물리력의 사용으로 피해를 입었는지 여부 등이 포함된다. 이때 설령 본인 생각에 범죄 행위가 아니라 할지라도 피해 내용을 일단 진술하도록 하고 있다.[191]

2단계는 1단계 피해보고서를 토대로 어떤 사건이 발생했는지를 판단하는 단계이다. 여기서는 피해 사실이 어떤 유형의 피해자화에 해당하는지를 분류할 수 있도록 무슨 사건이 발생했는지를 묻는 상세한 질문으로 구성된다. 즉, "가해자가 총이나 칼과 같은 무기라든가 혹은 병과 같이 흉기로 사용할 수 있는 물건을 소지했었나요?"라고 물어보는 것과 같은 방식이다. 예를 들어 강간피해에 해당하는 것임을 확인하기 위해서는 강제력 사용 여부, 성기 삽입 여부, 피해자 동의 없이 행해졌는지 여부를 묻는 질문항목을 미리 설계해 놓아야 하는 것이다. 물론 이에 대한 긍정적 답변을 얻어야만 강간피해를 인정할 수 있는 것이다. 이러한 방식의 피해자 조사는 UCR와 같이 공식적 범죄통계기록이 놓치기 쉬운 암수범죄에 의한 피해를 밝힐 수 있다는 점에서 큰 장점이 있다.[192] 하지만 앞에서 밝혔듯이 이 피해자 조사가 성공하기 위해서는 피해자 답변의 진실성과 정확한 기억이 전제되어야 하기에 이 연구방법 역시 완벽한 것은 아니며 나름의 한계를 지니고 있다고 볼 것이다.

제3장 피해자화의 개념과 그 결과

제1절 피해자 및 피해자화의 개념

1. 피해자 개념

1) 피해자에 대한 정의

피해자에 관한 정의는 다음과 같이 세 유형으로 개념화할 수 있다. 첫째, 한스 폰 헨티히나 스티븐 쉐이퍼 등과 같이 범죄학자임과 동시에 초기에 피해자학을 연구했던 자들에 의해 주로 다루어졌던 협의의 범죄피해자(crime victim) 개념이다. 둘째, 범죄피해자를 포함하면서도 인권침해적 작용으로 피해를 입은 모든 자를 피해자에 포함시키는 광의의 피해자 개념이 있다. 셋째, 멘델슨을 비롯하여 '일반 피해자학(general victimology)'을 연구한 학자들이 주장하는 최광의의 피해자 개념(universal conception)이 있다. 이 입장에서는 피해자학을 범죄학과는 구별되는 특별한 학문영역으로 평가하면서 자연재해 피해자까지 포괄하여 피해자문제를 다루게 된다.[193]

피해자를 두텁게 보호하기 위해서는 피해자를 범죄피해자로만 한정하고 있는 좁은 의미의 피해자 개념의 외연을 확장할 필요성이 있다. 하지만 피해자 개념이 지나치게 광대하면 피해자 보호의 범위 확정이 어려워 피해자가 제대로 보호받지 못하는 경우가 발생할 수 있어 효용성이 떨어질 수 있다. 그러므로 피해자 개념을 범죄로 인해 피해를 입은 자와 인권침해적 작용으로 피해를 입은 자를 피해자라고 보는 두 번째의 광의의 피해자 개념이 가장 타당하다고 본다. 피해자 개념이 지나치게 광대해지면 보다 중대한 피해상황에 대한 대응능력과 집중력이 약화될 수 있기 때문이다.

한편, 종래 법학자들은 '피해자는 범죄로 인한 직접적 피해자에 제한되며 간접적으로 피해를 입은 자는 일반적으로 피해자의 개념에 포함되지 않는다'는 보수적 견해를 취해 왔었다.[194] 이 견해에 따르면 강간을 당한 부녀의 남편은 강간죄의 피해자가 아니라고 보게 된다.[195] 현행 「형사소송법」에서도 직접적 피해자만을 '피해자' 개념으로 정의하고 있고(동법 제223조, 제225조), 「가정폭력범죄의 처벌 등에 관한특례법」에서도 가정폭력범죄로 인하여 직접적으로 피해를 입은 자만을 '피해자'로 정의하고 있다(동법 제2조5호).[196]

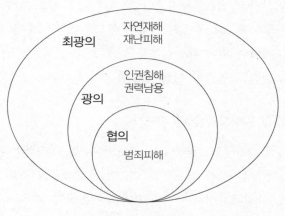

┃그림 2┃ 피해자의 개념

2) 직접 피해자와 간접 피해자

피해자의 보호를 두텁게 하려면 피해자의 범위에 간접적 피해자도 피해자의 개념에 포함해야 한다. 형사실체법상으로 직접적인 보호법익의 향유 주체로 해석되지 않는 자라 하더라도 문제된 범죄 행위로 말미암아 법률상 혹은 사실상으로 불이익을 받게 되는 자를 '피해자'의 개념에 포함해야 한다는 것이다. 범죄피해로 인한 충격은 간접적인 피해자에게도 심각할 수 있어서 그들에 대한 보호와 지원도 필요하기 때문이다.[197] 예를 들면 가정폭력범죄의 처벌 등에 관한특례법에서 피해자의 범위를 직접적 피해자로만 한정하고 있는데 이는 배상명령 신청의 자격이나 정보제공 그리고 피해자진술권 등에 있어서 그 범위를 명확히 하는 장점은 있으나 보호처분의 범위를 지나치게 축소하게 됨으로 말미암아 간접적 피해자가 충분히 보호받지 못하는 부당한 결과가 초래될 수 있다고 지적되고 있다.198)

다행히도 2005년 제정된 우리나라 「범죄피해자보호법」 제3조에서는 범죄피해자의 개념에 직접적 피해자뿐만 아니라 그 피해자의 배우자·직계친족 및 형제자매와 같은 간접적 피해자도 포함시키고 있고, 범죄피해방지 및 범죄피해자 구조 활동으로 인하여 피해를 입은 사람도 범죄피해자로 보고 있다(동법 동조 제2항). 우리 헌법재판소도 교통사고로 사망한 사람의 부모를 형사피해자의 범주에 속한다고 해석하여 피해자의 범주를 넓게 보고 있다.199) 이러한 입장은 미국 등 선진국 법령의 입법 태도와 부합한다.200)

3) 개인 피해자와 집단 피해자

로라 모리아티(Laura Moriarty)는 한 개인뿐만 아니라 집단이나 기업도 피해자가 될 수 있으며 이는 가해자의 경우도 마찬가지라고 하면서 범죄피해자 개념의 확장을 주장하였다.201) 즉, 화폐를 위조하여 유통시키는 경우 한 개인이 집단을 피해자화하는 결과를 낳게 되며, 기업체가 하자 있는 상품을 정상적인 상품처럼 속여 특정인에게 판매하면 단체가 개인을 피해자화하는 결과를 초래한다. 또한 특정 회사가 위험한 근로조건을 방치한 탓에 다수의 근로자가 사망했다면 이는 가해자와 피해자가 모두 집단인 경우에 해당한다.

한편, 모리아티는 피해자의 범위를 형사법령에 위반한 범죄피해자뿐만 아니고 정부의 행정규제 대상이나 민사상 불법행위에 해당하는 행위로 인한 피해자까지를 포함하여 이해하였다.202)

2. 피해자화 개념

'피해자화(victimization)'라 함은 '하나의 형사사건 속의 범죄 행위를 통해 한 개인이 해를 입는 것'이라고 규정할 수도 있고, '어떤 특정 범죄 행위 혹은 인권침해 행위를 원인으로 하여 피해자가 피해를 입게 되는 일련의 과정'이라고 개념 지을 수도 있으며, '피해자에게 나타날 수 있는 신체적·심리적·행태적인 형태의 상처이자 다양한 형태로 피해자에게 부정적 반응을 초래할 수 있는, 의도적으로 부가된 외상'이라고 정의할 수도 있다.203) 첫 번째 정의는 피해의 원인이 된 행위를 형사법상 범죄 행위에 국한했다는 점에서 그 범위를 인권침해 행위에로까지 확장한 두 번째 정의가 더 합리적이라고 보겠지만, 세 번째 정의는 피해자화의 양상을 피해자화 정의에 포함했다는 장점이 있는바, 두 번째와 세 번째 정의를 통합하여 이해하는 것이 피해자화의 개념으로 타당도가 가장 높다고 볼 것이다.

피해자화가 될 경우 피해자는 분노, 발한, 시간과 장소개념의 혼돈 등과 같은 즉각적인 반응이 나타나는가 하면 절망, 악몽, 자살행위의 숙고 등과 같은 지연된 반응도 나타난다. 또 피해자화 과정을 통해 체험하는 외상들은 살인죄의 피해자 가족들처럼 처음 경험하는 사건이 될 수도 있지만, 수차례 이어지는 폭행과 같이 반복적으로 경험할 수도 있고, 아동에 대한 정서적 학대와 같이 장기간에 걸쳐 만성적으로 피해자화될 수도 있는 등 피해자화의 양상은 다양하게 나타날 수 있다.204)

피해자화(victimization)라는 용어는 1967년 미국의 '법집행과 사법행정에 관한 대통령위원회'가 제출한 '자유사회에 있어서 범죄의 도전'이라는 보고서에서 처음 사용되었다고 알려지고 있으며, 1973년부터 미국에서 정기적으로 실시된 범죄피해자 실태조사를 통하여 일반화되었다고 보고 있다.205)

키르호프(Kirchhoff)는 피해자화 개념에 두 가지 중요한 측면이 내포되어 있다고 말한다. 첫째는 피해자에게 행해진 정서적·육체적·경제적 손해의 파급효과이고, 둘째는 피해자화되는 과정에 대한 이해의 필요성이다. 전자의 경우 여러 가지 피해 양상 중에서도 정신적·정서적 피해가 간과되기 쉽다는 점을 지적하면서 이 부분에 대한 관심을 촉구하고 있다. 예를 들면 침입절도를 당한 피해자는 자신의 재산에 대한 손해에 대한 문제보다는 자신의 사적 생활공간의 안전성이 와해되어버린 데 따른 정서적 고통이 더 문제라는 것이다. 이 정서적 고통은 피해자의 건전한 자아상을 파괴함으로써 피해자의 삶에 위기를 조성한다.206) 후자의 경우에는 급격하게 피해자화가 진행되는 사례가 있는가 하면 천천히 단계별로 피해자화가 진행되는 사례도 있고, 반복적으로 피해자화가 진행되는 경우도 있는 등 피해자화되는 과정과 그 양상이 다양하다는 점을 지적하면서 피해자학이 이러한 분야에 대한 민감성을 길러야 함을 강조하고 있다.207)

한 개인이 피해자화되면 실제적이건 비실제적이건 간에 자신이 안전하지 못하다는 느낌을 갖게 되는데 이러한 비안전감(insecurity)은 한 인간이 통상적으로 갖고 있는 위기관리의 잠재 역량을 제대로 발휘하지 못하게 만든다. 그렇게 되면 위기는 더욱 증폭되기에 이르고 피해자는 증폭된 위기상황에서 종종 파괴적인 해결책을 찾아 사태를 해결하려고 한다.208) 가해자에 대하여 보복행위를 한다든가 자살을 선택하는 것 등이 바로 그것이다. 모든 피해자들이 자신에게 닥쳐 온 위기상황에 대하여 동일하게 부정적으로 반응하는 것은 아니나 가능하면 피해자들이 피해자화된 국면에서 자기 파괴적 반응을 선택하지 않고 건설적 반응을 선택할 수 있도록 범사회적 차원에서 '피해자 지원(victim assistance)'을 해야만 할 것인바, 이처럼 피해자화로 인한 파괴적 결과를 최소화할 수 있는 피해자 지원방안의 탐색이 피해자학의 중요한 역할이라고 볼 수 있다.209)

제2절 피해자화 원인에 대한 이론

1. 피해자화 결정 요인

한 개인이 피해자화되는 데는 여러 가지 원인이 있을 것이다. 그러한 다양한 원인이 가지고 있는 공통적 요소를 간추려 본다면 다음 4가지로 요약될 수가 있겠는바, 이들을 피해자화 결정요인이라 칭해도 무방할 것이다.

1) 범죄와의 근접성

범죄 원인론에서 제시되고 있는 서덜랜드의 차별접촉이론에서 볼 수 있듯이 일반적으로 인간은 가까이서 빈번히 접촉하는 사람으로부터 긍정적 혹은 부정적 영향을 받게 되어 있다. 위 차별접촉 이론은 대인간 상호작용의 영향력과 파급효과를 의미하고 있지만 그 기본적인 원리는 사회의 물리적 환경과 그 속에 거주하는 인간과의 상호작용에도 적용될 수 있다. 즉, 범죄 발생장소나 범죄다발지역에 가까이서 생활하는 개인은 그렇지 않은 사람보다 범죄자와 접촉할 가능성이 높아지고 범죄피해를 당할 위험이 증가하는 것이다. 그러므로 피해자화를 결정짓는 '범죄와의 근접성(proximity to crime)'이란 범죄자가 거주하고 있는 곳 또는 범죄가 빈번하게 발생하는 지역과 물리적으로 가까우면 가까울수록 피해자화될 가능성이 높다는 것을 의미한다고 하겠다. 이 이론은 피해자화 결정요인을 설명하는 데도 도움을 주지만 재피해자화 또는 일반적 범죄피해를 예방하는 차원에서도 전략적인 유용성을 갖는다. 가능한 한 주거지역에서 범죄적 환경을 제거해 나아가는 것, 범죄피해에 취약한 지역으로부터 안전한 지역으로 옮겨가는 것 등이 범죄피해 예방차원에서 제시될 수 있는 것이다.[210]

2) 범죄에의 노출

여성보다는 남성이 폭력행위의 피해자가 될 확률이 높다는 것은 무엇을 의미하는가? 그 원인을 공격성과 외향성을 특징으로 하는 남성의 대표적인 성적(性的) 특성에서 구하는 것으로는 충분치 못하다. 오히려 활발한 사회활동과 빈번한 대인접촉이 범죄적 상황에 직면할 가능성을 높인다고 보는 것이 타당하다. 그러나 모든 남자들이 언제나 모두 피해자화되는 것이 아니다. 범죄적 상황에 자신을 자주 노출시키는 자가 바로 피해자화될 가능성이 높은 것이다.[211]

이처럼 동일한 조건이 주어진 상황에서 자신을 범죄에 노출시키면 시킬수록 피해자화되기 쉽다. 여름 휴가를 맞아 오랫동안 집을 비워

두는 것, 자동차 문을 잠그지 않은 채 차를 세워두고 쇼핑을 하는 것, 야간에 취객들이 많은 유흥가를 배회하는 것 등 이 모두가 자신을 '범죄에 노출시키는 행위(exposure to crime)'에 속한다. 개인이 범죄에 노출되는 정도는 당연히 그 사람의 일상활동이나 생활양식의 영향을 받게 될 것이다. 그러나 범죄피해의 위험성이 높은 상황에 자신을 노출시킨다고 해서 모두가 필연적으로 피해자화로 연결되지는 않는 만큼 피해자화를 초래하는 기타 다른 변수들과의 상관관계를 규명하는 연구도 필요하다고 본다.212)

3) 표적의 매력성

범인이 범죄의 대상을 물색할 때 어떤 기준을 가지고 범행 대상물 및 대상자를 선정하게 되는가에 대해서도 생각해 볼 필요가 있다. 우선 범행이 가져다주는 이익이 현실적으로 매우 크다면 범행을 결단하기 쉬울 것이다. 즉, 범행표적의 경제적·상징적 가치가 높은 경우에는 범행 대상으로 삼기 쉽다는 것이다. '비용편익 분석(cost-benefit analysis)'을 통해 합리적 의사결정을 할 수 있는 정도의 지적능력이 있는 자라면 체포되었을 때 치러야 하는 비용을 따져서 행동하겠지만, 그러한 지적능력이 없는 자라면 오로지 범행표적이 가져다주는 '상이한 가치(differential value)'와 개인의 '주관적 유용성(subjective utility)'에 따라 범행을 결심할 가능성이 있는 것이다.213) 둘째로 범죄의 실행이 매우 용이하다면 가능한 한 그 대상을 범행 목표로 삼고자 할 것이다. 다시 말하면 물리적 저항이 작으면 작을수록 매력적인 표적이 되는 것이다. 여기에는 범행 대상자의 물리적 저항뿐만 아니라 범행을 감시하는 물리적 환경의 취약성, 범행 증거인멸의 용이성까지를 포함한다고 보아야 할 것이다. 최근 아동을 상대로 한 성범죄가 빈발하고 있는 것도 범인들이 대상자의 물리적 저항을 쉽게 제압할 수 있는 대상, 곧 범죄실행이 용이한 아동을 성범죄의 매력적인 표적으로 삼고 있기 때문인 것으로 해석할 수 있을 것이다.214)

4) 보호능력

　범인이 범행대상을 결정할 때 물리적 저항이 작은 대상물이나 대상자를 선정한다고 하였거니와 이것은 곧 범행대상이 지니고 있는 보호능력의 취약성을 의미하기도 한다. 보호능력이란 피해의 대상이 될 수 있는 사람이나 물건이 보유하고 있는 '범죄 발생 방지능력'이기 때문이다. 취객을 상대로 한 소매치기, 장애인을 대상으로 한 성범죄, 아동을 대상으로 한 인질범죄 등은 모두 보호능력이 취약한 피해자의 약점을 이용한 범죄이다.215)

　보호능력에는 사회적 보호능력과 물리적 보호능력이 있다. 전자의 경우는 가족구성원·이웃·지역사회의 관심과 보호의지, 시민보호의 임무수행을 하고 있는 경찰 등 관계기관 활동의 효율성 등이, 후자의 경우에는 CCTV와 같은 방범시설·출입통제를 위한 보안 및 경보장치·범죄예방을 위한 환경설계(CPTED) 등과 같은 범죄피해 예방을 위한 물적시설의 완성도 및 활용도가 보호능력의 수준에 영향을 준다고 보아야 할 것이다. 사회적·물리적 보호능력이 증대되면 될수록 범죄피해의 기회는 당연히 상대적으로 감소되리라고 예상할 수 있다. 그러나 이것만이 피해자화의 예방을 위한 결정적 요소가 아니므로 범죄피해를 저감시킬 수 있는 다른 요인들과의 종합적 고려가 필요할 것이다.216)

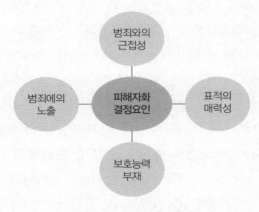

┃그림 3┃ 피해자화 결정요인

2. 피해자화 이론

한 개인이 피해자화되는 원인과 관련하여 앞에서 4가지의 공통적 요소를 제시해 보았거니와 여기서는 피해자화되는 원인에 대한 다양한 이론을 살펴보고자 한다. 즉, 피해자가 피해를 촉발하는 것은 아닌지, 피해자에게 피해를 입을 만한 취약한 요소가 있기 때문인지, 아니면 피해자가 처한 독특한 사회적 상황으로 인해 피해를 입는 것은 아닌지 등을 여러 이론을 통해 고찰해 보고자 하는 것이다.217)

1) 피해자 촉발 또는 피해자 비난 이론

'피해자의 범행촉발 이론(victim provocative or precipitation theory)'이라 함은 피해자가 가해자로 하여금 범행의사를 불러일으키는 촉발행동을 하였기에 가해자로부터 공격을 받아 피해자화된다는 이론이다. 이는 피해자화를 야기하는 개인의 행동에 초점을 두는 이론으로서,218) 한스 폰 헨티히가 제시하는 '유인 피해자(enticing victim)', 벤자민 멘델슨이 제시하는 '가해자와 동등 혹은 그 이상의 책임이 있는 피해자(victims as guilty as the offenders or more guilty than the offenders)', 스티븐 쉐이퍼가 제시하는 '어느 정도 책임이 인정되는 피해자(some victim responsibility)' 등을 설명하는 데 적합한 이론이다. 특히 헨티히는 피해자들이 심리적, 사회적, 생물학적으로 피해자화되기 쉬운 요소를 가지고 태어난다는 '태생적 피해자(born victims)' 개념을 제시하면서 이 태생적 피해자들은 범법자들의 행동을 촉발하는 자기파괴적 특성을 지니고 있다고 보았으며, 피해자화라는 것은 가해자와 피해자의 사회적으로 상호작용을 하는 과정이라고 파악하였다.219) 또한 스티븐 쉐이퍼는 '어느 정도 책임이 인정되는 피해자'의 범주에서 범행을 촉발하는 피해자의 행동유형을 두 가지로 설명하고 있는 것을 볼 수 있는데, ① 범행의사를 적극적으로 유발하는 '범행유발 피해자(provocative victims)'와 ② 단순히 범행기회를 제공하는 형태로 범행을 촉진하는

'범행촉진 피해자(precipitative victims)'가 그것이다.[220] 어떤 경위로건 피해자가 가해자의 범행에 기여하는 경우 이 두 개념을 모두 통합하여 '범행촉발 피해자(provocative or precipitative victims)'라 총칭할 수 있을 것이다.[221]

한편, 피해자화로 연결되는 개인의 행동에는 능동적으로 범행을 촉진하는 행동(active precipitation)이 있는가 하면, 자신도 모르는 부지불식의 순간에 범행을 촉진하는 수동적 행동(passive precipitation)도 있다. 울프강(Marvin Wolfgang)의 제자인 아미르(Menachem Amir)는 능동적 범행촉진에 의한 피해자화를 주장한 대표적 학자로서 강간죄로 피해를 입은 여성의 예를 주로 제시하였는데, 여성들이 매혹적인 의상을 입고서 가해자와 교제를 하기 때문에 강간피해가 발생하는 것으로서 피해자가 자초하는 것이라고 주장하여 논란을 일으키기도 하였다.[222]

아미르의 견해는 강간죄를 범한 피고인의 범행을 변호하는 논리로서 현대사회 법정에서 활용되기도 하였는데 그의 이러한 주장은 '피해자 비난론'의 담론과 맥을 같이한다. '피해자 비난(victim blaming)' 또는 '피해자 책임(victims' responsibility) 규명 이론'은 피해자화의 원인이 가해자에게 있는지 아니면 피해자에게 있는지를 밝혀야 한다는 이론이다. 만일 피해자화의 결과에 피해자의 책임이 인정된다면 '피해자 비난'이 가능할 것이나 성범죄 피해자의 경우에는 수사관의 선입견이나 문화적 편견이 작용할 수 있기 때문에 주의를 요한다. 자칫하면 선의의 피해자가 수사관의 언행으로 2차 피해자화될 수 있기 때문이다.[223]

수동적 범행촉진에 의한 피해자화는 자기도 모르게 가해자를 위협하거나 공격을 자극하게 되는 피해자의 개인적 특징(personal characteristic)과 관련이 된다. 피해자는 자신의 행위가 상대방에게 위협이 된다는 사실을 전혀 의식하지 못한 채 상대방을 자극하는 행동을 하게 되고 급기야 상대방으로부터 공격을 받게 된다는 것이다. 예컨대 직장 상사가 부하직원에 대하여 아무런 생각 없이 거친 말로 업무지시를 할 때 부하 직원이 이를 인격적 모독으로 여기고 분노에 찬 공격행동을 하는 경우가 이에 해당한다. 능동적 범행촉진 행위보다 수동

적 범행촉진 행위를 피해자가 통제하기 어려운 것도 바로 이러한 피해자의 무의식성 때문이다.224)

2) 피해-가해 연결 이론

앞서 언급한 피해자 촉발이론이 범행동기를 자극하는 피해자의 역할에 초점을 맞춘 이론이라면 '피해-가해 연결(Link between Victimization and Offending) 이론'은 피해자와 가해자 상호 간의 역동적 상호작용에 주안점을 둔 이론이라고 할 수 있다. 가해자는 위험한 생활양식을 갖고 있기 때문에 범죄 행위에 가담하는 범죄자들은 다른 일반인보다 피해자화될 가능성이 훨씬 높은 것이다.225) 이와 같이 피해-가해 연결이론에 토대를 둔 피해자화 현상은 폭력의 필요성을 인정하고 수용하는 폭력 하위문화에서 찾아볼 수 있다. 폭력적 하위문화에서는 무례함에 대한 대응수단으로 폭력사용을 지지하는 가치체계를 지니고 있기 때문이다. 그렇기에 1차적으로 피해를 입은 피해자는 가해자에게 보복을 가함으로써 자신이 다시 가해자의 위치에 서게 되는데 이를 피해자-가해자 중첩(victim-offender overlap)이라 한다.

그런데 피해자-가해자 중첩이 반드시 피해를 준 가해자에 대한 보복형태로 나타나는 것만은 아니다. 예를 들면 어린 시절 부모로부터 학대를 당한 아동들의 경우 성인기에 비행이나 범죄에 빠지기 쉬운데 이때 부모에 대한 보복 형태가 아니라 자기와 전혀 상관없는 제3자에 대한 공격으로 나타날 수가 있다는 것이다. 왜 피해자화를 경험한 이들이 범죄자로서 가해행위를 하기 쉬운가에 대해서는 단적으로 설명하기는 곤란하다. 다만, 피해자화를 경험한 이들은 절망, 불안, 외상후 스트레스 장애 등과 같은 심리적 충격을 받게 된 나머지 알코올중독이나 마약중독에 빠져 성공적 사회생활이 저해될 수 있는 것이고, 어린 시절 학대를 받은 이들은 인지능력이 제대로 발달되지 않아 저조한 학업성취로 인해 자신감을 잃고 비행문화에 빠질 수 있는 것이며, 대인관계 기술이나 의사소통기술이 미숙하여 어떤 문제에 부딪힐 때 폭력적 방법으로 해결하고자 하는 경향을 보이기에 다시 가해자의 지위에 서는 경우가 많은 것이다. 어린 시절 학대를 경험한 이들이 그렇지 않은 이들보다 폭력범죄나 재산범죄에 연루되기 쉽다는 연구결과가 이를 뒷받침하고 있다.226)

3) 생활양식 이론

'생활양식 이론(lifestyle theory)'이란 생활양식의 차이가 범죄피해의 위험 정도에 영향을 미친다고 보는 것으로서 범죄피해의 가능성은 개인의 사회적 배경을 비롯한 몇 가지 변수에 따라 서로 차이가 난다고 보고 있다. 이 이론은 왜 어떤 개인은 다른 사람들보다 피해자화되기 쉬운가에 대하여 그들의 행동패턴, 곧 생활양식을 관찰함으로써 피해자화 위험성과의 상관관계를 파악하고자 노력하는데,227) 잠재적 범죄자와의 접촉이 많을수록 피해자화 가능성이 높아진다는 사실을 채택한 측면에서는 일상활동 이론과 유사한 측면이 있으나 어떻게 기회적 요소들이 피해자화의 위험을 구성하게 되는지에 대해서는 일상활동 이론만큼 분명히 특화하지 못하고 있다는 지적을 받는다.228)

힌델랑(Michael Hindelang), 고트프리슨(Michael Gottffredson), 가로팔로(James Garofalo) 등은 이 생활양식 이론을 연구하면서 생활양식과 피해자화 위험성 간의 상관관계는 다음 3가지 요소의 영향을 받는다고 하였는바, ① 피해자의 '사회적 역할(social role)', ② 사회구조 내부의 '사회적 지위(social position)', ③ 피해자의 '선택과 결정(choice/decision)' 등이 그것이다.229)

첫째 요소인 사회적 역할이라 함은 특정한 사회적 상황에서 한 개인이 어떻게 행동할 것으로 기대하고 있는가에 관한 것이다. 이는 개인의 다른 인구학적 변수들 중 나이와 성별의 영향을 주로 받고 있다고 전제하게 된다.230) 예컨대 여성은 남성과 다르게 사회화되기에 남성보다 범죄피해를 덜 당할 수 있다고 보고 있다. 즉, 여성의 경우 가사를 돌보도록 기대되며, 어릴수록 남성보다는 부모의 감독이 더 가해질 수 있다. 이에 따라 여성은 부모의 돌봄을 받으며 많은 시간을 가정에서 보내게 되므로 범죄피해는 줄어들 수 있지만 반대로 그렇지 못한 남성의 경우에는 여성보다 범죄피해를 더 많이 당하게 된다고 본다. 이처럼 특정인에게 가해지는 사회적 제약과 역할기대가 범죄피해 여부에 영향을 끼친다고 보고 있는 것이다.

둘째 요소인 사회적 지위라 함은 사회구조에서 한 개인이 유지하고 있는 사회적 위상과 관련된다. 이러한 사회적 지위는 개인이 처리하는 업무, 직업, 가족, 취미 등을 포함하는 개념이다. 어떤 개인의 사회적 지위와 위상이 높을수록 범죄에 대한 취약성이 줄어든다고 볼 때 이 사회적 지위도 피해자화 가능성에 영향을 주는 요소라고 볼 수 있을 것이다.231)

셋째 요소인 선택과 결정이라 함은 바람직하다고 생각하는 것에 대하여 반드시 내려야 하는 개인의 결단을 의미한다. 앞에서 본 사회적 역할과 사회적 지위는 개인의 선택과 결정에 지대한 영향을 미치며 그 결정들은 피해자화의 위험성에 영향을 주게 된다. 예컨대 대학생의 경우에는 야간에 유흥주점에서 술을 마시고 친구들과 함께 길거리를 배회하는 것을 가치 있는 행동이라고 결정하고 행동으로 옮길 수 있겠으나, 가정을 가진 전문 직업인은 그와 같은 행동을 삼가는 결정을 하게 될 것이다. 결국 대학생의 피해자화 가능성이 성실한 전문 직업인보다 더 높아지게 되는 것이다.232)

힌델랑과 그의 동료들은 여기에서 한 걸음 더 나아가 왜 어떤 사람들이 다른 사람들보다 피해자화의 위험이 높은지에 관해서 '동종교배의 원리(principle of homogamy)'를 가지고 설명한다. 어떤 사람이 범법행위를 하기 쉬운 사람들을 자주 접촉하면 할수록 그 사람은 피해자화되기 쉽다고 하는 것이다. 이 접촉빈도는 그 사람의 생활양식에서 비롯된다. 남성은 여성보다 많은 시간을 밖에서 보내기 때문에 여성보다는 더 피해자화되기 쉽다는 것이 이 원리를 통해 설명된다.233)

결국 이 이론은 윌리암스(Franklin Williams)와 맥셰인(Marilyn McShane)이 주장하는 바와 같이 생활양식 이론상의 제반 변수를 고려할 때 누가 피해자화되기 쉬운지 예측이 가능하다고 한다. 즉, 범법자 또는 범죄장소와 접촉할 가능성이 높은 사회적 배경을 갖고 있거나 그러한 사회구조 속에 사는 사람일수록 피해자화의 위험성이 높은 반면, 높은 수준의 사회적 지위와 위상을 가진 사람들은 거의 범법자를 접촉하지 않거나 그런 위험한 장소에 잘 가지 않는 생활양식을 갖기 때문에 피해자화의 가능성은 낮다고 볼 수 있다는 것이다.[234] 그러나 최근 사회적 지위가 높은 고위층 인사들이 화이트칼라 범죄에 깊이 개입하고 있는 것을 상기할 때 위 생활양식 이론은 주로 살인·강도·폭력과 같은 길거리 범죄(street crime)에 적용될 수 있을 뿐이라는 비판이 제기될 수 있을 것이다.[235]

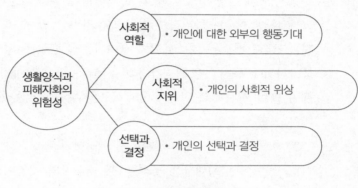

┃그림 4┃ 생활양식 이론

4) 일상활동 이론

코헨(Lawrence Cohen)과 펠슨(Marcus Felson)이 주장한 '일상활동 이론(routine activities theory)'은 한 개인의 일상활동이 피해자화될 위험에 영향을 준다는 이론이다. 일상활동 이론은 일상생활에서의 범죄피해 발생 요인을, ① 범행의 기회를 엿보고 있는 동기화된 범죄자(motivated offender)의 존재, ② 적합한 범행목표(suitable target)의 존재, ③ 유효한 보호자의 부재(absence of a capable guardian) 등과 연관을 짓고 있다. 첫째, 동기화된 범죄자와 관련하여서는 개인의 일상활동이 피해자를 범죄자와 접촉하게 만들게 되는데 그 접촉의 빈도만큼 피해자화 가능성은 높아진다고 보고 있다. 둘째, 적합한 범행목표는 동기화된 범죄자로 하여금 특정 개인이나 장소를 선택하도록 고무하는 특별한 점이 있을 때 결정된다. 그 특별한 점이라는 것은 범행목표에 범죄를 용이하도록 만드는 매력적 요소가 담겨 있다는 의미이다. 셋째, 피해자에게 유효한 보호자가 없는 한 범행목표에 대한 매력성은 더욱 증가하게 된다. 유효한 보호자란 피해 발생을 효과적으로 막아줄 수 있는 자를 말하는데, 이는 피해자를 덜 매력적으로 보이도록 도와 줄 수 있는 피해자 이외의 사람일 수도 있고, 범죄자가 공격을 해 올 경우 경보음이 울리게 한다든지 피해자 자신을 보호할 수 있는 방어장비를 구비하는 방식이 될 수도 있다. 전자를 사회적 의미의 보호자라고 한다면 후자는 물리적 의미의 보호자라고 할 수 있을 것이다. 한편, 코헨과 펠슨은 현대사회를 살아가는 사람들은 외부 사회활동이 증가하기에 동기화된 범죄자와의 접촉가능성이 높아지며, 값비싼 물품이 많이 생산되고 있기에 범행목표의 매력성이 높아져 범죄가 빈발하고 있다고 한다.[236]

이 이론에 근거하여 피해자화를 예방하기 위한 조치를 생각해 본다면, 범인이 범행대상을 물색할 때 대상자의 저항이나 대상물건에 대한 접근의 차단이 예상되면 범행을 단념하게 될 것이므로 보호능력을 강화하는 조치를 취해야 할 것이다. 이것은 신변안전을 확보하고 피해자에 대한 감시를 강화하는 대인적 보호능력의 증진과 함께 물적 수단의 확충을 통해 범죄자의 공격을 탐지하고 퇴치해 내는 대물적 보호능력의 증진이 함께 포함된다고 볼 것이다.[237]

실제로 일상활동 이론에 대한 최근의 연구 결과를 보면 피해자화의 경험을 한 사람들이 그들의 일상적 활동을 변경하게 된다고 보고하고 있다. 즉, 주거침입 절도로 피해를 당한 사람들은 경보장치를 설치하고, 밤길에 범죄자로부터 습격을 받은 사람들은 늦은 밤에 홀로 걸어가는 습관을 고치는 것과 같은 방어적 행동들이 뒤따른다는 것이다.[238]

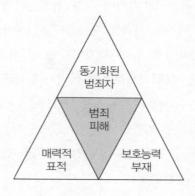

┃그림 5┃ 일상활동 이론

5) 사회구조 및 사회과정 이론

취약한 가족구조를 가진 가정이라든가 집단응집력이 약한 지역사회 등과 같이 사회구조적 체계의 문제로 인해 피해자화가 발생할 수 있다는 이론이 바로 피해자화에 대한 사회구조론적 설명이다.239) 사회구조론적 피해자화 이론에는 '탈선장소 이론', '위험지역 이론' 등이 제시된다. 어떤 지역사회 공동체에는 다른 지역보다 범죄 발생이 보다 용이한 물리적 장소가 있다. 그런 지역을 우리는 '사회적으로 해체된 지역(socially disorganized area)' 혹은 '탈선장소(deviant place)'240)라고 부르거나 '위험한 장소(hot spot)'라 칭할 수도 있다. 이러한 지역은 편부모 형태의 가정환경, 인종이 복잡하게 섞여 있는 주거환경, 가난한 사람들이 드문드문 거주하는 형태의 도회지 외곽, 높은 인구 유동성 등의 지역적 특성 등을 갖고 있다. 이러한 사회해체적 요소가 다분한 곳에 거주하고 있거나 이 지역을 자주 방문하는 자는 피해자화의 위험성이 높다고 한다.241) 피해자의 생활양식이나 행동패턴과 상관없이 단지 사회적으로 해체되어 있는, 범죄율이 높은 탈선지역이나 위험한 지역에 살고 있기 때문에 범죄피해자화되기 쉽다고 하는 것이다.

로렌스 셔먼(Lawrence Sherman)의 1989년 연구에 따르면 미국 미니애폴리스에서의 경찰에 대한 신고전화를 분석한 결과 전체 지역의

3%에 해당하는 지역이 경찰 신고사건의 대부분을 차지했다고 한다. 따라서 이러한 지역에 산다거나 이 지역을 빈번히 방문하는 것이 피해자화 비율을 높이는 것이기에 한 개인의 생활양식이나 인구학적 특성과는 독립적으로 다루어져야 한다고 말하고 있다.242) 이러한 지역에 거주하는 저소득층의 사람들은 자신의 의지적 행동선택이 피해자화 방지에 영향을 미치지 못하기 때문에 자신의 생활양식을 바꾸려 들거나 범죄로부터의 안전대책을 강구하려 들지 않는다는 것이 문제라고 한다.243)

이처럼 이웃관계의 구조가 범죄피해에 영향을 줄 뿐 아니라 이웃관계의 특징도 개인들을 범죄피해 위험에 빠뜨린다고 한다. 예를 들어 사회적으로 불리한 처지에 있는 자들이 모여 사는 동네라든가 혹은 사람의 이동이 많은 탓에 주거지가 불안정한 상태에 있는 지역에서는 그들의 생활양식이 위험하지 않음에도 불구하고 폭력피해를 당할 위험이 증가한다고 말하고 있다.244)

범죄피해에 취약한 특정지역에 있어서 어떤 요소들이 피해자화에 기여하고 있는지에 대해서는 가족구조, 세대단위의 구조적 밀도, 주거지의 이동성 3가지가 거론된다. 여성이 세대주인 가정이 많은 지역일수록 절도나 폭력 피해자화 비율이 높고, 5년 이전의 시기를 기준으로 5년 동안 혹은 그 이상의 기간 동안에 서로 다른 지역에서 사는 등 주거지 이동의 빈도가 피해자화 비율과 관련성이 있으며, 5세대 이상이 밀집되어 사는 곳에서는 그 주거지에 거주하는 세대들의 구조적 밀도가 피해자화 비율과 상관성을 지닌다고 한다. 또한 최근에는 이웃관계의 취약성을 스스로 잘 통제할 수 있는지 여부가 피해자화의 위험도와 관련성이 깊다는 연구 결과도 있다.245)

한편, 청소년들이 비행 친구의 영향을 받아 범행을 할 수도 있지만 그들의 영향으로 피해자화될 수도 있다. 아울러 청년기에 가족 구성원과의 애착관계 형성이 피해자화를 차단하는 데 지대한 영향을 미치기도 한다.246) 이처럼 대인간 상호작용이 피해자화 현상과 관련성을 맺고 있다는 것이 바로 피해자화에 대한 사회과정론적 설명이다.

특히 자녀와 부모와의 애착관계 형성은 피해자화를 방지하는 데 매우 중요한 요소이다. 자녀의 행동을 통제할 수 없거나 그럴 의향도 없는 부모 아래 양육되는 아이들은 범죄적 위험상황에 처할 가능성이 높은 반면, 부모와 긍정적 애착관계가 잘 형성되어 있는 아이들은 그들의 부모와 많은 시간을 보내게 되므로 동기화된 범죄자에게 노출될 가능성이 작다. 이들은 부모를 실망시키는 것을 원치 않고 상호 관계증진에 높은 가치를 부여하기에 자신을 위험상황에 노출시키지 않으려 하는 것이다. 가족 간의 애착관계 형성이 피해자화에 어떤 영향을 미치는지에 관한 연구를 수행한 학자들은 가족에 대하여 긍정적 정서를 가진 사람일수록 피해자화될 가능성이 낮음을 보고하고 있다.[247]

6) 구조 – 선택 이론

구조 – 선택 이론(structural-choice model)은 1990년 미테(Terance D. Miethe)와 마이어(Robert F. Meier)가 종래 피해자화 이론의 핵심 개념들을 종합하여 제안한 것으로서 거시적 수준의 피해자화 절차와 미시적 수준의 피해자화 절차를 통합한 이론이다.

거시적 수준의 피해자화 절차는 범죄 기회를 창출할 수 있는 사회의 구조적 특징에 초점을 두는 반면, 미시적 수준의 피해자화 절차는 개인적 결정과 선택에 초점을 맞추고 있다. 피해자화에 기여하는 거시적 관점의 사회구조적 특징으로서는 '탈선장소 이론'에서 보는 바와 같이 '범죄율이 높은 지역에 근접해 있는지 여부(proximity)'와 이로 인해 '범행기회를 엿보고 있는 범죄자들에게 노출되고 있는지 여부(exposure to criminal opportunities)' 등을 들 수 있다. 범죄기회에의 노출은 피해자가 범죄피해 위험성 있는 행동에 가담하게 됨으로써 그 가능성이 높아지게 된다.[248]

미시적 관점의 선택행동은 범죄자의 피해자를 상대로 한 범행이 비용편익분석을 통한 합리적 의사결정 체계에 기초함을 의미한다. 즉, 피해자를 상대로 범죄행동을 함에 있어서 얻을 수 있는 이익과 체포

될 때 받을 수 있는 불이익을 상호 비교하여 본 뒤 범행으로 인한 이익이 더 클 때 피해자를 선택하여 범행을 감행한다는 것이다.[249]

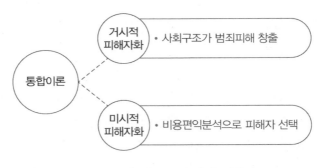

∎ 그림 6 ∎ 구조-선택 이론

7) 사법 냉소주의에 의한 방어이론

'사법 냉소주의에 근거한 방어(legal cynicism defense) 이론'은 2차 피해자화의 발생 원인과 피해회복 지연의 이유를 밝혀주는 이론이라고 할 수 있다.[250] 예컨대 피해자가 형사사법기관을 불신하게 되면 형사절차 편입 과정에서 해당 공무원으로부터 비난을 받을 것이 두려워 범죄신고를 하지 않거나 범죄신고를 하였더라도 진실을 밝히기를 꺼리게 된다는 것이다. 그렇게 되면 피해자의 피해회복도 지연될 수밖에 없을 것이다. 이때 형사사법기관에 대한 불신은 과거의 개인적 경험에서 비롯될 수 있지만 형사절차 진행 과정에서 피해자의 처신을 비난하는 경찰, 검찰의 행동을 통해 불신이 싹틀 수도 있다. 이 불신 자체가 2차 피해자화의 결과일 수도 있는 것이다.[251]

마틴 슈워츠(Martin Schwartz)는 경찰신뢰와 사법 냉소주의가 상호작용을 하고 있다고 보았다. 즉, 사법 냉소주의는 피해자로 하여금 경찰로부터 비난받지 않으려 하는 마음을 갖도록 하거나, 권고받은 행동기준을 따르지 않았던 것이 어리석은 행동으로 비쳐지는 느낌을 갖게끔 만든다는 것이다.[252] 그 결과 피해자는 범죄사실을 신고하지 않거나 피해진술을 할 때 진실을 숨기거나 은폐할 가능성이 있다는 것이다. 이 이론은 성범죄 피해자에 대하여 수사관이 행위자의 처신을 비난하는 사례와 같이 최초 피해자를 접촉한 형사사법기관 종사 공무원들의 피해자에 대한 부정적 반응이 형사사법기관에 대한 신뢰를 약화시키고 결과적으로 2차 피해를 야기할 수 있음을 밝혀주고 있다고 볼 것이다.253)

8) 통제-균형 이론

티틀(Charles Tittle)의 통제-균형 이론(control-balance theory)은 본래 사회학적 범죄 원인론 중 사회통제 이론의 일종으로 알려져 있다. 이 통제-균형이론은 통제력을 행사하는 힘과 통제를 받는 힘의 크기를 비교하여 크게 통제균형(control balance), 통제과잉(control surplus), 통제결핍(control deficit)으로 구분하고 있는데 통제균형 상태에서는 범죄가 발생하지 않지만 통제과잉의 상태에서는 착취형 범죄가, 통제결핍 상태에서는 반항형 범죄가 발생할 수 있다고 보고 있는 것이다.254) 이와 같은 범죄 발생 원인에 대한 사회통제론적 설명이 피해자화 이론으로 응용될 수 있다고 보고 있는 것이다. 즉, 통제과잉 상태에 있는 개인은 자신이 가지고 있는 힘을 남용하여 타인을 피해자화하기 쉽다는 것이고, 통제결핍 상태에 있는 개인은 자신을 통제하고 있는 자에 대하여 반항하는 행동으로 상대방을 피해자화할 수 있다는 것이다.255)

9) 사회적 상호작용 이론

펠슨(Richard M. Felson)은 스트레스와 피해자화 간의 상관성을 연구한 학자로서 스트레스가 사람의 행동이나 태도에 영향을 주게 되고 이러한 부정적 태도로 인해 타인과의 상호작용 과정에서 피해자화가 된다고 주장하였다. 사람이 스트레스를 받으면 사람을 대하는 태도가 부정적으로 바뀔 수 있고 규범도 위반할 수 있기 때문에 이로 인해 불쾌한 감정을 갖게 된 사람의 공격으로 피해자화될 수 있다는 것이다. 스트레스로 인한 불쾌한 감정의 발산이 타인을 자극하여 공격을 받게 되면, 최초 스트레스를 받았던 자가 1차적으로 피해자화되지만 이 피해자도 가해자에게 다시 보복적 공격을 가하게 됨으로써 상호 간에 공격-보복의 연속적 순환이 이루어져 마침내 양자 모두 폭행행위의 범죄자가 되는 동시에 피해자화되는 결과를 낳게 된다고 한다.[256)]

제3절 피해자화의 결과

1. 육체적 손상

1) 육체적 손상의 실태

어떤 사람이 피해자화되었는지 여부를 가장 쉽게 확인할 수 있는 것이 바로 육체적 손상이다. 육체적 손상은 심리적 외상과는 달리 대부분 직접 눈으로 확인 가능하기 때문이다. 그렇다고 해서 모든 육체적 손상이 육안으로 완벽하게 관찰될 수 있는 것은 아니다. 가해자가 외상 흔적을 잘 찾아볼 수 없게끔 지능적으로 육체적 고통을 가하는 경우도 있기 때문이다. 따라서 피해자를 수사하는 수사관과 범죄피해자를 지원하는 전문가들은 피해자의 외상을 주의깊게 확인할 필요가 있다.

범죄로 인해 육체적 손상을 어느 정도 입고 있는지에 대하여는 육체적 손상을 야기하는 주요 범죄의 발생현황 자료를 통해 살펴볼 수 있다. 육체적 손상과 관련된 범죄는 대개 살인·폭력·상해 등을 들 수 있는데, 대검찰청 범죄분석 자료에 의하면 한국의 경우 2018년에 살인이 총 849건, 폭행 및 상해범죄가 총 208,166건 발생한 것으로 나타났다. 살인범죄 피해자의 59%가 남성이었으며, 41%는 여성이었고, 폭행 및 상해범죄의 피해자는 62.7%가 남성이었고 37.3%는 여성이었다. 연령별로는 살인죄 피해자의 경우 51~60세가 가장 많았으며 41세 이상의 피해자가 전체의 67.5%를 차지하였지만, 폭행 및 상해죄의 경우에는 21~30세에 해당하는 피해자가 20.4%로 가장 많았다.[257)]

살인범죄는 미수·예비·음모·방조행위까지를 포함하게 되는바, 살인 범죄로 사망한 건은 36.4%(290건), 살인을 의도했지만 상해를 입는 데 그친 것은 전체의 32.1%(256건)이었으며, 살인을 기도하였으나 신체피해를 전혀 입지 않은 경우는 31.5%(251건)였다. 한편, 폭행 및 상해범죄의 피해자 77.7%가 어떠한 신체 피해도 입지 않았다고 보고되었고 오직 22.2%만이 상해 피해를 입었으며 사망한 경우는 0.1%였다.[258] 신체 피해를 입은 건수가 적은 것은 폭행죄의 경우 신체에 대한 가벼운 유형력의 행사를 하게 되면 외상을 남기지 않게 되고, 폭행치사상죄와 상해죄의 경우에도 미수범의 경우 별다른 외상의 발생이 없기 때문이다.

2) 육체적 손상의 유형

육체적 손상의 유형은 ① 아무 흔적도 남기지 않고 바로 치료되는 외상, ② 육안으로 확인 가능한 흔적을 남기는 외상, ③ 주변 사람은 잘 모르는 가운데 장기간의 치료를 요하는 외상, ④ 장기간 지속되는 치명적 외상 등으로 분류할 수 있다.[259]

첫째, 바로 치료되는 외상에는 멍, 타박상, 골절 등을 들 수 있다. 이러한 부상은 사람들이 그다지 심각한 외상으로 여기질 않고 있으나 노인의 경우 대퇴부 골절이 사망으로 이어질 수 있고, 당뇨병 환자의 경우에도 사소한 부상이 기저질환과 상호작용하여 합병증을 야기할 수 있으므로 이러한 유형의 부상이라고 가벼이 여겨서는 안 된다.

둘째, 흔적을 남기는 외상으로는 부러진 이, 손가락 절단, 목이나 손 등의 흉터 등을 들 수 있겠는데 이로 인해 신체장애가 초래될 수도 있다. 칼로 찔렸을 경우에 흉터가 남을 수 있는데 이때는 칼에 찔린 후 사후처리를 어떻게 하느냐에 따라 치명상으로 발전하기도 한다. 즉, 찔린 부위와 찌른 횟수, 범죄현장에서의 흘린 피의 양, 시간의 경과, 음주나 다른 약의 복용 여부가 피해자의 건강상태와 직결되므로 수사관 및 최초로 피해자를 접촉했던 자는 의료인에게 정확한 정보를 제공할 수 있도록 노력해야 한다.

셋째, 외부인이 잘 모르는 상태에서 장기간 치료를 요하는 외상에는 성폭행 피해자가 겪을 수 있는 후천성 면역결핍 질환인 에이즈(AIDS)를 들 수 있겠다. 이는 생명을 위협하는 질환으로서 사람의 생활패턴을 송두리째 바꾸어 버릴 수도 있는 육체적 피해라고 할 수 있다.

넷째, 장기간 지속되는 치명적 외상에는 음주운전자에 의한 교통사고로 팔이나 다리를 잃어버리는 것과 같은 형태가 있다. 이들은 평생 자유로운 신체적 이동에 제약을 받게 되는 치명적 결함을 안고 살아가게 된다. 화재에 의한 열기나 뜨거운 물에 의한 공격으로 3도 화상을 입은 경우도 진피조직 또는 장기조직이 손상되어 피부가 희거나 검게 되고 지방조직이 드러나 이로 인해 쇼크가 오는가 하면 혈뇨를 보거나 적혈구가 파괴되는 용혈현상 등도 발생하여 생명이 위험에 처할 수도 있게 된다. 훼손된 피부를 치료하는 데에도 긴 시일이 소요 된다. 교통사고나 폭행행위로 인해 머리 부위에 타격을 입었을 경우에도 치료가 장기간 지속될 수 있다. 머리에 대한 충격은 혼수상태(coma)를 유발하는가 하면 '경막하 혈종(subdural hematoma)', '경막외 혈종(epidural hematoma)', 뇌출혈, 뇌진탕 등으로 이어져 생명에 위험을 줄 수 있는 것이다.[260]

2. 심리적 외상

가해자로부터 받은 육체적 상처가 비교적 잘 관찰되는 것과는 달리 피해자의 심리적 외상은 눈에 잘 띄지 않기 때문에 형사사법기관 종사자들이 간과하기 쉬운 영역이다. 이러한 정신적 피해의 비가시성으로 인해 형사절차를 진행함에 있어서 피해자에게 심리적 고통을 가할 수 있는 무심한 조치들이 취해질 수 있으며 이로 인해 2차 피해의 위험성이 높아지게 된다. 반면, 범죄피해자들의 정서적 상황에 민감하게 반응하면서 심리적 안정을 유도하는 등 적절한 지원활동을 전개하게 되면 피해자의 전폭적인 신뢰를 얻을 수 있는 절호의 기회가 되기도 한다.[261]

범죄피해를 입은 피해자들의 심리적·정서적 반응은 우울, 자신감의 결여, 자존감의 감소, 불안 등으로 요약된다. 이러한 반응은 일시적인 것도 있지만 장기간 지속되는 것도 있다. 피해자의 반응이 이렇게 서로 차이가 나는 까닭은 피해자 개인의 생물학적 소인, 사회적 상호작용 방식, 심리적 응원과 지지를 받을 수 있는 여건에 있었는지 여부, 사건의 내용, 사건 발생 이후의 대처 방식, 생애 발달주기가 각각 다르기 때문이다. 피해자의 심리적 외상은 일시적이기도 하고 장기간 지속되기도 한다.262)

피해자가 겪는 우울반응은 개인에 따라 차이가 나는데 대개 수면 장애, 식사습관의 변화, 죄책감, 무가치감, 과민성, 흥미를 느끼던 분야에서의 활동 감소 등을 수반한다. 피해자화 경험은 피해자로 하여금 자기 자신을 바라보는 시각에 강력한 영향을 미치게 되어 자긍심과 자존감을 떨어뜨리게 되는데, 특히 성폭력 피해를 당한 여성의 경우에는 이러한 증상이 오래 지속되기도 한다.263) 피해자가 느끼는 불안반응 역시 개인차가 있지만 보통 과도한 두려움, 긴장, 안절부절 못하는 태도, 불면증, 과민성, 집중곤란 등의 정서적 반응을 수반한다.

피해자들이 경험하는 심리적 손상의 유형은 크게 ① 정신적 위기상황(Crisis), ② 급성 스트레스 장애(Acute Stress Disorder), ③ 심적 외상 후 스트레스 장애(Post-Traumatic Stress Disorder)264), ④ 장기 위기상황 반응(Long-Term Crisis Reaction), ⑤ 그 밖의 정신장애 등으로 구분지어 볼 수 있다.265) 그 밖에 강간에 의해 발생하는 정신적 피해인 '강간외상증후군(Rape Trauma Syndrome)'도 심리적 손상의 일종으로 볼 수 있는바, 이 증세는 ① 급성혼란(acute stress disorder) 단계, ② 표면적 적응(apparent readjustment) 단계, ③ 장기적 재조직(long-term reorganization) 단계 등으로 나타난다고 한다266) 이들 중 중요한 몇 가지 심리적 손상 유형을 좀 더 자세히 살펴본다.

1) 정신적 위기상황

범죄피해는 한 개인에게 정신적 위기상황을 초래한다. 이러한 위기상황은 비단 범죄피해에 국한되는 것이 아니고 재난, 사고, 전쟁, 경제적 상황의 악화, 질병 등 여러 영역에서 발생한다. 그러나 그중에서도 범죄로 인해 초래된 피해자 개인의 심리적 위기상황은 정신적 쇼크와 유사하다고 볼 수 있다.

이러한 정신적 위기상황은 크게 3단계로 진행된다.267) 1단계는 충격단계(the impact stage)이다. 피해자는 범죄피해를 당한 직후 마치 쇼크 상태에 있는 것과 같아서 식사나 수면에 장애를 겪는가 하면, 피해사실을 믿지 못하겠다고 말하기도 하고, 한없는 무력감을 나타내기도 한다. 어떤 때는 피해자가 자신을 통제하는 듯이 보이다가도 다른 때는 통제력을 상실한 듯 보이기도 한다.

2단계는 후퇴단계(the recoil stage)이다. 이 단계에서 피해자는 범죄피해 사실을 인정하고 자신의 인격을 재통합하게 된다. 여기서 인격을 재통합한다는 의미는 범죄피해의 충격으로 인해 정서적 혼란 상태에서 앞뒤가 맞지 않거나 모순되게 행동했던 반응을 추스른 후 정서적 안정을 되찾아 일관성 있는 행동을 하게 된다는 의미가 담겨 있다. 1단계에서 겪은 정서적 소진을 넘어서서 상황을 객관적으로 바라보면서 휴식과 회복, 치유의 과정을 거치는 것이다. 그 결과 새로운 감정과 마음가짐으로 피해사실을 바라볼 수 있게 된다. 즉, 가해자에 대한 분노와 범죄사실 자체에 대한 두려움 등의 감정을 솔직하게 표현하거나 인정하면서 치유를 맛보는 것이다.

3단계는 재조직화(the reorganization stage) 단계이다. 후퇴단계를 거치면서 분노나 두려운 감정의 강도가 약화되어 정서적으로 균형감각을 회복하게 되고, 일상적 활동에 직면할 수 있는 에너지를 갖게 되는 단계인 것이다. 그리하여 피해자는 점차 자신이 현재 당면하고 있는 업무에 시간과 정성을 쏟을 수 있게 된다.

2) 급성 스트레스 장애

급성 스트레스 장애(Acute Stress Disorder, ASD)는 심리적 외상을 초래하는 사건을 경험한 직후에 발생하는 극렬한 스트레스 증상을 말한다. 이 증상은 1994년 미국정신의학회 매뉴얼 DSM-IV에서 처음으로 제시되었다. 이 ASD의 특징은 피해자가 사망사건을 직접 목격하거나 심각한 상해사건 및 협박사건을 직접 경험하든지 목격한 경우, 그리고 자신이나 타인의 신체적 안전을 위협하는 사건을 경험하거나 목격한 경우, 사건 발생 후로부터 1개월 이내에 불안과 해리증후군(dissociative symptoms)을 보인다는 점이다. 해리증후군이라 함은 비현실화, 비개인화, 분열성 건망증 등의 증세를 갖는 것을 말한다. 이때 피해자는 강렬한 두려움, 무력감, 공포감을 나타내면서 위와 같은 증세가 최소한 2일 이상 최대 30일 이내의 기간 동안 지속되어야 한다.[268]

3) 심적 외상 후 스트레스 장애

심리적 외상 후 스트레스 장애(Post Traumatic Stress Disorder, PTSD)는 인간이 통상적으로 경험하는 범위를 벗어난 사건의 발생으로 인해 그 사건에 연루된 당사자들이 심리학적으로 강렬한 스트레스를 받으면서 나타나는 특징적 징후를 말한다. PTSD의 원인은 전쟁, 대인간 폭행, 테러, 고문, 자연재해, 인위적 재난, 대형 교통사고, 인질사건, 납치, 치명적인 질병 등으로 매우 다양하다. 그러므로 범죄 피해로 인해 얼마든지 PTSD를 겪을 수도 있는 것이다. 특히 강간피해자들은 대부분 PTSD증세로 고통받고 있는 것으로 보고되고 있는데 로스바움(Barbara Rothbaum)의 연구에 따르면 강간 피해자의 94%가 성폭행을 당한 지 1주일 후에 PTSD 증세를 경험한다는 것이다.[269]

PTSD의 특징적 징후는 피해자가 살인, 살해협박, 심각한 상해, 신체적 안전에 대한 위협 등에 연루되었거나 그러한 행위를 목격한 경우 발생하기 쉬운데, 이때 나타나는 증상으로는 강렬한 두려움, 무력감, 공포 등이다. PTSD를 극복하지 못한 피해자들은 자기가 경험했던 사건과 유사한 상황을 맞이하면 그때의 고통을 재차 경험하기도 하고, 그에 따른 스트레스를 피하기 위해 해당 사건과 관련된 자극을 피하고자 노력하며, 통상적인 반응을 보이지 못한 채 멍해지기도 하고, 흥분하거나 불안해하기도 한다.

4) 장기 위기상황 반응

　　장기 위기상황 반응(Long-Term Crisis Reaction)은 미국의 민간 피해자 지원 기구인 NOVA에서 처음 사용한 용어이다. 이 장기성 위기상황 반응은 PTSD를 경험하지 않았던 자들 중에서는 살아가는 도중에 특정한 사건을 맞이하게 되면 과거 회상을 통하여 위기상황 반응을 경험하게 되는 사람이 있다는 것이다. 그러한 회상을 야기하는 사건들로서는 과거 위기를 겪었던 상황을 기념하는 이벤트가 될 수도 있고, 사건으로 인해 세상을 떠난 사람의 생일이나 그 사람을 기억하는 명절날이 될 수도 있으며, 자기가 경험했던 사건과 유사한 사건을 언론에서 보도하는 때가 해당할 수도 있다. 장기성 위기상황 반응은 세월이 흐름에 따라 그 강도가 점차 약화되는데 이는 피해자가 심리적 외상에 대처하는 방법을 익혀가기 때문이기도 하고, 피해자를 지원해 주는 다양한 자원들 덕분에 과거의 아픈 기억을 떠올리는 사건에 대한 피해자 대응의 민감도가 완화되는 탓이기도 하다.270)

3. 경제적 비용의 발생

　　많은 국가기관들이 범죄발생률을 측정하고 범죄비용 평가를 해 오고 있다. 범죄의 심각성을 파악하기 위해서는 단순히 범죄 발생 비율만 제시하는 것보다 범죄로 인한 피해를 경제적 용어로 평가해 보는 것이 훨씬 피부에 와 닿을 수 있다. 이에 미국에서는 1996년에 밀러(Edmund Miller)나 코헨(Allen Cohen) 등의 학자들이 2년간 학제간 연구를 통해 개인이 행한 범죄결과와 그에 따른 범죄비용을 산출하였다. 그 결과 범죄피해자에게는 매년 의료비가 180억 달러, 임금손실 비용과 피해자지원 비용 등의 가시적 비용이 870억 달러 지출되어 전체 가시적 비용은 1,050억 달러에 달하고, 여기에다 피해자가 감내해야 할 정신적·육체적 고통과 삶의 질이 저하되는 비용 등 비가시적 비용 3,450억 달러까지 더하면 그 비용은 매년 4,500억 달러까지 상승한다고 발표하였다.271)

[표 5] 범죄피해 비용 　　　　　　　　　(단위: 백만 달러)

범죄유형	의료비	기타 가시적 비용	삶의 질 비용	계
살인	$700	$32,700	$60,000	$93,000
아동학대	$3,600	$3,700	$48,000	$56,000
강간 및 성폭력	$4,000	$3,500	$119,000	$127,000
기타 폭력 (미수 포함)	$5,000	$10,000	$77,000	$93,000
강도(미수 포함)	$600	$2,500	$8,000	$11,000
음주운전	$3,400	$10,000	$27,000	$41,000
방화	$160	$2,500	$2,400	$5,000
절도(미수 포함)	$150	$9,000	$0	$9,000
주거침입(미수 포함)	$30	$7,000	$1,800	$9,000
차량절도(미수 포함)	$9	$6,300	$500	$7,000
총　계	$18,000	$87,000	$345,000	$450,000

(출처: William G. Doerner & Steven P. Lab, 위의 책, p.59.)

아울러 밀러의 위 연구에 따르면 범죄로 인해 재산손실이 발생하거
나 또는 의과적 치료행위가 있게 되면 보험에 의해 변상되지 않는 부
분은 피해자가 부담을 안게 되나 보험변상이 되는 부분은 사회가 부
담을 안게 되며, 범죄피해로 일을 못하게 되면 범죄피해자 본인에게는
임금의 손실 피해가 발생하지만 회사나 고용주는 노동생산성 상실의
피해가 발생하고, 학교출석 손실의 경우 교육 부족으로 피해자의 재정
적 수익이 저하되는가 하면 사회의 입장에서는 전체 사회소득이 저하
되는 결과를 초래하고, 범죄로 인한 사망의 경우 피해자 개인에게는
삶의 질의 상실 비용이 발생하지만 가족에게는 애정의 상실·장례행사
및 심리적 치료를 위한 비용이 지출된다고 분석하고 있다.[272]

이에 대하여 앤더슨(David Anderson)이라는 학자는 과거 연구들이
보통 특정 지역이나 특정 범죄의 카테고리에 국한하여 비용을 산정
했던 것을 비판하면서, 범죄로 인해 발생하는 직접 비용 외에 아직까
지 전체 피해비용에 포함시키지 않았던, 사법시스템 운영에 따른 부

대적 비용도 간접비용이라는 이름으로 확장시켜 전체비용에 포함해야 한다고 주장하였다. 그 부대적 비용이란 예컨대 피해자와 범죄자 그리고 수감자가 범죄로 인해 소비해야만 했던 시간, 피해자가 겪어야 했던 두려움, 사적으로 범죄 억제를 위해 투입했던 비용 등을 의미한다. 이러한 방식으로 범죄피해 비용을 산정할 경우 범죄 발생으로 인해 부담해야 할 비용이 매년 1조 달러에 이른다고 하였다.273)

한편, 장(Ting Zhang)이라는 캐나다 학자는 범죄로 인해 캐나다의 형사사법 시스템이 지출해야 할 비용이 2008년도에 150억 달러에 달한다고 하였는데 여기에는 경찰·검찰·법원이 지출하는 비용과 법률지원비, 교정기관 운영비, 정신건강 검증위원회 운영비 등이 포함되었다. 피해자 개인의 경우에는 의료비, 입원비, 임금손실 비용, 교육기회 상실비용, 재산손실비용 등이 피해비용으로 산정되었는데 2008년 한 해 동안 총 143억 달러의 비용이 지출되었다고 하였다.274)

학자들의 의견을 종합해 볼 때 범죄피해 비용 산정의 기준을 크게 형사사법제도 운영 비용, 직접적 재정지출 비용, 건강관련 비용, 비가시적 비용 등으로 구분해 볼 수 있다.

1) 건강관련 비용

범죄로 인한 손상을 입은 다음에 직접적으로 지출해야 하는 가시적 비용 중 대표적인 것이 의료적 치료비용과 정신건강 관리에 지출하는 비용이다. 피해자가 지출해야 하는 의료적 치료비용은 대개 신체적 손상을 수반하는 범죄에서 비롯된다. 신체적 손상은 전술했던 바와 같이 ① 아무 흔적도 남기지 않고 바로 치료되는 외상(immediate injuries), ② 육안으로 확인 가능한 흔적을 남기는 외상(some injuries leave visible scars), ③ 주변 사람은 잘 모르는 가운데 장기간의 치료를 요하는 외상(unknown long-term physical injuries), ④ 장기간 지속되는 치명적 외상(long-term catastrophic injuries) 등으로 분류할 수 있다. 즉각적으로 치료되는 외상이라고 할지라도 노년층 피해자는 치료기간이 길어질 수 있고, 흉터를 남기는 외상의 경우 치료가 끝났다 하더라도 그 흉터를 볼 때마다 좋지 못한 기억을 떠올릴 수 있는 것이며, 성범죄로 인해 에이즈나 임질 등에 감염되면 치료도 장기화될뿐더러 다른 장기나 기관까지 손상되는 경우가 있고, 범죄로 인해 신체적 장애 상태가 초래되면 단순한 불편을 넘어서서 피해자 개인의 생활 반경의 축소와 함께 삶의 질을 크게 떨어뜨리는 결과를 초래하게 된다.[275] 이로 보건대 단순히 신체적 손상에 대한 의과적 치료의 종결이 완전한 피해의 회복이라고 보기 어렵고 추가적으로 가시적·비가시적 비용의 지출이 있을 수 있다는 것을 알게 된다.

한편, 폭력 피해자들에게 뚜렷한 육체적 손상이 없다 할지라도 그들은 심각한 심리적·정서적 외상에 시달릴 수 있다. 이러한 정서적 반응은 지연되어 나타나기도 하고, 누적되었다가 나타날 수도 있다. 또한 범죄피해로 인한 스트레스가 점점 누적되면 심각한 정서적 외상이나 신체적 질병을 유발하기도 한다. 이러한 정신적 피해는 곧바로 비용화하여 계산하기는 어렵지만 피해자화 이후의 심리치료를 위한 상담비용, 정신과적 재활비용, 심리적 외상을 치료하기 위한 투약비용 등과 같이 가시적 비용으로 전환하여 나타낼 수가 있다.[276]

2) 직접적 재정지출 비용

범죄피해로 인해 직접 지출해야 하는 비용은 재산범죄에 의해 발생한 재산피해액, 신체적 건강을 해하는 범죄로 인해 발생한 임금손실액, 교육을 받지 못한 데 따른 교육비 손실액 등이 포함된다. 예컨대 절도에 의한 피해의 경우 절취당한 물건의 가액이 피해비용이 되며, 사기죄의 경우 사기를 당한 금액이 피해비용이 된다. 이러한 가시적 비용은 범인이 체포되어 물건을 돌려주거나 재산적 피해를 배상하게 되면 1차적으로 복구될 수 있지만 범죄피해에 따른 불쾌감, 무력감, 두려움 등은 여전히 지속될 수 있다. 이렇듯 피해자가 범죄로 인해 간접적으로 겪는 심리적 피해들은 비가시적 비용으로 다시 환산되어야 할 것이다.

3) 형사사법제도 운용 비용

범죄가 발생하면 피해자 개인에게는 물론 사회 전체 구성원이 부담해야 할 비용도 발생한다. 이른바 사회질서 유지를 위해 국가의 법집행기관이 투입해야 할 비용이 바로 그것이다. 범인을 체포하고, 기소하고, 재판하는 과정은 물론 범죄자에게 형벌을 선고하여 교정시설에 수감하여 관리하는 교정비용에 이르기까지 국민이 납부한 세금이 지출되는 것이다. 물론 범죄피해자를 위해 국선변호인 선임비, 범죄현장 청소비, 범죄피해자구조금 지급, 가정폭력이나 성폭력 피해자를 위한 상담 및 치료비, 사회적으로 취약한 지위에 있는 피해자를 위한 긴급복지 지원비, 진술조력인 양성비 등과 같이 피해자를 위해 투입되는 비용도 있지만 그보다 훨씬 많은 국가 예산이 범죄자 관리에 투입되고 있다.

여기서 유념할 점은 형사사법 시스템이 범죄피해자의 유익을 위해서 온전히 기능해야 하지만 때때로 피해자에게 2차적 피해를 야기함으로써 추가비용을 발생시킬 수 있다는 점이다. 예를 들어 성범죄 피해자의 경우 수사단계나 재판단계에서 수사관이나 검사 혹은 법관의 언행에 의해 수치심이 더욱 커진다거나 수사관의 부실한 수사활동으로 말미암아 고소사건 처리가 지연되는 등 형사사법기관의 미진한 대응으로 인해 피해자의 삶의 질이 떨어지게 되면 피해자에게 비가시적 비용이 발생할 수 있는 것이다.

4) 비가시적 비용

비가시적 비용(intangible costs) 개념은 비교적 최근에 와서야 학자들의 활발한 조명을 받고 있는 분야로서 피해자화의 비가시적 측면을 금전적 가치로 환산하고자 노력함으로써 피해자학 발전에 상당한 기여를 하고 있다. 비가시적 비용을 측정하는 것이 용이하지는 않지만 이러한 분야에 대한 고려 없이 범죄피해의 실제적 결과를 제대로 평가할 수는 없을 것이고,[277] 그 내용 자체는 피해자의 삶에 상당한 영향을 미치고 있다. 이러한 유형의 비용을 발생시키는 요소들이 피해자의 건강한 활동을 방해하고 일상적 삶을 살아가는 능력에 제약을 가하게 되는 것이다.

비가시적 비용을 발생시키는 요소들에는 범죄에 대한 두려움, 심리적 스트레스, 삶의 질 저하, 피해로 인해 겪게 되는 심신의 고통, 그리고 사회적 낙인 등이 포함된다. 폭스(Kathleen Fox)나 노블스(Matt Nobles)와 같은 학자들은 대학 캠퍼스 내에서 특정 유형의 범죄피해를 당한 자들이 피해경험 이후 범죄에 대한 두려움이 증가하고 있다는 사실을 밝혀냈는데 주간에 느끼는 두려움은 성폭행·스토킹·절도 등의 범죄와 관련이 깊고, 야간에 느끼는 두려움은 성폭행 범죄와 긴밀히 관련되어 있다고 하였다.[278] 피해자가 느끼는 심리적 스트레스의 유형으로는 외상 후 스트레스 장애(PTSD), 우울증(major depressive episode), 광장공포증(agoraphobia), 강박장애(obsessive-compulsive disorder, OCD), 기타 다양한 사회적 공포 등이 포함된다. 특히 아이들이 범죄피해를 경험하게 되면 앞으로 살아가는 동안 정신건강에 특히 취약해질 수 있다는 주장도 제기되었다.[279]

핸슨(Rochelle Hanson)이나 소여(Genelle Sawyer)와 같은 이들은 피해자화 경험이 부모의 자녀양육 방법, 직무의 원활한 수행, 고용, 친분관계의 유지 등에 영향을 주게 되어 삶의 만족도에 간접적으로 영향을 미칠 수 있다고 보았다. 또한 아동학대나 가정폭력, 성폭력 피해경험은 수치심과 자기비난, 죄책감, 부정적 자기 낙인의 감정을 갖게 할 수 있다고 한다.[280] 범죄피해로 겪게 되는 이러한 감정은 정신건강을 해친다는 차원에서도 문제지만 경찰기관에 범죄신고를 못하게 가로막는 요소로 작용한다는 점에서도 문제이다.

4. 사회적 피해 발생

범죄로 인한 사회적 피해는 육체적·정신적·경제적 범죄피해의 영향으로 피해자 또는 피해자와 관련되는 자들의 사회적 존속에 부정적인 결과를 초래하는 것을 말한다.[281] 살인사건의 직접적 피해자는 살해당한 본인이지만 그 가족도 엄연한 피해자임을 부인할 수 없다. 살인사건으로 인해 남편이나 부인, 자녀를 잃게 되었다면 그 유족이 겪게 되는 상실감과 고독감은 매우 클 것이고, 이러한 감정은 그들의 사회적 생존에 부정적인 영향을 끼친다. 즉, 간접적으로 피해자 가족의 경제력에 타격을 줄 수 있고, 두려움과 분노와 불안 등은 정상적 사회생활을 위협할 수도 있는 것이다. 아울러 범죄피해로 인해 경제활동 수행이 어렵게 된다면 노동생산성 저하로 이어지게 되는데 이 또한 사회적 피해의 한 측면이라고 볼 수 있다.

한편, 성범죄의 경우 피해자의 평소 행실을 문제 삼아 주위에서 피해자를 비난하게 된다든지, 피해자의 피해경험을 경시한다든지 하는 경우 사회관계에서 피해자가 감내해야 할 심리적 고통 또한 지대하다. 헨더슨(Lynne Henderson)은 이러한 경우 피해자가 범죄피해 이전상태의 건강한 자아상으로 신속히 복귀할 수 있도록 피해자의 가족이나 지역사회가 1차적인 지원의 책임을 져야 하고, 피해자가 정상을 회복할 때까지 사회공동체가 관용할 수 있어야 한다고 말한다.282) 이처럼 범죄 행위는 피해자의 평온했던 사회적 관계와 존재방식에 충격을 가함으로써 사회적 존속을 위협할 수 있는 부정적 결과를 초래하게 되는 것이다.

제4절 피해자화의 단계

1. 1차 피해자화

1차 피해자화(primary victimization)란 최초의 범죄 행위 및 인권침해 행위로 인하여 개인이나 집단이 위법·부당하게 육체적, 정신적, 경제적 피해를 입는 과정을 말하는 것으로서 이러한 1차 피해자화라는 개념은 범죄학의 이론·가설·연구방법론을 빌려 '피해자원인론'을 연구하고자 하였던 피해자학 성립 초기에 주목을 받았던 개념이다.283)

일단 범죄가 발생하면 그 대상자인 피해자는 직접적으로 육체적·

경제적·심리적 피해를 입게 되는바, 이러한 범죄자의 공격은 생존세계에 대하여 신뢰감·안전감을 가지고 생활하고 있는 피해자의 건강한 자아에 대한 침해라고 할 수 있다.[284] 1차 피해자화는 기습적인 형태로 순식간에 이뤄지기도 하지만, 단계를 밟으면서 가중되는 형태로 오기도 한다. 전자의 예로서 노상강도 피해를, 후자의 예로서 가정폭력 피해를 들 수 있다. 가정에서 범죄피해를 지속적으로 당하게 되는 경우 비면식범에 의해 기습적인 형태로 범죄피해를 당하는 것보다 훨씬 해로운 결과를 가져온다는 연구들이 있다.[285] 또 범죄피해가 단 1회에 그칠 수도 있지만 반복적인 피해를 입을 수도 있고, 한 개인만이 피해를 입는 경우가 있는가 하면 집단구성원이 동시에 피해자화될 수도 있다.

한편, 권력남용으로 인한 1차 피해는 피해가 발생한 사실 자체를 인정받기가 어려워 피해회복이 지연되거나 좌절되기 쉽다. 권력남용에 의한 피해는 범행과 무관한 자가 범죄혐의를 받고 처벌을 받는 예가 대표적이다. 시일이 흐른 후 재심절차를 통해 구제받는 경우도 있지만 구제되기까지 피해자가 감내해야 할 충격과 외로움은 매우 큰 것이다.[286]

1차 피해자화는 기본적으로 가해자와 범인의 상호작용에서 기인하는 것이긴 하지만 '반복적 피해자화(repeated victimization)'를 막기 위해서는 피해자와 가해자 간의 상호작용 속에 피해자화 가능성을 높이고 있는 요인을 탐색하고 제거하는 작업이 필요하다. 따라서 개인 피해자의 경우에는 연령·성별·사회계층·직업·인종·심신·건강상태 등에서 범죄피해에 대한 취약요소를, 단체 및 집단피해자인 경우에는 민족의 구성·집단구성원 간 연대성·윤리적 상황·공통의 가치관·종교감의 강약·국제정치적 동향 등에서 취약요소를 찾아내어 1차 피해에 영향을 주는지 여부를 진단하고 대책을 강구해야 할 것이다. 또 사회·경제의 변동은 새로운 유형의 1차 피해자를 낳을 수 있으므로 급격한 사회적·경제적 변혁이 일어나는 시기에는 발생 가능한 범죄피해 유형을 예측하고 이에 대비를 잘 할 필요가 있다.[287]

2. 2차 피해자화

1차 피해자화가 범죄적 공격에 대한 피해자의 반응이자 가해자와 피해자 간 상호작용에 의해 초래된 해로운 결과라고 한다면, 2차 피해자화는 피해자에 대한 사회환경의 반응에 의해 초래된 해로운 결과를 의미한다. 가해자의 범죄 행위에 대하여 피해자만 반응하는 것이 아니라 사회환경도 반응하는 것이다. 이러한 사회적 환경이 범죄피해자에게 도움이 되는 쪽으로 반응하면 범죄로 인해 입은 피해의 회복을 촉진하는 기능을 수행하지만, 범죄피해자를 위축시키고, 고통을 가중시키는 방향으로 반응하면 2차 피해자화가 야기된다.[288] 이렇듯 최초의 범죄피해에 대하여 범죄사건을 처리하는 과정에서 사회적 환경이 잘못 반응함으로 말미암아 파생적·부수적으로 피해자에 대한 고통을 안겨주었다면 이를 '2차 피해자화(secondary victimization)'라고 말할 수 있을 것이다. 이러한 2차 피해자화를 야기하는 주체는 수사기관이나 재판기관과 같은 형사사법기관이 될 수도 있고, 형사사법기관 외에 피해자와 접촉하는 관련기관이 될 수도 있으며, 가족·친지·동료와 같은 피해자의 주변사람이 될 수도 있다. 2차 피해자화의 대상은 기본적으로 피해자 본인이 되겠지만 직접적인 피해를 입지 않았던 피해자의 가족들이 될 수도 있고, 일정한 조직구성원이나 집단구성원 전체가 2차 피해자가 될 수도 있다. 1차 피해자 중 사회적 지원을 받기 어려운 입장에 있는 자들은 2차 피해를 당하기 쉽다.[289]

2차 피해자화의 원인은 주로 피해자의 고통에 대한 공감능력 결여, 안이한 업무태도 등에 기인한 것으로 보인다. 예컨대 피해자가 범죄로 인한 충격 속에서 당황하고 놀란 상황에 처해 있는 경우 수사기관이 피해자의 심리적 상황에 무관심하거나 둔감하게 대처하거나 수사과정에서 피해자를 책망하거나 비난을 하게 되면 2차 피해자화가 발생하기 쉽고, 상황이 악화되면 자살·복수와 같은 3차 피해자화로 진행되기도 한다. 반면, 형사사법기관의 사려 깊고 친절한 대응은 피해회복을 촉진하고 형사사법기관에 대한 신뢰를 증진시키게 된다.

만일에 형사절차 진행 중에 2차 피해자화가 충분히 예방이 가능했음에도 피해가 야기되었다면 그것은 부당하게 타인의 행복추구권을 침해한 것이나 다름없다. 어느 누구도 정당한 이유 없이 타인의 헌법상 기본권을 침해해서는 안 된다는 것이 민주사회 시민이 지켜야 할 법적 의무이자 건전한 사회인이 준수해야 할 윤리적 공리인 것이다.[290]

공식적이건 비공식적이건 간에 우리는 누구나 부지불식간에 범죄피해자에 대하여 해로운 반응을 할 가능성을 가진 존재들이다. 그렇기에 2차 피해자화 현상을 인간 본래의 인지적 한계에서 비롯되는 당연한 현상 중의 하나로 치부해버릴 위험성이 있다. 그러나 이 세상에 어느 누구도 아무 이유 없이 타인에게 필요 이상의 고통을 가하는 것이 허용되지 않기에 이러한 인간의 실존적 한계를 빌미삼아 2차 피해자화의 현실을 방치해서는 안 될 것이다.[291]

피해자학은 2차 피해자화의 현상을 단순히 발견해 내고 그 해악성을 알리는 역할을 하는 데 그쳐서는 안 되며, 2차적 피해현상이 왜 자주 발생하게 되는지 그 이유와 배경을 추적하여 법적·제도적 대안과 개개인의 올바른 반응을 위한 윤리적 행동규범을 제시할 수 있어야 할 것이다.

3. 3차 피해자화

1차, 2차 피해자화로 정신적 육체적 고통을 느끼고 있는 피해자에게 적절한 대책이 이루어지지 않아 피해자가 이러한 '사회의 부정의'에 절망한 나머지 제3의 파멸적 행동을 취하는 것이 바로 '3차 피해자화(tertiary victimization)'라고 말할 수 있다. 즉, 피해를 당한 후 적절한 피해자 대책이 없게 되면 피해자가 반사회적·비사회적 반응을 보일 수 있고 범죄로까지 이행될 수 있으며 급기야 자기파괴적 행동까지 이어질 수 있다는 것이다.[292] 3차 피해자화라는 개념은 서구의 피해자학 문헌에 잘 등장하지 않지만 그 연원은 1973년도 이스라엘에서 개최된 국제피해자학 심포지엄으로 거슬러 올라간다. 이 학술대회에서 정신적·심리적으로 피해를 당한 피해자가 수사 과정이나 재판

과정에 피해감정의 만족을 얻지 못하고 '사회적 부정의'를 인식하게 되어 다시 피해를 입게 되는 것을 '3차 피해자화'라고 개념화하고 이를 일반적으로 사용하기에 이르렀던 것이다. 따라서 3차 피해자화는 2차 피해자화와 마찬가지로 사회가 피해자에게 만족할 만한 대응을 못하는 것과 밀접한 관련이 있다고 볼 것이다.[293]

제5절 재피해자화

앞서 범죄피해에 따른 비용 발생 문제를 살펴보았거니와 1차 피해를 입었던 피해자의 입장에서 추가적으로 피해비용을 발생시키는 것이 있다면 그것은 재피해자화(revictimization 또는 recurring victimization)의 경험이라 할 수 있다. 한 연구 결과에 따르면 한번 주거침입절도의 피해를 당했던 사람은 전혀 그런 피해를 당하지 않았던 사람보다 재피해자화될 확률이 4배 이상 높은 것으로 나타났다.[294] 한번 범죄피해를 당하게 되면 이에 대한 대비를 철저히 할 것이기 때문에 다시 피해당할 확률이 더 낮아질 것이라고 보는 것이 상식임에도 이러한 현상이 나타나는 이유는 무엇인지 살펴볼 필요가 있다.

1. 재피해자화의 유형

재피해자화의 의미에 가장 가까운 단어로는 revictimization과 recurring victimization 두 가지를 들 수 있지만 이와 유사한 용어로서 repeat victimization과 poly-victimization도 있다.[295] 먼저 revictimization과 recurring victimization은 두 용어 모두 과거 피해자화의 경험이 있던 피해자가 다시 피해자화되는 것을 의미하지만, 엄격하게 구별한다면 전자인 revictimization은 일반적으로 앞선 피해자화 경험과 뒤에 오는 피해자화 경험 사이에 시간적 간격이 있을 때 사용하는 경우인 데 반해 recurring victimization은 두 사건 사이에 시간적 간격의 구애를 받지 않는다는 점에 차이가 있다. 예를 들어 아동시기에 피해를 당했던 자가 성인기에 또 피해를 당할 경우 엄격한 의미에서

revictimization이라는 용어를 사용해야 하는 것이다.[296)]

하지만 repeat victimization은 예를 들어 한 대학생이 5월에 폭행피해를 입었는데 6월에 다시 폭행을 당하는 것처럼 비교적 가까운 시기에 동종 범죄에 의한 피해를 반복적으로 당했을 때 사용하는 것이므로, 두 사건의 범죄피해 유형을 가리지 않거나 또는 두 사건 사이의 시간적 간격이 있을 때 사용하게 되는, 앞서 언급한 두 용어와는 구분할 필요가 있다. 그래서 repeat victimization은 '재피해자화'와는 구별하여 '반복적 피해자화'라고 칭하는 것이 바람직하다고 본다. 한편 poly-victimization은 인생의 동일한 발달주기 단계 내에서 동시에 여러 개의 범죄피해를 경험하는 것을 말하는데, 예를 들면 아동기에 부모로부터 학대를 당함과 동시에 학교에서 동료들에게 폭행을 당하는 사례를 들 수 있다.[297)]

2. 재피해자화의 정도

어떤 가정은 1년 동안 아무런 범죄피해를 당하지 않는 반면 어떤 가정은 1년 동안에 한 번 이상의 범죄피해를 당함으로써 재피해자화가 된다면 그런 피해자들은 전체 피해자 중에 어느 정도의 비중을 차지하는 것일까? 영국의 범죄피해자 조사(Crime in England and Wales)에 따르면 전체 피해자의 28%가 두 번 이상의 범죄피해를 당했다고 하며, 가정폭력 피해자의 44% 그리고 지인으로부터 폭행을 당한 피해자의 19%가 1회 이상 피해를 입었다고 한다.[298)]

그런데 구들린(Wendi Goodlin)과 던(Christopher Dunn)의 연구에 따르면 다양한 범죄 중에서도 재피해자화가 많이 발생하는 범죄유형을 어느 정도 특정하고 있다. 즉, 가정폭력을 포함한 친밀한 관계에 있는 사람들 사이에서 행해지는 폭행, 가정폭력 이외의 폭행, 강간, 재산범죄로 피해를 당한 피해자들은 1차 피해자화된 이후에 다시 피해자화 경험을 할 위험이 크다는 것이다. 예를 들어 1992~2004년 사이에 미국의 전국단위 범죄피해자 조사(NCVS)에 응한 세대의 15%가 여러 번의 가정폭력을 경험한 것으로 보고하고 있다.[299)]

강간이나 다른 성폭행 범죄의 경우에도 반복적으로 피해를 입기 쉬운 범죄피해 유형인데, 미국의 '여성폭력 대응 연구기관(National Violence Against Women Study)'의 조사 결과에 따르면 강간 피해자들은 과거 12개월 동안에 평균 2.9회에 걸쳐 반복적으로 피해를 당한 것으로 조사되고 있다.300) 아울러 어린 시절 성폭행 피해와 이후 생애주기에서 발생하는 성폭행 피해 간에는 강한 상관관계가 있다고 한다. 그래서 어린 시절에 성폭행을 경험한 아동은 성인이 된 이후 친분관계가 있는 파트너로부터 성폭행을 경험할 확률이 어린 시절 성폭행 경험이 없는 여성보다 6배 이상 많다는 것이다.301)

한편, 특정 범죄의 피해자화를 경험한 피해자들은 동일한 범죄로 재피해를 당하는 비중이 불균형적으로 크다는 조사 결과도 있다. 예를 들어 '영국 범죄조사(British Crime Survey)' 결과에 따르면 과거 10년 동안 절도 피해를 당한 사람들의 6%가 전체 절도 피해건수의 68%를 차지한다는 것과,302) 재산범죄 피해를 당한 피해자들의 10%가 전체 재산범죄 사건의 56%를 차지한다는 자료들이 이를 말해 준다.303)

3. 재피해자화의 특징

재피해자화는 2가지 특징적 현상을 보인다. 첫째, 최초로 피해자화된 다음 재피해자화되기까지 소요되는 기간이 짧다는 점, 둘째, 최초 피해자화를 야기한 범죄와 동일한 범죄로 재피해자화되기가 쉽다는 점이다.

캐나다에서 수행된 한 연구에 따르면 주거침입 절도사건으로 인해 재피해를 입은 사건의 절반 정도가 처음 피해를 입었을 때로부터 불과 7일 이내에 발생했다고 하며,304) 미국 플로리다주의 경찰신고를 분석한 자료에서도 주거침입 절도의 경우 처음 피해를 당한 지 1주일 이내에 재차 피해신고가 접수되었던 것이 전체의 25%였고, 한 달 이내에 재피해 신고가 접수된 비율은 전체의 50%에 달했다고 한다.305) 또 다른 연구에 따르면 가정폭력의 경우 최초 발생한 피해와 2차로 발생한 피해 사이에 소요된 시간을 날짜로 계산했을 때 평균 62일이 소요되었지만 3차와 4차 사건 사이에는 평균 37일이 소요되어 재피해의 빈도가 시간이 지남에 따라 가속화되는 특징을 보여주고 있다는 것이다.[306] 이처럼 최초 피해와 재피해 사이에는 시간적 간격이 그다지 길지 않음을 알 수 있다.

다음은 피해자가 재피해자화되었을 때 처음 피해를 입었을 때와 같은 유형의 범죄로 피해를 입기가 쉽다는 실증적 연구들을 살펴본다. 라이스(Albert Reiss)는 일반 절도, 주거침입 절도, 폭행죄로 피해를 당한 피해자들은 동종 범죄로 다시 피해를 당하기 쉬운 경향성(proneness)을 지닌다는 연구결과를 발표한 바 있다.[307] 최근의 연구들도 성적 범죄로 피해자화된 사람들은 성범죄를 당하기 쉬운 경향성을 지니고 있는 까닭에 강간 사건으로 피해를 당한 이후에 또다시 강간 피해를 당하기가 쉽다는 연구 결과를 제시하기도 했다.[308]

4. 재피해자화의 위험 요소

재피해자화가 쉽게 되도록 만드는 위험 요소는 크게 개인적 차원과 지역사회 혹은 각 세대 차원의 위험 요소로 구분지어 볼 수 있다. 첫째 개인의 인구통계학적 특징이 위험 요소로 작용한다. 즉, 남성이 여성보다 재피해자화되기 쉽고, 젊은이가 노인보다 재피해자화될 가능성이 높으며, 독신으로 사는 사람과 별거 중인 사람, 그리고 이혼한 사람이 그렇지 않은 사람보다 재피해자화될 확률이 높다. 사회경제적 지위나 고용상태도 재피해자화에 영향을 준다. 사회경제적 지위가 낮은 사람이 높은 사람보다 재피해자화될 가능성이 더 많고, 실업상태에 있는 사람은 고용상태에 있는 사람보다 재피해자화될 여지가 더 크다. 심각한 정신질환이 있는 사람도 재피해자화될 확률이 높은 부류에 속한다.[309]

이상의 위험 요소들은 인구통계학적 요인으로 인한 것이지만 일상활동 이론에서 살펴본 3가지 요소, 즉 동기화된 범죄자, 매력적 표적, 유능한 보호자의 부재 등도 재피해자화를 높이는 요인이 되며, 생활양식 이론에서 살펴보았듯이 사회적 지위와 사회적 역할기대의 차이에 따라 범죄에 많이 노출될 수 있는 생활방식을 채택한 사람들도 재피해자화 될 위험이 높다고 할 수 있다. 이 밖에 개인의 심리학적, 인지적 요소들이 재피해자화 위험과 관련이 깊다. 특히 재피해자화를 자주 경험하는 여성은 높은 수준의 심리적 스트레스와 외상 후 스트레스 장애(PTSD)를 지닌 것으로 보고되고 있다.[310]

둘째, 재피해자화에 영향을 미치는 지역사회 요인 또는 세대별 수준의 요인을 살펴본다. 연구자들은 도시지역에서 사는 사람들과 한부모 가정을 가진 세대 주민들이 재피해자화될 위험이 높다고 하며, 지역사회의 무질서 또한 재피해자화 현상과 연계되어 있다고 주장한다. 이러한 지역에서는 청소년에 의한 폭행, 절도, 공공기물 파괴 등의 범죄피해가 많이 발생한다.[311] 아이들을 가진 저소득층의 세대에서는 대인범죄로 인한 재피해자화가 많이 발생하고, 고소득층 세대에서는 재산범죄로 인한 재피해자화가 많이 발생한다. 지역주민이 해당 지역에 거주한 기간이 짧을수록 재피해자화 위험이 높아지며, 주거지를 소유한 자보다 임대한 사람들의 재피해자화 위험이 높다고 한다.[312]

5. 재피해자화의 결과

반복적으로 피해자화를 경험한 사람이 단 한 번의 피해자화를 경험한 사람과 어떤 차이가 있을까 하는 의문이 있다. 데이글(Leah E. Daigle)은 재피해자화되면 필연적으로 단 1회 피해를 당하는 것보다 훨씬 부정적인 결과를 경험하게 된다고 명확하게 단정할 수는 없다고는 하나,[313] 몇몇 연구자들은 한 번 이상 피해자화 경험이 있는 사람들이 그렇지 않은 사람들보다 훨씬 안 좋은 예후(豫後, prognosis)를 보인다는 주장을 하고 있다. 특히 다중 피해자화(poly-victimization)를 경험한 청소년은 단 1회 피해자화 경험이 있는 청소년에 비해서 심각할 정도로 많은 스트레스를 경험하게 된다고 한다.[314] 또 시르(Clement Cyr) 등의 연구에 따르면 2~11세 사이에 있는 아동들의 다중 피해자화 경험이 우울증, 불안감, 분노감 등의 증가와 긴밀하게 연계되어 있다고 한다.[315] 미국의 여성폭력대응 관련 조사에 따르면 1회

이상 피해자화된 여성들이 그렇지 않은 여성들보다 훨씬 안 좋은 결과들을 보여주고 있다고 하면서 과거 성폭행 피해를 당한 횟수가 현재 그 여성의 우울증, PTSD, 취약한 건강상태, 폭음 등의 예측 표지가 될 수 있다고 한다.[316]

6. 재피해자화의 예방

몇 가지 유형의 피해자화 예를 들어 재피해자화 예방책을 살펴본다. 먼저 주거침입 절도의 경우 그 주거시설의 상태가 재피해자화에 영향을 준다. 이런 유형의 범죄피해는 범죄피해를 당할 위험 요소가 여러 가지로 혼재되어 있는 상황에서, 훔칠 값비싼 물건이 있는지, 경보장치가 설치되었는지, 경찰에 신고했을 때 추적을 따돌릴 수 있는지 등에 관한 정보를 범죄자가 가지고 있을 때 발생하기 쉬운 것이다. 즉, 재피해자화는 위험 요소의 혼재성(risk heterogeneity)과 상황의 존성(state dependence)의 특징을 갖고 있다는 것이다.[317] 그러므로 동일한 범죄자에 의해서 재차 주거침입 절도의 피해를 입게 되는 이유는 위에서 살펴본 위험 요소가 해소되지 않은 상태에서 범행에 유리한 상황이 지속되고 있기 때문일 것이다. 모두 그런 것은 아니지만 몇몇 연구결과를 보면 주거침입 절도범들은 시간적으로나 공간적으로 멀리 떨어진 것보다는 근접해 있는 상황에서 범행할 가능성이 더 높은 것으로 조사되었다.[318] 이와 같은 범죄유형의 재피해자화를 막기 위해서는 피해위험이 높은 주거지에 대하여 경찰이 방범진단을 실시한 뒤 범죄에 취약한 상황을 분석한 정보를 피해자들에게 적극적으로 제공하는 활동이 필요하다 하겠다.

한편, 성폭력 피해자화 예방을 위해서는 처음 성폭력 피해를 당한 피해자에게 신속하고도 지속적인 위기개입 프로그램을 가동하는 것이 필요하다고 한다. 성폭력 재피해자화에 관한 연구에 따르면 성폭력 피해를 당한 이후 2개월 이후부터 6개월 동안 지속적으로 위기개입 프로그램에 참여했던 피해자들은 그렇지 않은 피해자들보다 재피해자화 경험을 덜 한 것으로 보고되었으며 이러한 프로그램에서 피해자들에게 '위험인식기술(risk recognition skill)'을 전수한 것이 효과적인 것으로 나타났다.[319]

가정폭력에 의한 재피해자화 예방을 위해서는 가정폭력 가해자에 대한 경찰의 체포능력이 확보되어야 함과 동시에, 가해자에 대한 위기개입의 차원에서 폭력행위를 감소시킬 수 있는 분노관리 프로그램의 운영이 있어야 한다. 이 프로그램에는 경찰과 피해자보호 전문가들이 팀을 이루어 함께 참여하는 것이 바람직하다.[320] 아울러 피해자에게는 가정폭력범죄 처벌에 관한 특례법상에 나타난 각종 피해자의 권리, 예컨대 긴급임시보호조치 신청권, 피해자보호명령 청구권, 정보제공 청구권 등의 정보와 함께 국가나 공공기관으로부터 받을 수 있는 피해자 지원에 관한 정보를 충실히 제공해 주어야 할 것이다.

제1편 참고문헌

1) 김재민(a), 피해자학, 청목출판사, 2016. p.17.

2) Jerin, R.A, & Moriarty, L.J., *The Victims of Crime*, Prentice Hall, 2010, pp.6-7.

3) Wallace, H., & Roberson, C., *Victimology*, Prentice Hall, 2011, p.4.

4) Doerner, W.G., & Lab, S.P., *Victimology*, Anderson Publishing Co. 2002. p.2.

5) 이윤정, 한국경찰사 ― 근대이전편, 소명출판, 2015, p.27.

6) Wallace, H., & Roberson, C., 앞의 책, p.5.

7) Jerin, R.A, & Moriarty, L.J., 앞의 책, p.6.

8) Wallace, H., & Roberson, C., 앞의 책, 같은 면.

9) Wallace, H., & Roberson, C., 위의 책, 같은 면.

10) 이윤정, 앞의 책, p.32.

11) 김용세(a), 피해자학, 형설출판사, 2009, p.72; 김재민(a), 앞의 책, p.24.

12) Doerner, W.G., & Lab, S.P., 앞의 책, pp.2-3; 조윤오 외 9인 공역, 피해자학, 도서출판 그린, 2012, p.2.

13) Wallace, H., & Roberson, C., 앞의 책, p.6; 김재민(a), 앞의 책, p.24.

14) 김재민(a), 위의 책, p.25. 필자의 저서에서 본문 전체를 인용함.

15) 김용세(a), 앞의 책, p.72; 김재민(a), 앞의 책, p.25.

16) Doerner, W.G., & Lab, S.P., 앞의 책, p.3; 조윤오 외 9인 공역, 앞의 책, p.3.

17) 이윤정, 앞의 책, pp.130, 132, 164.

18) Jerin, R.A, & Moriarty, L.J., 앞의 책, p.7.

19) Jerin, R.A, & Moriarty, L.J., 위의 책, pp.7-8; Doerner, W.G., & Lab, S.P., 앞의 책, pp.4-7.

20) Doerner, W.G., & Lab, S.P., 위의 책, pp.9-10.

21) Jerin, R.A, & Moriarty, L.J., 앞의 책, p.8.

22) Jerin, R.A, & Moriarty, L.J., 위의 책, 같은 면; Doerner, W.G., & Lab, S.P., 앞의 책, p.6.

23) Wright, G., & Hill, J., Victims, crime and criminal justice, in J. Muncie and D. Wilson (eds) *Student Handbook of Criminal Justice and Criminology*, London: Cavendish, 2004. p.109.

24) Wolhuter, L., Olley, N., & Denham, D., *Victimology: Victimization and Victims' Rights*, Routledge Cavendish, 2009, p.14.

25) Wallace, H., & Roberson, C., 앞의 책, pp.10-11.

26) Doerner,W.G., & Lab, S.P., 앞의 책, p.6.

27) 김재민(a), 앞의 책, pp.29-30.

28) Doerner, W.G., & Lab, S.P., 앞의 책, p.7; 김재민(a), 앞의 책, pp.29-30.

29) Wallace, H., & Roberson, C., 앞의 책, p.9; Benjamin Mendelsohn, "The Victimology", *Studies Introductionales de Psycho-Sociology Criminelle*, 1956. pp.25-36.

30) Mendelsohn, B. Victimology and Contemporary Society's Trends, Victimology, 1, 1976, pp.8-28; Mendelsohn, B. The Victimology, *Etudes International de Psycho-sociologie Criminelle*, July 1956, pp.8-28.

31) Mendelsohn, B. 위의 책, 같은 면.

32) Wallace, H., & Roberson, C., 앞의 책, p.11.

33) Doerner, W.G., & Lab, S.P., 앞의 책, p.8.

34) Wallace, H., & Roberson, C., 앞의 책, p.11; 김재민(a), 앞의 책, pp.31-32. 필자의 저서에서 본문 전체를 인용함.

35) Doerner, W.G., & Lab, S.P., 앞의 책, pp.9-10; 김재민(a), 앞의 책, p.33.

36) Doerner, W.G., & Lab, S.P., 앞의 책, pp.9-11; 김재민(a), 앞의 책, p.33.

37) Doerner, W.G., & Lab, S.P., 앞의 책, pp.10-11; 김재민(a), 앞의 책, p.33.

38) Doerner, W.G., & Lab, S.P., 앞의 책, p.11; 김재민(a), 앞의 책, pp.33-34. 필자의 저서에서 본문 전체를 인용함.

39) Franklin Ⅱ, C.W., & A.P. Franklin, Victimology Revisited: A Critique and Suggestions for Future Direction, *Criminology* 14, 1976, pp.177-214.

40) Curtis, L.A. *Criminal Violence: National Patterns and Behavior.* Lexington, MA: D.C. Health, 1974,

41) Doerner, W.G., & Lab, S.P., 앞의 책, pp.14-15.

42) Taylor, et al.(a), *Critical Criminology*, London: Routledge and Kegan Paul, 1975, p.44.

43) Taylor, et al.(b), *The New Criminology: for a social theory of deviance*, London: Routledge and Kegan Paul, 1973, p.268.

44) Frank Tannenbaum, *Crime and the Communication*, New York: Columbia University Press, 1938, pp.19-20.

45) Taylor et al.(b), 앞의 책, p.271.

46) Taylor et al.(b), 위의 책, 같은 면.

47) Taylor et al.(a), 앞의 책, p.34.

48) Wolhuter, L., Olley, N., & Denham, D., 앞의 책, p.21.

49) Box, S., *Power, Crime and Mystification*, London: Tavistock, 1983;Wolhuter, L., Olley, N., & Denham, D., 앞의 책, p.21.

50) Pearce, F., *Crimes of the Powerful*, London: Pluto Press, 1976; Wolhuter, L., Olley, N., & Denham, D., 앞의 책, p.21.

51) Wolhuter, L., Olley, N., & Denham, D., 위의 책, p.17.

52) Wolhuter, L., Olley, N., & Denham, D., 위의 책, p.18.

53) Wilson, J.Q., & Kelling, G.L., *Broken windows: the police and neighbourhood safety'*, in J.Q. Willson (ed.) Thinking About Crime, 2nd edn, New York: Basic Books, 1985. pp.75-89.

54) 김재민(b), 범죄학이론, 박영사, 2018, p.227.

55) 김재민(b), 위의 책, pp.226-227.

56) Spalek, B., *Crime Victims: theory, policy and practice*, Basingstoke: Palgrave Macmillan, 2006, p.44.

57) 조윤오 외 9인 공역, 피해자학, 도서출판 그린, 2012, p.14; Mawby, R. I., & Walklate, S., *Critical Victimology, International Perspectives*, Sage, Thousand Oaks, Calf. 1994, p.21.

58) Jerin, R.A, & Moriarty, L.J., 앞의 책, p.13.

59) Wolhuter, L., Olley, N., & Denham, D., 앞의 책, p.26; Mawby, R. I., & Walklate, S., 앞의 책, p.10.

60) Mawby, R. I., & Walklate, S., 위의 책, p.14.

61) Doerner, W.G., & Lab, S.P., 앞의 책, p.16.

62) Wolhuter, L., Olley, N., & Denham, D., 앞의 책, p.27.

63) Elias, R., *The Politics of Victimization, - Victims, Victimology and Human Rights*, Oxford University Press, 1986, viii.

64) 김재민(a), 앞의 책, pp.34-37. 위 범위의 내용을 원문 그대로 본문에 인용함.

65) 김재민(c), 범죄피해자대책론, 진리탐구사, 2006. p.58; 김재민(a), 앞의 책, p.35.

66) Wallace, H., & Roberson, C., 앞의 책, p.12; 김재민(a), 앞의 책, pp.35-36.

67) 김재민(a), 위의 책, pp.35-36.

68) Kirchhoff, Gerd F., *What is Victimology?*, TIVI, 2005. p.52; 김재민(a), 앞의 책, p.36.

69) Elias, R., 앞의 책, p.231; 김재민(e), 피해자 권리의 실효성 확보에 관한 소고, 한국형사정책학회, 2012, p.251; 김재민(a), 앞의 책, p.36.

70) Kirchhoff, G.F., &Morosawa, H., *The Study of Victimology*, in Vicimization in a multi-disciplinary key: Recent advances in victimology. Frans Willem Winkel, Paul C. Friday, Gerd F. Kirchhoff & Rianne M. Letschert (Eds.), WLP, 2009. p.288; Elias, R., 앞의 책, pp.27-67; 김재민(a), 앞의 책, p.36.

71) Lengerman, P.M., & Niebrugge, J., *Contemporary Feminist Theory*, in G. Ritzer, Sociological Theory, 4th edn, New York: The McGraw-Hill Companies Inc. 1996, p.462.

72) Wolhuter, L., Olley, N., & Denham, D., 앞의 책, pp.23-24.

73) MacKinnon, C.A., *Towards a Feminist Theory of the State*, Cambridge: Harvard University Press, 1989, p.141.

74) Spalek, B., *Crime Victims: theory, policy and practice*, Basingstoke: Palgrave Macmillan, 2006, p.43.

75) 김용세(a), 앞의 책, p.68; 김재민(a), 앞의 책, pp.38-39, 위 범위의 내용을 원문 그대로 본문에 인용함.

76) 김재민(a), 위의 책, pp.38-39.

77) 김용세(a), 앞의 책, p.70; 김재민(a), 앞의 책, p.39.

78) 김재민(a), 위의 책, pp.56-63. '현대사회에서의 피해자보호운동'에 관한 내용은 필자의 저서에서 원문 그대로 인용함.

79) Diani, '*The concept of social movement*' in Nash, K. (Ed.). Readings in contemporary political sociology, (pp.155-76). Oxford, Blackwell. 2000. p.165.

80) 김재민(a), 앞의 책, p.56. 필자의 저서에서 원문 그대로 인용함.

81) 김재민(a), 위의 책, 같은 면.

82) 김재민(a), 위의 책, p.56.

83) 김재민(a), 위의 책, p.57. 필자의 저서에서 본문을 그대로 인용함.

84) 김재민(a), 위의 책, p.57.

85) https://ko.wikipedia.org/wiki/%EC%A1%B0%EC%A3%BC%EB%B9%88, 2020.8.10. 검색.

86) 김재민(a), 앞의 책, p.57.

87) http://www.hhiun.or.kr/minhang/2385160, 2020.8.10. 검색.

88) Maus, *Social problems as social movements*. Philadelphia: J.B. Lippincott. 1975. pp.39-40.

89) Maus, 위의 책, pp.61-66.

90) 김재민(a), 앞의 책, p.59. 필자의 저서에서 본문을 그대로 인용함.

91) Doerner, W.G., & Lab, S.P., 앞의 책, p.17.

92) 김재민(d), 피해자학, 청목출판사, 2012, p.39.

93) Genugten, Gestel, Groenhuijsen and Letschert, *Loopholes, Risks and Ambivalences in International Lawmaking; The Case of a Framework Convention on Victims' Rights, Victimiztion*

in a multidisciplinary key: Recent Advances in Victimology, Wolf Legal Pub., 2009, p.7.

94) 김재민(a), 앞의 책, pp.57-58.

95) 김재민(f), "범죄피해자 인권보호를 위한 국제협약 초안의 내용분석과 그 시사점 고찰", 경찰법연구 제8권 제2호, 2010. p.195.

96) 김용세(b), 피해자학, 형설출판사, 2003. p.52; 김재민(a), 앞의 책, p.59.

97) 김용세(a), 앞의 책, pp.126-127; 김재민(a), 앞의 책, p.59.

98) https://www.victimsupport.org.uk/help-and-support/how-we-can-help, 2020.8.15. 검색.

99) Home Office Commu@nication Directorate. *A REVIEW OF THE VICTIM'S CHARTER*, 2001, p.3.

100) Ministry of Justice, Code of Practice for Victims of Crime, 2015, p.6.

101) https://www.justice-ni.gov.uk/sites/default/files/publications /doj/victim-charter.pdf, 2020.8.12. 검색.

102) https://www.legislation.gov.uk/ukpga/1999/23/contents, 2020.8.13. 검색.

103) 김혁, 영국 피해자 보호·지원 정책의 최근 동향과 그 시사점, 피해자학 연구 제24권 제2호, 2016. p.182.

104) 김혁, 위의 논문. p.181.

105) Victims' Commissioner, Commissoner for Victims and Witnesses: Report for the Secretary of State for Justice 2013-14, p.5.

106) https://victimscommissioner.org.uk/victims-commissioner/, 2020.8.10. 검색.

107) Victims' Commissioner, 앞의 문서, p.7.

108) https://victimscommissioner.org.uk/victims-commissioner/, 2020.8.12. 검색.

109) 김혁, 앞의 논문, pp.181-194.

110) College of Policing et al., *Joint Agency Guide to the Victim Personal Statement,─ a guide for all criminal justice practitioners* -, p.7.

111) College of Policing et al., p.5.

112) College of Policing et al., p.6.

113) 김재민(a), 앞의 책, p.60. 문단의 내용을 필자의 저서에서 그대로 인용함.

114) Jerin, R.A, & Moriarty, L.J., 앞의 책, p.10.

115) Jerin, R.A, & Moriarty, L.J., 위의 책, 같은 면.

116) 김재민(a), 앞의 책, p.60.

117) https://www.trynova.org/who-we-are/mission-and-reach/ 2020.8.15. 검색.

118) https://www.trynova.org/who-we-are/mission-and-reach/ 2020.8.15. 검색.

119) https://www.trynova.org/crisis-response-program/mission-vision-values/ 2020.8.15. 검색.

120) Jerin, R.A, & Moriarty, L.J., 앞의 책, p.12.

121) https://ovc.ojp.gov/about/what-we-do, 2020.8.15. 검색.

122) https://ovc.ojp.gov/about-ovc, 2020.8.15. 검색.

123) https://ovc.ojp.gov/topics,2020.8.15. 검색.

124) Jerin, R.A, & Moriarty, L.J., 앞의 책, p.12.

125) Jerin, R.A, & Moriarty, L.J., 위의 책, p.16.

126) Jerin, R.A, & Moriarty, L.J., 위의 책, p.13.

127) 김용세(a), 앞의 책, p.135; 김재민(a), 앞의 책, p.61. 문단의 내용을 필자의 저서에서 그대로 인용함.

128) 김용세(a), 앞의 책, p.135.

129) 김용세(b), 위의 책, p.289.

130) https://weisser-ring.de/hilfe-fuer-opfer/onlineberatung, 2020.8.17. 검색.

131) https://weisser-ring.de/english, 2020.8.17. 검색.

132) Weisser Ring, *Standards für die Opferhilfe im WEISSEN RING*, pp.1-12.

133) 한생일, 부대공소제도 도입을 통한 범죄피해자 권리강화, 형사법의 신동향, 통권 제20호, 2009. p.142.

134) 김용세(a), 앞의 책, pp.134-135.

135) Gesetz über die Entschädigung für Opfer von Gewalttaten (Opferentschädigungsgesetz-OEG), §1~§10b 참조.

136) 한생일, 앞의 논문, p.144.

137) 한생일, 위의 논문, p.144.

138) 김성룡, 독일 제2차 피해자권리개혁법의 주요 내용·쟁점을 통해 본 국내 피해자보호 관련 논의의 합리적 방향, 피해자학연구 제18권 제1호, 2010. pp.61-65.

139) 한생일, 앞의 논문, p.145.

140) 김성룡, 앞의 논문, p.64.

141) Okamura, The movement for crime victims' rights and a restoration system in Japan: Its history and achievements. (pp.21-34). *Victimology and Human Security : New Horizons*, Nijmegen Netherlands: Wolf Legal Publishers. 2012. pp.23-24; 김용세(a), 앞의 책, p.138; 김재민(a), 앞의 책, p.62. 필자의 저서에서 본문을 그대로 인용함.

142) 김용세(a), 앞의 책, p.139.

143) 김용세(a), 위의 책, pp.141-143.

144) Morosawa, The road to victim rights establishment in Japan. In Morosawa, H., Dussich, J.J.P., & Kirchhoff, G.F., (Eds.). (pp.147-162). *Victimology and human security : New horizons*. WLP. 2012. pp.148-153.

145) 김용세(a), 앞의 책, p.142.

146) 김용세(a), 위의 책, 같은 면.

147) Kozu, Domestic violence in Japan. *American Psychological Association*. Vol. 54, No. 1. 1999. p.53.

148) 김용세(a), 앞의 책, p.140.

149) 김용세(a), 위의 책, p.144.

150) 김재민(a), 앞의 책, p.63. 필자의 저서 본문을 직접 인용함.

151) 김용세(a), 앞의 책, p.152.

152) 국회사무처, 제289회 국회(임시회) 본회의 회의록 제8호, pp.7-8.

153) 김재민(a), 앞의 책, p.161 문단의 내용을 필자의 저서에서 그대로 인용함.

154) 김재민(c), 앞의 책, p.186; 김재민(a), 앞의 책, p.188.

155) 김재민(c), 앞의 책, p.186; 김재민(a), 앞의 책, p.188.

156) 김재민(c), 앞의 책, p.186; 김재민(a), 앞의 책, pp.188-189.

157) 경찰청 인권보호센터, 대한민국 "인권경찰"입니다, 경찰청 인권보호센터 연간보고서, 2006. p.15; 김재민(a), 앞의 책, p.189.

158) 김용세(a), 앞의 책, p.286; 김재민(a), 앞의 책, p.189.

159) 김재민(a), 앞의 책, pp.229-230. 문단의 내용을 필자의 저서에서 그대로 인용함.

160) 김재민(a), 위의 책, p.230.

161) 김재민(a), 위의 책, p.230.

162) 법무부, 범죄피해자 보호·지원에 관한 기본계획(2007-2011), 2006. p.1; 김재민(d), 앞의 책, p.148. 필자의 저서 본문을 직접 인용함.

163) 법무부 자료, 2012년 범죄피해자 보호·지원에 관한 2차 기본계획; 김재민(d), 앞의 책, p.151. 문단의 내용을 필자의 저서에서 그대로 인용함.

164) 김용세(a), 앞의 책, p.426.

165) 김용세(a), 위의 책, p.426.

166) 김용세(a), 위의 책, pp.426-435.

167) 김용세(a), 위의 책, p.441.

168) 김재민(a), 앞의 책, p.202.

169) Kirchhoff, G.K., 앞의 책, p.42; 김재민(a), 앞의 책, p.40. 문단의 내용을 필자의 저서에서 그대로 인용함.

170) Kirchhoff, G.K., 위의 책, p.43; 김재민(a), 앞의 책, p.40.

171) 김재민(a), 위의 책, p.41.

172) Kirchhoff, G.K., & Morosawa, H., 앞의 책, pp.282-285, 288; 김재민(a), 앞의 책, p.41.

173) 김용세(a), 앞의 책, p.27; 김재민(a), 앞의 책, p.41.

174) Kirchhoff, G.K., 앞의 책, p.54; 김재민(a), 앞의 책, pp.41-42. 문단의 내용을 필자의 저서에서 그대로 인용함.

175) 김재민(a), 위의 책, p.42.

176) Kirchhoff, G.K., 앞의 책, p.43; 김재민(a), 앞의 책, p.43. 문단의 내용을 필자의 저서에서 그대로 인용함.

177) Hoffman, H., *"What Did Mendelsohn Rreally Say?"* in Ben David, Sarah and Kirchhoff, Gerd Ferdinand, International Faces of Victimology, Moenchengladbach : WSV Publishing, 1992. pp.89-104; 김재민(a), 앞의 책, p.43. 필자의 저서 본문을 직접 인용함.

178) Osamu Nakata, "Mendelsohn— Victimology—a new biosocial, psychological and social science." Hanzai Gaku Zasshi, Vol. 24. No. 6, 1958. p.8이후.

179) 김재민(a), 앞의 책, p.44. 필자의 저서 본문을 직접 인용함.

180) Kirchhoff, G.F., 앞의 책, pp.50-55; 김재민(a), 앞의 책, p.44.

181) 김재민(a), 위의 책, p.45. 문단의 내용을 필자의 저서에서 그대로 인용함.

182) Kirchhoff, G.K., 앞의 책, pp.51-52.

183) 김재민(a), 앞의 책, p.46. 문단의 내용을 필자의 저서에서 그대로 인용함.

184) 김재민(a), 위의 책, p.46.

185) Daigle, L.E., & Muftic, L.R., *Victimology*, Sage, 2020. p.20.

186) Daigle, L.E., & Muftic, L.R., 위의 책, p.21.

187) 대검찰청, 2018년도 범죄분석, pp.11-14(https://www.spo.go.kr/site/spo/crimeAnalysis.do, 2020년 9월 28일 검색).

188) 김은경 외 3인 공저, 전국범죄피해조사 2012, 한국형사정책연구원, 2013, pp.75, 131-320.

189) 최수형 외 3인 공저, 전국범죄피해조사(Ⅳ), — 2014년 범죄피해자 생활실태 및 사회적 지원현황 조사 —, 한국형사정책연구원, 2014, pp.115-243.

190) Daigle, L.E., & Muftic, L.R., 앞의 책, p.21.

191) Daigle, L.E., & Muftic, L.R., 위의 책, p.22.

192) Daigle, L.E., & Muftic, L.R., 위의 책, p.23.

193) Kirchhoff, G.K., & Morosawa, H., 앞의 책, p.286; 김재민(a), 앞의 책, pp.49-50. 문단의 내용을 필자의 저서에서 그대로 인용함.

194) 신동운, 형사소송법 1, 법문사, 1997. p.93; 이재상, "피해자의 소송법상 지위", 고시연구, 1988년 8월호. p.33.

195) 백형구, "범죄피해자의 형사절차상 권리", 고시연구, 1988년 8월호, p.21.

196) 김재민(a), 앞의 책, p.53. 문단의 내용을 필자의 저서에서 그대로 인용함.

197) 김재민(a), 위의 책, p.53.

198) 한국형사정책연구원, "가정폭력범죄의 형사절차상 위기개입 방안연구", 2001. p.136. 참조.

199) 2002.10.31. 2002헌마453; 김재민(a), 앞의 책, p.54. 문단의 내용을 필자의 저서에서 그대로 인용함.

200) 미국 법령의 경우도 역시 '피해자' 개념을 정의하는 데 있어서 간접적인 피해자를 '피해자 정의에 포함시키고 있다(42U.S.C.A. §10607(e) (West 1995); Tobolowsky, P.M., *Crime Victim Rights and Remedies*, Carolina Academic Press, 2001. p.14.)

201) Moriarty, L.J., *Policing and Victims*, Prentice Hall, 2002. p.4.

202) Moriarty, L.J., 위의 책, p.4.

203) Champion, D., *The Roxbury dictionary of criminal justice* (LA : Rexbury, 1997.) p.128; 김재민(a), 앞의 책, p.67. 문단의 내용을 필자의 저서에서 그대로 인용함.

204) Daigle, L.E., & Muftic, L.R., 앞의 책, pp.62-63.

205) 김용세(b), 앞의 책, 2003, p.41.

206) Kirchhoff, G.F., *What is Victimology?*, TIVI, 2005. p.58.

207) Gerd F. Kirchhoff & Hidemichi Morosawa, "The Study of Victimology - Basic considerations for the study of theoretical victimology", *Victimization in a multi-disciplinary key: Recent advances in victimology*, Wolf Legal Publishers, 2009. p.286; 김재민(a), 앞의 책, pp.67-68. 문단의 내용을 필자의 저서에서 그대로 인용함.

208) Kirchhoff, G.F., 앞의 책, pp.58-59.

209) 김재민(a), 앞의 책, pp.68-69. 문단의 내용을 필자의 저서에서 그대로 인용함.

210) 김재민(a), 위의 책, p.71.

211) 김재민(a), 위의 책, p.72.

212) 위험성이 많은 공공장소 등에 많이 노출되는 사람일수록 범죄피해의 위험성이 높아지는가에 대하여는 상반된 연구결과가 많기 때문에 확실하게 범죄에의 노출과 피해가능성의 관계는 확실치 않다(이윤호, 피해자학 연구, 집문당, 2007, p.77); 김재민(a), 앞의 책, p.72.

213) 범죄피해의 구조적-선택모형에 따르면 범인이 범행표적을 결정할 때 중요하게 생각하는 것은 표적과 관련된 '상이한 가치(differential value)'와 범인이 표적에 대하여 갖는 '주관적 유용성(subjective utility)'이라고 한다(이윤호, 앞의 책, p.78).

214) 다만 표적의 매력성 여부를 결정짓는 것과 관련하여 상반된 연구결과가 존재하고 있어 이 부분에 대한 후속적 심층연구가 필요하다고 보인다(Terrance Miethe et al., "Lifestyle changes and risk of criminal victimization." *Journal of Quantitative Criminology*, 1990, 6: 357-376; 이윤호, 앞의 책, p.78); 김재민(a), 앞의 책, p.73. 문단의 내용을 필자의 저서에서 그대로 인용함.

215) 김재민(a), 위의 책, p.74. 문단의 내용을 필자의 저서에서 그대로 인용함.

216) 김재민(a), 위의 책, p.74.

217) 김재민(a), 위의 책, pp.75-86. 문단의 내용을 필자의 저서에서 그대로 인용함.

218) Jerin, R.A., & Moriaty, L.J., *The Victims of Crime*, Prentice Hall, 2010. p.31.

219) Eigenberg, Victim blaming, in L. J. Moriarty (Ed.) *Controversies in Victimology*, 2003. pp.15-24.

220) Jerin, R.A., & Moriaty, L.J., 앞의 책, p.4.

221) 김재민(a), 앞의 책, p.75.

222) Siegel, *Crimimology* (9th ed.), Belmont, CA: Thomson Wadsworth., 2006. p.76; 김재민(a), 앞의 책, p.76.

223) 김재민(a), 앞의 책, p.76.

224) Jerin, R.A., & Moriaty, L.J., 앞의 책, p.32; 김재민(a), 앞의 책, p.76.

225) Lauristen, J.L, Laub, J.H, & Sampson, R.J., Conversational and deliquent activities: Implications for the prevention of violent victimization among adolescents. *Violence and Victims*, 7, 1992, pp.91-108.

226) Lauristen, Laub, & Sampson, 1992, 앞의 책, p.29.

227) Jerin, R.A., & Moriaty, L.J., 앞의 책, 같은 면; 김재민(a), 앞의 책, p.77. 문단의 내용을 필자의 저서에서 그대로 인용함.

228) Daigle, L.E., & Muftic, L.R., 앞의 책, p.31.

229) Jerin, R.A., & Moriaty, L.J., 앞의 책, 같은 면; 김재민(a), 앞의 책, p.77.

230) 김재민(a), 위의 책, p.78.

231) 김재민(a), 위의 책, p.78.

232) 김재민(a), 위의 책, p.78.

233) Daigle, L.E., & Muftic, L.R., 앞의 책, p.31.

234) William, F. P., and & McShane, M. D., *Criminological theory*, Englewood Cliffs, NJ: Prentice Hall, 1994. p.224.

235) 김재민(a), 앞의 책, pp.78-79.

236) Daigle, L.E., & Muftic, L.R., 앞의 책, p.30.

237) 김재민(a), 앞의 책, p.80. 문단의 내용을 필자의 저서에서 그대로 인용함.

238) Daigle, L.E., & Muftic, L.R., 앞의 책, p.32.

239) Lauristen, J.L, Laub, J.H, & Sampson, R.J., Conversational and deliquent activities: Implications for the prevention of violent victimization among adolescents. *Violence and Victims*, 7, 1992, pp.91-108; Daigle, L.E., & Muftic, L.R., 앞의 책, p.34.

240) Jerin, R.A., & Moriaty, L.J., 앞의 책, p.33.

241) Jerin, R.A., & Moriaty, L.J., 위의 책, p.33.

242) Daigle, L.E., & Muftic, L.R., 앞의 책, p.33.

243) Siegel, L. J. 앞의 책, p.79.

244) Daigle, L.E., & Muftic, L.R., 앞의 책, p.33.

245) Gibson, C.L, An investigation of neighborhood disadvantage low self-control, and violent victimization among youth. *Youth Violence and Juvenile Justice*, 10, 2012, pp.41-43.

246) Esbensen, Huizinga, & Menard, Family context and criminal victimization in adolescence. *Youth and Society*, 31, 1999, pp.168-198.

247) Schreck, C.J, & Fisher, B.S. Specifying the influence of family and peers on vioent victimization: Extending routine activities and lifestyles theories. *Jounal of Interpersonal Violence*, 19(9), 2004, pp.1021-1041.

248) Jerin, R.A., & Moriaty, L.J., 앞의 책, p.34; 김재민(a), 앞의 책, p.82. 문단의 내용을 필자의 저서에서 그대로 인용함.

249) Wenzel, S. L., Koegel, P., & Gelberg, L. Antecedents of physical and sexual victimization among homeless women: A comparison to homeless men. *American Journal of Community Psychology*, 28(3), pp.367-390; 김재민(a), 앞의 책, pp.82-83. 문단의 내용을 필자의 저서에서 그대로 인용함.

250) Jerin, R.A., & Moriaty, L.J., 앞의 책, p.35.

251) 김재민(a), 앞의 책, pp.83-84. 문단의 내용을 필자의 저서에서 그대로 인용함.

252) Schwartz, M., *How can these strategies be adopted? A panel response to Ed McGire's presentation entitled, "Police Research and Practice: Key finding and the issue of trust.* Panel presentation at the Science and Crime Prevention: Providing the Foundation for Change Two-Day Workshop, Richmond, VA. 2006; Jerin, R.A., & Moriaty, L.J., 위의 책, p.35에서 재인용.

253) 김재민(a), 앞의 책, p.84.

254) Tittle, C.R. Thoughts simulated bt Braithwaite's analysis of control balance theory. *Theoretical Criminology*, 1(1), 1997, pp.99-110.

255) Piquero, A.R., & Hickman, M., Extending Tittle's control-balance theory to account for victimization. *Criminal Justice and Behavior*, 30, 2003, pp.282-301.

256) Felson, R.M., Routine activities and crime prevention: Armchair concepts and practical action. *Studies on Crime and Crime Prenention*, 1, 1992, pp.30-34.

257) https://www.spo.go.kr/site/spo/crimeAnalysis.do#n, 2020.9.30. 검색.

258) https://www.spo.go.kr/site/spo/crimeAnalysis.do#n, 2020.9.30. 검색.

259) Wallace, H., & Roberson, C., 앞의 책, p.38.

260) Wallace, H., & Roberson, C., 위의 책, p.41.

261) 김재민(a), 앞의 책, p.88. 문단의 내용을 필자의 저서에서 그대로 인용함.

262) Daigle, L.E., & Muftic, L.R., 앞의 책, p.64.

263) Beitchman, J.H, et al., A review of the long-term effects of child sexual abuse. *Child Abuse and Neglect*, 16, 1992, pp.101-118.

264) 미국 정신의학회는 1980년 질병분류 체계에서 이 PTSD를 질병의 하나로 추가하였으며 세계보건기구도 '국제질병분류'의 제10호에 이를 추가하였다.

265) Wallace, H., & Roberson, C., 앞의 책, pp.42-44; 김재민(a), 앞의 책, p.88.

266) Moriarty, L.J., 앞의 책, pp.65-66.

267) Wallace, H., & Roberson, C., 앞의 책, pp.42-44.

268) Wallace, H., & Roberson, C., 위의 책, p.44.

269) Rothbaum, B.O., Foa, E.B., Murdock, T., Riggs, D.S., & Walsh, W., "A Prospective Examination of Post Traumatic Stress Disorder in Rape Victims, 5, *Journal of Traumatic Stress*, 1992, pp.455-475.

270) Wallace, H., & Roberson, C., 앞의 책, p.44.

271) Burgess, A.W., Victimology, 3ed. 2019, p.21.

272) Doerner, W.G., & Lab, S.P., 앞의 책, 같은 면;김재민(a), 앞의 책, p.93. 문단의 내용을 필자의 저서에서 그대로 인용함.

273) Anderson, The aggregate burden of crime, The journal of Law and Economics, 42(2), 1999, pp.611-642.

274) Zhang, T., The costs of crime in Canada, 2008. Retrieved from http://www.justice.gc.ca/eng/pi/rs/rep-rap/2011/rr10_5/index.html

275) Burgess, A.W., 앞의 책, p24.

276) Burgess, A.W., 위의 책, p24.

277) Miller, T. R., M.A. Cohen & B. Wiersema, *Victim Costs and Consequences*: A New Look, Washington, DC: National Institute of Justice, p.11; Doerner, W.G., & Lab, S.P., 앞의 책, p.57.

278) Fox, K., Nobles, M., & Piquero, A., Gender, crime victimization and fear of crime. SecurityJournal, 22(1), 2009, pp.24-39.

279) Turner, H., Finkelhor, D., & Ormrod, R., The effect of lifetime victimization on the mental health of children and adolescents. *Social Science & Medicine*, 62(1), 2006, pp.13-27.

280) Hanson, R., Sawyer, G., Begle A., & Hubel, G., The impact of crime victimization on qualoity of life. *Journal of Traumatic Stress*, 23(2), 2010, pp.189-197.

281) Wallace, H., & Roberson, C., 앞의 책, p.47.

282) Wallace, H., & Roberson, C., 위의 책, 같은 면.

283) 김재민(a), 앞의 책, pp.96-100. 문단의 내용을 필자의 저서에서 그대로 인용함.

284) Kirchhoff, G.F., & Morosawa, H., "The Study of Victimology — Basic considerations for the study of theoretical victimology", *Victimization in a multi-disciplinary key: Recent advances in victimology*, Wolf Legal Publishers, 2009. p.291; 김재민(a), 앞의 책, p.96. 문단의 내용을 필자의 저서에서 그대로 인용함.

285) 이윤호, 앞의 책, p.248.

286) 김용세(a), 앞의 책, p.58.

287) 김재민(a), 앞의 책, pp.96-97.

288) Kirchhoff, G.F., 앞의 책, p.56.

289) 장규원(역), "피해자학 연구", 수사연구, 1997년 1월호; 김재민(a), 앞의 책, pp.96-97.

290) Kirchhoff, G.F., 앞의 책, p.56.

291) Kirchhoff, G.F., 위의 책, p.57; 김재민(a), 앞의 책, pp.98-99. 문단의 전체 내용을 필자의 저서에서 그대로 인용함.

292) 김재민(a), 위의 책, p.99.

293) 장규원(역), 앞의 책. 같은 면; 김재민(a), 앞의 책, pp.99-100.

294) Forrester, D., Chatterton, M., & Pease, K., *The Kirkholt Burglary Prevention Project*, Rochdale. London, England: Home Office, 1988; Daigle, L.E., & Muftic, L.R., 앞의 책, p.84.

295) Daigle, L.E., & Muftic, L.R., 위의 책, p.85.

296) Daigle, L.E., & Muftic, L.R., 위의 책, p.85.

297) Finkelhor, D., Ormrod, R., & Turner, H.A., Poly-victimization and truma in a national longitudinal cohort. *Development and Psychopathology*, 19, 2007a, pp.149-166.

298) Crime in England and Wales, 2010/2011; Daigle, L.E., & Muftic, L.R., 앞의 책, p.86.

299) Goodlin, W.E., & Dunn, C.S., Three patterns of domestic violence in households: Single victimization, repeat victimization, and co-occurring victimization. *Journal of Family Violence*, 25, 2010, pp.107-122.

300) Daigle, L.E,, Fisher, B.S., & Cullen, F.T., The violent and sexual victimization of college women, *Journal of Interpersonal Violence*, 23, 2008, pp.1296-1313.

301) Desai, S., Arias, I., Thompson, M.P., & Basile, K.C., Childhood victimization and subsequent adult revictimization assessed in a nationally representative sample of women and men. *Violence and Victims*, 17, 2002, pp.639-653.

302) Daigle, L.E., & Muftic, L.R., 앞의 책, p.87.

303) Barberet, B., Fisher, B.S., & Taylor, H., *University student safety in the East Mdlands*. London, UK: Home Office, 2004; Daigle, L.E., & Muftic, L.R., 앞의 책, p.87.

304) Polvi, N., Looman, T., Humphries, C., & Pease, K., The time course of repeat burglary victimization. *British Journal of Criminology*, 31, 1991, pp.411-414.

305) Robinson, M. B., Burglary revictimization: The time period of heightened risk. *British Journal of Criminology*, 38, 1998, pp.78-87.

306) Mele, M., The time course of repeat intimate partner violence. *Journal of Family Violence*, 24, 2009, pp.619-624.

307) Reiss, A., *Victim proneness in repeat victimization by type of crime*. In S. Fienberg & A. Reiss (Eds.), Indicators of crime and criminal justice: Quantitative studies[pp.41-53]. Washington, DC:U.S. Department of Justice. 1980; Daigle, L.E., & Muftic, L.R., 앞의 책, p.88.

308) Daigle et al., A life-course approach to the study of victimization and offending behaviors. *Victims and Offenders*, 3, 2008, pp.365-390.

309) Daigle, L.E., & Muftic, L.R., 앞의 책, p.89.

310) Daigle, L.E., & Muftic, L.R., 위의 책, p.90.

311) Daigle, L.E., & Muftic, L.R., 위의 책, p.91.

312) Perrault, s., Sauve. J., & Burns, M., *Multiple victimization in Canada*, 2004, Canadian Center for Justice Statistics Profile Series, 22, 2010.; Daigle, L.E., & Muftic, L.R., 앞의 책, p.91.

313) Daigle, L.E., & Muftic, L.R., 위의 책, p.94.

314) Finkelhor, D., Ormrod, R.K, & Turner, H.A., Lifetime assessment of poly-victimization in a national sample of children and youth. *Child Abuse & Neglect*, 33, 2009, pp.403-411.

315) Cyr, K, Clement, M., & Chamberland, C. Lifetime prevalence of multiple victimizations and its impact on children's mental health. *Journal of Interpersonal Violence*, 29, 2014, pp.616-634.

316) Casey, E.A., & Nurius, P.S., Trauma exposure and sexual revictimization risk. *Violence Against Women*, 11, 2005, pp.505-530.

317) Daigle, L.E., & Muftic, L.R., 앞의 책, p.95.

318) Bernasco, W., Them again? Same-offender involvement in repeat and near repeat burglaries, *European Journal of Criminology*, 5, 2008, pp.411-431.

319) Gidycz et al., The evaluation of a sexual assault risk reduction program: a multisite investigation. *Journal of Consulting and Clinical Psychology*, 69, 2001, pp.1073-1078.

320) Daigle, L.E., & Muftic, L.R., 앞의 책, p.97.

PART 02
피해자 대책론

제1장 피해자 보호를 위한 법적 토대

　　피해자 보호정책이 제대로 추진되기 위해서는 피해자의 권리를 보장해 줄 수 있는 실효성 있는 법이 제정되어야 한다. 각 나라가 피해자 보호법령을 제정하는 방법은 헌법에 피해자 보호규정을 두거나, 형사소송법이나 형법에 피해자 보호규정을 도입하는 방법, 혹은 범죄피해자 보호를 위한 기본법을 제정하거나, 특별법에 피해자 보호조항을 신설하는 방법 등이 활용되고 있다.

　　각 나라가 국내법에 피해자 보호규정을 도입하기 위해 노력하게 된 것은 UN과 EU에서 피해자보호 법령 정비를 촉구한 영향이 크다. 피해자 보호정책의 입법화를 호소했던 대표적인 국제규범으로서는 UN Declaration과 EU Framework Decision 및 Victims Decision 2012 등이 있다. 이하에서는 위 3가지 유형의 국제규범을 살펴본 뒤 국내규범 중 헌법과 범죄피해자보호법에 나타난 피해자 권리의 내용을 고찰해 보고자 한다.

제1절 국제규범에서의 피해자 보호

1. UN Declaration

1) 성립 배경

　　'범죄 및 권력남용 피해자를 위한 정의에 관한 기본원칙 피해자 인권보호 선언'(Declaration of Basic Principles of Justice for Victims of Crime and Abuse of Power, 이하 'UN Declaration')은 국제사회가 범죄피해자 문제에 관심을 갖도록 하기 위한 노력의 열매였다고 할 수 있다. 5년마다 개최되는 유엔범죄방지회의(UN Congress on Prevention of Crime and Treatment of Offenders)는 1980년 제 6차 회의를 거치면서 범죄피해자 인권보호를 위한 국제적 기준과 원칙을 마련하자는 공감대를 형성하게 되었는데, 이후 'UN Declaration'에 관한 1차 초안을 마련하기 위한 계획이 1982년부터 시작되었고, 그 초안이 세계피해자학회(World Society of Victimology) 회원들의 집중적인 토론과 피해자 인권문제에 대한 집요한 관심 속에서 마침내 성안되어,1) 3년 후인 1985년, 이탈리아 밀라노에서 열린 제7차 유엔범죄방지회의에서 이 초안이 만장일치로 통과되면서, 같은 해 11월 29일 유엔총회에서 공식적으로 'UN Declaration'이 채택되게 된 것이다.2)

2) 법적 성격 및 규범 제정의 의미

가. 법적 성격

'UN Declaration'의 가장 중요한 특징은 국제사회에서 대외적 구속력이 없다는 점인데, 이 선언이 실효성을 확보하기 위해서는 각 나라가 구체적 입법활동을 수행하여야만 한다. 그렇다고 해서 'UN Declaration'이 국제적으로 구속력이 없는 단순한 '선언'에 불과하기 때문에 무용하다고 볼 수 없는데, 이는 각 나라가 유엔이 제정한 'UN Declaration'을 준수할 의무는 없다 하더라도 각국 정부 지도자들은 이 선언을 형사정책 발전을 위한 지침으로 활용할 수 있기 때문이다.3)

'UN Declaration'의 또 다른 특징은 피해자보호정책의 이상과 현실을 절묘하게 조화시켜 국제사회에 제시했다는 점이다. 이상과 현실을 잘 접목시키기 위해서는 현실과 지나치게 동떨어진 규정이 되어서는 안 되므로 이 선언문에는 매우 사려 깊고, 유연하며, 각국의 구체적 실정을 배려할 수 있는 개방적인 용어를 사용했다는 특징이 있다. 예컨대, 'UN Declaration' 제6조(a)의 정보제공 규정과 관련하여 "피해자에 대한 정보제공에 있어서 피해자에게 그들의 역할과 사건 처리의 범위와 일정, 형사진행 절차 등에 관한 정보를 제공을 하여야 한다"고 규정하면서, '특히 피해자가 강력범죄의 피해를 입은 후 피해회복에 필요한 정보를 요청하게 되면(especially where serious crimes are involved and where they have requested such information)'이라는 단서를 넣는다거나, 위 범죄피해자 인권보호 선언 제7조에서와 같이 가해자와 피해자의 분쟁 해결을 위해 비공식 절차활용을 권고하면서, '적합한 경우에(where appropriate)'라는 표현을 삽입한 것이 그러한 것들이라고 볼 수 있다.[4)

나. 규범 제정의 의미

'UN Declaration' 제정 이후 그 취약점을 보완하기 위한 몇 가지 노력이 추진되었다. 우선 1986년에는 위 선언에 담긴 피해자의 기본적 권리와 지원내용에 대하여 논평한 소위 '집행 지침(implementation principles)'이 개발되어 보급되었고, 1995년에는 위 범죄피해자 인권보호선언에 담긴 내용을 토대로 피해자 권리보호에 관한 정책집행 여부에 관하여 설문조사를 실시하기도 하였으며, 이후 「유엔의 범죄피해자 인권보호선언 집행 시 정책입안자들을 위한 지침」이 『피해자 정의를 위한 핸드북』과 함께 개발되어 제시되기도 하였다.[5) 요컨대, 'UN Declaration'의 비구속성에도 불구하고 이 선언의 존재로 말미암아 여러 나라들이 피해자의 인권문제를 새롭게 인식할 수 있게 되었던 점, 각국의 지도자들이 형사사법정책을 개혁해 나아감에 있어 이 'UN Declaration'의 도움으로 올바른 방향성을 갖게 된 점 등은 의미심장한 일이라고 볼 것이다. 이처럼 'UN Declaration'은 범죄피해자에 대한 인권보호의 비전을 제시한 문서로서 피해자 정책이 나아가야 할 방향을 제시해 줌으로써 피해자 권리보호에 긍정적인 영향을 미쳐 왔다고 할 것이다.[6)

3) 주요 내용

'UN Declaration'이 규정하고 있는 내용은 크게 다음 6가지로 요약할 수 있을 것이다. 즉, ① 피해자의 개념 및 본 범죄피해자 인권보호선언의 차별적 적용 금지 규정(제1~3조), ② 사법제도에 대한 접근보장과 공정한 취급에 대한 규정(제4~7조), ③ 피해배상에 관한 규정(제8~11조), ④ 피해보상에 관한 규정(제12~13조), ⑤ 피해자 원조에 관한 규정(제14~17조), ⑥ 권력남용 피해자에 대한 규정(제18~21조) 등이다.[7)

본 선언에서 사용하고 있는 피해자 개념은 형사법에 위반하는 범죄와 권력남용을 금지하는 법령에 위반되는 행위로 말미암아 심리적·정신적·신체적·경제적 피해를 입은 자와 그로 인해 인권침해를 입은 자로서 직접적 피해자뿐만 아니라 피해자의 가족 및 피해사건에 연루된 간접적 피해자도 포함된다.[8]

사법제도에 대한 접근 보장과 공정한 취급에 대한 규정에서는 사법기관이 피해자의 인격을 존중하면서 동정심을 가지고 대해야 함을 명시하고 있다.[9] 아울러 피해자가 공식·비공식절차를 통해 신속히 피해구제를 받을 수 있도록 사법절차와 행정적 시스템을 강화해 나아가는 한편, 피해자 요구에 대한 사법 및 행정적 대응을 강화하기 위하여 피해자에게 필요한 정보 제공을 하여야 하고, 가해자에 대한 편견을 배제한다는 전제하에 피해자의 의견이나 관심사가 소송절차의 적절한 단계에서 반영될 수 있도록 해야 한다는 것과 피해자의 프라이버시 보호 및 안전확보를 위해 노력해야 한다는 규정도 제시되어 있다.[10]

위 UN Declaration의 피해배상규정에는, 각 나라의 정부가 종래의 형사적 제재의 여러 가지 유형에 추가하여 가해자의 피해자에 대한 배상책임을 형 선고 시 선택해 주도록 촉구 하는 한편, 그 배상명령 내용에 환경에 대한 피해의 고려와 함께 공무원의 불법행위로 손해를 입은 개인에 대한 손해배상책임이 국가에게 있음을 명시하고 있다. 그리고 가해자의 손해배상만으로는 충분치 못한 특정한 피해자의 경우 국가가 그 손해에 대하여 보상해 줄 것을 권고하는 조항 및 피해자 보상의 원활화를 위해 피해자 보상기금 등을 창설할 것을 권면하고 있다.[11]

그 밖에도 피해자 원조에 관한 규정에는 피해자가 정부나 지역사회로부터 물질적·의료적·심리적·사회적 지원을 받을 권리가 있음을 명시하는 한편, 이와 관련된 정보를 피해자에게 제공해야 할 의무를 밝히고 있으며 이러한 지원을 쉽게 활용할 수 있도록 준비해야 함을 규정하고 있다.[12]

권력남용 피해자에 대한 규정에는 이러한 유형의 피해자에 대한 정확한 정의와 함께 권력남용을 금지하고 피해자를 구제하는 기준을 국내 법률로 편입시킬 것을 권고하는 한편, 이러한 유형의 피해자 보호를 위한 다자간 국제조약 체결을 고려해야 함을 명시하고 있다.13)

2. EU Victims Directive 2012

1) 성립 배경

유럽연합에 소속된 회원국들도 범죄피해자 인권보호의 충실을 기하기 위해 2001년 '형사절차에서 피해자의 지위에 관한 중추적 결정(Council Framework Decision of 15 March 2001 on the standing of victims in criminal proceedings, 이하 'Framework Decision')'과 2012년 피해자 권리보호를 위한 '유럽의회와 유럽이사회 지침(Directive 2012/29/EU of the European Parliament and of the Council of 25 October 2012, 이하 'Victims Directive 2012')'을 제정하였다.14)

이 Framework Decision은 피해자에 대한 서비스 지원, 정보제공, 손해배상, 가해자−피해자 조정, 피해자에 대한 부분적 당사자 자격부여 등을 규정하고 있었으나, 독일과 프랑스 외의 국가에서는 형사절차에서의 피해자 진술권에 대해서는 모호한 입장을 취하고 있었다. 그렇더라도 EU는 회원국들에 대하여 Framework Decision의 주요 내용을 자국법에 반영하도록 촉구했다. 그러나 2004년 각국의 추진사항에 대한 결과보고는 전반적으로 부정적이었다. 많은 유럽 국가들이 자국의 피해자 관련 법령 개정에 소극적이었으며 입법을 했더라도 그 입법이 실무에서 변화를 초래했는지 평가결과를 보고하지 않았던 것이다.

2012년 유럽의회와 유럽이사회에서 제정한 EU의 Victims Directive 2012는 2001년에 제정된 Framework Decision의 부정적 결과를 극복하고자 한 취지도 있었다. Framework Decision은 회원국들에 대한 구속력이 약했기에 보다 구속력 있는 규범을 정립하기 위한 노력으로 탄생한 것이 바로 Victims Directive 2012인 것이다. 여기서는 피해자 권리와 피해자 지원 및 보호에 있어서 최소한의 기준을 설정하여 회원국들이 준수해야 할 피해자 보호의무 등을 규정하도록 권고하고 있다.[15] 다시 말하면, ① 현존하는 형사소송법을 개정하여 피해자를 보호하도록 하는 방안, ② 형법에 피해자 보호를 위한 조항을 신설하는 방안, ③ 형사소송법과 행정법, 형법에 피해자 보호조항을 각각 나누어 규정하는 방안을 선택하든지, 혹은 형사소송법과 행정법에 관련 조항을 나누어 규정하는 방안과 형법에 피해자 보호조항을 신설하든가 하는 방안 중에서 가장 적합한 것을 선택하도록 하는 안을 제시한 것이다.

Victims Directive 2012에 따르면 모든 유럽연합 회원국은 2015년 12월까지 이 지침에 부응하도록 자국의 각종 법령을 제정·시행하도록 하면서 그 결과를 유럽연합 위원회에 알리도록 하고 있다. 아울러 회원국들로 하여금 적정한 형사사법 시스템을 구축하도록 하는 한편, 피해자 지원 서비스 체계를 확립하고, 피해자와 접촉하는 경찰·검사·변호사·판사 등과 같은 인사들에 대한 훈련을 실시하는 것과 같이 각종 피해자대책 수립 및 집행에 대한 의무를 부과하고 있다. 1985년 유엔의 'UN Declaration'과 2001년 유럽연합의 'Framework Decision'이 구속력 없는 가이드라인의 성질을 지녔던 것과 비교해 보면 본 'Vicitms Directive 2012'는 유럽연합 회원국들에 대한 영향력이 한층 더 강화된 형태의 규범이라고 할 수 있을 것이다.[16]

2) 주요 내용

유럽연합의 Victims Directive 2012에는 아래와 같이 피해자 권리가 보다 다양하고 구체적으로 명시되어 있다.

즉, ① [피해상황을 피해자가] 이해하거나 [타인에 의해 피해자의 상황이] 이해될 권리, ② 사건을 처리하는 관계기관을 피해자가 처음 접촉하였을 때 [그 기관으로부터] 피해자가 향유하는 권리내용과 해당 사건의 구체적 내용에 대하여 정보제공을 받을 권리, ③ 통역과 번역을 받을 권리, ④ 피해자 지원을 위한 서비스 기관에 접근할 수 있는 권리, ⑤ 피해자 지원기관으로부터 서비스를 받을 권리, ⑥ 청문에 참여할 권리, ⑦ 불기소 처분에 불복할 권리, ⑧ 일반적인 형사절차 진행 중 또는 회복적 사법을 위한 절차진행 중에 가해자의 위해로부터 신변안전과 프라이버시를 보호 받을 권리, ⑨ 법률적 지원을 받을 권리, ⑩ 비용의 상환을 받을 권리, ⑪ 재산(재물)을 반환받을 권리, ⑫ 형사절차에서 가해자로부터 보상에 관한 결정을 할 수 있는 권리, ⑬ 피해자 보호의 필요성에 대하여 개별적 구체적 평가를 받을 권리, ⑭ 유럽 회원국 중 다른 나라에 거주할 수 있는 권리 등이 그것이다.17)

제2절 국내규범에서의 피해자 보호

피해자 보호와 관련된 법령은 헌법을 비롯하여 형법, 형사소송법 및 각종 특별법에 이르기까지 상당히 많이 존재하고 있지만 대표적인 국내법은 '범죄피해자보호법'이라고 할 수 있다. 여기서는 피해자 보호를 위한 국내법적 근거를 국내 최상위법이라고 할 수 있는 '헌법'과 피해자 보호의 기본법이라고 할 수 있는 '범죄피해자보호법'을 중심으로 살펴보고자 한다.

1. 헌법상의 피해자 보호의 원리

헌법에서는 다음과 같은 피해자 보호의 원리를 규정하고 있다.18)

1) 인간존중과 행복추구권 보장

피해자는 자신이 존엄한 인간으로서 대우받아야 하고, 행복을 추구할 권리를 향유해야 한다. 그래서 헌법 제10조의 인간존엄성과 행복추구권 규정은 피해자 보호의 대원칙을 선언한 규정이라고 할 수 있다. 그렇기에 헌법 제10조에서 정한 피해자 권리는 다른 어떤 권리보다 우선시되는 가장 본질적인 피해자 권리인 것이다.19) 이는 UN Declaration의 제4조에서 규정한바, '피해자에게는 동정심과 인간의

존엄성에 대한 존중심을 가지고 응대해야 한다.'라는 규정과도 일맥상통한다.[20]

2) 공평한 대우에 대한 보장

헌법 제11조의 평등권 조항도 피해자 보호의 원리와 관련된다. 만일 피해자가 형사사법절차에서 성별·학력·빈부에 의해 차별적인 언행과 대우를 받게 된다면 헌법이 보장하고 있는 평등권을 침해당하는 것으로서 2차 피해자화가 발생하는 예에 해당한다고 볼 것이다. EU의 Victims Directive 2012의 Recital 9에서도 '범죄피해자는 인종, 피부색, 혈통, 외모, 언어, 종교, 신념, 정치적 견해, 재산, 장애, 연령, 성별, 주거상황, 건강 등 어떠한 것을 근거로도 차별대우를 해서는 안된다.'라고 하고 있다.[21]

3) 인간다운 생활의 보장

헌법 제34조가 정한 인간다운 생활을 할 권리 규정도 피해자 보호의 원리로 삼을 수 있다. 일반 국민은 자연재해는 물론 범죄 행위를 통해서도 생존이 위협받는 위기상황에 처할 수 있다. 만일 특정 국민이 범죄로 인한 피해를 입게 되어 생존기반이 무너지게 되었다면 국가는 해당 국민이 최소한의 생존조건을 확보하도록 도와줄 의무가 있는 것이다. 헌법 제34조 제2항 내지 제6항에도 국가는 '사회보장·사회복지의 증진에 노력할 의무, 여자의 복지 및 권익향상, 노인 및 청소년의 복지향상, 생활능력이 없는 국민에 대한 보호의무, 각종 위험으로부터의 보호의무' 등을 지고 있다고 규정하고 있기 때문에 범죄피해를 당한 피해자에게 최소한의 생존조건을 부여해 주는 것은 국가의 책무에 속한다고 볼 것이다. 위기에 처한 범죄피해자의 생존권 보장에 도움을 주는 법률의 대표적인 예로서는 위기상황에 처한 자에 대한 「긴급복지지원법」의 예를 들 수 있다.[22]

오스트레일리아의 「피해자 권리 및 지원법(Victims Rights and Support Act 2013, NSW)」에서도 다음과 같은 규정을 두고 있다. 즉, '피해자는 가장 빠른 시일 내에 관할 당국이나 담당자로부터 피해자가 받을 수 있는 지원 사항이나 구제수단에 대하여 통보를 받도록 해야 한다 … 피해자는 필요할 경우 복지, 건강, 상담, 법률지원 등을 받도록 해야 한다.'라고 하고 있는 것이다.[23]

4) 사법심사에 대한 접근권 보장

헌법 제27조 제1항의 재판청구권은 피해자의 고소권 행사의 좌절에 따른 불복 및 구제수단 주장을 위한 법리로 작용할 수 있는 권리이다. 범죄피해를 입은 선의의 피해자들은 가해자를 상대로 형사고소권을 행사할 수 있는데, 만일 검사의 불기소 처분으로 가해자가 재판에 회부되지 않는다면 가해자에 대하여 형벌권을 행사할 길이 없어진다. 피해자의 고소권 행사가 정당한 피해사실에 기초하고 있음에도 불기소 처분이 내려졌다면 그것은 개인의 재판청구권이 국가기관에 의해 방해받는 것이 될 것이다. 이에 현행법에서는 위법·부당한 불기소처분에 피해자가 불복하여 구제받을 수 있도록 검찰항고와 재정신청제도를 두고 있으나 경우에 따라 피해자가 가지는 헌법상의 재판청구권 침해를 근거로 헌법소원을 제기할 수 있을 것이다.[24]

EU의 Victims Directive 2012의 Article 11에서도 검사의 불기소 처분에 대해 피해자에게 불복할 권리를 인정해야 한다고 밝히고 있다. 즉, '각 회원국은 자국의 형사사법 제도 내에서의 피해자 역할에 따라 (피해자가 해악을 입은 사건에 대하여 검사가) 불기소 처분을 내릴 경우 이에 대해서 심사를 요청할 권리를 부여해야 한다. 그 심사에 관한 규정은 각 국가가 법으로 규정해 놓아야 한다 … 국가는 검사가 불기소 처분을 내린 사항에 대하여 피해자가 심사를 요청할지 여부를 결정할 수 있도록 지체 없이 불기소 처분에 관련된 충분한 정보를 제공해 주어야 한다.'고 규정하고 있는 것이다.[25]

5) 범죄피해자구조금 지급을 통한 생존권 보장

헌법 제30조는 범죄피해자구조금 청구권을 규정하면서 피해자가 국가로부터 구조금을 청구할 수 있도록 하고 있다. 본래 이 규정은 범죄피해를 입힌 가해자가 불명하거나 가해자가 검거되었다고 하더라도 피해자에게 피해를 배상할 재력이 없는 경우에 법률이 정하는 바에 따라 국가가 구조금을 지급함으로써 생존권을 보장해 주고자 하는 취지로 1987년 제6공화국 헌법에 규정된 것이었다.[26]

개인의 불법행위로 인한 피해를 왜 국가가 피해자에게 보상을 해 주어야 하는가에 대해서 논란이 있을 수 있다. 그러나 국가는 범죄를 사전에 예방함으로써 국민을 보호할 책임이 있다는 점, 범죄피해로 인해 위기에 처한 피해자를 부조하는 것은 현대 복지국가의 이념에 부합한다는 점,[27] 범죄피해자를 국가가 방치할 경우 재피해자화의 위험이 높아지고, 사적 보복행위로 말미암아 다른 불법행위가 야기될 수 있다는 점 등을 고려해 볼 때 가해자로부터 아무런 피해배상을 받지 못하는 피해자에게 국가가 보상금 혹은 구조금을 지급하는 것은 타당한 조치라고 할 것이다.

UN Declaration 제12조에서도 '피해자가 가해자나 다른 배상 주체로부터 충분한 손해배상을 받지 못한 경우에 국가는 심각한 신체적 손상이나, 신체장애, 정신건강 문제를 겪고 있는 피해자와 피해자가 부양하던 가족구성원에게 경제적 보상을 하도록 노력해야 한다.'고 규정함으로써 국가의 피해자를 위한 구조금 지급제도를 지지하고 있다.[28]

6) 법정진술권의 보장

헌법 제27조 제5항에서는 '형사피해자는 법률이 정하는 바에 의하여 당해 사건의 재판절차에서 진술할 수 있다'고 규정하고 있는바, 이는 1987년 이전에 없던 규정이었는데 1987년 10월 헌법 개정으로 도입된 것이다. 이는 형사소송법에도 영향을 미쳐 1988년 형사소송법 제294조의2에 피해자의 공판정진술권을 보장하기에 이르렀다.

법정에서 피해자가 진술하는 것은 단순히 검사 측 혹은 피고인 측의 증인으로서 증언을 하는 역할에 머무르는 것이 아니다. 즉, 피해자에 대한 증인신문 과정에서 피해자가 경험했던 피해의 정도 및 결과, 피고인의 처벌에 관한 의견, 그 밖에 당해 사건에 관한 개인적 의견을 진술할 기회를 부여함을 의미하는 것이다.[29]

이러한 피해자의 법정 진술권은 서구권에서 '피해자충격진술(victim impact statement, VIS)', '피해자의견진술(victim statement of opinion, VSO)', '피해자사적진술(victim personal statement, VPS)' 등 몇 가지 상이한 명칭으로 불리고 있으나 전체적인 취지는 서로 유사하다. 영국의 '범죄피해자 보호를 위한 규정(Code of Practice for Victims of Crime 2015)'에는 VPS와 관련하여 다음과 같은 규정을 두고 있다. 즉, 'VPS는 피해자가 피해자 자신의 언어로 범죄가 신체적·정신적·경제적 기타 어떤 방식으로 자신에게 영향을 미쳤는지 설명할 기회를 부여해 준다. 이 VPS는 범행 당시에 피해자가 무엇을 보았고, 무엇을 들었으며, 어떤 일이 발생했는지를 진술하는 목격자의 증언과는 다른 것이다. VPS는 (피해를 당한 자로서 느끼는 바를) 형사사법 절차 내에서 피해자 자신의 목소리를 전달하는 것이다. 다만, 피고인의 형벌에 대한 의견은 제시하지 못할 수도 있다. 그것은 판사의 결정할 권한에 속한 것이기 때문이다.'[30]라고 밝히고 있다.

2. 범죄피해자보호법상의 피해자대책

2005년도에 제정된 이후, 2010년 법률 제10283호로 개정된 「범죄피해자보호법」은 '범죄피해자 보호·지원에 관한 기본계획'을 지속 추진하는 한편, 「범죄피해자구조법」을 흡수함과 동시에 '형사조정' 제도를 도입하고, 피해회복 지원내용에 정신적 치료시설 및 주거지원의 근거를 마련하는 등 대폭 개정을 통해 피해자 보호정책을 보다 강화하였다.[31] 이하에서는 개정된 범죄피해자보호법에 나타난 중요한 피해자 권리 및 피해자 보호정책 몇 가지를 간추려 본다.[32]

1) 피해자 지원정책 강화

범죄피해자보호법 제2장에서는 구법 제7조의 피해회복 지원을 '손실 복구 지원'이라는 제목으로 종래의 지원사항에 추가하여 주거지원, 정신적 회복을 위한 상담 프로그램 운영 등의 상세한 규정을 둠으로써 피해자 지원을 강화하도록 하였다. 특히 범죄 피해로 인해 현재의 주거에서 거주하기 곤란한 피해자에게 임시주거를 제공하고, 정신적 충격을 받은 피해자나 그 가족에게 정신적인 치료를 제공할 수 있는 법적 토대를 마련한 것은 피해자의 심리적 회복을 위하여 매우 의미 있는 조처로 평가할 수 있겠다.[33]

2014년 12월에 「범죄피해자보호법」을 다시 개정하여 피해자보호를 위한 지방자치단체 재원조달 의무를 신설하였으며(범죄피해자보호법 제5조), 국가나 지방자치단체의 손실복구 지원에 있어서 막연한 의료제공의 개념에 치료비 지원을 명문화하고(범죄피해자보호법 제7조 제1항), 범죄피해자와 그 가족에게 지원하는 보호시설의 운영을 단순히 범죄피해자 지원 법인에 위탁하도록 되어 있던 것을 종합병원, 학교법인 등에 위탁할 수 있도록 구체화하였다(범죄피해자보호법 제7조 제2항).

한편, 범죄피해자 지원 및 서비스 활동을 전개하기 위해서는 막대한 예산이 소요되는바, 2010년 5월 「범죄피해자보호기금법」이 제정되어 2011년부터 시행에 들어가게 됨으로써 한국의 피해자 지원정책에 큰 발전을 보게 되었다. 이 법에서는 기금의 재원으로 「형사소송법」 제477조 제1항에 따라 집행된 벌금의 100분의 4에 해당하는 금액과 「범죄피해자보호법」 제21조 제2항에 따라 가해자에게 구상한 금액 전액을 기금으로 활용하도록 하였고, 이 외에도 국가가 범죄피해자보호법 제21조 제2항에 따라 대위하여 취득한 구상금, 정부 외의 자가 출연 또는 기부하는 현금·물품·그 밖의 재산, 기타 기금의 운용으로 인하여 생기는 수익금 등을 기본 재원으로 하고 있다.[34]

이 기금은 법무부장관이 관리를 하고 있으며, 기금의 용도로는 「범죄피해자보호법」에 따른 구조금 지급이나 보조금 교부 외에도 범죄피해자 및 성폭력·가정폭력 피해자에 대한 보호 시설의 설치·운영, 아동복지시설 및 아동보호전문기관의 설치·운영, 「법률구조법」 제21조의2에 따른 범죄피해자 보호·지원, 범죄피해자의 신변 보호에 관련된 조치, 손해배상 청구권의 대위에 필요한 비용의 지급, 형사조정위원의 수당 지급 등에 사용하게 함으로써 범죄피해자 보호·지원활동을 보다 활발하게 전개하도록 하였다.

2) 범죄피해자 보호·지원 기본계획 추진

범죄피해자보호법의 제정과 더불어 2006년 12월 법무부에서는 「범죄피해자 보호·지원에 관한 기본계획(이하 '범죄피해자 기본계획')」을 수립하였는바, 바로 이 범죄피해자 기본계획이 여러 국가기관과 각 지방자치단체의 구체적인 범죄피해자 보호·지원 시행계획 추진을 위한 방향타 역할을 하게 되었다. 우리 범죄피해자보호법 제12조에서는 법무부 장관으로 하여금 '범죄피해자 기본계획'을 5년마다 수립하도록 하고 있는데, 각 국가기관이나 지방자치단체들은 매년 이 기본계획에 근거하여 '시행계획'을 수립한 후 해당 시책을 추진하도록 하고 있다. 범죄피해자 기본계획의 종국적 목적은 범죄피해자의 인간 존엄성 보장 및 범죄피해자의 실질적인 피해회복을 통해 선진복지국가를 이루어 나간다는 데 있다고 보아야 할 것이다.[35] 범죄피해자 기본계획의 핵심내용은 ① 손실복구의 지원, ② 형사절차에의 피해자 참여 확대, ③ 2차 피해의 예방, ④ 원상회복 조치와 같은 실질적 피해회복 지원 등으로 요약할 수 있을 것이다.[36]

3) 피해자 정보권 보장

범죄피해자가 필요로 하고 있는 정보를 적시에 제공해 주는 것은 범죄피해의 충격에 휩싸여 있는 피해자에게 심리적 안정감을 부여해 주고, 피해회복을 촉진해 주는 기능을 하는 등 여러 가지 측면에서 중요한 역할을 한다. 이에 범죄피해자의 실질적인 권리 보호 및 복지증진이 이루어질 수 있도록 2014년 10월 범죄피해자보호법 개정을 통해 수사 및 재판과정에서 범죄피해자의 형사절차상 권리 및 보호·지원 등에 관한 정보를 의무적으로 제공하도록 하는 등 피해자 정보권을 보장하게 되었다. 즉, 범죄피해자보호법 제8조의2를 신설하여

① 범죄피해자의 해당 재판절차 참여 진술권 등 형사절차상 범죄피해자의 권리에 관한 정보, ② 범죄피해 구조금 지급 및 범죄피해자 보호·지원 단체 현황 등 범죄피해자의 지원에 관한 정보, ③ 그 밖에 범죄피해자의 권리보호 및 복지증진을 위하여 필요하다고 인정되는 정보 등을 피해자에게 제공하도록 의무화한 것이다.

같은 법 제8조 제2항에서는 '국가는 범죄피해자가 요청하면 가해자에 대한 수사 결과, 공판기일, 재판 결과, 형 집행 및 보호관찰 집행 상황 등 형사절차 관련 정보를 대통령령으로 정하는 바에 따라 제공할 수 있다.'라고 하여 같은 법 제8조의2가 신청 없이 의무적으로 피해자에게 정보를 제공하도록 규정하고 있는 것과는 달리 신청에 의한 임의적 제공을 원칙으로 하고 있다.

한편, 형사소송법 제259조의2에도 피해자 정보권 규정이 있다. 즉, '검사는 범죄로 인한 피해자 또는 그 법정대리인(피해자가 사망한 경우에는 그 배우자·직계친족·형제자매를 포함한다)의 신청이 있는 때에는 당해 사건의 공소제기 여부, 공판의 일시·장소, 재판 결과, 피의자·피고인의 구속·석방 등 구금에 관한 사실 등을 신속하게 통지하여야 한다.'라고 규정하고 있는 것이다. 이 형사소송법상의 피해자 정보권 규정은 피해자의 신청이 있어야 제공되는 것으로서, '범죄피해자보호법' 제8조 제2항의 신청에 의한 임의적 제공 규정에 상응하고 있다고 볼 것이다.

EU의 Victims Directive 2012의 Recital 32에서도 정보제공의 임의적 제공과 의무적 제공을 구분하고 있다. 즉, 피해자가 고소한 사건의 재판 기일, 재판 장소, 항소절차에 관련된 사항의 정보제공은 신청 없이도 의무적으로 제공하도록 하고 있으나, 피고인의 석방과 도주 등에 관한 정보제공은 최소한 피해자가 명백한 위해를 당할 위험이 있을 것을 요건으로 하여 피해자의 요청이 있을 때 제공하도록 하고 있는 것이다.[37]

4) 범죄피해구조금 지급을 통한 생존권 보장

1987년 「범죄피해자구조법」이 제정되어 1988년부터 범죄피해자구조금 청구제도가 시행되기 시작했는데 이 범죄피해자구조법이 2010년 5월 폐지되면서 본 제도가 「범죄피해자보호법」으로 흡수되기에 이르렀다. 이 두 법령은 범죄피해자구조금 지급요건, 구조금의 종류, 구조금 지급대상의 범위 및 순서, 구조금액, 구조금 지급신청 기간 등에 있어서 구법과 차이를 보이고 있다.

현행 범죄피해자보호법상의 구조금 지급제도를 살펴보면, 범죄를 당한 피해자가 범죄피해자 구조금을 지급받을 수 있는 범위를 기존의 '사망 또는 중장해'에서 '사망, 장해 및 중상해'로 개정하여, 범죄피해자 구조금의 혜택을 받는 범죄 피해자의 범위를 대폭 확대하였고, 가해자 불명·무자력 요건을 삭제하였으며, 구조 금액 지급을 실질화하였으며, 구조금 지급 신청 기간을 '안 날로부터 3년, 피해 발생한 날로부터 10년'으로 연장하여 피해자의 피해 보상 가능성을 높이게 되었다.[38]

한편, 최근 '묻지마 범죄' 등 각종 강력범죄의 증가로 인하여 무고한 범죄에 희생되는 범죄피해자가 속출하고 있어 범죄피해자들을 위한 다양하고 실질적인 보호·지원이 필요함에도 불구하고 열악한 재원과 낮은 사회적 인식으로 인하여 범죄피해자들에 대한 보호·지원은 매우 미흡하여 2014년 12월 30일자 법개정을 통하여 범죄피해자에 대한 구조금 액수를 상향 조정하는 조치를 취하였다. 즉, 동법 제22조 제1항 구조금액 부분에서 월실수입액 계산을 종전 '18개월 이상 36개월 이하'로 하던 것을 '24개월 이상 48개월 이하'로 하고, 같은 조 제2항 중 '36개월'을 '48개월'로 함으로써 사실상 구조금액을 상향조정하는 효과를 가져오게 하였다.[39]

5) 실질적 피해회복을 위한 형사조정 법제화

종래 민간단체에서 자율적으로 운영해 오던 형사조정 제도를 범죄

피해자보호법에 법적 근거를 마련함으로써 이 제도를 공식화하였다. 즉, 검사는 피의자와 범죄피해자(이하 '당사자') 사이에 형사분쟁을 공정하고 원만하게 해결하여 범죄피해자가 입은 피해를 실질적으로 회복하는 데 필요하다고 인정하면 당사자의 신청 또는 직권으로 수사 중인 형사사건을 형사조정에 회부할 수 있는데(범죄피해자보호법 제41조), 이 형사조정을 담당하기 위하여 각급 지방검찰청 및 지청에 형사조정위원회를 두도록 한 것이다(범죄피해자보호법 제42조). 구체적인 형사조정 절차와 관련하여서는 동법 제43조에 대강의 원칙을 규정하고 있는데, 보다 원활한 제도운영을 위하여 대검찰청예규 제548호로 2010년 8월 「형사조정 실무운용 지침」을 제정하여 활용하고 있다.[40)]

제2장 피해자의 권리

피해자의 권리란 "피해자가 국가나 일반인 혹은 특정인을 상대로 자기의 정당한 몫에 해당하는 특정 이익을 보호해 달라고 정당하게 주장할 수 있고, 그 상대방을 특정한 의무관계에 둘 수 있으며, 그 권리의 실현을 법에 의해 보장받을 수 있는 규범적 지위"41)라고 정의할 수 있다. 피해자보호운동이 활발하게 전개되고 있는 현대 사회에서는 피해자의 권리를 실효적으로 보장해 주는 문제가 중요한 이슈로 부각되고 있다.

본 장에서는 피해자 권리의 실효적 보장의 방향을 제대로 가늠하기 위하여 제1절에서 피해자 권리의 본질을 살펴본 후, 제2절에서 피해자 보호에 관한 4가지 패러다임을 고찰해 보고자 하였다. 특히 제2절에서는 권리 패러다임의 추구가 왜 중요한지를 설명하였다. 이후 제3절에서는 피해자 권리의 유형을 탐색하였는데 여기서는 서구 선진국 법령이나 피해자정책을 많이 참고함으로써 한국 피해자정책이나 피해자 권리 정립 방향에 시사점을 던져주고자 하였다.42)

제1절 피해자 권리의 본질

피해자 권리가 내포하고 있는 가장 본질적인 의미는 헌법 제10조의 '인간존엄 유지'와 '행복의 추구'라는 용어 속에 모두 담겨 있다고 볼 수 있다. 인간존엄을 유지할 권리는 모든 국민에게 인정되고 있는 것으로써 헌법상 기본권 중 가장 포괄적 성격을 지니고 있는 것인데43) 특히 범죄피해자에게는 매우 긴요하고 핵심적인 가치를 지닌 이익이다. 범죄로 인해 손상된 인간존엄성을 회복시키기 위해서는 우선 피해자 자신이 원하는 대로 행동할 수 있는 자주성(autonomy)을 갖도록 하여야 하는바, 이 자주성의 확보가 범죄피해자의 인간존엄 유지를 위한 결정적 요인이 된다.44) 자주성 개념에는 자신이 원하는 대로 판단하고 선택하고 행동하는 능력뿐만 아니라 자신의 개성을 계

발하고 자발적으로 선택한 생활방식을 살아가는 개인의 능력까지를 포함한다.45)

　범죄피해자가 마땅히 향유해야 할 특정 이익 중 또 다른 하나는 행복추구권이다. 여기서 행복이라는 개념은 신체적 고통이 없는 상태로서의 행복과 인간의 기본능력 행사로서의 행복이라는 두 가지 의미를 아우르고 있다.46) 신체적 고통이 없는 행복은 범죄피해로 말미암아 기초적 생존이 어려울 때 기본적인 의식주를 공급하는 것, 범죄로 인해 신체적 고통을 당할 때 기초적인 의료혜택을 제공하는 것 등이 이에 해당할 것이다. 인간의 기본능력 행사로서의 행복은 신체적 고통이 없는 행복이 확보된 이후라 할지라도 행복의 증진을 위한 노력을 할 수 있도록 제반 여건을 조성해 주는 것을 의미한다. 범죄피해자의 사망으로 말미암아 가족의 기초적 생계가 지속적으로 위협받을 경우 범죄피해자구조금을 지급하여 생존권을 보장해 주거나 범죄피해자나 그 가족의 재취업을 목표로 각종 교육을 받을 기회를 제공하는 것이 이에 속할 것이다.

제2절 피해자 보호의 패러다임

　형사절차에서 범죄피해자를 어떻게 바라보느냐에 따라 형사사법 패러다임을 4가지 유형으로 분류할 수가 있는바, 여기서는 알빈 디어링(Albin Dearing)이 분류한 증인 패러다임, 손상 패러다임, 손해 패러다임, 권리 패러다임 등 4가지 유형을 통해 범죄피해자 권리의 보장 가능성을 살펴본다.47)

1. 증인 패러다임

　증인 패러다임에서는 범죄피해자를 형사절차에 있어서 단순한 정보제공자로 이해하게 되며 피해자화(victimization) 현상조차도 국가가 정립한 형법 규정을 무시한 결과로만 파악한다. 따라서 어떤 범죄 행위에 대하여 증언을 하게 되는 제3의 증인과 그 범죄의 피해자는 모두 증인에 속한다는 점에서 상호 간 본질적 차이가 없다고 보게 된다. 형사사법 시스템을 국가와 범죄자간의 공방(攻防)의 틀로 이해하며, 범죄는 국가가 형법으로 정해 놓은 추상적 공공선(公共善, abstract goods)과 공익(public interests)에 대한 침해로 해석하기에 국가가 피해자라고 여기지 개인의 권리에 대한 침해로 여기지 않으며 무엇이 공익인가 하는 것도 국가가 결정한다고 한다. 형사사법은 유죄 입증이나 형 선고를 통해서 범죄자의 비행에 대한 법의 우위를 보여주는 과정일 뿐 범죄피해자의 권리를 보장하는 장치로 기능한다는 인식은 빈약한 것이다. 이처럼 피해자를 형사사법 행정을 지원하는 증인의 역할에 국한시키는 이 패러다임은 형사사법에 대한 국가중심적 사고를 명백하게 드러냄으로써 권리 향유자로서의 범죄피해자의 지위를 무시하는 인식구조라고 볼 수 있기에 범죄피해자 권리의 보장 가능성은 매우 낮다고 볼 것이다. 현재 우리나라의 형사법체계는 범죄피해자의 법적 지위를 개선하고자 하는 노력은 이어지고 있지만 여전히 증인으로서의 지위가 강조되고 있을 뿐만 아니라 범죄피해자 보호관련 법령에 등장하는 피해자 권리 조항도 비실효적인 것들이 많아 아직 증인 패러다임의 기조를 벗어났다고 말하기 어렵다.48)

2. 손해 패러다임

손해 패러다임은 형사사법 프레임에 대한 국가주의적이고 집단주의적인 논거를 포기하지 않은 채 전통적 형사사법 시스템과 피해자의 물질적 이익 추구를 조화시키려는 인식의 틀로서 외형적으로 피해자가 입은 물질적 손해를 '가장 중요한 2차적 사안'으로 표방한다. 그래서 형사사법 시스템에다 범죄피해로 야기된 민사사건 취급 기능을 통합하고자 범죄피해자에게 민사소송의 당사자의 지위를 인정하여 형사절차에 참여시키도록 하는 프레임이다. 그러나 살인사건이나 강간사건 그리고 범죄피해자의 자유권을 침해한 사건 등에 있어서는 민사적 성격을 띤 물질적 손해가 큰 중요성을 지니지 못하고, 설사 형사법원이 민사사안을 같이 다룬다고 하여도 그것은 형사절차의 주된 부분이 아니라 부수적인 사안에 해당되는 것이며, 피해자에게 형사법원에서 민사사안에 대한 주체적 역할을 허용한다고 하여도 국가주의적 형사사법 시스템에 부수하는 민사절차에의 참여에 불과할 뿐이다. 이처럼 손해 패러다임하에서 피해자는 민사소송의 당사자로만 파악될 뿐 증인으로서의 본연의 지위는 유지되며, 범죄피해 행위에 있어서 범죄자로부터 당한 불법적 행위가 갖는 형사적 의미는 상실된 채 민사적 이슈로 둔갑할 가능성이 있다. 이 패러다임하에서는 피해자가 형사절차에서 손해배상을 받는 것조차도 형사절차에서의 피해자 증언능력을 높이기 위한 것이자 종국적인 공익 증진을 위한 것이라는 비판이 제기되고 있는바, 결국 범죄피해자가 입은 물질적 손해를 배상받을 권리를 제외한다면 손해 패러다임에서도 형사절차상 제반 범죄피해자 권리를 보장 받을 가능성이 낮아 보인다.[49)]

3. 손상 패러다임

손상 패러다임은 범죄피해자를 도움을 받아야 할 약자, 곧 범죄로 인해 신체적·정신적 고통을 당하고 있기에 외부의 물질적·정신적 지원을 통해 그 고통을 경감시켜 줄 필요성이 있는 약자로 파악하고 대응하는 형사법체계이다. 증인 패러다임에 비교하면 형사절차 진행 중에 범죄피해자에 대한 물질적·비물질적 지원을 받을 가능성이 높아진다는 이점이 있지만 범죄로부터 손상을 당한 약자에 대한 서비스 기능이 강조될 뿐 범죄피해자의 규범적 핵심이라고 할 수 있는 권리위반이라는 요소를 소홀히 취급한다. 또 범죄피해자가 입은 손상이 형사절차 밖의 민사절차나 형사절차 내부에 부수되는 절차로 다루어지기에 피해자를 형사절차로부터 쉽게 분리시킬 수 있고, 피해자를 단지 물질적·심리적 지원 및 치료의 대상으로 보기에 범죄피해자의 법적 권리 침해 여부와 범죄 행위가 갖는 규범적 본질을 소홀히 하기가 쉬워진다. 이처럼 범죄피해자를 형사절차상의 권리향유자로 바라보는 것을 소홀히 하게 되면 형사사법제도가 범죄피해자에 대한 서비스 기관이자 사회적 약자를 위한 복지시스템으로서의 성질을 띠게 된다. 이런 상황에 처하게 되면 피해자는 자신의 법적 권리를 실현한다는 측면에서는 무력감을 느끼게 되고 형사사법기관들은 정의로운 결정을 하지 못하게 된다.[50] 결국 손상 패러다임은 치료적 접근방법을 취하기 때문에 형사절차에서 법적 권리를 향유해야 할 피해자에게 규범적·법률적 구제수단의 필요성을 제공해 주지 않으며 사법정의로 향하는 피해자의 시선을 다른 곳으로 돌리게 함으로써 사전에 정립된 국가의 피해자 보호정책을 통해 손상 해소에 필요한 지원을 받을지언정 존엄성을 지닌 한 인간으로서 생존하는 데 필요한 제반 권리를 실효적으로 보장받을 가능성은 낮다고 볼 것이다.[51]

4. 권리 패러다임

권리 패러다임은 증인 패러다임이 채택하고 있는바 '범죄는 국가를 상대로 한 범법행위인 것이며 범죄피해자의 권리침해 행위가 아니다' 라는 전제에 의문을 제기한다. 브리넨과 훼겐(Marion Brienen & Ernestine Hoegen)은 '범죄란 범죄피해자 개인의 권리에 대한 침해로 파악되어야 하며 더이상 공공질서에 대한 침해로 여겨져서는 안 된다. 국가가 범죄 행위에 대해 배상을 청구해야 하는 유일한 기관도 아니다.'라며 권리 패러다임의 입장에 서서 범죄 행위를 개인에 대한 권리 침해적 행위로 파악할 것을 주장하였다.[52]

이 패러다임에 따르면 국가는 범죄피해자에게 공익을 수호하기 위한 목적으로 증인으로서의 의무를 수행하라고 요구할 수 없고 오히려 국가가 범죄피해자의 권리를 실효적으로 보장할 수 있도록 노력해야 한다. 또한 범죄피해자에게 행해진 불법적 범죄 행위가 모든 형사사법 시스템 작동의 기초가 되기에 유죄판결을 입증하기 위한 주도권도 1차적으로 범죄피해자에게 있고 그 다음이 국가라고 할 수 있는바, 국가는 범죄피해자를 위하여 범죄사실을 확인하고 유죄를 입증하고 범죄자를 처벌하는 데 있어서 최선을 다해야 한다는 것이다. 증인 패러다임에서는 국가와 범죄자가 양대 축을 이루었지만 권리 패러다임에서는 법원을 정점에 두고 범죄피해자와 범죄자와 검사 등

3자가 각각 인권을 향유하는 소송당사자로서 법정에서 공방을 벌이게 된다. 이 권리 패러다임에서는 범죄피해자가 소송의 주요 당사자로서 적극적으로 형사절차에 참여할 수 있기에 다른 어떤 것보다도 범죄피해자의 권리를 가장 잘 보장할 수 있는 형사사법체계를 지향한다고 볼 수 있다. 현재 독일이나 프랑스의 형사법 체계가 이 패러다임에 가깝다.[53]

독일의 경우 피해자에게 변호인 선임권, 신뢰관계 있는 자와의 동석권, 공익관련성이 적은 경미범죄에 대한 사인소추권(Privatklage) 등을 인정하고 있고, 사인소추의 대상이 아닌 사건에 대하여도 일정한 범위의 범죄에 대한 피해자가 될 경우 다양한 소송참가(Nebenklage)의 권한을 부여함으로써 형사절차에 당사자 자격으로 공격적인 참여를 할 수 있도록 하고 있다.[54]

프랑스의 경우에도 예심 수사판사의 수사활동에 사소당사자(私訴當事者)로서 협력하며 참가할 권리, 검사가 불기소처분 시 직접 사소당사자를 구성하여 소추권을 행사할 권리 등을 부여하는 한편, 중죄사건의 경죄법원 회부결정에 대한 항고권, 변호인 선임권, 피고인신문 및 증인신문 청구권, 증거신청권, 피해자 정보권, 법정에서의 직접신문권 및 질문권, 심리종료 시 의견진술권 등을 인정, 범죄피해자에게 강한 소송당사자의 자격을 부여하고 있다.[55]

제3절 피해자 권리의 유형

1. 보호·지원을 받을 권리

1) 피해자로 인정받고 존중받을 권리

앞서 살펴보았듯이 증인 패러다임하에서는 형사사법 시스템의 초점이 피해자에게 주어지지 않고 범인 검거와 형벌부과를 통한 형사정의 달성이라는 추상적 목표에 놓여 있음을 알 수 있었다. 형사정의가 실현되면 사회질서가 잘 유지되고, 범죄피해 예방에도 도움이 되는 것은 사실이다. 그러나 문제는 범인이 처벌을 받은 이후에도 피해자는 범죄로 인해 야기된 해악과 손실, 그리고 심리적 고통에서 벗어나지 못하고 있는 경우가 많으며, 심지어 동일한 범인으로부터 다시 피해를 입는 일도 비일비재하다는 점이다.

이러한 모순의 근본 원인은 아직 떨쳐버리지 못한 국가주의적 사고가 형사사법시스템에 내재해 있기 때문이다. 넓게 보면 범죄는 국가기능의 견실한 작동을 방해하므로 국가를 피해자로 볼 여지가 전혀 없는 것은 아니다. 그러나 범죄로 인해 국민 개개인의 인격이 파괴되고, 삶의 희망을 잃고 좌절할 때 형사정의 실현이라는 구호에 매몰되어 피해자의 고통스러운 상황을 방치하는 국가는 존재 의미가 없다. 범죄로 인해 고통당하고 있는 피해자의 삶을 최대한 원상태로 회복시켜 다시금 행복한 삶을 영위하도록 하는 것, 그것이 현대 자유민주주의 국가의 형사사법 이념이 되어야 하고, 형사정의 실현의 목표가 되어야 한다.

그러한 목표달성의 첫 걸음이 바로 피해자를 피해자로 인정해 주고 존중해 주는 것이다. 범죄로 인해 행복한 일상이 파괴되어버린 피해자는 국가로 하여금 그 일상을 다시 회복시켜 주도록 요청할 권리가 있음을 인식하고, 그가 피해회복을 위한 노력들을 진행할 수 있도록 존중의 자세를 가지고 지원하는 행동이 형사사법 종사자들의 기본 자세가 되어야 하는 것이다. 그래서 UN Declaration과 UN의 「국제인권법 위반 피해자의 구제 및 배상 청구권에 대한 기본원칙 및 지침」에서는 피해자에 대한 처우의 기본원칙을 다음과 같이 천명하고 있다.

"피해자는 동정 어린 자세로 응대되어야 하며, 그들이 인간으로서 갖는 존엄성은 존중되어야 한다."[56]

"피해자를 응대함에 있어서는 인간애를 가지고 그들의 존엄성과 인권을 존중하는 자세로 임해야 한다. 그리고 피해자는 물론 그 가족들의 안전과 신체적, 심리적 건강 및 프라이버시를 보장해 줄 수 있도록 적절한 조치를 취해야 한다."[57]

2) 정보제공을 받을 권리

범죄피해를 당한 피해자가 자신이 처한 상황을 잘 극복해 나아가려면 다양한 정보가 필요하다. 형사절차가 앞으로 어떻게 진행될 것인지, 피해회복을 위해 어떤 지원을 받을 수 있는지, 피의자나 피고인에 대한 수사나 재판이 어떻게 진행되고 있는지 등에 관한 정보가 없으면 범죄피해의 회복은 더뎌질 수 있고, 경우에 따라서는 석방된 피의자, 피고인으로부터 보복을 당할 수도 있는 것이다.

피해자가 통지받아야 할 정보의 내용으로는 ① 피의자 체포 및 체포 후 석방 사실, ② 수사진행 상황 및 변동 사항, ③ 재판의 일시와 장소, ④ 재판일정의 변경 사항, ⑤ 보석 및 가석방 심사 일정 및 심사 결과, ⑥ 범죄자 만기 출소 등 석방 사실 등을 들 수 있다. 이러한 정보제공의 책임은 경찰, 검찰, 교정기관 등 각 해당 형사사법기관에 있다.

미국의 경우 정보제공의 신뢰도를 높이기 위하여 '자동 정보제공 시스템(automated notification system)'을 운영하고 있다. 이 시스템은 전화, 우편 또는 이메일을 활용하여 피해자가 필요로 하는 정보를 업데이트하여 지속적으로 제공해 주도록 설계되어 있다.58)

UN이나 EU와 같은 국제기구에서도 피해자 정보권 보장의 필요성을 강조하고 있으며 세계 여러 나라들도 자국의 법령에 피해자 정보권을 반영하고자 노력하고 있는바, UN Declaration에서는 정보제공과 관련하여 다음과 같은 규정을 두고 있다.

> "피해자의 필요에 대한 사법적, 행정적 대응은 피해자에 대한 정보제공을 통해 촉진될 수 있어야 한다. 즉, 제반 절차진행의 시간과 범위, 피해자의 역할, 그리고 피해자가 연루된 사건의 처리 및 진행상황 등을 알려야 하는 것이다. 특히 피해자가 심각한 범죄피해를 당했을 경우와 피해자가 정보제공을 요청한 경우에는 한층 더 정보제공이 필요하다."59)

EU의 Victim Directive 2012에서도 피해자 정보권과 관련하여 다음과 같은 내용을 기술하고 있다.

"피해자에게 가해자에 대한 정보를 알림으로써 가해자가 위험에 처할 수 있다는 것이 확인되지 않는 한, 가해자가 석방되거나 도주함으로써 피해자가 위험한 상황에 처할 수 있거나 해를 당할 수 있는 사정이 있을 때에는, 피해자에게 가해자의 상황과 관련된 특별한 정보를 제공해 주어야 한다."[60]

캐나다의 「피해자 권리장전법(Victims Bill of Rights Act 2015)」에서는 피해자 정보권을 좀 더 자세하게 설명하고 있다.

"모든 피해자는 다음과 같은 정보를 요청할 권리가 있다. ① 형사절차에서의 피해자 역할에 관한 정보, ② 회복적 사법 프로그램을 포함하여 피해자가 활용할 수 있는 서비스나 프로그램에 관한 정보, ③ 이 법률에 규정된 권리가 부정되거나 침해되었을 때 고소를 할 수 있다는 정보(Clause 6)"[61]

"모든 피해자는 다음과 같은 정보의 제공을 요청할 권리가 있다. ① 범죄자 수사진행 상황과 그 결과에 관한 정보, ② 형사절차가 진행되고 있을 경우 그 절차진행의 장소와 절차진행 상황 및 그 결과에 관한 정보(Clause 7)"[62]

"모든 피해자는 다음과 같은 정보의 제공을 요청할 권리가 있다. ① '교정과 조건부 석방에 관한 법률'에 의거 범죄자를 조건부로 석방할 때 그 심사에 관한 정보와 석방시기 및 석방조건에 관한 정보, ② 피고인이 정신질환이 있어 형사책임을 부과하기 어렵거나 또는 재판을 받기에 부적합한 사유가 있어서 일정한 조치를 해야 할 경우, 그러한 목적으로 수행될 청문절차에 관한 정보(Clause 8)"

피해자들이 피해회복에 필요한 서비스를 적시에 받을 수 있는 최선의 방법은 피해자와 관련된 사건을 처리하고 있는 법집행 담당자로부터 직접 관련 정보를 제공받는 것이다. 특히 경찰관은 사건 초기에 피해자가 필요로 하는 많은 정보를 제공해 줄 수 있는 위치에 있으므로 피해자의 심리적·물질적 피해회복을 촉진하는 차원에서 정보제공이 원활히 이루어지도록 노력해야 한다.

3) 상담 등 필요한 지원과 서비스를 받을 권리

피해자는 언제 어느 곳에서나 물질적 지원, 의료적 지원, 심리적 지원과 같이 피해회복에 필요한 각종 서비스를 제공받을 수 있는 권리가 있다. 이때 시간과 장소의 차이 및 피해의 종류에 따라 피해자가 필요로 하고 있는 서비스가 각기 다를 수 있다. 따라서 피해자에게 지원과 서비스를 제공하는 기관은 각 피해자에게 어떤 지원이 어느 수준으로 필요한지에 대하여 적정한 평가를 내린 후 집행을 해야 한다.

피해자에게 제공해야 할 지원 및 서비스의 내용은 위기개입 및 형사절차 진행단계에 따라 매우 광범위할 수 있다. 또한 피해자 지원 및 서비스를 받을 권리는, 이 권리가 침해되었을 때 구제받을 수 있는 실효성 있는 권리가 아니라, 피해자 보호지침을 담은 정책에 불과한 명목적 권리일 가능성도 있다. 그래서 국가기관의 피해자 지원 및 서비스 행정을 위한 지침과, 권리로 규정된 지원 및 서비스의 내용이 서로 혼용되어 사용되기도 한다.

예를 들어 경찰이 피해자 보호를 위하여 정책적으로 시행하고 있는 정보제공 제도는, 경찰 입장에서 보면 피해회복을 위한 지원 및 서비스 활동에 해당하지만, 피해자에 입장에서 보면 '피해자 정보권'의 실현에 해당하는 것이다. 결국은 명목상의 권리라고 볼 수 있는 국가의 피해자 지원·서비스 정책을 실효성 있는 피해자 권리로 만드는 것은 각 나라 국민의 몫이라 할 것이다. 여기서는 실질적 권리로서 뿐만 아니라 명목상 권리로서의 피해자 지원·서비스의 내용을 함께 다루기로 하겠는바, 피해자가 필요로 하는 지원 및 서비스의 유형으로는 ① 위기개입 당시의 지원, ② 상담 지원, ③ 지지와 변호, ④ 수사절차에서의 지원, ⑤ 기소와 재판단계에서의 지원, ⑥ 형사사건 종결 후의 지원 등을 들 수 있다.

①에는 위기상황 해소를 위한 상담, 응급구호, 쉼터 제공, 부양가족 돌봄, 약물중독 치료, 피해자 권리실현을 위한 정보제공 등이, ②에는

피해자를 지지해 주는 차원에서 장기간에 걸친 개인상담 및 집단상담, 정신건강에 대한 위기개입, 상담 후 보호기관에의 위탁, 재피해자화 예방에 관한 정보제공 등이, ③에는 피해보상 신청절차 지원, 개인보험 지급 신청절차 지원, 주거와 고용 지원, 법원의 피해자보호명령제도 활용 지원 등이, ④에는 범죄자 신원확인 절차 및 각종 면담이나 검증절차에의 동행, 압수물 반환 지원, 손해배상 및 피해자 구조금 지급절차 안내 지원, 피해자보호명령 집행 지원, 쉼터 등 안전시설 이용 지원, 형사절차 진행에 관한 안내, 형사절차에서의 피해자 권리에 관한 정보제공, 피의자의 신병처리에 관한 정보제공, 사망사실 통지에 관한 지원, 범죄현장 청소 지원 등이, ⑤에는 법정출석을 최소화하기 위해 피해자 면담과 재판과정에서의 상호 협력, 교통수단 제공 또는 교통비나 여비 지급, 주차 안내, 손해배상 진행 절차 지원, 공판단계에서 피해자 권리실현이 가능하도록 형사절차 참여 지원, 법정 증언 시 피고인과 분리된 상태에서 진술할 수 있는 시설 및 장치의 지원, 기소 및 재판의 진행에 관한 정보제공, 다이버전이나 회복적 사법프로그램에 관한 정보제공, 재판 진행단계별로 예상 결과에 관한 안내, 법정 증언 시 아이 돌봄 서비스, 피고인 형벌에 관한 정보제공 등이며, ⑥에는 배상명령의 집행 지원, 보호관찰·집행유예·가석방 취소절차에의 참여 지원, 재판 종료 후 피해자가 행사할 수 있는 권리와 피고인의 신병처리 정보 및 수감 후 가해자 석방에 관한 정보제공 등이 있다.[63]

이러한 서비스는 사건 초기의 경찰단계뿐 아니라 기소 및 공판단계에 이르기까지 형사절차 전 단계에 적용되어야 한다.[64] 지원 및 서비스를 제공받을 피해자 권리와 관련하여 영국(England and Wales)은 다음과 같은 규정을 두고 있다.

"모든 범죄피해자는 피해자지원 및 서비스가 필요한지 여부에 관하여 경찰로부터 평가를 받을 자격을 보유한다. 이러한 평가는 특별한 조치를 통해 피해자가 수혜를 받을 수 있는 대상인지 여부와 그 수혜 수준이 어느 정도인지가 포함된다. 이 평가작업의 소요기간과 평가받을 내용은 범죄의 심각성과 피해자 개인의 필요에 따라 달라진다. 평가를 수행할 때에는 피해자의 개인적 특성, 범죄의 성질, 범죄가 발생했을 당시의 상황, 피해자의 견해 등이 고려된다. 평가과정에 피해자 관련 정보가 많으면 많을수록 피해자가 필요로 하는 지원의 적합도가 높아진다(Chapter 1, Enhanced Entitlements, Clause 1.4)."[65]

"경찰은 피해자에게 범죄신고 접수 후 2일 이내에 피해자 관련 정보를 피해자 지원 서비스 기관에 자동으로 통보할 것임을 설명해 주게 된다. 피해자는 이 때 자기의 개인정보를 그 기관에 통보하지 말도록 요구할 권리가 있다. 만일 피해자가 가정폭력이나 성폭력 피해자일 경우, 또는 살인피해자의 가까운 유족일 경우, 경찰이 피해자 지원 서비스 기관에 피해자 정보를 보내기 전에 피해자 또는 유족의 명시적 동의를 얻도록 하고 있다.(Chapter 1, Adult Victims Part A, Clause 1.2)."[66]

2. 사법절차상의 권리

1) 물질적 배상 및 보상을 받을 권리

범죄는 피해자에게 경제적 손실을 초래하는 주요 원인이 된다. 경제적 손실을 구성하는 구체적인 내용을 보면, ① 범행 과정에서 파손된 시설 수리비 혹은 재산범죄의 경우 직접적 재산피해, ② 심리치료를 위한 상담비, ③ 부상당한 신체의 치료비, ④ 회사 결근에 따른 임금손실액, ⑤ 변호사 선임비, ⑥ 교통비, ⑧ 장례비, ⑨ 교육기회 상실에 따른 비용, ⑦ 정신적 고통 및 삶의 질의 저하에 따른 비가시적 비용 등을 들 수 있을 것이다. 이러한 경제적 손실에 대하여 범죄를 당한 피해자가 가해자에게 적정한 배상을 요구할 권리를 갖는 것은 매우 당연한 것이며, 범죄로 인해 피해자에게 초래된 경제적 손실을 해악을 가한 가해자가 배상하는 것도 배상의 기본 원칙이라고 할 수 있다. 고대사회가 피해자의 황금기로 불린 이유는 범죄로 인한 손해배상이 가해자로부터 피해자에게 직접 주어질 수 있었기 때문이었다.

그러나 국가가 형사사법권을 독점하기 시작한 중세 이후 근대에 이르기까지 범죄자가 자신의 범죄 행위로 구금의 형벌을 받고 국가에 벌금을 납부하면서도 피해자가 입은 물질적 피해의 복구에 대해서는 소극적인 상황이 전개되었다. 다행히 여러 나라들이 형사절차 내에서 범죄로 인해 야기된 손해를 배상받을 수 있는 제도적 장치를 마련하고는 있지만 이마저도 그 활용률이 그다지 높지 않다. 그래서 형사재판을 진행하는 판사에게 어떻게 의무적으로 가해자로 하여금 피해자에게 배상명령을 내리도록 할 것인가가 입법과제인 것이다.[67]

UN Declaration에서는 피해자에 대한 물질적 배상 및 보상에 관하여 다음과 같이 규정하고 있다.[68]

> "각국 정부는 피해자에 대한 손해배상이 다른 형사적 제재에 덧붙여서 활용이 되도록 자국의 사법실무와 규정 및 법률을 검토해야 한다(제9조)."

> "법률상 공무원 혹은 사실상 공무원인 자가 형법을 위반하여 피해자에게 손해를 가했을 때에는 피해자는 그 손해에 책임이 있는 공무원이 소속된 국가로부터 손해배상을 받아야 한다(제11조)."

> "가해자의 배상이 충분하지 않을 경우, 국가는 중대한 신체적 상해로 고통당하는 피해자나, 범죄로 인해 신체적, 정신적 장애를 겪고 있는 피해자를 위해 경제적 보상을 해 주도록 노력해야 한다(제12조)."

피해자가 물질적 피해를 복구하는 방법은 크게 5가지 방법이 있는 바, ① 형벌의 일부로서 형사법정에서 판사가 가해자에게 발하는 배상명령(an order of restitution), ② 국가가 피해보상 차원에서 피해자에게 지급하는 보상금 혹은 구조금(a state compensation), ③ 피해자가 가해자를 상대로 제기하는 민사상 손해배상 청구소송(a civil suit brought against the perpetrator), ④ 보험회사 등이 범죄예방 책임이 있는 제3의 당사자에게 제기하는 민사소송, ⑤ 가해자와 피해자가 서로 만나 손해배상의 길을 모색하도록 하는 회복적 사법에 의한 배상 등이 바로 그것이다.[69] 이하에서는 주로 ①의 배상을 받을 권리와 ②의 국가보상 혹은 구조금을 받을 권리를 중심으로 살펴본다.

가. 배상명령 제도를 통한 권리 실현

형사법원의 배상명령제도를 통해 피해자는 경제적 손실 복구에 대한 권리를 실현할 수 있는데 이러한 방식의 권리실현은 다음의 몇 단계를 거치며 진행된다고 볼 수 있다.[70]

첫째, 배상명령 신청의 단계이다. 이를 위해서는 배상명령 신청제도에 대한 정보제공이 필수적이다.

둘째, 피해자가 입은 손실을 입증할 수 있는 자료준비의 단계이다. 치료비, 변호사 선임비 등의 영수증을 준비하는 것이 이에 해당한다.

셋째, 가해자의 자산, 수입, 책임 등을 확인하는 단계이다. 법원이 배상명령을 내리기 전에 위의 정보들이 법원에 미리 제공되어야 한다.

넷째, 법원이 배상명령을 내리는 단계이다. 이때 가해자가 재산이 없다는 이유로 법원이 배상명령을 기각해버리는 경우가 있다. 이러한 폐단을 없애기 위해 미국 캘리포니아주의 항소법원에서는 형벌 선고 시 배상명령을 의무화하는 규정을 도입하였다. 만일 가해자가 현재 궁핍하여 지불능력이 없을 경우, 배상금 모금대책을 마련하여 사후에 지불 가능하도록 하는 장치를 강구할 수도 있다.

다섯째, 배상금 지급 사실을 모니터링하는 단계이다. 이를 정확하게 모니터링하기 위해 위스콘신, 캘리포니아, 플로리다주 법무부에서는 배상금 입금 계좌를 개설하여 가해자로 하여금 해당 액수를 송금하게 하고, 주정부는 이를 피해자에게 지급하는 방법을 취하고 있다.

여섯째, 배상금 미지급 시 배상금 지급 실행을 강제하는 단계이다. 위스콘신주에서는 가해자가 배상금을 지급하지 않았을 경우에 배상절차를 지원하는 변호인이 이 사실을 조사해서 해결책을 모색하도록 하고 있다. 캘리포니아주의 경우에는 교도소에 있는 가해자의 근로수당 혹은 회사에서 받는 봉급의 일부를 압류해 배상금에 충당하는 제도를 두고 있다. 보호관찰이나 집행유예 및 가석방 중에 있는 가해자가 배상금을 미지급하면 그 기간을 연장할 수도 있다.

일곱째, 피해자에 대한 배상금 우선 지급의 단계이다. 배상명령이

내려지면 경우에 따라서는 국세나 벌금 등을 먼저 공제하고 잔여액을 피해자에게 지급할 수도 있다. 이렇게 되면 피해자에 대한 배상이 부족한 상황이 발생하여 피해자가 자체적인 노력으로 배상을 받아야 하는 수도 있을 것이다. 이는 피해자에게 매우 힘든 작업일뿐더러 배상도 불완전하게 될 가능성이 높으므로 피해자에 대한 배상금을 최우선순위로 지급하는 정책의 채택이 필요하다.

나. 보상금 혹은 구조금 지급을 통한 권리 실현

가해자로부터 배상금(restitution)을 충분히 받지 못했거나 아예 받지 못한 경우 피해자의 생존과 생계가 위협받을 수도 있다. 이러한 이유로 국가가 가해자의 배상이 부족한 부분에 대하여 보상금 혹은 구조금(compensation)을 지급해 줌으로써 피해자로 하여금 기초적인 생계 유지가 가능하도록 해 주어야 한다. 그러나 이러한 보상금 지급을 모든 범죄피해에 다 적용할 수는 없기에 보통 생명·신체를 해한 범죄에 국한하는 것이 보통이다. 피해자가 국가로부터 범죄피해에 대한 보상을 받을 수 있도록 한 이 권리는 1987년 한국 헌법에 '범죄피해자 구조 청구권'이라는 이름으로 규정되었고, 동시에 이에 대한 법적 근거로 「범죄피해자구조법」이 제정되기도 하였다.

범죄피해에 대한 국가보상 제도를 최초로 제안했던 사람은 영국의 치안판사였던 프라이(Marjory Fry) 여사였다. 그녀는 직장에서 부상당한 근로자가 보상금을 받는 것과 유사한 수준으로 피해자에게도 국가가 보상금을 지급해야 한다고 주장하였다. 이에 자극을 받아 피해자에 대한 국가보상제도가 1963년에 뉴질랜드에서 먼저 시작되었고, 이후 1964년에 영국이, 1965년에는 미국이 차례로 시행하였다.[71]

범죄피해자구조금을 통한 피해자 경제적 손실의 보상 문제는 구조금 지급액수의 문제로 귀착될 수 있다. 보상금 혹은 구조금이 지급되었다 하더라도 그 액수가 피해회복에 큰 도움이 되지 못한다면 이 제도의 본래 취지가 구현되지 못하는 까닭이다. 한국의 경우 「범죄피해자보호기금법」을 제정하여 가해자가 납부한 벌금의 일부를 범죄피해자 보호기금으로 확보하는 등의 노력을 기울인 탓에 범죄피해자구조금 지급액이 과거에 비해 상향 조정되었지만, 앞으로도 합리적 수준으로 구조금이 지급되도록 지속적인 노력을 기울일 필요가 있다.

2) 신변보호를 받을 권리

피해자가 형사절차에 정상적으로 참여할 수 있으려면 형사절차 참여로 인하여 기존에 입었던 범죄피해가 악화되지 않아야 하고, 추가적인 해악을 받음으로 말미암아 그의 복지가 위험에 처하지 않도록 해야 한다는 조건이 충족되어야 한다. 이러한 조건의 충족은 가해자가 수사기관 조사실이나 법정에서, 혹은 다른 어떤 곳에서든 피해자에게 임의로 접근할 수 있는 상황을 통제할 수 있는지 여부와 긴밀하게 연관되어 있다. 특히 가해자가 피해자의 가족이거나 같은 직장의 동료일 경우 형사처벌을 요구하는 피해자의 고소는 가해자를 격분시킬 가능성이 있고 그로 인해 피해자에게 심각한 위협행위를 할 수 있는 것이므로 신변안전에 대한 담보 없이 피해자가 형사절차에 적극적으로 참여하기를 기대하기는 어려운 것이다.

가해자가 피해자에게 임의로 접근할 수 있다는 것은 보복의 위험이 상존한다는 의미이고, 보복 가능성이 있는 상황에서 피해자가 수사관에게 자유롭게 진술하거나 법정에서 편안한 마음으로 증언하기를 기대하기 어려운 것이다. 단지 가해자의 접근만 문제되는 것이 아니다. 가해자의 가족과 그의 변호인도 피해자를 수사과정이나 재판과정에서 괴롭힐 수 있는 것이다.[72]

그래서 신변안전 보장에 관한 피해자의 권리는 형사절차 진행과정에서 당할 수 있는 2차적 피해를 사전에 예방한다는 의미에서도 중요한 피해자 권리 중의 하나라고 할 수 있다. 이 권리는 여성, 아동, 장애인과 같은 신체적·정신적으로 취약한 피해자의 경우에는 더욱 철저히 보장될 필요가 있다. 더 나아가 가해자 기소를 위해서 피해자가 법정 증인으로 반드시 출석해 증언해야 하고, 또 그 증언을 대체할 수 있는 별다른 증거가 없을 경우에 피해자의 신변안전 확보에 관한

권리는 더욱 철저히 보장되어야 한다.[73)

한국의 경우 피해자의 신변안전 보호를 위해 「범죄신고자법(원명칭, '특정범죄 신고자 등 보호법')」이 제정되어 피해자의 인적사항 노출을 예방하기 위한 신원관리카드 작성 규정이라든가, 법정 등에의 동행, 신변경호, 주거지 순찰과 같이 피해자에 대한 신변안전을 확보하기 위한 각종 보호조치 유형을 규정해 놓고 있으며, 「특정강력범죄법(원명칭, 특정강력범죄의 처벌에 관한 특례법)」에는 증인보호를 위한 규정을 두고서 재판과정에 증인을 위협하는 행위들에 대하여 경찰이 일정한 신변안전 조치를 취하도록 하고 있다. 아울러 가정폭력처벌법에서 경찰의 긴급임시조치, 법원의 임시조치 및 피해자보호명령 처분과 같은 것도 모두 피해자의 신변안전 보호와 관련된 사항이라고 볼 것이다. 이와 관련하여 캐나다의 「피해자 권리장전법」은 다음과 같은 조항을 두고 있다.[74)

"모든 피해자는 (자기 사건이) 형사사법 시스템 내에서 (처리 중일 때) 관련 당국에 피해자 자신의 신변안전이 고려되도록 요청할 권리가 있다(Clause 9)."

"모든 피해자는 (자기 사건이) 형사사법 시스템 내에서 (처리 중일 때) 위협과 보복행위로부터 보호받기 위하여 관련 당국에 합리적이고도 필요한 조치를 취하도록 요청할 권리가 있다(Clause 10)."

"모든 피해자는 가해자의 법위반 행위에 대하여 고소를 하였거나 증언을 해야 할 지위에 있는 경우 자신의 인적사항을 타인으로부터 지켜달라고 요청할 권리가 있다(Clause 12)."

오스트레일리아의 뉴사우스웨일즈가 입법한 「피해자권리·지원법(Victim Rights and Support)」에서도 피해자 신변보호와 관련하여 다음과 같은 규정을 발견할 수 있다.[75)

"피해자는 형사재판 진행 중에는 피고인과 피고인 측 증인으로부터 불필요한 접촉이 일어나지 않도록 보호되어야 한다(Section 6, Clause 6.7)."

"피해자가 실제로 거주하는 주소와 전화번호는 법원의 별다른 지시가 없는 한 공개되어서는 안 된다(Section 6, Clause 6.8)."

3) 형사절차에 참여할 권리

형사절차에 참여할 수 있는 피해자 권리라 함은 형사절차 진행 중에 행해지는 의사결정(decision making) 과정에 피해자가 자발적으로 참여하여 자신의 의견을 그 의사결정에 반영할 수 있는 권리를 의미한다. 민사상 조정과 화해 절차에서 당사자 참여가 통상적으로 활용되고 있는 데 비해, 형벌권이 국가에 귀속된 이후 형사절차에서의 피해자 참여는 제한적이었다. 기본적으로 형사사법 절차는 국가와 피고인 상호 간의 대립적 공방으로 이어지는 것이며, 피해자의 개입은 불평등한 결과를 초래할 수도 있다고 보는 것이 일반적 견해였다.76)

현재 형사사법 절차에서의 피해자 참여의 수준은 나라마다 상이하다. 그리고 권리로서 피해자 참여권을 어느 정도로 보장해 줄 것인가 하는 것도 견해의 대립이 있다. 형사사법에서 통일성과 형평성을 유지하는 것이 전통적 형사사법 제도의 근본 원칙이라고 생각하는 입장에서는 피해자의 형사절차 참여는 우연의 요소를 형사사법에 끌어들이는 결과를 낳는다고 보고 있다. 즉, 피해자가 법정에서 자신의 주장과 요구를 제시하고 자유로운 진술을 하도록 허락하면 전통적인 형사사법의 기본원칙과 서로 갈등이 생길뿐더러 피고인들은 더욱 혹독한 처벌을 받게 되거나 형사절차를 더 복잡하게 만들 것이라고 생각한다.77)

이에 대하여 피해자는 형사절차에서 자신의 견해를 충분히 펴낼 수 있어야 한다는 입장이 있다. 즉, 범죄피해를 입은 피해자가 법정에서 자신이 경험한 고통과 충격을 자유롭게 말할 수 있어야 하며, 비단 형 선고 시뿐만 아니라 형사절차 전 과정에서 이러한 참여가 허용되어야 한다는 것이다. 이러한 견해는 진정한 범죄피해자는 국가가 아니라 실질적으로 피해를 입은 피해자 개인이라는 사고에 기초하고 있다. 그래서 피해자는 범죄자를 기소할 수도 있어야 하고, 형사절차의 당사자로서의 법적 지위도 확보해야 한다고 말한다. 그래서 권리 패러다임하에 운영될 수 있는 형사사법 체계와 밀접한 관련을 맺게 된다. 아울러 형사절차와 민사절차를 결합하는 것은 어려운 일이 아니며 오히려 소송경제에 도움이 된다는 주장도 피력한다.[78]

피해자의 형사절차 참여권을 긍정하는 입장에서, 피해자에게 보장되어야 할 권리의 내용은 크게 직접적인 권리와 간접적인 권리로 나누어 살펴볼 수 있다. 직접적 권리는 자기 사건에 대한 형사적 의사결정 과정에 피해자가 직접 참여할 수 있는 권리로서, 고소권, 사인소추권, 재정신청권, 범죄충격 진술, 피의자 및 피고인의 보석·가석방 결정을 위한 청문절차 참여 등을 들 수 있다. 이에 대하여 간접적 권리로 볼 수 있는 것은 피해자의 형사절차 참여를 촉진하기 위해 필요한 피해자 정보권이 대표적이라고 할 것이다.

한국의 경우 형사사법의 통일성과 형평성을 강조하면서 피해자를 법정에서 실체적 진실을 밝히는 데 협조해야 할 증인으로 바라보는 견해가 아직 강하기에, 피해자의 형사절차 참여는 아직 제한적으로 이루어지고 있다고 볼 수 있다. 그런데 국제사회의 동향을 보면 피해자의 형사절차 참여권 확대가 지속적으로 강조되고 있음을 알 수 있다. 피해자의 형사절차 참여권과 관련하여 UN Declaration은 다음과 같은 규정을 두고 있다.

> "피해자의 필요에 부응하기 위한 사법절차나 행정절차는 각 절차의 진행단계에서 피해자의 이익이 영향받을 수 있는 상황일 경우라면, 가장 적합한 시기에 피해자의 견해나 관심이 표출될 수 있도록 허용하여야 한다. 다만, 피해자가 견해를 표명하더라도 가해자에 대한 편견이 없어야 하고, 관계 형사사법기관의 제도운영 취지에 부응하는 범위에서 행해져야 한다."[79]

캐나다의 「피해자 권리장전법」에서도 피해자의 형사절차 참여권을 아래와 같이 언급하고 있다.[80]

> "모든 피해자는 자신의 권리에 영향을 미칠 형사사법기관의 결정에 대하여

피해자의 의견을 전달할 권리가 있다(Clause 14)."

"모든 피해자는 형사사법 시스템 내에서 관련 당국에 피해자충격진술을 할 권리가 있으며 자신의 견해가 (형사사법기관의 의사결정에) 고려되도록 할 권리가 있다(Clause 15)."

피해자의 형사절차 참여권 확대방향과 관련해서는 다음 몇 가지 사항을 생각할 수 있다.

가. 피해자의 자유로운 증언 보장

피해자는 수사단계, 기소단계, 공판단계 등 형사절차의 각 단계마다 자신이 목격한 범죄사실을 증언하는 자의 위치에 서게 된다. 이때 피해자가 자유롭게 자신이 경험한 사실을 진술하도록 환경을 조성해 주는 것이 실체적 진실 발견을 위해 무엇보다 중요하다. 그러기 위해서는 피해자를 인격적으로 대우하고 존중해 주는 자세가 필요하고, 가해자의 보복위협으로부터 자유롭도록 신변의 안전을 확보해 주어야 한다.

피해자의 자유로운 진술에 관한 부분은 범죄피해로 인한 피해자의 감정, 피해를 당한 이후 현재의 상태, 가해자 처벌에 관한 의견 등을 포함한 진술을 법정에서 자유로이 할 수 있는 권리의 형태로 보장된다. 한국에서는 이를 '법정진술권'이라는 이름으로, 서구권에서는 '피해자충격진술(victim impact statement, VIS)', '피해자사적진술(victim personal statement, VPS)', '피해자의견진술(victim statement of opinion, VSO)'이라는 용어로 본 권리를 보장하고 있다.

나. 형사절차에 민사적 손해배상 청구절차 반영

형사절차와 민사절차는 성격이 다르지만 피해자가 입은 민사상의 손해를 신속히 해결 받을 수 있도록 형사절차에 민사적 손해배상 절차를 결합하여 운영할 필요가 있다. 이는 소송경제적 측면과 피해자의 물질적 피해회복이 용이하다는 측면을 함께 고려한 것이다.

형사절차에 민사상 손해배상 청구절차를 결합하는 것에 반대하는 견해도 있다. 형사절차 진행이 지연되고, 심리가 복잡해진다는 이유에서다. 하지만, 형사절차에 민사상 손해배상 절차가 가미된다면 피해자가 별도의 민사소송을 제기할 필요가 없이 피해구제를 신속히 받을 수 있다는 점과 두 절차의 결합을 통해 피해자의 형사절차 참여가 활발해져 피해회복이 촉진될 수 있는 있다는 점 등을 고려할 때 형사절차에서 민사상 손해배상을 실현할 수 있는 제도를 도입하는 것은 매우 타당한 조치라고 할 것이다.

프랑스의 경우 형사법원에서 범죄자에 대한 유죄선고와 더불어 피해자에 대해 손해배상을 명하는 판결도 함께 하고 있다. 이렇듯 형사절차에서 민사상 손해배상을 받도록 하고 있는 프랑스의 배상명령제도는 프랑스 특유의 사인소추제도와 결합하여 형사절차에서 피해자를 능동적인 소송당사자로 활동하도록 한 것으로써 피해자 보호에 매우 유리한 환경을 조성하였다고 말할 수 있다.[81]

다. 피해자에게 기소할 수 있는 권한 부여

보통 기소권은 검사의 권한에 속하기에 만일 피해자가 고소한 사건을 검사가 불기소해버리면 피해구제가 어려워질 수 있다. 이러한 경우 피해자가 직접 기소에 관여할 수 있도록 권한을 부여한다면 피해구제 가능성이 높아지게 될 것이다. 즉, 검사가 아직 공소를 제기하지 아니하였거나 불기소 처분을 해버린 사건 중 개인적 법익에 관련된 비교적 경미한 특정 유형의 사건에 대하여 피해자가 직접 기소권을 행사하도록 하는 방안이 바로 그것이다. 이를 검사의 '공소권(公訴權)'과 대비시켜 '사소권(私訴權)'이라고 부르기도 한다. 피해자가 기소권을 행사할 경우 검사의 역할을 보조적으로 수행한다고 보아 이때의 피해자를 '보조적 검사(subsidiary prosecutor)'라고 표현하기도 하는데, 일반적으로 사인인 피해자가 예외적으로 기소를 담당하는 제도를 '사인소추제도(private prosecution)'라고 부른다.

프랑스 형사소송법 제2조 제1항은 범죄에 의하여 직접적으로 발생한 개인적 손해를 입은 모든 자는 사소권을 행사할 수 있다고 규정하고 있다. 이때 범죄와 손해 사이에는 인과관계가 인정되어야 하고, 그 손해는 현존해야 하되 물질적 손해뿐만 아니라 정신적 손해도 포함하며, 범죄로 인해 자신의 신체·재산·명예 등 개인적 법익에 대한 침해가 있어야 한다. 피해자는 검사가 공소를 이미 제기해버린 경우에는 형사소송 참가방식으로 사소권을 행사할 수 있고, 검사가 아직 공소를 제기하지 아니하였거나 불기소 처분 등을 행한 경우 독자적으로 사소권을 행사하도록 하고 있다.[82]

라. 피해자충격진술 기회 부여

몇몇 나라들은 판사가 형을 선고하거나 가석방 등을 하기 전에 피해자로 하여금 '피해자충격진술(victim impact statement, VIS)'을 하는 제도를 도입하고 있다. VIS는 통상적으로 검사나 다른 관계자의 도움을 받아 피해자가 서면으로 작성하여 낭독하게 되는데, 어떤 경우에는 법정에서 구술방식으로 허용하는 경우도 있다. VIS에는 범죄 행위로 인하여 피해자가 어떠한 충격을 받았는지, 물질적 피해와 재정적 손실이 어떠하였는지, 자신의 삶의 질이 어떻게 악화되었는지, 정신적·신체적으로 어떠한 고통을 받았는지 등에 관한 정보가 포함된다.[83]

VIS를 할 수 있는 주체는 직접적 피해자뿐만 아니라 범죄로 인해 충격을 받은 가족처럼 간접적 피해자도 해당하며, 피해의 내용도 신체적 피해뿐 아니라 심리적·경제적·사회적 피해까지를 포함한다. 각 나라의 사법시스템에 따라서는 VIS를 통해 가해자에 대한 형벌부과에 대한 의견도 제시할 수 있고, 정식 재판에서뿐만 아니라 가석방이나 보호관찰, 집행유예 등의 청문절차에도 참석하여 VIS를 행할 수 있다. 최초의 VIS 내용을 가해자 공판기록에 첨부하여 이후의 집행유예 여부 결정에 활용할 수도 있고, 최초의 VIS 내용에 추가적인 진술의 첨가를 허용하는 경우도 있다. 그러나 이러한 VIS에 담긴 피해자의 희망사항이 법원의 결정에 항상 반영되는 것은 아니며 다만 참작할 만한 정보로 활용되는 경우가 많다.[84] 그러나 중대한 범죄에 VIS가 행해진 경우에는 가해자가 사형판결까지 받을 가능성이 증가했다

는 연구결과도 있다.[85]

한편, '피해자의견진술(victim statement of opinion, VSO)'이라는 제도도 있다. 이 제도는 범죄가 피해자에게 어떠한 영향을 미쳤는지뿐만 아니라 앞으로 어떠한 조치들이 이루어져야 하는지 피해자 의견을 법정에 알릴 수 있는 기회를 제공한다. 서면작성을 전제하지 않고 구술로 의견진술하는 것을 원칙으로 한다는 의미에서 VIS와 구분된다. 법원은 피해자의 의견진술이 있다고 해서 가해자의 형량이 필수적으로 증가되는 것은 아님을 고지해야 한다.[86]

최근 VIS와 VSO가 혼합되어 활용되는 경향을 보이고 있는 가운데, 이 제도들이 형사절차 참여의 환상을 심어주고는 있지만 실제적으로 사법적 의사결정에 미치는 영향은 미미하다는 비판도 받고 있다. 하지만 일반적으로는 이 두 제도는 피해자로 하여금 형사절차에 직접적으로 참여할 수 있는 기회를 제공해 주고 있으며, 이를 통해 법정에 제공된 피해자 관련 정보들은 사법적 문제해결에 일정 부분 기여하는 측면이 있는 것이 사실이다.[87]

마. 불기소 처분에 대한 불복절차 허용

피해자가 사법절차에 접근할 수 있는 권한을 제대로 보장받기 위해서는 검사의 불기소 처분에 대하여 재검토를 요청할 수 있는 권한을 피해자에게 부여해야 한다. 이러한 재검토는 원 처분을 한 검사가 할 수도 있고 상급 검찰청이 할 수도 있다. 검토한 결과 불기소 처분이 위법하거나 부당하다고 여겨지면 최초 처분을 한 검사는 이를 즉시 시정하여 기소하면 될 것이고, 상급 검찰청의 경우에는 처분을 행한 검사에게 최초의 처분을 다시 재검토 하도록 하거나 기소하도록 명령을 내리는 방식으로 처리하게 된다.

멕시코에서는 검사의 불기소 처분에 대한 불복의 권한을 헌법적 권리로 규정하고 있고, 이스라엘에서는 피해자의 고소에 대한 검사의 불기소 결정뿐 아니라 수사기관의 무혐의 내사종결 처분(수사 거부 처분)에 대해서도 불복할 수 있는 제도를 두고 있으며, 프랑스나 독일도

한국의 검찰항고나 재정신청과 유사한 제도를 운영하고 있다.[88]

한국에서는 지방검찰청 검사의 불기소 처분이 위법·부당하다고 생각되면 피해자는 지방검찰청을 경유하여 고등검찰청에 검찰항고를 하도록 하고 있는데, 검찰항고로도 불기소 처분이 시정되지 않으면 관할 고등법원에 재정신청을 하여 법원의 판단을 받도록 하고 있다. 법원의 심리결과 불기소 처분이 위법하다고 판단되면 검사에게 기소명령을 내리도록 하고 있다.

바. 범죄피해 평가제도 운용과 피해자 여비 지급

한국 경찰청에서는 2016년부터 서울 등 7개 지방청에서 '범죄피해평가제도'를 시범적으로 도입하여 2020년 현재까지 운영 중이며, 2019년에는 총 897건의 보고서를 작성하여 가해자 구속심사나 양형 등에 피해자의 의견이 반영되도록 하고 있다. 아울러 야간 시간대에 조사를 받는 피해자에게 교통실비를 지급하는 피해자 여비제도에 있어서 그 지급대상을 확대하고 신청서류를 간소화하도록 하여 지급건수를 확대하고 있다.[89]

[표 6] 연도별 범죄피해평가 및 피해자 여비 지급   (단위: 건수)

	2015	2016	2017	2018	2019
범죄피해평가	-	844	1,007	1,015	897
피해자 여비	376	4,408	4,045	4,488	8,287

(출처: 경찰청, 경찰백서, 2020, p.229)

3. 피해자화 방지대책 수립을 요구할 권리

피해자가 범죄피해를 당한 이후에는 공정하고 신속한 형사절차를 통해 가해자에게 응분의 형사책임을 부과함과 동시에 피해자가 입은 피해를 빠른 시일 내에 회복시키는 것이 가장 중요한 일이 될 것이다. 그러나 신속한 피해회복보다 더 중요한 것이 있다면 피해자가 피해를 입지 않도록 사전에 범죄피해를 예방하는 일이라고 할 수 있다.

그래서 잠재적인 피해자에 속하는 모든 국민은 국가가 범죄피해를 사전에 예방하기 위한 정책을 수립하여 시행할 것을 요구할 권리가 있다고 볼 것이다.

그중에서도 피해자의 신변안전을 확보해 주는 일과 가해자로부터 재피해를 당하지 않도록 하는 일이 다른 어떤 사항보다 중요하다. 강력범죄를 범한 가해자가 형기를 채우고 만기 출소한 다음 자기에게 불리한 증언을 했다는 것을 이유로 피해자를 살해할 가능성이 충분히 있고, 성범죄 전과자들의 경우 가해자와 전혀 인간관계가 없더라도 기회를 엿보아 주거지역 인근의 취약한 대상자를 골라 성범죄를 다시 범할 수 있는 만큼, 국가는 강력범 전과자가 출소한 경우 그 사실을 증언했던 피해자에게, 그리고 성범죄자의 출소사실과 거주지에 관한 정보를 그 인근지역에 사는 주민들에게 각각 고지해 줄 의무가 있고, 피해자는 이러한 고지를 받을 권리가 있다고 할 것이다. 이는 피해자 정보권 및 신변보호를 받을 권리와도 관련 있지만 국가가 범죄피해 예방정책을 적정하게 시행해 줄 것을 요구할 수 있는 권리이기도 하다.

제3장 피해자에 대한 보호·지원

제1절 피해자 보호·지원의 개념

'피해자 권리론'이 피해자를 위하여 보호할 가치가 있는 이익이 무엇인지 확인한 후, 사법절차를 통한 이익 보호를 위해 타인에게 배타적으로 주장할 수 있는 권능을 부여함으로써, 피해자가 그 이익을 실현할 수 있도록 하는 것에 대한 논의였다면, '피해자 보호·지원론'은 범죄피해자의 손실 복구, 정당한 권리 행사 및 복지 증진에 기여하는 행위들에 관한 논의라고 말할 수 있다(범죄피해자보호법 제3조 제1항 2호). 말하자면 피해자 보호·지원이라 함은 범죄피해자의 신속한 피해회복을 위하여 그가 입은 손실을 복구하고, 형사절차에서 정당한 권리 행사를 하도록 도우며, 인간으로서 기본적 복지를 누릴 수 있도록 지원하는 활동의 총체를 말한다고 정리할 수 있겠다.

피해자 보호·지원 정책 중에는 피해자를 위한 신변안전조치 요구권과 같이 '실효적 피해자 권리'도 있지만, 피해자 보호정책에 불과함에도 피해자 권리라는 용어를 사용하고 있는 '명목상 권리'도 있다. 예를 들어 '친절한 응대를 받을 권리'는 형식적으로는 권리라는 용어를 사용하고 있어도 사실상 피해자 정책에 속하는 이른바 명목상의 권리인 것이다. 명목상의 권리는 그 권리를 위반하여도 법적 다툼을 통해 피해자의 이익을 보호할 수 있는 강제력이 수반되지 않기 때문에, 그것은 피해자의 권리가 아니라 성질상 피해자 정책에 불과한 것이다.

한편, EU의 Victims Directive 2012에서 피해자 보호·지원의 내용으로 제시하고 있는 것은 ① 피해자 권리, 피해보상, 형사절차에서의 피해자 역할 등에 대한 정보와 조언의 제공, ② 피해자 지원 전문가에 대한 위탁이나 그에 관한 정보의 제공, ③ 정서적 지원과 심리학적 지지, ④ 재정문제나 범죄피해로 인해 실제적으로 직면하는 문제들에 대한 조언, ⑤ 재피해자화나 2차 피해 위험에 대한 조언, ⑥ 성폭력, 가정폭력 등 특수영역의 피해자들에 대한 신변안전 확보, 재피해자화 예방 대책 강구, 쉼터나 임시거처 제공, 심리적 충격에 대한 상담 제공 등이다.[90]

한국의 범죄피해자보호법은 피해자에 대한 보호·지원행위를 범죄피해자 손실 복구 지원, 정당한 권리 행사 지원, 피해자 복지 증진 지원 등으로 나누고 있다. 각각의 보호·지원행위에 대한 주안점은 다음과 같다.

첫째, 범죄피해자 손실 복구 지원은 피해자의 신체적·정신적·경제적·사회적 손실을 회복시키기 위한 것으로서, 상담, 의료제공, 구조금 지급, 법률구조, 취업 관련 지원, 주거지원, 범죄피해자와 그 가족을 위한 일시적 보호시설의 설치·운영 등에 중점이 주어진다.

둘째, 정당한 권리 행사 지원은 피해자에 대한 정보제공, 피해자 및 증인에 대한 신변안전과 프라이버시 보호, 형사절차 참여를 원활하게 하기 위한 지원 등에 주안점이 있다. 특히 형사절차 참여를 촉진하기 위한 지원 내용 중 신뢰관계 있는 자와의 동석·진술조력·비디오링크식 증인신문 등은 심리적 지원과 관련이 깊고, 범죄피해자 구조금·배상명령은 물질적 지원과 관련이 깊다. 한편, 피해자 권리 중에 고소권·고소취소권, 법정 진술권, 검찰항고권, 재정신청권 등은 피해자의 권리의 내용을 이루는 것으로서 그것 자체가 정당한 권리 행사를 위한 지원활동인 것은 아니지만 피해자와 접촉하는 형사사법 공무원이 이 제도의 활용에 대하여 상세한 정보제공을 해 주었을 때 피해자의 피해회복이 촉진된다는 차원에서 이러한 제도들도 피해자 지원활동에 포함하여 소개하고자 한다.

셋째, 피해자 복지 증진 지원은 긴급복지 지원법에 따른 피해자 지원, 교통사고 피해자 유가족에 대한 지원, 의사상자 지원 등을 들 수 있다.

EU의 Victims Directive 2012상의 피해자 보호·지원에 대한 개념과 한국 범죄피해자보호법상의 피해자 보호·지원 개념을 종합해 보면 다음과 같이 4가지로 그 영역을 구분해 볼 수 있다. 즉, ① 피해자의 생명·신체의 안전을 확보하기 위한 지원, ② 피해회복을 위한 심리적 지원, ③ 피해회복을 위한 물질적 지원, ④ 형사절차 참여 촉진을 지원 등이 그것이다. 이하에서는 위 4가지 기준을 가지고 한국의 피해자 보호·지원 정책의 현황에 주안점을 두고서 각각의 내용을 살펴보고자 한다.

제2절 피해자의 안전 확보를 위한 지원

1. 응급조치

1) 응급조치의 자세에 관한 교육

범죄 발생 신고가 접수되었을 때 범죄현장에 가장 먼저 임장하는 자는 경찰관이다. 응급조치를 위해 현장에 임장하는 경찰관의 자세가 어떠해야 하는지 미국 피해자 지원단체인 NOVA에서는 다음과 같은 권고사항을 제시하고 있는바, 원활한 지원을 위해서는 이러한 권고사항이 몸에 배게 경찰교육이 이뤄져야 한다.[91]

- 침착하고 객관적인 태도 유지
- 업무를 명확히 숙지함으로써 전문가적 권위 발휘
- 피해자가 느끼는 감정에 대한 관심과 이해심 발휘
- 피해자가 편하게 느끼는 방식으로 진술하도록 배려
- 피해자 행동의 적정성을 현장에서 평가하려 들지 말 것
- 필요할 경우 현장 상황을 피해자 가족 등에게 설명
- 현장에서 경찰관이 수행하는 활동 요지에 대해 설명
- 가능한 한 최초 피해자 면담은 혼자서 행할 것
- 지키지 못할 약속을 피해자에게 하지 말 것
- 혼란 상황에서 협조해 준 피해자에게 감사 인사
- 이후 범죄피해 예방을 위한 지원활동 제공

최초 피해자 면담 시 경찰관이 어떻게 행동하느냐에 따라 피해자가 범죄충격으로부터 벗어나는 회복의 속도와 그 기간의 장단이 결

정될 만큼 큰 영향을 미치므로 위의 권고사항을 준수하면서 응급조치 업무를 수행하는 것이 필요하다.

아울러 현장에 출동하여 최초로 피해자를 접촉하는 경찰관은 피해자가 범죄피해를 당한 직후 가장 필요로 하는 것 3가지를 정확히 이해하고 대응하여야 한다. 그 3가지란, ① 자신의 안전을 확보해 주길 원하는 마음, ② 자신의 감정을 자유롭게 표현하고 싶어 하는 마음, ③ 피해자화 이후 전개되는 절차를 알고 싶어 하는 마음이 바로 그것이다.

2) 응급조치의 내용

응급조치 업무의 주요 내용으로는 ① 피해자의 안전 확보, ② 피해자 긴급구호, ③ 피해회복 지원, ④ 범죄수사를 위한 증거수집 등이라고 할 수 있다. ①은 진행되고 있는 가해자의 범죄 행위를 제지하거나 추가적인 범행을 차단하는 것이고, ②는 피해자 치료를 위하여 의료시설에 위탁하는 것이며, ③은 피해자를 관련 피해자 지원단체에 연결시켜주거나 필요한 정보를 제공해 주는 것이고, ④는 현장의 유류물을 수집하거나 관계자 진술을 청취하는 등 기소 여부를 판단하기 위해 증거를 수집하는 활동을 하는 것이다.

응급조치의 모든 내용이 중요하겠지만 소홀히 여기기 쉬운 일이 바로 피해자가 필요로 하는 서비스에 대한 정보와 피해자 권리에 관한 정보 및 향후 형사절차 진행 과정에 대한 정보 등을 피해자에게 제공하는 일이다. 이 정보제공은 피해자의 피해회복에 큰 역할을 함은 물론 경찰에 대한 신뢰도와 만족도를 증가시켜 주게 되기에 응급조치 과정에서 빠뜨려서는 안 될 내용이다.[92]

3) 응급조치의 법적 근거

응급조치의 법적 근거로는 「가정폭력범죄의 처벌 등에 관한 특례법(이하 '가정폭력처벌법')」과 「아동학대범죄의 처벌 등에 관한 특례법(이하 '아동학대처벌법')」을 들 수 있다. 가정폭력처벌법 제5조 응급조치 규정은 다음과 같다.

"제5조(가정폭력범죄에 대한 응급조치) 진행 중인 가정폭력범죄에 대하여 신고를 받은 사법경찰관리는 즉시 현장에 나가서 다음 각 호의 조치를 하여야 한다.

1. 폭력행위의 제지, 가정폭력행위자·피해자의 분리 및 범죄수사
2. 피해자를 가정폭력 관련 상담소 또는 보호시설로 인도(피해자가 동의한 경우만 해당한다)
3. 긴급치료가 필요한 피해자를 의료기관으로 인도
4. 폭력행위 재발 시 제8조에 따라 임시조치를 신청할 수 있음을 통보"

가정폭력처벌법 제5조 1호는 피해자의 신변안전을 확보에 관한 규정이고, 2호는 피해자 보호를 위하여 피해자 지원시설로 인계하는 조치이며, 3호는 피해자의 신체적, 정신적 건강 유지를 위하여 의료기관에 인도하는 조치이고, 4호는 피해자가 알아야 할 권리에 대하여 정보제공을 행하는 조치이다. 이처럼 경찰관의 응급조치는 범죄수사 또는 범죄예방 활동과 함께 피해자 보호적 활동을 수반하는 조치인 것이다.

아동학대처벌법상의 응급조치도 가정폭력처벌법 규정과 유사하다. 즉, 아동학대범죄 행위의 제지, 학대행위자와 피해아동의 분리, 피해아동의 관련 보호시설 인도, 긴급치료가 필요한 아동의 의료기관 인도 등의 업무를 수행하게 되는 것이다(아동학대처벌법 제12조). 다만, 아동학대범죄에 대한 응급조치는 원칙적으로 72시간을 넘지 못하도록 한 점(아동학대처벌법 제12조 제3항), 아동학대범죄 신고가 접수되어 경찰이 현장에 출동하는 경우에는 아동학대전담공무원에게 현장에 동행해 줄 것을 요청할 수 있도록 한 점(아동학대처벌법 제11조) 등에 있어서 차이가 있다.

2. 피해자나 증인의 신변안전 확보

1) 신변안전 확보의 중요성

범죄피해자나 증인이 신변안전을 위협받는 상황은 다양할 수 있다. 가해자가 장차 해악을 가할 것을 고지하면서 잠재적 피해자의 신변

안전을 위협하는 경우가 있을 수 있고, 범죄피해를 입힌 가해자가 경찰신고나 고소를 이유로 혹은 법정 증언을 이유로 피해자나 그 가족에게 보복을 예고해 올 수도 있다. 신변안전에 대한 위협은 범죄신고나 고소를 주저하게 만들 뿐만 아니라 당사자를 불안과 두려움에 떨게 만들어 삶의 질을 떨어뜨리기 때문에 신변안전에 대한 위협이 해소되었다고 확신할 때까지는 다른 사안에 우선하여 지원업무를 수행하여야 한다.

피해자가 자신이 안전하지 않다고 느끼는 때는 다음과 같은 경우이다. 즉, ① 가해자가 경찰에 의해 조사받는 소리를 듣거나 그 광경을 보는 때, ② 피해를 당했던 동일한 장소에서 피해자가 경찰 조사를 받는 때, ③ 피해자가 범죄피해 당시 입었던 옷이 찢어지거나 망실되었음에도 옷을 갈아입지 못하고 있을 때, ④ 피해자가 식사를 못한 채 굶주리거나 쉬지 못하고 불편한 상황 가운데 있을 때, ⑤ 가해자가 도주한 후 아직 체포되지 않은 상태에서 다시 해악을 고지해 올 때, ⑥ 면식이 있는 가해자로부터 피해를 입었을 때, ⑦ 가족이나 친구 혹은 자기 사건의 목격자에 대하여 가해자가 공격하겠노라고 예고해 올 때 등이 그것이다. 이런 상황에서는 설령 경찰이 현지에 존재하고 있더라도 안전하지 않다고 느낀다.[93]

반면, ① 피해자 자신이 현재의 상황을 통제할 수 있다고 여길 수 있게 되거나, ② 수사관이 피해자에게 가장 편안한 장소가 어디인지 물어서 그 장소에서 대화를 진행할 때, ③ 수사관이 자신의 신분을 밝히면서 대화 내용에 대한 보안유지를 약속할 때, ④ 수사관이 언론 취재를 피할 수 있도록 도와주거나 그들이 언론에 적정하게 대응할 수 있도록 도와줄 때 안전감을 느낀다.[94]

이와 관련하여 미국 법무부 피해자보호 대책실(Office for Victims of Crime)에서는 현장 출동 시 피해자에게 신변안전에 대한 확신을 심어줄 수 있는 대처방법으로 다음과 같은 가이드라인을 제시한다.[95]

- 피해자에게 출동한 경찰관의 이름과 직위를 밝힌다.

피해자학

- 경찰관은 자신이 사용하는 말이나 피해자에게 다가가는 몸짓 하나에도 주의를 기울이면서, 공손한 목소리로 피해자가 안전하다는 것을 확신시켜 준다.
- 피해자에게 무슨 일이 발생했는지 짧게 답변해 달라고 요청한다. 혹시 몸은 다치지 않았는지 물어보면서, 필요하면 우선적으로 병원진료를 받도록 조치해 준다.
- 피해자에게 가족구성원이나 친구에게 연락을 취하거나 또는 전문상담요원을 만나볼 것을 제안한다.
- 피해자 면담이 진행되면 면담 내용은 비밀을 유지해 줄 것임을 확신시켜 준다.
- 피해자가 결정을 내릴 수 있는 사항과, 자신의 견해를 피력할 수 있는 사항, 그리고 자신의 삶에 대한 통제력을 회복하는 데 도움이 되는 사항을 선택하여 간단한 질문을 해 본다.
- 피해자가 진술한 내용은 언제든지 비밀이 유지된다는 것을 확신시켜 준다.
- 피해자에게 다른 특별한 필요나 관심사가 있는지 물어본다.
- 피해자가 있는 장소에서 떠나기 전에 유사시 경찰관에게 긴급한 연락을 할 수 있는 안전망을 제공해 준다.
- 피해자에게 현장 경찰관의 성명과 연락처 정보를 제공해 준다.

피해자에 대한 신변안전을 확보해 주는 것은 피해자의 생명·신체의 안전을 지켜주는 의미뿐만 아니라 장차 피해자의 경찰에 대한 신뢰와 협력을 얻기 위해서도 매우 중요한 의미를 지니고 있다. 강력범죄 피해자 중 많은 이들이 보복이 두려워 신고를 하지 않기 때문이다. 따라서 경찰의 확실한 신변안전 조치의 보장 등은 피해자의 적극적 협력을 얻을 수 있는 관건이 되는 것이다.[96]

2) 신변안전 확보 대책 추진 현황

가. 경찰의 신변안전 확보 대책

피해자에 대한 경찰의 성공적 신변안전 확보는 피해자의 생명과 신체에 대한 안전을 확보하는 데 그치지 않고 범죄신고를 활발하게 하도록 계기를 만들어 주며 경찰신뢰도 증가에도 영향을 미친다.

사법경찰관은 피해자가 피의자 또는 그 밖의 사람으로부터 생명 또는 신체에 대한 해를 당하거나 당할 우려가 있다고 인정되는 경우 직권 또는 피해자의 신청에 의하여 신변보호에 필요한 조치를 취하도록 하고 있는바, 그 조치의 유형으로는 ① 일정 기간 동안 피해자 보호시설과 같은 특정시설에의 보호, ② 일정 기간 동안의 신변 경호, ③ 참고인·증인으로 출석하거나 귀가 시의 동행, ④ 대상자의 주거에 대한 주기적 순찰이나 폐쇄회로 텔레비전의 설치 등 주거에 대한 보호, ⑤ 비상연락망 구축, ⑥ 임시숙소 제공, ⑦ 그 밖에 신변안전에 필요하다고 인정되어 대통령령으로 정하는 조치 등이 있다(범죄신고자법 제13조, 피해자보호 및 지원에 관한 규칙 제30조).[97]

신변보호 결정 등에 대한 심의를 위하여 각 지방경찰청과 경찰서에 신변보호 심사위원회(이하 '심사위원회')를 두게 되는데 위원장은 지방경찰청의 경우 차장 또는 2부장, 경찰서의 경우 경찰서장으로 하며, 위원은 생활안전과장, 여성청소년과장, 수사과장, 형사과장, 청문감사관, 그 밖에 위원장이 필요하다고 인정하는 해당 경찰관서 소속 과장으로 한다. 특히 심사위원회에서는, ① 신변보호 소관 기능 판단에 다툼이 있는 경우, ② 담당 기능의 신변보호 이행에 타 기능 협조가 이루어지지 않는 경우, ③ 담당 기능의 신변보호 결정에 보완이 필요한 경우 심사를 통하여 해당 다툼을 해결하고 보완사항을 결정하게 된다.

피해자로부터 신변보호 신청이 있을 경우 그 신청을 접수한 과장의 심사요청을 통해 심사위원회가 개최되어, ① 신청자에 대한 신변보호 결정 및 보호조치의 종류, 이행방법, 기간, ② 신변보호조치 이행에 관련된 기능 간 업무의 조정 등에 관해 재적위원 과반수의 출석과 출석위원 과반수의 찬성으로 의결하게 된다. 경찰통계를 보면 2019년 경찰의 신변보호 조치 건수는 13,686건에 이르고 있으며, 신변보호용 스마트워치 제공도 7,000여 건에 달하고 있다.[98]

[표 7] 연도별 신변보호 조치   (단위: 건수)

구분	2015	2016	2017	2018	2019
신변보호 건수	1,105	4,912	6,889	9,442	13,686
스마트워치	102(10월~)	3,299	4,504	5,080	7,057
CCTV	5(9월~)	148	259	230	287
임시숙소	5,164	3,714	5,122	4,797	5,027

(출처: 경찰청, 경찰백서, 2020, p.229)

여러 유형의 신변안전조치 중 어떤 조치를 우선적으로 선택해야 하는가에 대하여는 경찰 가용자원 보유 실태, 상황의 심각성과 급박성, 가해자의 위험 수준 여하에 따라 달라질 수 있다. 이처럼 경찰 가용자원의 효율적 배분을 통한 신변안전조치 유형 선택의 적합성을 높이기 위하여 '위험성 평가(risk assessment)' 절차가 필요하다. 실제로 경찰은 가정폭력 사건 발생 시 긴급임시조치 단계에서 위험성 평가를 하도록 제도화하고 있다(범죄수사규칙 제227조의2).

아울러 피의자에 대한 신병지휘나 구속·체포영장 신청에 따른 청구 여부 결정 시에 비록 검찰에 송치하기 전의 사건이라 할지라도, 해당 사건의 범죄피해자가 보복을 당할 우려가 있다고 판단되면, 사건 관할 경찰서장은 검찰에 위치확인장치 지원을 해 주도록 요청할 수 있다. 이는 검찰이 범죄피해자 및 증인 등의 신변보호를 목적으로 하여 대검찰청예규로 「범죄피해자에 대한 위치확인장치 및 이전비 지원 지침」을 제정하여 피해자에게 위치확인장치 지원을 해 주도록 한 피해자 신변보호 정책에 따른 것이다(위 예규 제5조 제4항).

또한 위 검찰청 예규에 의거하여 사법경찰관은 경찰 수사단계에서 범죄피해자 등의 동의를 얻어 보복위험이 있는 피해자가 이사를 한 경우 이들을 위해 관할 검찰청에 이사비용 지원신청을 대신 해 줄 수 있는데 이때 신청자는 담당 경찰관이 된다. 피해자가 경찰 수사단계에서 직접 이전비를 신청하는 때에는 담당 경찰관은 신청서와 함께 이전비 요청 사유를 적시할 증빙서류를 교부해 주어 신청을 도와주도록 하고 있다(위 예규 제17조).

피해자 보호를 위한 임시숙소 제공과 관련해서는, 경찰관은 범죄 발생 후 주거지 노출로 추가 피해가 우려되거나 야간에 범죄 등 피해를 입고 조사 후 의탁장소가 없는 경우 등 임시숙소가 긴급히 필요하다고 판단되는 피해자에 대해 긴급보호센터 등 일정 장소를 제공하거나 단기간 숙박비용을 지원할 수 있도록 하고 있다. 경찰서장은 안전성, 건전성 등 주변 환경을 고려하여 관할 지역 내 임시숙소를 선정하고, 가해자에게 숙소가 노출되지 않도록 보안에 유의해야 한다(피해자 보호 및 지원에 관한 규칙 제34조).

나. 검찰의 신변안전 확보 대책

검찰에서는 범죄피해자 및 증인 등의 신변보호를 목적으로 전술한 바와 같이 「범죄피해자에 대한 위치확인장치 및 이전비 지원 지침」을 대검찰청예규 제902호로 제정하여 2017년부터 시행하고 있다. 이 지침은 범죄피해자보호법 제9조 제2항 및 범죄신고자법 제13조에 따라 보복을 당할 우려가 있는 범죄피해자나 중대범죄[99] 신고자 또는 그 친족 등(이하 '범죄피해자 등')에 대한 신변보호 등을 위해 지원되는 위치확인장치와 이전비에 관한 구체적 지원 요건, 절차 및 그 운영에 필요한 사항을 정하여 그 업무가 적정하게 처리되도록 함으로써 범죄피해자 등의 신변보호를 강화하는 것을 목적으로 제정되었다. 이하에서는 「범죄피해자에 대한 위치확인장치 및 이전비 지원 지침」상의 피해자에 대한 위치확인장치 지원과 이전비 지원 대책을 살펴본 후 신변안전 확보와 밀접한 연관성이 있는 피해자 신상정보 노출 차단 정책 순으로 구분하여 살펴본다.

첫째, 범죄피해자 등이 위치확인장치 지원을 신청할 경우 검사는 범죄피해자 등이 보복을 당할 우려가 있다고 판단되면 위치확인장치를 지원할 수 있는데, 이 지원은 검사 직권으로도 할 수 있다. 다만, 범죄피해자 등의 동의가 없으면 위치확인장치를 지원할 수 없다. 이 장치는 피해자가 긴급버튼을 조작하게 되면 보안업체의 관제센터와 연결이 이루어지도록 되어 있는데, 신호를 수신한 관제센터는 경찰 112신고와 동시에 업체 출동요원으로 하여금 단말기 내 GPS 추적장치를 이용하여 현장에 임장토록 지령함으로써 방어조치를 취하도록 하는 시스템이다. 또 단말기의 단축번호를 누르면 미리 설정해 놓은 연락처로 통화가 가능하게 함으로써 신변안전을 효율적으로 확보하도록 하고 있다.[100) 위치확인장치 지원기간은 위치확인장치가 지급된 날로부터 6개월 이내의 기간으로 정하고 있으나 보복의 위험이 현존한다고 판단되는 경우 지원기간을 6개월 이내의 범위에서 계속하여 연장할 수 있다. 피해자지원 담당자는 위치확인장치 지원결정이 있는 경우 즉시 장치를 개통하고, '112긴급 신변보호 대상자 등록·연장 요청서'를 작성하여 관할 경찰서 청문감사관실에 등록 요청을 하여야 한다.

둘째, 보복의 우려로 인해 이사를 한 범죄피해자는 그 이사 비용을 검찰에 신청할 수 있다. 이러한 이전비 지원은 범죄를 당한 피해자들이 주로 해당되겠지만, 학교폭력사건 중에는 가해자가 형사 입건되지 아니하여 보복을 당할 우려가 있는 피해자도 있을 수 있는바, 이러한 대상자들의 경우에도 이전비를 지원할 수 있다. 이전비를 신청하고자 하는 자는 지원신청서를 작성하여 당해 사건을 수사 중이거나 기소한 관할 검찰청 피해자지원 담당자에게 제출하여야 한다. 이전비 지원 신청은 이사 후에 그 소요된 비용을 청구함을 원칙으로 하는데 이때 부동산매매(임대) 계약서, 이전비 관련 영수증 등을 제출해야 하고, 학교폭력 관련 피해자는 학교폭력대책위원회 결정 관련 서류, 전학 이유서 등 증빙서류도 첨부하여야 한다. 다만, 긴급을 요하는 경우에는 구두 또는 전화 등으로 신청할 수 있으며, 이 경우 사후에 지체 없이 관련 서면을 제출하여야 한다. 이전비는 실비지급이 원칙이며 재무담당자가 범죄피해자 등의 계좌로 이전비를 송금하게 된다.

셋째, 피해자 신상정보 노출 차단을 위해 공소장의 피해자 신상정보 방식을 개선하고, 체포·구속의 통지 시 범죄사실의 피해자 신상정보 관련 부분을 삭제하는 한편, 가명조서를 적극적으로 활용하며, 범죄피해자의 신상정보를 이용한 보복범죄에 대해서는 원칙적으로 구속함과 동시에 양형기준상 최고형을 구형하는 등의 강력한 정책을 추진함으로써 피해자의 신변안전을 확보하고자 노력하고 있다.[101]

다. 법원의 신변안전 확보 대책

법원은 법정의 존엄과 질서유지를 위해 법원보안관리대를 두고 있는데 그들은 법정에서 타인의 생명, 신체, 재산 등에 위해를 주거나 주려고 하는 행위를 제지하는 임무를 맡고 있다(법원조직법 제55조의2, 제2항 1호). 가해자나 가해자의 지인, 또는 그의 가족이 위험물을 소지하여 법원 청사에 접근하거나 피해자인 증인의 생명·신체에 위해를 가할 목적으로 법정에 들어서는 경우 이를 제지하거나 법원 청사에 접근하는 행위를 차단하는 역할을 하고 있는 것이다. 경우에 따라 법정 혹은 법원 청사 내에서 피해자의 생명·신체·재산 등의 보호를 위하여 긴급한 조치가 필요한 상황이 전개될 수도 있는데 이때는 각급 기관의 장 또는 재판장의 지시를 받지 아니하고 필요한 조치를 취할 수 있는 권한이 이들에게 있다(법원보안관리대의 설치, 조직 및 분장사무 등에 관한 규칙 제5조).

한편, 특정강력범죄사건의 증인이 피고인 또는 그 밖의 사람으로부터 생명·신체에 해를 입거나 입을 염려가 있다고 인정될 때에는 재판장은 검사에게 요청하여 관할 경찰서장에게 증인의 신변안전을 위하여 필요한 조치를 하도록 할 수 있고(특정강력범죄법 제7조), 특정강력범죄사건의 피고인이 피해자나 그 밖에 사건의 재판에 필요한 사실을 알고 있다고 인정되는 사람 또는 그 친족의 생명·신체나 재산에 해를 끼치거나 끼칠 염려가 있다고 믿을 만한 충분한 이유가 있을 때에는 법원의 직권 또는 검사의 청구에 의하여 결정으로 보석 또는 구속의 집행정지를 취소함으로써 피해자의 신변안전을 확보할 수도 있다(특정강력범죄법 제6조). 판사는 가해자의 구속 여부, 집행유예나 선고유예 선고 여부, 보석허가 여부를 결정할 때 피해자의 생명이나 신체에 대한 위협이 현재 존재하는지를 면밀히 검토하여 결정을 내려야 한다. 즉, 가해자 석방 전과 석방 후에 피해자에게 미칠 영향을 고려하여 모든 결정을 내려야 한다는 의미이다.

아울러 우리나라 가정폭력처벌법 제32조와 성폭력처벌법 제31조에서는 피해자의 사생활을 보호하기 위하여 심리 및 증인신문 등을 비공개로 진행할 수 있도록 하고 있다. 이 또한 피해자의 안전을 위한 조치라고 할 수 있다. 특별법에 존재하던 위 규정을 2007년 형사소송법 개정 시 제294조의3에도 규정을 하게 되었다. 즉, '법원은 범죄로 인한 피해자를 증인으로 신문하는 경우 당해 피해자·법정대리인 또는 검사의 신청에 따라 피해자의 사생활의 비밀이나 신변보호를 위하여 필요하다고 인정하는 때에는 결정으로 심리를 공개하지 아니할 수 있다'라고 함으로써 심리비공개를 통해 간접적으로 신변안전 보호효과를 거두도록 하고 있는 것이다.[102]

3) 신변안전 확보의 법적 근거

가. 특정범죄 신고자 등 보호법

1999년 8월 국회 본회의를 통과하여 2000년부터 시행에 들어간 「특정범죄 신고자 등 보호법(이하 '범죄신고자법')」은 이런 의미에서 주로 강력범죄에 속하는 특정범죄 피해자 등 신고인을 보복위협으로부터 보호함으로써 신고를 활성화함으로써 인해 범죄에 대한 수사력을 강화해보겠다는 취지로 제정된 법률이었다.[103]

범죄신고자법에 있는 신변안전조치의 핵심적인 내용은, '범죄 신고자·그 법정대리인·친족 등은 보복을 당할 우려가 있는 경우에 일정 기간 동안 당해 검찰청 또는 경찰서 소속 공무원으로 하여금 신변안전조치를 위하여 필요한 조치를 하게 하거나 그러한 조치를 취하도록 재판장, 검사 또는 주거지나 현재지를 관할하는 경찰서장에게 신청할 수 있다(동법 제13조)'는 것이다. 경찰서장은 특별한 사유가 없는 한 신변안전조치 요청을 받은 즉시 그에 상응하는 조치를 취하도록 의무화하고 있다.

한편, 신변안전을 확보하기 위한 전제로서 피해자의 주민등록번호나 주거지 등을 포함한 인적사항에 대한 보안유지가 필요하다. 가해자 측 변호사 등을 통하여 피해자의 인적사항을 가해자가 알게 되면 사후 보복을 도모할 수 있기 때문이다. 이러한 이유로 범죄신고자법 제7조에서는 범죄신고자 등의 성명, 연령, 주소, 직업 등 신원을 알 수 있는 사항을 조서 등에 기재하지 않고 별도의 신원관리카드에 등재하여 관리하도록 규정하고 있다.

나. 특정 강력범죄 처벌 등에 관한 특례법

피해자 또는 증인의 신변보호에 관한 법적 근거로는 위의 범죄신고자법 외에도 「특정 강력범죄 처벌 등에 관한 특례법(이하 '특정강력범죄법')」이 있다. 이 특정강력범죄법에는 피고인이 석방 상태에서 증인에 대하여 위해를 가했거나 가하려고 할 때, 법원의 직권이나 검사의 청구에 의해, 또는 증인인 피해자의 검사에 대한 청구 형식으로 경찰서장으로 하여금 신변안전조치를 취할 수 있게 하고 있다(특정강력범죄법 제7조). 이때 경찰서장은 위해가 예상되는 경우의 사전 보호조치는 물론 위해행위가 발생한 경우 위기개입 차원의 신변보호조치에 이르기까지 신속히 현장에 임장하여 수사를 진행하도록 해야 할 것이다. 아울러 성폭력처벌법 제22조는 '성폭력범죄에 대한 처벌절차에는 특정강력범죄법 제7조(증인에 대한 신변안전조치)'를 준용한다고 규정하고 있어서 신변안전조치와 관련하여 특정강력범죄법의 규정을 따르도록 하고 있다.[104]

다. 가정폭력 범죄 처벌 등에 관한 특례법

가정폭력처벌법의 제5조 응급조치, 제8조의2 긴급임시조치, 제29조 임시조치, 제43조 보호처분의 집행, 제55조의2 피해자보호명령 등도 피해자를 위하여 취할 수 있는 신변안전조치 관련 규정이라고 볼 수 있겠다. 제5조 응급조치에 관하여는 앞에서 기술하였으므로 여기서는 나머지 조치들이 어떻게 신변안전 확보와 관련되는지를 살펴본다.

첫째, 긴급임시조치는 경찰관의 응급조치에도 불구하고 가정폭력

범죄가 재발될 우려가 있고, 긴급을 요하여 법원의 임시조치 결정을 받을 수 없을 때 경찰이 직권으로 발동하거나 또는 피해자나 그 법정대리인의 신청에 의해 발동하는 조치로서, ① 피해자 또는 가정구성원의 주거 또는 점유하는 방실(房室)로부터 가해자를 퇴거시키거나 격리시키는 조치, ② 피해자 또는 가정구성원이나 그 주거·직장 등에서 100미터 이내로 접근하는 것을 금지시키는 조치, ③ 피해자 또는 가정구성원에 대하여 유선·무선·광선 및 기타의 전자적 방식에 의하여 부호·문언·음향 또는 영상을 송신하거나 수신하는 방법으로 피해자에게 접근하는 것을 금지시키는 조치 등이 이에 해당한다. 이 중에 ①과 ②는 가해자의 물리적 공격행위로부터 보호하려는 조치이고, ③은 보복이나 해악을 고지하는 등 심리적 폭력행위로부터 보호하려는 조치라고 보아야 한다. 경찰은 사안의 급박성 때문에 검사나 법원의 통제를 받지 않고 조치를 취하게 되지만, 일단 조치를 취한 다음에는 긴급임시조치결정서를 작성함으로써 이 조치의 객관적 타당성을 입증할 자료를 준비하여야 하고, 검사에게 임시조치를 신청하고 법원의 승인절차를 밟음으로써 사후통제 절차를 거쳐야 한다(가정폭력처벌법 제8조의3).

둘째, 법원이 가해자에 대해 발령하는 임시조치와 보호처분의 결정도 피해자의 신변안전을 확보하는 효과가 있다. 앞서 기술한 경찰의 긴급임시조치를 통한 신변안전 확보 방법 3가지는 법원의 임시조치 1,2,3호 및 보호처분의 1,2호의 내용과 중첩된다. 다만, 법원의 임시조치는 경찰의 긴급임시조치와는 달리 가해자를 '국가경찰관서 유치장 또는 구치소에 유치'하도록 하는 조치를 추가할 수 있는데(가정폭력처벌법 제29조 제1항 5호), 다만 이 조치를 취하기 위해서는 검사가 가정폭력범죄가 재발될 우려가 있다고 인정하여 위의 3가지 임시조치를 법원에 청구하여 결정이 되었음에도 가해자가 이를 위반하는 행동이 전제되어야 한다.

셋째, 법원의 피해자보호명령 역시 피해자 신변안전을 확보하는 수단이 된다. 판사는 피해자의 보호를 위하여 필요하다고 인정하는 때에는 피해자, 그 법정대리인 또는 검사의 청구에 따라 결정으로 가정폭력행위자에게 피해자 신변안전 확보에 필요한 피해자보호명령 처분을 내릴 수 있다. 피해자보호명령은 경찰의 긴급임시조치상의 3가지 처분과 동일한 내용을 포함하고 있는 것 외에, 가정폭력처벌법 제55조의2의 4호에 '친권자인 가정폭력행위자의 피해자에 대한 친권행사의 제한'과 같은 법 5호에 '가정폭력행위자의 피해자에 대한 면접교섭권행사의 제한' 조치를 추가하고 있다. 친권행사 제한은 피해자 자녀에 대한 신변안전을, 면접교섭권 행사 제한은 피해자 본인의 신변안전을 각각 확보하는 데 필요한 조치라 할 것이다.

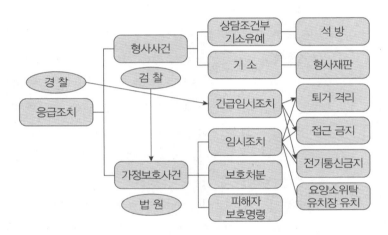

┃그림 7┃ 가정폭력 피해자에 대한 신변안전 확보

제3절 피해회복을 위한 심리적 지원

공공기관이나 민간단체 또는 민간 전문가들이 추진하는 피해자 보호·지원 활동은 피해자의 다양한 필요에 부응하기 위해 다각적으로 전개되기 때문에 그 지원업무를 피해자의 심리적 지원에 국한하여 언급하기 어려운 측면이 있다.

예를 들어 현장에 출동한 경찰관은 피해자에게 신변안전에 대한 확신을 심어줌과 동시에, 형사절차 참여 방법에 대한 정보를 제공해 주고, 심리적 피해회복을 지원하는 기관들에 관한 정보는 물론 물질적 피해회복에 관련된 제도도 안내해 주는 등 중첩적으로 지원업무를 수행하게 되는 것이다. 또한 민간에 의해서 운영되는 범죄피해지원센터도 심리적 상담업무를 수행하기도 하지만 물질적 피해회복 및 신변안전 업무 지원을 아울러 수행하는 등 다중적으로 업무수행을 하고 있는 것이다. 위와 같은 중첩적이고 다중적인 지원업무가 잘 작동될 때 피해자는 잃었던 자신감이 회복되고, 무력감에서 벗어날 수 있으며, 사회에 대한 신뢰가 되살아나기 때문에 모든 지원업무의 성공적 수행을 심리적 지원으로도 귀결시킬 수도 있다.

그러나 피해자 보호·지원업무의 체계를 쉽게 파악하기 위해서는 각종 지원업무가 갖고 있는 가장 우세한 특성을 강조하여 그 유형을 재분류하여 살펴볼 필요가 있다. 여기서는 피해자에 대한 심리적 지원업무에 주안점을 두고자 하는바, 민간의 심리상담 전문가뿐만 아니라 공공기관인 경찰이나 검찰의 피해자 보호업무를 담당하는 공무원이 수행하는 피해자 보호활동까지도 심리적 지원이라는 관점을 가지고 조명해 보고자 한다. 아울러 정부기관이 민간과의 협력하에 정책적으로 출범시킨 피해자 지원조직에 의한 심리적 지원활동과, 형사소송법에 근거를 둔 제도를 통해 제공되는 지원활동에 관해서도 심리적 지원이라는 관점에서 기술해 보고자 한다.

1. 공공기관을 통한 지원

형사사법기관에서의 피해자에 대한 심리적 지원은 한계가 있을 수밖에 없다. 경찰과 검찰, 그리고 법원은 질서유지와 법집행 및 법해석을 전문으로 하는 기관이지 심리 전문가로 이루어진 기관은 아니기 때문이다. 그래서 공공기관이 피해자에 대한 심리적 지원업무를 수행하기 위해서는 민간단체 혹은 민간 전문가들과의 협업이 필수적이다.

영국의 예를 들면 2005년에 창설된 '피해자 보호팀(Victim Care Unit, VCU)'은 민간조직으로 출범했던 Victim Support와는 달리 정부의 '형사사법개혁실(Office for Criminal Justice Reform)'과 지역단체 및 국가기관이 연합하여 운영하고 있는 피해자 지원기관이라고 볼 수 있다. VCU는 피해자 관련 세부정보가 입수되면 24시간에서 48시간 이내의 기간 중에 피해자를 전화로 접촉하여 피해자의 필요사항에 대한 평가작업을 진행한 뒤 상담 지원, 자금대출 지원, 상품권 제공, 경보장치 제공, 유리창 공사 지원, 긴급구호차량 탑승 지원 등의 지원활동을 전개하고 있다.[105]

이러한 지원의 내용 중 대출 지원이나 상품권 제공과 같은 것은 피해자를 위한 물질적 지원에 해당하겠지만, 재피해자화 예방활동 및 긴급한 필요에 대한 지원활동 등을 통해 피해자에게 심리적 안정감을 제공해 주는 역할을 하고 있고, 그로 인해 범죄피해로 인한 무력감에서 벗어나 삶의 통제권을 회복하도록 돕는다는 측면에서 보면 전체적으로 심리적 지원활동에 속한다고 볼 수 있다. 현재 국내의 해바라기센터나 스마일센터는 경찰 및 검찰과 유기적 연계를 맺고서 피해자 지원활동을 수행하고 있는 기관이기에 영국의 VCU와 유사한 조직이라고 할 수 있겠는바, 위에서 언급한 것과 같은 이유로 심리적 지원활동을 전개하는 기관으로 이해할 수 있을 것이며, 같은 취지로 경찰과 검찰의 피해자 보호업무를 전담하는 공무원들의 활동도 심리적 지원활동에 포함시킬 수 있을 것이다. 기타 형사소송법에 근거를 두고 운영되고 있는 신뢰관계에 있는 자와의 동석 제도, 반복진술을 피하기 위한 영상녹화 제도, 법정에서의 비디오 링크식 증인신문 제도 또한 피해자의 심리적 지원을 위한 제도들로 파악할 수 있을 것이다.

1) 피해자심리전문요원 등에 의한 지원

한국 경찰청은 범죄피해자의 심리적 안정과 트라우마 예방을 위해 2016년부터 피해자심리전문요원 및 위기개입 상담관을 활용하여 범죄 발생 직후 응급 심리지원을 실시하고 있으며, 외부 전문기관에 장기적인 심리상담도 활발하게 연계하고 있다.[106]

'피해자심리전문요원(Crisis Intervention Assitance & Response, CARE)'이

란 살인·강도·성폭력 등 강력범죄의 발생 초기에 피해자에게 전문적인 상담을 통한 위기개입으로 피해자의 심리적 안정을 유도하고, 피해자 지원단체에 연계해 주는 등 피해자의 피해회복을 지원하는 전문요원을 말하는데, 심리학 전공 학위 소지자 또는 관련분야에서 3년 이상 근무 및 연구활동 경력을 보유한 자 중에서 서류전형, 적성검사, 면접시험을 통해 선발된 후 소정의 신임경찰관 교육을 거쳐 경장으로 임용된다. 이들은 2006년부터 선발이 시작되었는데 중간에 몇 차례 중단과 선발을 반복하다가 2018년부터 다시 선발을 시작하여 앞으로 2022년까지 5년간 매년 40명 내외의 인원을 지속적으로 보충해 나아갈 계획이다.[107]

이들이 지원하고 있는 응급 심리지원은 다음 3가지 형태로 진행된다. ① 심리진단·평가업무를 수행한다. 범죄피해 트라우마 척도 등 다양한 심리진단 도구를 활용해서 피해자의 심리상태를 분석하고 평가하는 것이다. ② 심리적 응급처치 업무를 수행한다. 피해자와 라포르(rapport) 형성을 통해 신뢰관계를 형성한 뒤, 정서적으로 위로하고 지지해 주는 역할을 하는 것이다. 이때 피해자가 요구하는 사항을 파악하여 그 요청사항이 해결되도록 조치함과 동시에 피해자가 필요로 하는 각종 지원제도에 관한 정보를 제공해 준다. ③ 심리교육 업무를 수행한다. 피해자에게 범죄피해 이후 발생할 수 있는 심리적 쇼크나 기억단절 현상, 그리고 현실을 부정하는 방어기제의 작동 등 각종 심리적 반응에 관해 설명해 주면서 이에 대응하는 요령을 교육하는 것이다.[108]

한국 경찰이 채택하고 있는 위기개입 상담관도 피해자심리전문요원과 유사한 업무를 수행하게 되지만 그 신분은 피해자심리전문요원과는 다르다. 이들은 심리상담 경력자나 심리상담 자격증 소지자 중에서 일반직 8급으로 채용되어 지방경찰청에 배치되는데 임기제인 만큼 2021년까지 근무기간이 제한되어 있다. 2018년에 43명을 선발하여 배치한 바 있다.[109]

2) 피해자대책관 및 피해자전담경찰관에 의한 지원

한국 경찰청은 현재 피해자 보호 및 지원정책을 통일적·체계적으로 추진하기 위해 경찰청 감사관 소속으로 피해자보호담당관을, 지방경찰청 청문감사담당관 소속으로 피해자보호계(팀)를 운영하고 있다 (피해자 보호 및 지원에 관한 규칙 제9조, 경찰청 훈령 제952호). 아울러 각 지방경찰청 및 경찰서에 피해자 보호 및 지원업무를 총괄하기 위해 청문감사담당관 또는 청문감사관을 피해자대책관으로 두고 해당 경찰관서의 피해자 보호·지원시책 총괄과 그 활동에 대한 모니터링, 유관기관·단체 등과의 협조체계 구축, 대내 교육과 대국민 홍보 계획수립 등의 업무를 수행하도록 하고 있다(위 규칙 제10조 내지 제11조).

과거 2005년을 전후하여 경찰청에서 '피해자서포터 제도'를 운영한 바 있는데 이때의 피해자서포터는 피해자 보호업무를 전종하는 전담요원이 아니라 병행근무 형태로 피해자 보호업무를 수행하였다. 즉, 피해자서포터로 지정된 수사요원과 지구대 경찰관은 평상시에는 각각의 형사활동 및 지역경찰활동 등 기본임무를 수행하다가 유사시 피해자 지원 및 보호업무를 수행하도록 하였던 것이다.[110]

한편, 경찰청은 2019년 피해자보호담당관실 산하에 피해자지원계를 정식 직제로 신설하여 피해자 신변보호 및 심리적·경제적 지원업무를 체계적으로 수행할 수 있는 기반을 마련하였고, 기존에 87명으로 편성되어 있던 경찰서 피해자전담경찰관 정원을 145명으로 확대하는 조치를 단행하였다.[111] 이 피해자전담경찰관 제도는 2015년 2월에 출범한 제도로서, 상담심리·사회복지 전공자 및 관련 자격증 소지자나 수사부서 근무 경력자 등 관련 분야 경력자를 중심으로 피해자를 전담해서 보호할 수 있도록 하고 있다. 이들은 일선 현장에서 살인·강도·방화 등 강력사건과 체포·감금 등 주요 폭력사건, 교통사망사건 등의 피해자를 대상으로 사건 접수 시부터 사후 회복까지 전 과정에 걸쳐 보호 및 지원 업무를 전담하며 피해자의 신속한 피해회복과 일상 복귀를 돕는 임무를 수행하게 된다. 즉, 사건 초기, '위기상담'을 통해 피해자와 공감, 심리적 안정 및 경제적·의료적 지원에 대한 정보를 제공하고, 사건 진행단계에서는 필요시 신변보호 조치, 피해회복을 위한 맞춤형 지원방안을 설계하여 유관기관과 연계를 실시하며, 사건처리 이후에도 주기적인 연락과 지속적인 관심을 통해 정상적 생활로의 복귀를 돕는 방법으로 임무를 수행하게 되는 것이다.112)

이 밖에 경찰청은 2017년부터 법무부, 여성가족부, 보건복지부 등 관계 정부기관과 지방자치단체 및 피해자 지원 민간단체가 참여하는 '맞춤형 지원 사례회의 협의체'를 구성하여 종합적 지원활동을 펼침으로써 피해자의 조속한 회복과 일상 복귀를 지원하고 있다. [표 8]은 연도별 응급 심리지원 및 지원활동 실적을 나타낸 것이다.

[표 8] 연도별 응급 심리지원 및 지원 활동 (단위: 건수)

구분	2015	2016	2017	2018	2019
응급 심리지원	0	38	390	2,916	6,476
맞춤형 지원사례회의	0	0	461	1,072	708
지원 연계	25,060	16,847	13,310	20,042	23,889
심리상담	13,580	10,443	4,552	9,047	10,669
경제적 지원	4,474	3,855	6,855	8,829	11,423
기타	7,006	2,549	1,903	2,166	1,797

(출처: 경찰청, 경찰백서, 2020, p.230)

3) 피해자 보호·지원 전담검사에 의한 지원

대검찰청은 피해자 지원업무를 수행하기 위하여 '피해자인권과'를 설치하고 각 검찰청별로 피해자 지원을 위해 '피해자 전담검사제'를 시행하고 있으며, 신속하고 다각적인 피해자 보호·지원을 위하여 스마일센터의 심리전문가를 초빙하여 특강을 실시하는 한편, 유관기관과의 연계지원을 강화하기 위한 워크숍을 개최하기도 한다.113)

아울러 2013년도에 사법연수원 및 로스쿨을 마친 이들을 피해자 지원 법무담당관으로 임명하기 시작하여 2014년도 당시에는 총 29개

지방검찰청에 32명을 배치한 바가 있다. 이들은 범죄피해자에 대한 법률상담, 법정동행, 범죄피해구조금 지급 등을 안내함으로써 범죄피해자에 대한 법적·경제적 지원활동을 전개하였는바, 2013년 4월부터 2014년 6월까지 총 7,906명의 피해자에게 27,770건의 지원업무를 수행한 것으로 나타났다.[114]

또한 수사 및 행정업무 경험이 풍부한 직원을 '피해자지원담당관'으로 지정하여 운용하고 있으며, 피해자상담 전용전화인 '1301'을 설치·가동하고 있는데, 갑작스런 범죄로 피해를 당해 어려움을 겪고 있는 범죄피해자와 그 가족이 전용전화를 통해 상담을 신청해 오면 가까운 검찰청의 피해자지원실로 연결되어 피해자지원담당관이 여러 가지 상담을 해 주게 되고, 사건의 진행절차나 처분결과에 대한 정보를 제공하며, 검찰에서의 지원이 부적합한 경우에는 다른 기관이나 민간단체를 소개하여 도움을 받도록 하는 등의 지원활동을 펼치고 있다.[115]

4) 법관의 재판지휘를 통한 지원

재판을 진행하는 판사도 재판지휘의 방식을 어떻게 하느냐에 따라 피해자를 심리적으로 지원할 수 있다. 미국 법무부 피해자대책실이 제시한 판사의 피해자 지원 지침은 다음과 같다.[116]

- 판사를 비롯해 법원에 근무하는 모든 직원들은 피해자 권리에 관한 법률과 범죄로 인해 피해자가 받는 충격에 대한 교육을 받아야 한다.
- 판사는 피고인의 공정한 재판을 받을 권리가 침해되지 않는 한, 피해자의 권리가 형사절차에서 원활히 행사될 수 있도록 배려하여야 한다.
- 판사는 자기가 담당하고 있는 사건의 재판일정을 정함에 있어서 피해자 측의 참가가 용이한 날짜로 정하는 등 해당 사건을 책임 있게 관리해야 한다.
- 판사의 행동강령 규정은 피해자가 형사사법 시스템 내에서 중요한 역할을 하고 있다는 사실을 반영하여 그에 걸맞게 수정되어야 한다.
- 판사는 모든 법원 구역 내에서 가해자나 가해자 친족, 가해자 친구 등이 재판 진행 전이나 진행 중, 그리고 재판이 끝난 직후에 피해자와의 접촉이 최소화되도록 분리시켜야 하고, 그런 분리가 가능한 안전한 대기실을 확

보하는 데 주도적 역할을 하여야 한다.

• 판사는 피해자와 가해자 모두를 위하여 판결 및 처벌중심의 전통적 형사
사법의 특성과, 전체적인 문제해결 및 치료중심 형사사법의 특성을 포괄
하는 새로운 형사사법 시스템을 개념화하고 옹호해 나아가는 데 있어서
주도적 역할을 해야 한다.

5) 신뢰관계 있는 자와의 동석 제도를 통한 지원

범죄충격을 받은 범죄피해자는 심리적 충격으로 인해 무력감에 빠
진 나머지 자신감을 잃기 쉽다. 그런 상황에서 수사기관의 수사를 받
는 등 형사절차에 관여한다는 것이 정신적 부담으로 작용할 수 있을
것이다. 특히 피해자가 아동·미성년자·장애인·여성인 경우와 살인·
강간 등 강력범죄의 피해를 입은 경우 수사과정에서의 그 심리적 불
안정성은 더 커질 수 있을 것이다.[117]

이처럼 형사절차 진행과정에서 피해자가 갖게 되는 심리적 부담을
덜어주면서 수사관과 원활하게 의사소통할 수 있도록 피해자에게 신
뢰관계 있는 자를 동석시킬 수 있는 권리를 부여하고 있다(형사소송법
제221조 제3항, 제163조의2). 특히 피해자가 13세 미만이거나 신체적 정
신적 장애로 사물을 변별하거나 의사를 결정할 능력이 미약한 경우
에는 부득이한 경우가 아닌 한 피해자와 신뢰관계에 있는 자를 의무
적으로 동석하게 해야만 한다(형사소송법 제163조의2 제2항). 피해자 입
장에서 보면 '신뢰관계 있는 자의 동석' 제도가 형사절차 참여의 충실
도를 높여 주는 측면이 있긴 하지만 피해자의 심리적 부담을 덜어준
다는 측면이 가장 강조된다고 볼 것이다.[118]

6) 영상녹화 및 화상 대질조사를 통한 지원

강력범죄 등 범죄피해자는 가해자와 직접 대면을 하게 되면 심리
적으로 부담과 공포를 느끼는 경우가 많으며, 가해자의 보복이 두려
워 사실대로 진술하기가 어려운 경우가 많다. 이를 위해 피의자와 직
접 대면을 하지 않고 대질조사가 가능하도록 경찰서 수사과 조사실
을 '화상 대질조사실'로 개조하여 운영 중인데 줌 카메라, 영상음향

장치, 조명조절 장치, 음향 변조기 등을 설치하여 화상 및 음성 송수신에 의해 범인식별 및 대질조사를 실시하고 있다.[119]

한편, 형사소송법 제221조에 의거 피해자는 수사기관에서 진술을 할 때 영상녹화에 관한 동의권을 행사할 수 있다. 수사관은 증거의 객관성 확보의 측면과 반복조사 방지적 측면의 장점을 피해자에게 충분히 설명하고 영상녹화에 관한 동의권 행사 여부를 확인해야 할 것이다. 아울러 성폭력범죄의 처벌 등에 관한 특례법(이하 '성폭력처벌법')에서도 19세 미만의 성폭력 피해아동 및 신체적 또는 정신적 장애를 가진 피해자에 대한 피해자의 진술내용과 조사 과정을 비디오 녹화기 등 영상물 녹화장치로 촬영·보존하도록 하고 있다(성폭력처벌법 제30조 제1항). 다만 이때에는 피해자 또는 법정대리인이 원하지 않을 때에는 촬영해서는 안 되며, 조사의 개시부터 종료까지의 전 과정 및 객관적 정황을 녹화하여야 하고, 녹화가 완료된 때에는 지체 없이 그 원본을 피해자 또는 변호사 앞에서 봉인하고 피해자로 하여금 기명날인 또는 서명하게 하여야 하며(성폭력처벌법 제30조 제3항), 피해자 또는 법정대리인이 신청하는 경우에는 영상물 촬영과정에서 작성한 조서의 사본을 신청인에게 발급하거나 영상물을 재생하여 시청하게 하여야 한다(성폭력처벌법 제30조 제5항).[120]

7) 비디오 링크식 증인신문을 통한 지원

현행 성폭력처벌법 제40조는 성폭력 피해자를 증인으로 신문하는 경우 검사와 피고인 또는 변호인의 의견을 들어 비디오 등 중계 장치에 의한 중계를 하거나 차폐시설을 통해 신문할 수 있도록 하고 규정하고 있다. 그런데 종래 성폭력처벌법 및 청소년성보호법 등의 특별법 규정에서만 이러한 비디오 중계장치에 의한 증인신문 규정을 두었던 것을 2007년 형사소송법 개정 시 제165조의2에도 명시적 근거 규정을 마련하게 되었다.[121] 이 규정은 현재 세 차례의 개정을 통해 다음과 같이 규정하고 있다.

"법원은 다음 각 호의 어느 하나에 해당하는 자를 증인으로 신문하는 경우 상당하다고 인정하는 때에는 검사와 피고인 또는 변호인의 의견을 들어 비디오 등 중계장치에 의한 중계시설을 통하여 신문하거나 차폐(遮蔽)시설 등을 설치하고 신문할 수 있다."

위 법문에서 기술하고 있는 '다음 각 호에 해당하는 피해자'들의 유형은 다음과 같다. 첫째, 「아동복지법」 제71조 제1항 제1호부터 제3호까지에 해당하는 죄의 피해자가 이에 해당한다. 즉, 자신을 매매하는 행위로 말미암아 피해를 당한 아동, 음란한 행위를 강요받거나 이를 매개하는 행위로 말미암아 피해를 당한 아동, 성적 수치심을 주는 성희롱 등의 성적 학대행위를 당한 피해 아동, 신체에 손상을 주거나 신체의 건강 및 발달을 해치는 신체적 학대행위로 피해를 당한 아동, 정신건강 및 발달에 해를 끼치는 정서적 학대행위로 피해를 당한 아동, 보호·감독자로부터 유기되거나 의식주를 포함한 기본적 보호·양육·치료 및 교육을 소홀히 하는 방임행위로 피해를 당한 아동, 장애를 가진 아동을 공중에 관람시키는 행위로 말미암아 피해를 당한 아동, 구걸을 강요받거나 구걸행위에 이용당한 아동, 정당한 권한을 가진 알선기관 외의 자가 아동의 양육을 알선하고 금품을 취득하거나 금품을 요구 또는 약속하는 행위를 한 경우 그 대상이 된 아동 등이다.

둘째, 청소년성보호법 제7조, 제8조, 제11조 내지 제14조의 피해자들이 포함된다. 즉, 강간, 강제추행, 성착취물의 제작·배포, 성매매, 강요행위 등으로 피해를 당한 아동과 청소년들이다. 여기서 아동 및 청소년에 대한 강요행위는 ① 폭행이나 협박으로 아동·청소년으로 하여금 아동·청소년의 성을 사는 행위의 상대방이 되게 하는 행위, ② 선불금(先拂金), 그 밖의 채무를 이용하는 등의 방법으로 아동·청소년을 곤경에 빠뜨리거나 위계 또는 위력으로 아동·청소년으로 하여금 아동·청소년의 성을 사는 행위의 상대방이 되게 하는 행위, ③ 업무·고용이나 그 밖의 관계로 자신의 보호 또는 감독을 받는 것을 이용하여 아동·청소년으로 하여금 아동·청소년의 성을 사는 행위의 상대방이 되게 하는 행위, ④ 영업으로 아동·청소년을 아동·청소년의 성을 사는 행위의 상대방이 되도록 유인·권유하는 행위 등을 포함한다.

셋째, 청소년성보호법 제15조 및 제17조 1항에 해당하는 피해자들도 포함된다. 즉, 일반인에게 성매매 알선과 그 알선을 위한 정보제공이 있었을 때 그 대상이 된 아동·청소년, 영업으로 성매매 장소를 제공·알선하는 업소에 고용되어 있는 아동·청소년, 일반인에게 성매매의 유인·권유 또는 강요행위가 있었을 때 그 성매매의 상대방이 된 아동·청소년, 성매매의 장소제공과 알선 행위가 있었을 때 그 성매매의 상대방이 된 아동·청소년 등이 이에 해당한다.

넷째, 형사소송법 제165조의2 제3호는 위와 같은 성범죄 피해를 당한 아동과 청소년뿐만 아니라 일반 피해자에게까지 비디오 중계신문의 범위를 확대하고 있다. 즉, "범죄의 성질, 증인의 연령, 심신의 상태, 피고인과의 관계, 그 밖의 사정으로 인하여 피고인 등과 대면하여 진술하는 경우 심리적인 부담으로 정신의 평온을 현저하게 잃을 우려가 있다고 인정되는 자(동법 제165조의2, 제3호)"에게도 비디오 중계신문을 하도록 규정하고 있는 것이다. 성폭력 피해자 이외에 다른 일반 피해자에게도 심리적 안정과 사후 보복의 두려움을 제거해 주기 위하여 그들이 동의한다면 이처럼 비디오 링크방식에 의한 증인신문 방식을 활용할 필요가 있기 때문이다.

이와 같은 비디오 중계방식에 의한 증인신문 방식은 많은 범죄피해자가 장시간 동안 법정의 방청석에서 피고인과 피고인 가족 그리고 피고인의 폭력조직원 등 피고인 주변 인물들에 휩싸여 대기해야만 하는 상황이 벌어질 수 있기에 그 유용성은 크다고 본다.

2. 민간단체 및 전문가에 의한 지원

1) 해바라기센터

한국 경찰은 여성가족부 등과 협력하여 2005년 서울 송파구 소재 경찰병원에 '여성·학교폭력 피해자 ONE-STOP지원센터'를 설립하였다. 여기서는 여성경찰관, 상담사, 간호사 등이 24시간 상주하면서 성폭력·학교폭력·가정폭력·성매매 피해자들에게 의료, 상담, 수사, 법률 등의 통합서비스를 무료로 제공하도록 설계되었다.[122]

이후 지방에서는 해당 지역 지방경찰청, 지방자치단체, 병원 등 3자가 협력하여 각 지역별 원스톱 지원센터 설립이 추진되었다. 예를 들어 대구시의 경우 대구광역시, 대구지방경찰청, 대구의료원 등 3개 기관의 협력으로 2006년 5월 9일 대구여성·학교폭력피해자 ONE-STOP 지원센터를 개소하였던 것이다. 이후 2013년도에는 심리치료기능이 빠진 원스톱 지원센터 18개소와 심리치료 기능이 더해진 '해바라기 여성·아동센터' 7개소를 합하여 전국에 원스톱지원센터가 총 25개소 설치되기에 이르렀다. 2014년도에는 여기에 1개소를 추가하여 총 26개소가 되었고, 명칭도 양자를 통합하여 'ㅇㅇ해바라기센터'로 부르게 되었는데 이는 성폭력피해자통합지원센터 명칭 일원화 사업에 의한 것이었다.[123]

이렇게 통합적 기능을 수행하게 된 해바라기센터에서는 병원 내에 최첨단 의료장비를 갖춘 영상 진료실과 증거채취를 위한 의료시설, 피해자 조사를 위한 진술녹화실 등을 구비하고 있다. 이는 피해자가 병원진료도 받아야 하고 경찰서에 가서 조사도 받아야만 하는 피해자의 심리적 부담과 번거로움을 없애고, 조사과정에서 느낄 수 있는 성적 수치심을 최소화하면서도 이중조사 및 반복조사의 폐해를 제거하기 위함이다. 여기에 국선변호인을 배치하여 민·형사소송 지원과 범죄피해자 구조에 관한 무료 법률상담도 실시하고 있고, PTSD 등 피해자가 겪을 수 있는 심리적 후유증 치유를 위해 정신건강의학과 진료 및 심리평가와 심리치료 지원도 행하고 있다.[124]

해바라기센터는 크게 ① 위기지원형, ② 아동형, ③ 통합형 3가지 유형으로 구분하여 운영되고 있다. ① 위기지원형은 성폭력, 가정폭력, 성매매 피해자 및 그 가족이 대상이 되는데, 범죄 발생 후 위기상황에 직면한 피해자들에 대하여 심리상담과 의료지원, 법률지원 및 수사지원 서비스를 시행하는 유형이다. ② 아동형은 성폭력 피해를 당한 19세 미만의 아동이나 청소년, 그리고 모든 연령층에 있는 지적 장애인이 그 대상이 되는데, 여기서도 위기지원형과 같이 상담지원, 의료 및 법률지원, 수사지원 서비스를 받을 수 있지만 아동의 특성을 감안한 심리평가 및 치료절차가 수반된다는 점, 센터 직접 방문이 어려울 수 있는 점을 감안하여 출장 서비스도 시행하고 있다는 점이 다소 차이가 난다. ③ 통합형은 서비스 대상이 위기지원형과 동일하나 전문적인 심리평가 및 치료 서비스가 부가된다는 점에서 서로 구별된다.[125]

한편, 서울 해바라기센터에서는 최근 빈발하고 있는 디지털 성범죄 피해자 보호 차원에서 '디지털 성범죄 피해자 지원센터'를 설치하여 디지털 성폭력 피해영상 삭제 요청을 접수받아 삭제를 지원하는 활동을 펼치고 있다. 성폭력 영상물로 피해를 입은 피해자들은 평일 오전 10시부터 오후 5시 사이에 센터를 방문하여 삭제를 요청할 수도 있고, 온라인상에서 접수를 할 수도 있는데 온라인을 통해서는 24시간 접수가 가능하다. 이 센터에서는 플랫폼별 영상 삭제 지원, 채증자료 작성 지원, 재유포 방지를 위한 정기 모니터링 등의 서비스를 실시하고 있는데, 성폭력 피해영상 유포에 대하여 불안감을 가진 피해자들은 여성긴급전화 1366과 전국 성폭력상담소에서 상담 서비스를 받을 수도 있다.[126]

2) 범죄피해자지원센터

검찰에서는 범죄를 당한 피해자의 어려움을 덜어 주고자 전국적으로 범죄피해자지원센터의 운영을 지원하고 있다. 2003년 김천·구미 지역에서 검찰의 후원과 협력을 얻어 민간이 주도하는 범죄피해자지원센터가 처음 선을 보인 이후 2020년 현재 전국 59개 센터로 확대되었다. 여기에서는 피해자 상담, 범죄현장에서의 피해자보호, 병원후송, 가족 등 보호자 연락, 범죄현장 정리뿐만 아니라 경제·의료지원, 법정 동행, 피해자 자조모임 제공을 통한 재활 지원 등 피해자들에게 다양한 도움을 제공하고 있는바, 민관 거버넌스의 성공적 사례로 손꼽을 수 있을 것이다. 종래에는 형사조정 업무도 맡아 왔다가 2010년

범죄피해자보호법 개정으로 형사조정제도가 법제화되면서 검찰청 형사조정위원회로 그 업무가 이관되었다.[127]

상담지원의 경우 불의의 범죄 피해로 인해 정신적 충격을 받고 일상적인 생활이 어려운 범죄피해자와 가족에게 심리상담을 진행하거나 개별·집단 치유프로그램(자조모임) 지원을 통해 일상생활 복귀를 지원하게 된다. 경제적 지원의 경우 피해자가 관할 지역 범죄피해자지원센터에 지원을 신청하게 되면 각 센터의 심의위원회에서 경제적 지원 여부와 그 규모를 심의한 후 관할 검찰청에서 넘겨 지원요건을 다시 확인하는 절차를 밟아서 지원업무를 수행하게 된다.[128]

법률지원의 경우 형사사건 절차에 생소한 피해자를 위하여 법률자문 및 형사절차 안내 등을 행하는 것인데 이를 위하여 범죄피해자와 가족에게 법률전문가를 통한 법률상담과 형사절차에 대한 정보제공을 하고 있으며, 이 외에도 재판모니터링과 법정동행지원 등을 지원하고 있다.

주거지원과 관련해서는 법무부와 검찰청에서 2015년 8월 범죄피해자에 대한 주거지원 사업을 시행하기 시작한 것을 예로 들 수 있다. 이 사업은 범죄로 인해 신체·정신·재산의 전 부분에 걸쳐 막대한 피해를 입은 범죄피해자에게 안정된 주거를 지원하여 신체적·정신적 안정감을 확보하고 피해 극복을 도모하고자 시행되고 있는 것으로서 피해자에게 국민임대주택을 우선 공급해 주거나 사업시행자인 국토교통부와 한국토지주택공사가 기존의 일반주택을 매입하든지 전세를 하여 범죄피해자에게 저렴하게 임대해 주는 사업으로서 범죄피해자지원센터에서도 신청을 받아 이 업무를 처리하고 있다.[129] 신청자격이 있으려면 피해자가 범죄로 인하여 사망하거나 장해를 입거나 전치 5주 이상의 상해를 입은 경우라야 한다. 위와 같은 자격요건에 부합하는 범죄피해자는 신청서를 작성하여 주소지 관할 지방검찰청 또는 지청 종합민원실에 제출하거나 각 지역 범죄피해자지원센터 중 한 곳을 선택하여 신청하면 되는데, 범죄피해와 주거지원의 필요성을 입증할 수 있는 자료를 제출하도록 하고 있다.[130] 신청서가 접수되면 이를 범죄피해구조심의회에 회부하여 재적위원 과반수 출석과 출석위원 3분의 2 이상의 찬성으로 '국민임대주택 신청용 범죄피해자 확인증' 발급을 결정하게 되고 이 확인증을 토대로 LH 등에 국민임대주택을 신청하여 주택지원을 받게 된다.[131]

3) 스마일센터

법무부는 범죄피해자보호법의 제정을 계기로 강력 범죄피해자의 회복을 지원하기 위해 2010년 서울 동부 스마일센터 설립을 시작으로 2012년 부산, 2013년 광주와 인천, 2014년 대전과 대구 등 각 지역별 센터 설립도 추진하여, 2020년 현재 전국 주요 도시에 총 14개의 범죄피해 트라우마 통합지원기관인 스마일센터를 설립하게 되었다. 이 센터는 살인, 강도, 성폭력, 방화, 상해 등 강력범죄로 인해 정신적 충격을 받고 외상후 스트레스 장애(PTSD), 우울증, 불안장애 등 심리적 어려움을 겪는 피해자들과 그 가족들을 위하여 심리평가, 심리치료, 의학적 진단, 법률상담, 사회적 지원 연계 등의 서비스를 제공하는 것을 주요 목표로 하고 있다. 뿐만 아니라 범죄 발생 후 신변 보호가 필요하거나 본인의 집에서 생활하기 곤란한 피해자들, 예컨대 범죄로 인한 충격을 잊기 위해 안정된 곳에서 심리적 안정을 취할 필요가 있는 피해자들이나 범죄현장 청소를 위해 별도의 주거공간이 필요한 피해자들에게 1개월 이내의 임시주거가 가능한 쉼터도 제공하고 있다.[132]

서비스 지원절차를 보면, 각 권역별 범죄피해자지원센터와 경찰·검찰·법원과 같은 형사사법기관, 기타 지방자치단체와 같은 기관에서 피해자를 위한 서비스 지원신청을 받게 되면 스마일센터가 이를 토대로 접수사례회의 및 종합사례회의를 거쳐 지원방향을 결정하게 된다. 이 회의를 위해서 법률지원팀, 심리지원팀 등으로 구성된 전문 심리지원시스템이 가동되는데 심리지원팀에서는 심리학적 평가와 심리치료, 약물치료, 사례관리 등의 업무를 담당하고, 법률지원팀에서는 수사, 재판절차 지원, 법률상담, 법정 증언 준비 등을 담당한다.[133] 지

원의 유형은 심리평가, 심리치료 상담, 정신과 진료, 법률지원, 시설
입소 프로그램 등으로 구분되는데 여러 지원 서비스 중 심리지원 건
수가 가장 많은 것으로 파악되고 있다.[134] 이러한 지원활동이 끝나면
종결사례회의를 거쳐 마무리를 하게 되는데 프로그램이 종결된 이후
라도 사후관리를 지속하도록 되어 있다.[135]

제4절 피해회복을 위한 물질적 지원

1. 범죄피해자구조금을 통한 지원

1) 범죄피해자구조금의 법적 성질

범죄피해자는 범죄 행위를 통해 신체적·정신적 고통을 당하기도
하지만 범죄로 인한 비용의 지출과 경제활동 약화로 인해 경제적 고
통을 당하기도 한다. 범죄피해로 인한 손해의 배상은 가해자가 담당
하는 것이 원칙이지만 가해자가 손해를 전혀 배상할 수 없거나 배상
액이 미미한 경우도 많을 것이다. 이때에 국가가 피해자의 생존권 보
장 차원에서 일정한 요건하에 보상금을 지급할 수 있는데 이것이 바
로 범죄피해자구조금 제도이다. 이 구조금은 가해자가 부담해야 할
손해배상금을 국가가 대신 지급하는 차원으로 이해해서는 안 되고
범죄피해자보호법 제1조에서 명시하고 있듯이 범죄피해로 생존에 위
협을 받고 있는 피해자의 기초적 생활을 확보해 주는 차원에서 지급
하는 복지증진적 개념의 금전으로 이해하여야 한다.[136] 즉, 범죄피해
로 인한 피해를 완전히 원상회복해 주는 방식이 아니라 생계비 지원
의 성격을 가지고 있는 것이다.[137]

2) 범죄피해자구조금 제도의 연혁 및 지급 요건

일찍이 우리나라는 제6공화국 헌법 제30조에 범죄피해구조청구권
을 국민의 기본권으로 정한 바 있고, 1987년 11월 범죄피해자구조법

을 제정하여 범죄피해자에 대한 물질적 지원정책을 표방하여 왔다. 그러나 구조금액이 미미하고, 요건도 까다로워 이 제도의 활용도가 의문시되자 수차례 개정을 거듭하다가 2010년 5월 「범죄피해자보호법(법률 제10283호)」에 흡수되어 폐지되기에 이르렀다. 2010년도에 개정된 범죄피해자보호법에서는 종래 구조금 지급요건의 '가해자 불명 또는 무자력'이라는 요건을 삭제, 피해자가 피해의 전부 또는 일부를 배상받지 못한 경우로 그 요건을 완화함과 동시에, 자기 또는 타인의 형사사건의 수사 또는 재판에서 고소·고발 등 수사단서를 제공하거나 진술, 증언 또는 자료제출을 하다가 피해자로 된 경우까지 구조금 지급대상에 포함시키는 등 구조금 청구권자의 범위를 확대하는 조치를 취하였다.[138)

2014년에는 다시 법 개정을 통하여 유족구조금, 장해구조금 외에 중상해구조금을 도입하였고, 구조금액도 피해자가 사망한 경우 사망 당시의 월급액이나 월실수입액의 평균임금 24개월 이상 48개월 이하의 범위에서 정하여 지급하고, 장해나 중상해의 경우 2개월 이상 48개월 이하의 범위에서 유족의 수와 생계유지 상황을 고려하여 대통령령으로 정한 개월 수를 곱하여 계산하여 지급함으로써 그 지급액을 과거에 비해 상향조정하였다(범죄피해자보호법 제22조). 2010년 범죄피해자보호법 개정 당시에는 유족구조금이 사망 당시의 월급액이나 월실수입액의 평균임금 18개월 이상 36개월 이하의 범위였고, 장해나 중상해의 경우 2개월 이상 36개월 이하의 범위였으나 2014년 10월 법률 제12779호로 범죄피해자보호법을 개정하여 위와 같이 구조금액을 상향 조정하였던 것이다. 예를 들어 2016년도 하반기 기준 유족구조금이 최대 약 1억 5,000만 원으로서 2010년에 비해 약 9,000만 원이 늘어났고, 장해 구조금이 최대 약 8,800만 원으로서 2010년보다 약 3,000만 원이 증가한 것이다.[139) 이러한 구조금액의 상향조정은 2011년 범죄피해자보호기금 설립에 따른 재정적 기반의 조성에 힘입은 바 크다. 신청기간도 2010년 법 개정 이전보다 연장하여 피해발생을 안 날로부터 3년 피해가 발생한 날로부터 10년 이내에 할 수 있도록

피해자학

하였다(범죄피해자보호법 제25조).[140] 2018년 범죄피해자구조금 지급실적을 보면 총 248건에 101억 7,500만 원이 지급되었는바, 1건당 평균 4,100만 원이 지급된 셈이다.[141]

3) 범죄피해자구조금 지급 절차

구조금 지급은 각 지방검찰청 범죄피해구조심의회의 심의·결정을 통해 이뤄지며, 결정이 지연될 경우 당사자의 신청이나 직권으로 긴급구조금 지급을 결정할 수도 있다(범죄피해자보호법 제28조). 즉, 범죄피해를 당한 자가 장해로 인하여 병원치료를 받거나 경제활동을 하지 못해 생계가 곤란하여 정상적인 구조금 지급절차를 기다리기 어려운 경우에는 먼저 구조금을 지급해 주고 나중에 정산하도록 하는 제도이다. 따라서 긴급구조금을 받은 피해자에 대하여 구조금을 지급하는 결정이 있으면 국가는 긴급구조금으로 지급된 금액 내에서 사후에 피해자에게 구조금을 지급할 책임을 면하게 되며, 긴급구조금을 받은 피해자가 지구심의회에서 결정된 구조금의 금액이 긴급구조금으로 받은 금액보다 적을 때에는 그 차액을 국가에 반환하여야 하며, 지구심의회에서 구조금을 지급하지 아니한다는 결정을 하면 긴급구조금으로 받은 금액을 모두 반환하여야 하는 것이다(범죄피해자보호법 제28조 제4항 내지 제5항).[142]

범죄피해자구조금은 피해자 신청에 의해 시작되지만 최근에는 구조금 제도의 활성화를 위하여 구조금 지급 대상자임에도 불구하고 미처 신청하지 못한 사람들을 위하여 지급이 누락된 사건을 일제히 점검하여 지급하기도 하고, 검찰청 피해자지원 법무담당관이 강력사건 명부에 기재된 피해자 명단을 살펴보면서 구조금의 지원 가능성을 검토하여 피해자에게 먼저 연락하여 구조금 지원제도를 안내하기도 한다.[143]

4) 개선 방향

범죄피해자구조금 제도와 관련하여서는 다음과 같은 개선책이 제시된다.

첫째, 범죄피해자구조금액이 상향조정 되었음에도 피해자가 지출한 가시적·비가시적 비용을 포괄하고 있지 못하는 지적이 있으므로 상담비, 재활치료비, 주거 이전비, 교통비, 취업지원비, 주거비, 장례비 등을 포섭해서 완전보상의 방향으로 나아가야 한다.[144)]

둘째, 신체적 피해를 입은 피해자 중 구조금을 지급받을 수 있는 피해자의 수혜 범위를 더 확장할 필요가 있다. 특히 중상해와 관련하여 현재 범죄피해자보호법 시행령 제3조에서는 그 기준을 '사람의 생명 및 기능과 관련이 있는 주요 장기에 손상이 발생한 경우(1호)나 신체의 일부가 절단 또는 파열되거나 중대하게 변형된 경우(2호), 그리고 신체나 그 생리적 기능이 손상되어 1주 이상 입원치료가 필요한 경우로서 1호와 2호의 중상해 기준에 준하는 경우(3호), 범죄피해로 인한 중증의 정신질환으로서 3일 이상 입원치료가 필요한 경우(4호)' 등으로 정하고 있으므로, 신체나 생리적 기능이 손상되거나 중증의 정신질환이 있더라도 입원치료 없이 통원치료만 받는 피해자는 제외될 가능성이 있으므로 개선이 필요하다.

셋째, 구조금 지급의 신속성을 확보하도록 해야 한다. 구조금 지급까지 소요되는 기간이 2012년 통계로 평균 152일이 소요되었고, 일부 지검에서는 300일까지 소요되었다고 하는바, 이와 같은 구조금 지급의 지연은 범죄피해로 인한 피해자의 경제적 어려움을 가중시키는 요인이 된다.[145)] 현재 범죄피해자보호법 제28조는 구조피해자의 장해 또는 중상해 정도가 명확하지 아니하거나 그 밖의 사유로 인하여 신속하게 구조금 결정을 할 수 없는 사정이 있으면 범죄피해구조심의회가 피해자의 신청 혹은 직권으로 예상되는 구조금액의 2분의 1에 해당하는 금액을 지구심의회에서 의결하거나 혹은 지구심의회 위원장이 직권으로 지급하는 결정을 내릴 수 있기에(범죄피해자보호법 시행령 제38조) 절차의 신속을 기한다는 차원에서 이 긴급구조금 지급제도를 적극적으로 활용할 필요가 있다. 특히 지구심의회가 회의를 소집할 시간적 여유가 없거나 그 밖의 부득이한 사유가 있으면 지구심의회의 위원장이 직권으로 긴급구조금의 지급결정을 할 수도 있기에 의지만 있으면 신속한 결정과 지급이 가능한 것이다. 긴급구조금과 최종 결정된 구조금액이 차이가 나면 사후 정산을 할 수 있으므로 신속 지급에 따른 부작용도 해소 할 수 있다(범죄피해자보호법 제28조 제5항).

2. 배상명령제도를 통한 지원

1) 개념

배상명령제도는 제1심 또는 제2심의 형사공판 절차에서 유죄판결을 선고할 경우 법원이 직권에 의하거나 또는 피해자나 그 상속인의 신청에 의하여 피고사건의 범죄 행위로 인하여 발생한 직접적인 물적 피해, 치료비 손해 및 위자료의 배상을 명하는 제도이다(소송촉진법 제25조). 민사상 손해배상청구소송을 거치지 아니하고 형사절차에서 곧바로 손해를 배상받을 수 있게 함으로써 피해자의 물질적 피해회복을 촉진하는 제도로서의 성격을 지닌다. 물적피해와 치료비 손해만에 국한하던 구법과 달리 개정법에서는 위자료 배상까지 추가하는 등 배상의 범위를 확장함으로써 피해자보호를 두텁게 하고자 하였다.146)

독일의 경우 행위자가 피해자와 화해하기 위해 노력하여 피해의 전부 또는 일부를 배상하게 되면 법원이 가해자의 형을 감경할 수 있고, 선고형이 경한 것인 때에는 그 형을 면제할 수도 있도록 하는 등 피해자의 피해회복을 목적으로 한 '형사화해' 제도가 형법전에 공식적으로 도입되었다. 한국의 경우「소송촉진 등에 관한 특례법(이하 '소송촉진법')」을 통해 형사절차에서 가해자와 피해자 간 민사상 다툼에 관해서 합의한 경우 법원에 합의사실을 공판조서에 기재하도록 요청하도록 하고 이 합의가 기재된 공판조서에 민사소송법상 확정판결과 같은 효력을 인정함으로써 형사화해의 효과를 거두는 제도가 있기는 하나, 공식적인 형사화해제도를 형법전에 아직 도입되지 않고 있어 상호 화해에 대한 형사법적 보장이 미약하기 때문에 가해자가 피해자와의 합의를 단념할 수 있고, 그렇게 되면 피해자가 손해를 배상받지 못하게 되는 결과가 나올 수도 있는데 이러한 문제점을 보완할 수

있는 것이 현행 형사절차상의 배상명령제도인 것이다.147)

2) 배상명령이 가능한 피해 유형

배상명령은 소송촉진법 제25조에서 규정한 범죄로 피해를 입은 피해자에 대해서만 가능한바, 그 범죄유형은 다음과 같다.

첫째, 신체에 대한 폭행 및 상해와 관련된 범죄이다. 즉, 형법상 상해죄(형법 257조 제1항, 존속상해 제외)·중상해죄(형법 제258조 제1항 및 제2항, 상해행위로 생명에 대한 위험을 야기하거나 신체의 상해로 불구 또는 불치나 난치의 질병에 이르게 하는 행위), 특수상해(제258조의2, 단체 또는 다중의 위력을 보이거나 위험한 물건을 휴대하여 상해죄를 범하거나 중상해의 죄를 범하는 행위), 상해치사(형법 제259조 제1항, 사람의 신체를 상해하여 사망에 이르게 하는 행위), 폭행치사상(형법 제262조, 폭행이나 특수폭행으로 사람을 사상에 이르게 하는 행위), 과실치상·과실치사·업무상과실치사상·업무상중과실치사상(형법 제26장의 죄) 등이다.

둘째, 각종 성범죄가 이에 해당한다. 즉, 형법상 강간·유사강간·강제추행·준강간·준강제추행·강간상해·강간치상·강간살인·강간치사·미성년자 등에 대한 간음·업무상위력 등에 의한 간음·미성년자에 대한 간음(의제강간죄)·미성년자에 대한 추행(형법 제32장의 죄) 등이 바로 그것이다. 이 외에 「성폭력처벌법」 제10조부터 제14조까지의 죄(업무상위력 등에 의한 추행, 공중밀집 장소에서의 추행, 성적 목적을 위한 다중이용장소 침입행위, 통신매체를 이용한 음란행위, 카메라 등을 이용한 촬영), 제15조의 죄(카메라 등을 이용한 촬영 미수범, 허위영상물 등의 반포 미수범, 촬영물 등을 이용한 협박·강요 미수범)를 범한 자들도 이에 포함된다. 성범죄에는 「청소년성보호법」 제12조 및 제14조에 규정된 죄도 포함한다. 즉, 아동·청소년의 성을 사는 행위 또는 아동·청소년 성착취물을 제작하는 행위의 대상이 될 것을 알면서 아동·청소년을 매매 또는 국외에 이송하거나 국외에 거주하는 아동·청소년을 국내에 이송한 소위 아동·청소년 매매행위(제12조), 폭행이나 협박으로 아동·청소년으로 하여금 아동·청소년의 성을 사는 행위의 상대방이 되게 하는 소위 아동·청소년에 대한 강요행위(제14조)가 이에 해당한다.

셋째, 재산범죄 피해에 대해서도 배상명령이 가능하다. 즉, 절도와 강도의 죄에 해당하는 범죄유형 전체(형법 제38장), 사기와 공갈의 죄에 해당하는 범죄유형 전체(형법 제39장), 횡령과 배임의 죄에 해당하는 범죄유형 전체(형법 제40장), 손괴의 죄에 해당하는 범죄유형 전체(형법 제42장)가 배상명령 범위에 포함되는 것이다. 재산범죄 중에서는 유일하게 장물의 죄에 대해서만 배상명령이 불가하다.

3) 배상명령 절차

검사는 배상명령 신청대상 범죄에 대하여 공소제기를 하는 경우 지체 없이 피해자 또는 그 법정대리인(피해자가 사망한 경우에는 그 배우자·직계친족·형제자매를 포함한다)에게 소송촉진법 제26조 제1항에 따라 배상신청을 할 수 있음을 통지하여야 하는바(소송촉진법 제25조의2), 이는 피해자의 물질적 피해회복을 돕기 위한 취지라고 볼 수 있다. 이 통지를 받은 피해자는 제1심 또는 제2심 공판의 변론이 종결될 때까지 사건이 계속(係屬)된 법원에 소송촉진법 제25조에 따른 피해배상을 신청할 수 있는데(소송촉진법 제26조 제1항), 이때 신청서에는 피고사건의 번호와 사건명 및 사건이 계속된 법원, 신청인의 성명과 주소(대리인이 신청할 때에는 그 대리인의 성명과 주소), 상대방 피고인의 성명과 주소, 배상의 대상과 그 내용, 배상 청구 금액 등을 기재해야 하고 신청서에 필요한 증거서류를 첨부할 수 있도록 하고 있다(소송촉진법 제26조 제3항). 그러나 배상명령 신청은 반드시 서면으로 해야 하는 것은 아니며 법정에서 말로써 배상을 신청할 수도 있다. 이러한 배상신청은 민사소송에서의 소의 제기와 동일한 효력을 갖는다(소송촉진법 제26조 제8항).[148]

배상명령은 유죄판결의 선고와 동시에 하여야 하며, 그 명령은 일정액의 금전 지급을 명하는 방식으로 하고 배상의 대상과 금액을 유죄판결의 주문(主文)에 표시하여야 하는데 배상명령의 이유는 특히 필요하다고 인정되는 경우가 아니면 적지 아니한다(소송촉진법 제31조).

법원은 배상신청이 적법하지 아니한 경우, 배상신청이 이유 없다고 인정되는 경우, 배상명령을 하는 것이 타당하지 아니하다고 인정되는 경우에는 각각 배상신청을 각하할 수 있는데 이 각하결정을 유죄판결의 선고와 동시에 할 때에는 이를 유죄판결의 주문에 표시할 수 있으며(소송촉진법 제32조 제2항), 배상신청을 각하하거나 그 일부를 인용(認容)한 재판에 대하여 신청인은 불복을 신청하지 못하고, 다시 동일한 배상신청을 할 수도 없다(소송촉진법 제32조 제4항).149)

4) 개선 방향

배상명령 제도는 범죄피해자가 별도의 민사소송을 제기하지 않고도 형사절차에서 피고사건으로 인하여 발생한 손해를 배상받도록 한다는 차원에서 피해자의 물질적 피해회복에 기여하는 제도이지만 법정에서 적극적으로 이용되지 않고 있다는 문제점이 있었다.150) 예를 들어 2014년 통계를 보면 배상명령 신청 6,055건에 1,899건만 인용이 되고, 나머지는 기각되거나 취하되어 인용률이 30.8%에 불과하였고, 특히 배상명령이 결정된 사건 중 위자료의 산정이 피해회복에 가장 큰 부분을 차지하고 있는 성폭력범죄는 총 10건에 불과하였으며, 법원 직권에 의한 배상명령은 2010년부 2014년까지 단 한 건도 없었다.151) 다만, 2019년에는 배상명령 신청건수가 총 15,229건으로 과거에 비해 증가하였는데, 인용된 건수도 6,274건으로서 인용률이 45.3%에 이르러 최근 그 인용률이 상승하고 있는 점은 다소 고무적이라 하겠다.152)

하지만 배상명령은 다음과 같은 이유로 인용률이 저하할 가능성이 상존한다. 첫째, 형사사건에서 배상명령을 내릴 것인지 여부에 대한 판단에 있어서 법관에게 부여된 재량이 너무 크기 때문이다. 예를 들어 소송촉진법 제25조 제3항에서는 법원이 배상명령을 해서는 안 되는 조항으로 ① 피해자의 성명·주소가 분명하지 아니한 경우, ② 피해 금액이 특정되지 아니한 경우, ③ 피고인의 배상책임의 유무 또는 그 범위가 명백하지 아니한 경우, ④ 배상명령으로 인하여 공판절차가 현저히 지연될 우려가 있거나 형사소송 절차에서 배상명령을 하는 것이 타당하지 아니하다고 인정되는 경우 등을 정하고 있는데, 그 중에 ④의 '현저히 지연될 우려'(소송촉진법 제25조 제3항의 4호)와 '타당하지 아니하다고 인정되는 경우'와 같은 법문은 판단 여지가 있는 불확정개념으로서 법관의 재량적 판단에 좌우될 가능성이 큰 것이다.

또한 배상신청을 각하하거나 그 일부를 인용(認容)한 재판에 대하여 신청인이 불복을 신청하지 못한다는 점(소송촉진법 제32조 제4항), 형사소송절차에서 민사사안을 다루게 되므로 법원의 업무가 가중될 수 있다는 점 등도 법원의 배상명령 제도 활용을 소극화할 수 있는 요인이 된다. 확정된 배상명령 또는 가집행선고가 있는 배상명령이 기재된 유죄판결서의 정본은 「민사집행법」에 따른 강제집행에 관하여는 집행력 있는 민사판결 정본과 동일한 효력이 있기에(소송촉진법 제34조) 피해자 보호에 매우 유리한 제도이므로 법원에서 적극적으로 이 제도를 활용하려는 노력이 뒷받침되어야 한다.[153)]

3. 범죄피해자 치료비 지원

1) 강력범죄 · 성폭력 · 가정폭력 피해자의 치료비 지원

범죄피해자구조금이 피해자의 생계지원비 성격을 갖고 있기에 그 구조범위가 협소하여 이와 별도로 피해자의 치료비, 간병비, 생계비, 장례비 등을 지원해 주는 제도를 시행하고 있다. 강력범죄 피해자와 성폭력 피해자에 대해서는 범죄피해자보호기금에서, 가정폭력 피해자에 대해서는 복권기금에서 각각 지급을 하고 있다. 강력범죄 피해자의 경우 일반 외상에 대한 치료비는 생명 · 신체에 대한 범죄로 5주 이상의 진단을 받아야 하는데 범죄 발생일로부터 5년 이내에 지출된 치료비까지 보상이 가능하며 1인당 연 1,200만 원, 총액으로는 3,000만 원의 범위까지 지급이 가능하다. 강력범죄 피해자가 생명 · 신체에 대한 범죄로 정신적 피해를 입은 경우에는 심리치료비 형태로 지급되는데 그 보상범위는 일반 외상에 의한 치료비와 같다. 피해자가 치료비를 지급받으려면 관할 검찰청에 치료비 지급신청을 하면 되는데, 이 신청을 접수한 검찰청은 '경제지원심의위원회'에 이를 회부하여 치료비 지급 여부에 대한 심의의결을 통해 결정을 내려야 한다.[154]

성폭력·가정폭력 피해자의 경우에는 관련 특별법 규정에 따른 예산을 확보하여 2002년부터 치료비 보상을 하기 시작했는데 2011년도에 범죄피해자보호기금이 설치되면서, 복권기금에서 치료비를 지급해 오고 있는 가정폭력 피해자와 달리, 성폭력 피해자 치료비 보상은 범죄피해자보호기금에서 지급해 오고 있다. 이들에 대한 치료비 보상 절차는 여성가족부가 주도하고 있는데, 신체적 피해뿐 아니라 정신적 피해도 보상해 주고 있으며, 그 밖에 범죄로 인한 임신 여부 검사, 피해 증거물 채취를 위한 검사 등의 비용도 지원해 주고 있다.[155]

구체적으로 보상의 진행 절차를 살펴보면, 여성가족부가 분기별로 상담소나 보호시설 및 해바라기센터에 치료비 예산을 배정한 뒤, 위 해당 시설을 방문한 피해자들에 대해 치료 및 보호가 필요하다고 판단되면 위 시설의 장들이 피해사실을 확인한 후 의료기관에 치료를 의뢰하게 된다. 상담시설이나 해바라기센터가 설치되어 있지 않은 지역의 경우에는 시·군·구와 같은 지방자치단체가 예산배정을 받고 이 업무를 수행한다. 치료를 의뢰받은 의료기관은 치료를 마친 후 진료비 명세서, 피해상담사실 확인서 등을 첨부하여 치료를 의뢰한 해바라기센터나 시·군·구 등과 같은 지원기관에 의료비 지급을 청구하면 이 지원기관에서 의료기관에 치료비를 지급하는 방식으로 진행되는 것이다.[156] 2018년도 범죄피해자에게 지급한 치료비는 총 702건에 약 24억 4,600만 원에 달하였으며, 심리치료비는 459건에 2억 4,900만 원이 지급되었다.[157]

2) 요양병원 입원치료비 및 치료부대비용 지원

피해자가 신체적·정신적 피해를 입은 후 일반 병원에 일시적 치료를 받을 수도 있으나 장기간 요양병원에 입원하여 치료를 받을 수도 있다. 이 경우에 요양병원 입원치료비와 간병비 및 치료부대비용을 지급하는 제도가 시행 중이다. 범죄피해자보호기금을 재원으로 운영되는 이 제도는 강력범죄 피해자에 대하여는 법무부가, 성폭력·가정폭력 피해자에 대하여는 여성가족부가 주축이 되어 보상 절차 진행을 관리하게 된다. 특히 여성가족부는 성폭력 피해아동에 대한 돌봄 서비스 비용과 치료동행서비스 비용, 치료부대비용 등도 아울러 보상해 주고 있다.158)

요양병원 입원치료비는 5년 이내에 지출된 비용을 보상해 주고 있는데 피해자 1인에 대하여 범죄피해 1건당 연 1,200만 원, 총 3,000만 원 한도 내에서 보상이 가능하다. 범죄피해자를 간병할 가족이 없는 경우 또는 가족이 간병에 나서게 되면 생계나 양육 등에 현저한 지장이 발생할 경우에는 간병비를 지원해 주게 되는데 범죄피해 1건당 1,200만 원의 범위 내에서 보상을 해 주되 1회 신청 금액이 300만 원을 초과하지 못하도록 하고 있다. 치료부대비용은 생명·신체에 대한 범죄로 인한 피해자가 의료보조기구를 구입할 경우, 원거리 의료시설 방문을 위하여 교통비나 숙박비 등이 지출된 경우에 피해자 1명마다 최대 50만 원의 범위 내에서 보상한다. 치료동행서비스 비용 보상은 13세 미만 또는 지적장애를 가지고 있는 성폭력 피해자에게 제공되는 것으로서 차량을 이용하여 치료시설에 피해자와 동행해 주거나 치료 상담 전문인력이 직접 찾아가 서비스를 제공하는 데 소요되는 비용을 보상해 주는 제도이다.159)

한편, 범죄피해를 당한 피해자가 범죄피해자보호기금을 통한 요양병원 입원 치료비 및 간병비 등의 지원을 받기까지는 상당한 시간이 소요되므로 그동안은 우선 자비로 치료를 진행할 수밖에 없다. 이때에는 국민건강보험법상 요양급여 제도가 피해자의 재정적 부담을 완화시켜 주는 역할을 하게 된다. 다만, 피해자가 고의로 범죄를 범하다가 신체에 상해를 입거나 과실로 범죄 발생에 원인을 제공하는 경우에는 요양급여 대상자에서 제외된다는 제한이 있다. 그런데 어떤 범죄의 경우에는 범죄에 대한 원인제공 여부가 불분명하여 피해자인지 아니면 가해자인지 여부의 판명이 난해할 수도 있다. 이때에는 「국민건강보험 요양급여의 기준에 관한 규칙(보건복지부령 제352호, 2015.9.21.)」 제4조 제1항 규정에 의거, 일단 범죄 행위로 피해를 입은 피해자에게 요양급 여를 실시하되 국민건강보험공단의 급여제한 여부 실사가 끝나 그 결 과가 회신될 때까지 요양급여를 받을 수 있도록 해야 한다.[160]

만일 범죄로 인한 피해로서 국민건강보험법 제53조 제1항의 요양 급여 제한사유에 해당한다는 공단의 회신이 있게 되면 요양급여는 부당이득이 되기 때문에 요양급여를 시작한 날로부터 범죄피해자가 소급하여 의료비를 요양기관에 납부하도록 하면 된다. 위 규칙 제4조 제4항에서는 "공단은 국민건강보험법 제48조 제1항·제2항 또는 법 제53조 제2항의 규정에 의하여 요양급여를 제한하여야 함에도 불구 하고 제3항의 규정에 의하여 요양급여를 받은 가입자등에 대하여는 법 제52조의 규정에 의하여 부당이득에 해당되는 금액을 징수한다." 고 규정하고 있기 때문이다.

3) 「응급의료에 관한 법률」상의 응급치료 지원

「응급의료에 관한 법률(법률 제13367호, 2015.6.22.)」제3조에서는 "모든 국민은 성별, 나이, 민족, 종교, 사회적 신분 또는 경제적 사정 등을 이유로 차별받지 아니하고 응급의료를 받을 권리를 가진다."고 규정 하고 있으며, 같은 법 제6조 제2항에서는 "응급의료종사자는 업무 중 에 응급의료를 요청받거나 응급환자를 발견하면 즉시 응급의료를 하 여야 하며 정당한 사유 없이 이를 거부하거나 기피하지 못한다."고 규정하고 있다. 따라서 범죄자로부터 공격을 당해 부상을 입은 피해 자가 그대로 방치될 경우 생명이 위독하다고 여겨질 때에는 위 법에 의해 응급의료를 받을 수 있는 것이다. 따라서 응급환자의 경제적 궁 핍을 이유로 응급의료기관이 의료행위를 거부할 수 없는 것이다.[161]

그렇다면 범죄피해를 당해 응급의료를 받은 환자의 치료비는 누가 부담해야 하는가가 문제인데, 피해자 본인이 부담하는 방법, 가해자 가 부담하는 방법, 응급의료기금 관리의 장(보건복지부 장관)이 부담하는 방법 등 크게 3가지가 있을 것이다. 범죄피해에 피해자의 귀책사유가 있다면 피해자가 원칙적으로 부담하고 나중에 가해자와 합의를 하거나 혹은 민사소송을 통해 정산을 할 수도 있을 것이나 피해자가 아무런 귀책사유 없이 일방적으로 공격을 당한 경우라면 가해자가 치료비를 부담하는 것이 타당할 것이다. 하지만 피해자나 가해자의 경제사정이 좋지 못하거나 가해자가 검거되지 않았을 때에는 응급의료기금 관리의 장이 응급의료기관에 대하여 의료비용을 대지급을 하고, 나중에 가해자 혹은 응급의료환자 측에 대하여 그 대지급금을 구상하는 방법을 취해야 할 것이다(응급의료에 관한 법률 제22조 제1항 내지 제4항).162)

4. 긴급생계비 지원

1) 법무부의 긴급생계비 지원

범죄피해자에 대한 물질적 지원제도인 범죄피해자구조금의 경우 신청부터 구조금 지급까지 상당한 시일이 소요된다. 긴급구조금 제도가 있기는 하나 전체 예상 지급가액의 2분의 1 범위 내에서만 지급받을 수 있기 때문에 범죄피해자의 경제활동으로 생계를 유지해 나아가야 하는 가정의 경우 사회적 생존 자체가 위협받게 된다. 이를 위하여 생명·신체에 대한 범죄로 인해 생계가 곤란해졌거나 곤란하게 될 우려가 있는 강력범죄의 피해자 혹은 그 유족에게 생계비·장례비·학자금 지원 등을 지원하는 제도를 법무부가 운영하고 있다.

이 긴급생계비를 지급받기 위해서는 피해자나 피해자 유족이 범죄피해자지원센터 등을 통해 검찰청에 지급신청을 하여야 하고, 이 신청이 접수되면 각 검찰청 산하에 설치된 '경제지원심의위원회'에서 지급 여부를 심의하고 의결하도록 하고 있다. 생계비는 월 1회 50만 원을 상한으로 3개월까지 총 150만 원 한도에서 지급 가능한데 피해자에게 생계를 의존하는 가족이 있는 경우 지급 상한이 증액된다. 학자금은 초등학생 50만 원, 중학생 60만 원, 고등학생과 대학생은 100

만 원을 학기당 1회, 연 2회까지 지원한다. 장례비는 사망한 피해자 1인당 300만 원을 상한으로 실비 지급하고 있다.[163] 2018년도 법무부에서 지급한 생계비는 총 305건에 약 6억 4,300만 원이었고, 학자금은 총 86건에 약 1억 900만 원이었으며, 장례비는 총 172건에 약 4억 9,500만 원이었다.[164]

2) 지방자치단체의 긴급생계비 지원

「긴급복지지원법(법률 제13426호, 2015.7.24, 타법개정)」은 생계곤란 등의 위기상황에 처하여 도움이 필요한 사람을 신속하게 지원함으로써 이들이 위기상황에서 벗어나 건강하고 인간다운 생활을 하게 함을 목적으로 제정된 법이다. 같은 법 제2조에서는 '위기상황'의 개념을 정의하면서 본인 또는 본인과 생계 및 주거를 같이하고 있는 가구구성원의 생계유지를 어렵게 하는 몇 가지 상황을 예시하고 있는데, 그 중에 범죄피해자와 관련이 있는 것은 "2. 중한 질병 또는 부상을 당한 경우, 3. 가구구성원으로부터 방임(放任) 또는 유기(遺棄)되거나 학대 등을 당한 경우, 4. 가정폭력을 당하여 가구구성원과 함께 원만한 가정생활을 하기 곤란하거나 가구구성원으로부터 성폭력을 당한 경우, 5. 화재 등으로 인하여 거주하는 주택 또는 건물에서 생활하기 곤란하게 된 경우" 등이 해당한다. 위의 제2조 3호, 4호는 「가정폭력방지 및 피해자보호 등에 관한 법률」 또는 「성폭력방지 및 피해자보호 등에 관한 법률」에 따른 지원을 받을 수 있기 때문에 그에 따라 피해자 지원이 이뤄지면 되겠으나(긴급복지지원법 제3조 제2항), 그러한 지원만으로 생계유지가 어렵거나, 범죄로 인하여 중한 부상을 입거나, 고의적인 방화로 인해 생활기반을 상실한 피해자의 경우에는 이 법에 근거하여 피해자 지원이 이뤄져야 할 것이다.[165]

피해자 긴급지원의 내용으로는 위 같은 법 제9조에 규정한 바와 같이 크게 '금전 또는 현물(現物) 등의 직접지원'과 '민간기관·단체와의 연계 등의 지원'으로 대별되는바, 전자의 경우로서는 생계지원(식료품비·의복비 등 생계유지에 필요한 비용 또는 현물 지원), 의료지원(각종 검사 및 치료 등 의료서비스 지원), 주거지원(임시거소(臨時居所) 제공 또는 이에 해당하는 비용 지원), 사회복지시설 이용 지원(「사회복지사업법」에 따른 사회복지시설 입소(入所) 또는 이용 서비스 제공이나 이에 필요한 비용 지원), 교육지원(초·중·고등학생의 수업료, 입학금, 학교운영지원비 및 학용품비 등 필요한 비용 지원), 그 밖의 지원(연료비나 그 밖에 위기상황의 극복에 필요한 비용 또는 현물 지원) 등으로 구분해 볼 수 있다. 민간기관·단체와 연계하여 지원하는 후자의 예로는 「대한적십자사 조직법」에 따른 대한적십자사, 「사회복지공동모금회법」에 따른 사회복지공동모금회 등의 사회복지기관·단체와 연계하여 지원하는 방안, 상담이나 각종 정보제공 등의 활동을 통하여 지원하는 방안 등이 있을 수 있다(긴급복지지원법 제9조 참조).[166]

5. 사회복귀 및 자립지원

1) 주거지원

성폭력이나 가정폭력 피해자의 경우 자신이 살던 집에서의 거주를 지속하기 어려운 경우가 많다. 이러한 문제 때문에 2008년도에 성폭력·가정폭력 피해자를 위한 주거지원 제도가 처음 시행되었다. 이는 한국토지주택공사에서 범죄피해자를 위한 주택을 건설하거나 이미 지어진 집을 매입하여 저렴하게 피해자에게 임대할 수 있는 제도이다. 여성가족부에서도 한국토지주택공사가 매입한 임대주택을 확보하여 여성폭력 피해자들과 그 가족들이 공동생활가정 형태로 거주하도록 지원하고 있다. 보통 주택 1채당 2~3세대가 입주하며, 임대기간은 2년이고, 1회에 한해 2년 연장이 가능하다. 임대보증금은 운영기관에서 부담하며, 관리비와 각종 공과금만 입주자가 부담하는 방식으로 운영되고 있다.[167]

2010년도부터는 법무부에서도 강력범죄 피해자들을 대상으로 한 주거지원제도를 시행하고 있는데 이들이 주거지원을 받기 위해서는 ① 살고 있는 주거에서 강력범죄가 발생하였을 것, ② 범죄로 인해 심각한 PTSD가 나타날 우려가 있을 것, ③ 보복범죄의 우려로 기존에 살고 있던 주거에서 생활이 현저하게 곤란할 것, ④ 범죄에 피해자의 귀책사유가 없을 것, ⑤ 무주택자일 것, ⑥ 전년도 도시근로자 가구당 월 평균소득의 70% 이하일 것 등의 요건이 필요하다. 이들이 주거지권을 받으려면 관할 검찰청 민원실이나 범죄피해자지원센터에 주거지원을 신청해야 하고, 이 신청이 접수되면 범죄피해자구조심의회에서 심의를 진행하게 되며, 그 심의결과를 토대로 법무부가 국토교통부에 추천을 하게 된 후에 공급절차가 진행된다.[168] 2015년에는 주거지원 요건을 완화하여 사망, 장해, 중상해 피해자뿐만 아니라 전치 5주 이상의 상해를 입은 피해자나 살인, 강도, 방화, 강도, 강간 등 강력범죄 피해자도 주거지원을 받을 수 있도록 지원 대상을 확대하였다.[169]

2) 취업지원

극심한 범죄피해를 입게 된 피해자는 때로는 다니고 있던 직장을 그만두어야 하는 경우도 있고, 범죄로 인한 신체적 · 정신적 충격 때문에 취업활동이 불가피하게 지연되는 경우도 있다. 이는 경제력 악화로 이어져 피해의 원상회복에 악영향을 끼치기에 피해자에 대한 취업지원이 요청된다. 이를 위해 법무부에서는 피해자가 희망하는 직종에 대한 직업훈련비와 그 부대비용을 지원하고 있다. 이러한 취업 증진 사업의 일환으로 범죄피해자지원센터에서 사회적 기업을 운영하여 피해자들을 고용하는 사례가 있고, 여성가족부에서는 가정폭력과 성폭력 피해자보호시설에서 퇴소한 피해자를 대상으로 그들의 자립을 위해 직업 및 취업훈련 프로그램을 지원하고 있으며, 시설 퇴소 시에는 자립지원금을 지원한다.[170]

6. 의사상자 지원

「의사상자 등 예우 및 지원에 관한 법률(법률 제13659호, 2015.12.29, 이하 '의사상자지원법')」에 터 잡은 '의사상자 예우 및 지원제도'는 직무

외의 행위로 위해에 처한 다른 사람의 생명·신체 또는 재산을 구하다가 사망하거나 부상을 입은 사람과 그 유족 또는 가족에 대하여 그 희생과 피해의 정도 등에 알맞은 예우와 지원을 함으로써 의사상자의 숭고한 뜻을 기리고 사회정의를 실현하는 데 이바지하고자 하는데 그 취지가 있다(의사상자지원법 제1조). 강도·절도·폭행·납치 등의 범죄 행위를 제지하거나 그 범인을 체포하다가 사망하거나 부상을 입는 경우 이에 대한 예우와 지원을 받도록 한 것이다(의사상자지원법 제3조).171)

의사상자 인정을 받으려면 우선 자신이 거주하는 주소지 또는 구조행위지를 관할하는 시장·군수·구청장에게 의사상자 인정신청을 하여야 하며, 이들 자치단체장은 지체 없이 시·도지사를 거쳐 보건복지부 장관에게 의사상자 인정 여부 결정을 청구하여야 한다(의사상자지원법 제5조). 의사상자의 인정 및 부상 등급, 보상금 지급 여부 등을 결정하기 위하여 보건복지부에 '의사상자 심사위원회'를 설치하여 운영하도록 하고 있다.

의사자의 경우 보건복지부 장관이 매 회계연도 개시 전에 고시한 금액을 보상금으로 받을 수 있고(의사상자지원법 시행령 제12조 제1항), 의상자의 경우 1급에서 9급까지 분류를 통해 유족 보상금액의 최고 100%에서 5%까지 지급하도록 하고 있다(의사상자지원법 시행령 제12조 제2항 및 별표 2). 기타 「상훈법」에 따른 영전을 수여받을 수 있고, 구조과정에서 멸실·훼손된 물건의 보상금, 의상자의 의료급여, 의사자의 자녀 및 의상자 본인과 그 자녀에 대한 교육보호, 의상자 및 의사자 유족을 위한 취업보호, 의사자에 대한 장제급여 등의 지원도 제공된다(의사상자지원법 제11조 내지 14조). 보상금 신청을 위해서는 의사상자보호신청서를 작성한 후 신청인과 의사상자와의 관계를 증명할 수 있는 호적등본 및 주민등록등본 각 1통과 병원급 이상 의료기관이 발행한 진단서 1부, 경찰관서의 사건발생 확인서 1부 등과 함께 주소지 관할 시·군·구청 사회복지과 혹은 복지정책과에 제출하면 된다.172)

제5절 형사절차 참여 촉진을 위한 제도적 지원

1. 고소 및 고소취소 제도

　　범죄피해자는 고소권 또는 고소취소권 행사를 통해 수사기관에 수사 개시를 촉구하거나 수사활동을 중단시킬 수 있다(형사소송법 제223조, 제232조). 특히 친고죄의 경우에는 피해자의 가해자에 대한 처벌의사 표시 유무가 형사절차 진행의 전제조건이 되므로 피해자가 형사절차의 진행에 참여할 수 있는 중대한 수단이 된다. 반의사불벌죄의 경우에는 피해자가 처벌의사의 철회를 통해 형사사법 기관의 형사절차 진행에 영향을 미치게 되므로 이 역시 형사절차 참여 수단의 일종이다. 고소권이 경찰이나 검사의 수사권 발동을 촉구하여 헌법상의 기본권인 재판청구권을 실현시키는 역할을 함으로써 범죄피해자의 권리를 적극적으로 보호하는 수단으로서의 성격이 있다고 한다면, 고소취소권이나 처벌불원의 의사표시 등은 피해자가 형사절차에서 가해자와 법적 평화를 회복해 나아가는 데 기여할 수 있는 수단으로서의 성격을 갖는다고 볼 수 있다.173)

　　한편, 고소권과 고소취소권은 피해자의 권리에 속하지만 형사소송법 제255조 제1항은 법정대리인이 피해자와 독립하여 고소할 수 있다고 하고 있다. 법정대리인이란 미성년자나 무능력자의 행위를 일반적으로 대리할 수 있는 사람으로서 피해자 본인의 의사에 반하여 고소도 할 수 있고, 피해자의 고소권 소멸 여부와 상관없이 고소권을 행사할 수 있다. 이러한 법정대리인의 권리는 이들에게 특별히 인정된 고유의 권리라고 보는 것이 판례의 입장이기에 법정대리인이 한 고소를 피해자가 취소할 수 없고 그 고소기간도 법정대리인 자신이 범인을 알게 된 날로부터 진행하게 된다.174)

2. 피해자에 대한 정보제공

피해자에 대한 정보제공은 피해자 자신의 이익보호를 위해서 필요함은 물론,[175] 자기와 관련된 사건의 형사절차의 진행과 사건내용 등을 미리 숙지함으로써 피해회복을 촉진하는 기능도 하게 된다. 피해자가 형사절차에서 법에 규정된 권리를 제대로 행사하기 위해서는 자기 사건과 관련된 정보를 알고 있지 않으면 안 되기에 피해자에 대한 적절한 정보제공은 다른 권리의 행사를 위한 선결적 과제이기도 하다.[176]

피해자에 제공되어야 할 정보의 유형은 그 정보의 대상이 무엇이냐에 따라, ① 당해 사건의 형사절차의 진행과 관련된 정보, ② 당해 사건의 수사기록, 공판기록 등 사건내용과 관련된 정보, ③ 피해자의 권리 및 보호·지원에 대한 정보 등으로 나뉜다.[177] 그런가 하면, 피해자 정보권을 ① 정보제공의 목적에 따른 유형, ② 정보제공의 구체적 사건 관련성에 따른 유형, ③ 정보제공의 신속성 여부에 따른 유형으로 분류할 수 있다.[178] 이하에서는 경찰과 검찰의 피해자에 대한 정보제공 지원 정책을 살펴본다.

1) 경찰에서의 정보제공

경찰에서의 피해자 정보권 보장에 관해서는 경찰청 훈령 제952호로 제정된 「피해자 보호 및 지원에 관한 규칙(이하 '피해자보호규칙')」과 경찰청 훈령 제980호로 제정된 「범죄수사규칙」에서 구체적으로 규정하고 있다.

피해자보호규칙 제17조는 피해자에 대한 정보제공의 핵심내용 3가지를 제시하고 있으며, 제18조에서는 정보제공 절차를 규정하고 있고, 제19조에서는 정보제공 시의 유의사항을, 제20조에서는 사건처리 진행상황에 대한 통지사항을 규정하고 있다. 피해자보호규칙상의 정보제공의 핵심내용 3가지와(제17조) 정보제공 절차(제18조)에 관해서는 후술하려니와, 제19조의 경우 정보제공을 하는 경찰관은 평소 피해자

보호 및 지원을 위한 제도 등 관련 정보를 숙지하여 피해자와의 상담에 성실하게 응해야 하고, 외국인 피해자가 언어적 어려움을 호소하는 경우 관할지역 내 통역요원 등을 활용하여 외국인 피해자에게 충실하게 정보를 제공할 수 있도록 노력해야 함을 규정하고 있고, 제20조에서는 피해자보호관 또는 사건 담당자가 수사 진행상황에 대해 문의하는 피해자가 있을 경우 수사에 차질을 주지 않는 범위 내에서 피해자가 이해하기 쉽도록 설명하여야 함을 규정하고 있다.

범죄수사규칙의 제203조는 경찰의 피해자에 대한 정보제공의 근거 조항이라고 할 수 있겠는바, 수사과정에서 피해자보호규칙 제17조부터 제20조까지의 규정에 따라 형사절차상 범죄피해자의 권리 및 지원에 관한 정보를 제공하도록 하고 있다. 다만, 범죄수사규칙은 피해자보호규칙 제20조에서 정하고 있는 사건처리 진행상황에 대한 통지 규정을 아래와 같이 상세히 규정하고 있다.

범죄수사규칙 제204조의 사건처리 진행상황 통지

① 경찰관은 피해자의 신고·고소·고발·진정·탄원에 따라 수사를 할 때에는 사건처리 진행상황을 통지하여야 한다.

② 경찰관은 사건을 접수한 때, 접수 후 매 1개월이 경과한 때, 송치하거나 타 관서로 이송하는 등 수사를 종결하였을 때에는 3일 이내에 피해자, 고소인 또는 고발인에게 그 사실을 통지하여야 한다. 다만, 수사를 종결하였을 때에는 피의자(「소년법」에 따른 "비행소년"을 포함한다)에게도 그 사실을 통지하여야 한다.

③ 경찰관은 제1항 또는 제2항의 통지대상자가 사망 또는 의사능력이 없거나 미성년자인 경우에는 법정대리인, 배우자, 직계친족, 형제자매나 가족 등(이하 "법정대리인 등")에게 통지하여야 한다. 다만, 통지대상자가 미성년자인 경우에는 본인과 법정대리인 등에게 모두 통지하여야 한다.

④ 경찰관은 제1항에서 제3항까지의 통지가 수사 또는 재판에 지장을 주는 때, 피해자 또는 사건관계인의 명예와 권리를 부당히

침해하거나 피해자 또는 사건관계인에게 보복범죄나 2차 피해의 우려가 있는 때에는 통지하지 않을 수 있다.

⑤ 경찰관은 제1항에서 제3항까지의 통지를 할 때에는 피해자의 비밀보호를 위해 구두, 전화, 우편, 모사전송, 이메일, 문자메시지(SMS) 등 사건을 접수할 때 피해자가 요청한 방법으로 할 수 있으며, 서면으로 통지하였을 경우 그 사본을 기록에 편철하고 그 이외의 방법으로 통지한 때에는 그 취지를 기재한 서면을 수사기록에 편철하여야 한다.

경찰청은 수사단계별 사건진행 상황의 정보제공을 보다 효율적으로 하기 위하여 피해자의 휴대폰으로 필요한 정보를 통보해 주는 'SMS 자동통지시스템'을 구축 운영 중이다. 통지되는 내용에는 '사건이 배당된 경찰관의 성명과 사건접수번호, 피의자 검거사실 등 수사과정의 변경사항, 타 관서 또는 타 경찰관으로 사건이송 여부, 사건종결 시 송치일자 및 종결사유' 등이 포함되며 문의사항이 있을 경우 담당자와 연락 가능한 전화번호도 함께 전송하고 있다.

아울러 경찰청은 범죄수사 과정에서의 사건처리 진행상황 통지와는 별도로 피해자에게 실질적 도움이 되는 각종 피해자 보호 및 피해자 지원에 관련된 정보제공을 위해 형사사법정보시스템(KICS)과의 연계를 통해 피해자 유형별·지역별 실정에 맞는 '맞춤형 피해자 안내서' 제공을 하는 '통합피해자안내시스템'을 이미 운영해 왔는데,[179] 이러한 정책의 연장선상에서 2019년 피해자보호규칙 개정과 더불어 개발된 소정의 안내서를 피해자에게 교부해 주는 시책을 뒤이어 전개하고 있다. 이 안내서는 특정 피해자를 제외한 모든 피해자에게 배포하는 일반 안내서와 성폭행·가정폭력·아동학대 피해자와 같이 특정의 피해자에게 맞춤형으로 제공되는 추가 안내서로 구분된다. 이하에서 이 안내서에서 제공하는 정보의 내용을 살펴본다.

가. 일반 피해자에 대한 '피해자 권리·지원제도 안내서' 교부

앞서 언급한 피해자보호규칙에서는 경찰관이 일반적으로 피해자를 조사할 때에는 다음 3가지에 관한 정보를 제공하도록 하고 있다. 즉, 형사절차상 범죄피해자의 권리에 관한 정보, 범죄피해자 지원 제도에 관한 정보, 기타 권리보호 및 복지증진 관련 정보 등이 바로 그것이다(피해자보호규칙 제17조). 다만, 피해자에 대한 조사를 하지 아니하는 때에는 사건 송치 전까지 위 정보들을 제공하면 된다.

이러한 범죄피해자에 대한 경찰의 일반적 정보제공은 피해자보호규칙 제18조상의 별지 제1호 서식으로 고안된 소정의 안내문을 교부하는 방식으로 시행된다. 안내문의 상단에는 피해자 사건을 수사한 수사관의 소속부서, 계급, 성명, 전화번호를 안내하는 공간이 있고, 맨 하단에는 인터넷 사이버경찰청 홈페이지나 QR코드를 통해 자세한 내용을 확인할 수 있다는 사실과 경찰서 청문감사관실의 피해자전담경찰관에게 상담 받을 수 있다는 사실 등을 안내하고 있다. 이 안내서에 기재된 세부사항을 차례로 살펴보면 다음과 같다.[180]

형사절차상 범죄피해자의 권리

① 조사받을 때 심각한 불안이나 긴장이 예상되면, 가족 등 신뢰관계에 있는 사람과 동석할 수 있습니다.

② 사건진행상황, 가해자의 구속·형집행상황 등 형사절차상 정보를 제공받을 수 있습니다.

③ 고소를 한 경우 검사의 불기소 처분에 대하여 항고 및 재정신청을 통해 불복할 수 있습니다.

④ 법원에 소송기록의 열람·등사를 신청하거나 재판에 출석하여 의견을 진술할 수 있습니다.

⑤ 법원에 증인으로 출석하여 진술하게 되는 경우 사생활·신변보호 필요성 등 정당한 사유가 있으면 비공개 심리를 신청할 수 있습니다.

범죄피해자 지원 제도

① 특정범죄의 신고, 증언 등과 관련하여 보복을 당할 우려가 있다면 수사기관에 신변안전 조치를 요청하거나 조사 서류 등에 인적사항을 기재하지 않도록 요청할 수 있습니다.

② 범죄피해로 심리적 충격이 크다면 각 경찰서 피해자전담경찰관이나 지역별 전문기관을 통해 심리 상담·치료 지원을 받을 수 있습니다.

③ 대한법률구조공단(132)을 통해 법률상담이나 손해배상청구 등 소송 관련 도움을 받을 수 있습니다.

④ 범죄로 인해 사망, 장해, 중상해 피해를 입고 가해자로부터 배상을 받지 못한 경우 구조금을 신청할 수 있고, 소정의 심사를 거쳐 치료비 등 경제적 지원을 받을 수 있습니다.(1577-2584)

⑤ 뺑소니 또는 무보험 차량으로 인해 사고를 당한 경우 손해보험회사에 보상을 청구할 수 있고, 자동차 사고로 사망·중증후유장애를 입은 경우 경제적 지원을 받을 수 있습니다.(1544-0049)

기타 권리보호 및 복지증진 관련 사항

① 가해자와 범죄피해 관련 민사상 다툼에 대해 합의한 경우, 형사재판 중인 법원에 합의내용을 공판조서에 기재해 줄 것을 신청할 수 있습니다. 해당 공판조서는 민사판결문과 동일한 효력이 부여되므로 가해자가 합의내용을 이행하지 않는다면 이를 근거로 강제집행이 가능합니다.

② 법원에서 유죄판결을 선고하면서 가해자에게 피해자가 입은 물적 피해 및 치료비 등 손해를 배상하도록 명령해 줄 것을 신청할 수 있습니다. 배상의 대상과 금액이 유죄판결문에 표시되며, 가해자가 배상명령을 이행하지 않는다면 이를 근거로 강제집행이 가능합니다.

③ 민사소송, 지급명령, 소액심판 등 법원의 민사절차를 통해 가해자로부터 손해배상을 받을 수 있습니다.

④ 갑작스러운 위기로 생계유지가 곤란한 경우 관할 시·군·구청을 통해 긴급복지지원을 받을 수 있습니다.

나. 성폭력 피해자에 대한 '피해자 권리·지원제도 안내서' 교부

피해자가 성폭력을 당했을 경우에는 경찰관은 별지 서식 제1호의 3가지 안내 외에 다음과 같은 안내사항을 덧붙여 안내하도록 하고 있다.[181]

형사절차상 권리

① 변호사를 선임하거나 무료로 국선변호사 선정을 요청할 수 있습니다.

② 여성경찰관에게 조사를 받거나 여성경찰관의 입회하에 조사를 받을 수 있습니다.

③ 진술조서에 가명을 사용하여 신분과 사생활의 비밀을 보호받을 수 있습니다.

> • 가명을 사용하지 않을 경우, 재판과정에서 열람·등사 시 개인정보 노출로 2차 피해를 당할 수 있습니다.
> • 초기 진술서 등에 실명을 사용하였다면, 실명에 대한 삭제를 요청할 수 있습니다.
> • 타 기관 서류(진단서, 감정서 등) 제출 시 개인정보 보호를 요청할 수 있습니다.

④ 조사 받을 때 심각한 불안이나 긴장이 예상되면, 가족 등 신뢰관계에 있는 사람과 동석할 수 있습니다.

> • 모든 피해자는 조사 시, 배우자·직계친족·형제자매·동거인·고용주·변호사 그 밖에 심리적 안정과 원활한 의사소통에 도움을 줄 수 있는 자를 신뢰관계인으로 동석시킬 수 있습니다.
> • 신뢰관계자가 동석하지 않을 경우, 피해자가 법정에 출석해야 할 수 있습니다.
> • 19세 미만이거나 신체적 또는 정신적 장애가 있는 피해자가 진술녹화 시 신뢰관계자가 동석하지 않을 경우 진술녹화 영상이 증거로 채택되지 않을 수 있습니다.

> • 13세 미만이거나 신체적 또는 정신적 장애가 있는 피해자 조사 시에는 신뢰관계자를 반드시 참여 시켜야 합니다.(의무)

⑤ 13세 미만 또는 장애인 피해자는 의사소통·표현에 어려움이 있는 경우, 경찰관과 피해자 사이에서 질문·답변을 쉽게 전달하는 진술조력인의 참여를 신청할 수 있습니다.(임의, 무료)

⑥ 13세 미만 또는 장애인 피해자 조사 시 진술분석전문가 참여제도를 운영합니다.(의무)

⑦ 19세 미만·장애인 피해자는 의사에 반하지 않는 한, 중복출석·반복진술을 방지하기 위해 조사 시 진술 장면을 영상물 녹화(속기록 작성)합니다.

> • 진술 녹화 시, 피해자의 인적사항은 사전에 서면으로 작성(가명조서 신원관리카드)하여 신원(개인정보)과 관련된 사항의 진술을 피하도록 합니다.
> • 피해자 등은 진술녹화 속기록을 확인할 수 있으며, 진술내용과 다르거나 개인정보가 있는 경우 정정 요청할 수 있습니다.

⑧ 법원에 출석하여 증언하는 것이 곤란한 경우, 진술녹화 영상물 등 증거에 대하여 판사가 미리 조사하여 그 결과를 보전하여 두도록 증거보전의 청구를 요청할 수 있습니다.

> • 16세 미만이거나 신체적·정신적인 장애로 사물을 변별하거나 의사를 결정할 능력이 미약한 경우에는 공판기일에 출석하여 증언하는 것에 현저히 곤란한 사정이 있는 것으로 봅니다.

지원 제도

① 해바라기센터(1899-3075, 전국30개소)에서 24시간, 상담, 신속한 증거채취 및 응급의료지원, 피해자 조사, 형사절차에 대한 정보제공 등 법률자문을 받을 수 있습니다.

② 여성긴급전화 1366센터를 통해 24시간 언제든지 상담 및 각 지역의 쉼터·병원·법률기관·정부기관으로 연계 받을 수 있습니다.

③ 성폭력상담소(전국 169개소*)에서 상담 후 심리치유 및 의료·법
률 지원을 받을 수 있습니다.

* 여성가족부 홈페이지 → 주요정책 → 인권보호 "성폭력상담소"
키워드 검색

④ 다누리 콜센터(1577-1366)를 통해 이주여성은 24시간 통역 및 상
담 지원, 쉼터 입소 및 의료·법률지원 등을 제공받을 수 있습
니다. ※ 중국어, 베트남어, 필리핀어, 몽골어, 러시아어, 우즈베
키스탄어, 캄보디아어, 태국어, 영어 통역 지원

⑤ 대한변협법률구조재단(02-3476-6515)을 통해 법률구조가 필요한
부분에 대하여 무료법률상담이나 변호를 받을 수 있습니다.

기타 정보

① 13세 미만 및 장애인 피해자에 대한 강간·강제추행 범죄는 공
소시효가 없습니다.

② 피해자가 미성년자일 경우 성년이 되는 때부터 공소시효를 진
행하며, DNA 증거 등 과학적 증거가 있는 경우 공소시효가 10
년 연장됩니다.

③ 성폭력 피해자, 신고자, 목격자, 참고인 및 그 친족 등과 반복적
으로 생명 또는 신체에 대한 위해를 입었거나 입을 구체적인 우
려가 있는 사람은 신변보호 신청을 할 수 있습니다.

다. 가정폭력 피해자에 대한 '피해자 권리·지원제도 안내서' 교부

피해자가 가정폭력 피해를 당했을 경우에는 경찰관은 별지 서식
제1호의 3가지 안내 외에 다음과 같은 안내사항을 덧붙여 안내하도
록 하고 있다.[182]

형사절차상 권리

① 가정폭력 재발 우려 시 수사기관에 임시조치를 요청하거나 이
에 관하여 의견을 진술할 수 있습니다. 이 경우 판사는 아래 내
용과 같은 임시조치를 결정할 수 있습니다.

> 1) 주거로부터의 퇴거 등 격리   2) 100m 이내 접근 금지
> 3) 전기통신을 이용한 접근 금지 4) 의료기관에의 치료 위탁
> 5) 경찰관서의 유치장 또는 구치소에의 유치

　※ 1)~3)항 위반 시 과태료 500만 원 이하 또는 5)항의 임시조치
　　신청 가능

② 가정폭력 재발 우려가 있고 긴급을 요하여 법원의 임시조치 결
　정을 받을 수 없을 때에는 경찰관에게 위 1)~3)항에 해당하는
　긴급임시조치를 해 줄 것을 신청할 수 있습니다.

③ 형사절차와는 별개로 가정법원에 아래 내용과 같은 피해자보호
　명령을 신청할 수 있습니다.

> 1) 주거로부터의 퇴거 등 격리   2) 100m 이내 접근 금지
> 3) 전기통신을 이용한 접근 금지   4) 친권행사 제한

　※ 위반 시 2년 이하의 징역 또는 2천만 원 이하의 벌금 또는 구
　　류 처벌

지원 제도 및 기관

　①,②,③항의 경우 성폭력 피해자 안내서의 ①,②,④와 동일함.

④ 지역별 가정폭력상담소를 통해 전문상담 및 보호시설 인계 등
　지원을 받을 수 있습니다.

⑤ 한국가정법률상담소(1644-7077)를 통해 가정폭력 관련 형사·민사·
　가사소송 관련 법률상담 및 지원을 무료로 받을 수 있습니다.

기타 정보

① 피해자 또는 그 법정대리인은 가정폭력행위자가 자기 또는 배
　우자의 직계존속인 경우에도 고소할 수 있고, 그 법정대리인이
　가해자인 경우 피해자의 친족이 고소할 수 있습니다.

② 법원 및 수사기관에서 가정폭력사건을 처리할 때 형사 처분 대
　신 접근 및 친권행사 제한, 사회봉사·수강명령, 보호관찰, 보호

시설 감호위탁, 의료기관 치료위탁 등 보호처분을 결정하는 가정보호사건으로 처리할 수 있습니다.

③ 가정폭력을 피해 이사한 경우 주소지가 노출되지 않도록 거주지 관할 주민센터에 가해자에 대한 주민등록 열람 제한을 신청할 수 있습니다.

라. 아동학대 피해자를 위한 '피해자 권리·지원제도 안내서' 교부

피해자가 아동학대 피해를 당했을 경우에는 경찰관은 별지 서식 제1호의 3가지 안내 외에 다음과 같은 안내사항을 덧붙여 안내하도록 하고 있다.[183)

형사절차상 권리

① 조사 전 변호사를 선임하거나 무료로 국선변호사 선정을 요청할 수 있습니다. 13세 미만 또는 장애인 피해자는 의사소통·표현에 어려움이 있는 경우, 경찰관과 피해자 사이에서 질문·답변을 쉽게 전달하는 진술조력인의 참여를 신청할 수 있습니다.

② 아동학대 재발 우려 시 수사기관에 임시조치를 요청하거나 이에 관하여 의견을 진술할 수 있습니다. 이 경우 판사는 아래 내용과 같은 임시조치를 결정 할 수 있습니다.

> 1) 주거로부터의 퇴거 등 격리
> 2) 100m 이내 접근 금지
> 3) 전기통신을 이용한 접근 금지
> 4) 친권 또는 후견인 권한 행사의 제한 또는 정지
> 5) 아동보호전문기관 등에의 상담 및 교육위탁
> 6) 의료기관이나 그 밖의 요양시설에의 위탁
> 7) 경찰관서의 유치장 또는 구치소에의 유치

※ 1)~4)항 위반 시 2년 이하의 징역 또는 2천만 원 이하의 벌금 또는 구류 처벌

5)~6)항 위반 시 판사에게 임시조치 변경 청구 가능

③ 아동학대 재발 우려가 있고 긴급을 요하여 법원의 임시조치 결

정을 받을 수 없을 때에는 경찰관에게 위 1)~3)항에 해당하는 긴급임시조치를 해줄 것을 신청할 수 있습니다.

④ 형사절차와는 별개로 가정법원에 아래 내용과 같은 피해아동보호명령을 신청할 수 있습니다.

1) 주거로부터의 퇴거 등 격리
2) 접근 제한
3) 전기통신을 이용한 접근 제한
4) 피해아동을 아동·장애인복지시설로 보호위탁
5) 피해아동을 의료기관으로 치료위탁
6) 피해아동을 연고자 등에게 가정위탁
7) 친권자인 아동학대행위자의 친권 행사의 제한(정지)
8) 후견인인 아동학대행위자의 후견인 권한의 제한(정지)
9) 친권자, 후견인의 의사표시를 갈음하는 결정

※ 위반 시 2년 이하의 징역 또는 2천만 원 이하의 벌금 또는 구류 처벌이 경우 보조인을 선임할 수 있으며, 피해아동에게 신체적·정신적 장애가 의심되거나 빈곤 또는 그 밖의 사유로 보조인을 선임할 수 없다면 법원에 국선보조인 선임을 신청할 수 있습니다.

지원 제도

① 피해자 지원을 위해 지역별 아동보호전문기관에 사건관련 정보가 제공되며 상담, 의료지원, 심리치료 및 학대피해아동쉼터 연계, 멘토링 등 지원을 받을 수 있습니다.

② 관할 시·군·구청을 통해 입학 및 전학 지원, 드림스타트 및 희망복지지원단 연계를 받을 수 있고, 보호자가 아동을 양육하기에 적당하지 않거나 능력이 없는 경우 대리 양육 또는 가정위탁보호를 신청할 수 있습니다.

기타 정보

① 피해자 또는 그 법정대리인은 아동학대행위자가 자기 또는 배우자의 직계존속인 경우에도 고소할 수 있고, 그 법정대리인이

가해자인 경우 피해자의 친족이 고소할 수 있습니다.

② 법원 및 수사기관에서 아동학대사건을 처리할 때 형사처분 대신 접근 및 친권행사 제한, 사회봉사·수강명령, 보호관찰, 보호시설 감호위탁, 의료기관 치료위탁, 상담위탁 등 보호처분을 결정하는 아동보호사건으로 처리할 수 있습니다.

③ 아동학대범죄의 공소시효는 피해아동이 성년에 달한 날부터 진행됩니다.

마. 피해자 권리고지 제도

경찰청은 강력범죄 피해자의 피해회복과 권리보호를 위해 2010년 5월 '피해자권리 고지제도'를 도입, 같은 해 6월 30일까지 시범운영을 한 다음, 7월 5일부터 전국에 확대하여 시행하였다. 이는 살인, 강도, 방화 등 강력범죄·성폭력범죄·도주차량범죄·가정폭력범죄·학교폭력범죄·조직폭력범죄·일방적으로 상해를 입은 폭력범죄 등의 피해자에게 경제적 지원 또는 상담 신청 등의 권리 등을 고지하고 피해자 지원단체에 연계해 주는 제도였다.[184] 2013년도에 경찰청 훈령 제701호로 제정되었던 「범죄피해자보호규칙」 제11조의2에는 '피해자에 대한 권리 고지'라는 제목하에, '경찰공무원은 피해자의 진술조서를 작성하는 과정에서 피해자 보호와 피해회복을 위하여 필요하다고 인정되는 경우 피해자에게 소정의 권리를 고지하고 확인서에 서명을 받아 조서 말미에 첨부'하도록 함으로써 이 제도의 운용을 명시하고 있었다.[185]

다만, 이 당시의 범죄피해자보호규칙 제11조 및 제11조의2에 따라 운영되었던 피해자 권리고지 제도가 재량사항으로 규정되어 있어 시행 초기인 2012년도의 경찰에 의한 피해자 권리고지율이 37.5%로서 다소 저조하다는 평가를 받게 되면서 2013년 국가권익위원회가 피해자권리고지제도를 의무적으로 실시할 것을 권고하였다.[186] 이에 따라 범죄피해자보호법 제8조의2(범죄피해자에 대한 정보제공 등)가 신설되었고 2015년 4월부터는 피해자 권리고지제도가 의무규정으로 변화되었다. 이러한 영향으로 2015년 경찰청은 위의 범죄피해자 보호 규칙 전부를 개정, 「피해자 보호 및 지원에 관한 규칙(경찰청훈령 제767호, 2015. 5. 21.)」을 시행하게 되면서 '범죄피해자 권리 및 지원제도 안내서' 서식을 새롭게 제정하여 배포하게 되었고, 이로 인해 피해자에게 권리 고지 후 따로 확인서를 받지 않고 진술조서 작성 시 권리고지에 대한 안내를 받았는지 여부를 물은 뒤 그 답변내용을 진술조서에 기재하는 것으로 갈음하고 있다.[187)

위의 새로운 안내서 서식은 전술한 바와 같이 범죄피해자 권리 및 지원제도 안내서라는 일반적 서식 이외에 성폭력·가정폭력·아동학대 피해자에게 맞춤형으로 제공될 수 있도록 별도의 안내서가 각각 구성되어 있다.

바. 경찰의 정보제공 정책의 개선 방향

피해자의 정보권이 실효적으로 보장되려면 다음과 같은 노력이 필요하다.[188)

첫째, 권리고지의 내용 및 시기의 보완이 이루어져야 한다. 정보제공의 내용에 따라 고지시기를 달리할 수 있어야 한다. 예를 들어 피해자의 신변안전 확보에 관련된 정보는 헌법상 기본권 중의 기본권이라고 할 수 있는 생명권을 보장하는 것이기에 반드시 명문으로 규정되어야 하며, 그 제공도 신속히 이뤄져야 한다. 피해자에 대한 권리 고지의 시기는 피해자가 필요로 하는 정보의 내용에 따라서 다를 수 있다. 즉, 피의자나 피고인의 석방 사실은 피해자 신변안전에 관련되므로 석방 시에 신속히 정보제공이 이뤄져야 하고 실효적 권리로서 정보제공을 받을 권리를 보장해 주어야 하는 반면, 범죄피해자구조금 제도와 같이 통상적인 정보는 피해자 조사 시 제공해 주면 족하다 할 것이다.[189)

둘째, 피해자의 신변안전 확보에 관련된 중요 정보에 대한 제공이 실효적으로 보장되려면 법령에 재량행위로 규정되어 있는 국가기관의 중요 정보에 대한 제공 행위를 기속행위로 전환하여야 한다. 이와 관련하여 피고인 등의 신병조치에 관련된 주요 변동 상황은 피해자 신변보호에 직결됨에도 불구하고 특정범죄신고자등보호법 제15조가 정보제공을 함에 있어서 국가기관이 재량권을 행사하도록 허용하는 것은 불합리하기에 개선되어야 하며, 현행 형사소송법 제259조의2와 같이 피해자의 신청을 기다려서 정보제공을 하는 규정도 개선되어야 한다.190) 다만, 피해자 정보권을 절대적으로 보장할 경우 피의자·피고인 및 사건관계인의 권익보호와 불균형이 초래될 수 있으므로 피해자 정보권 규정의 강행규정화에 따라 불합리한 점들이 발생하지 않도록 일정한 제한적 조치는 필요하다고 생각된다.191)

셋째, 피해자의 정보권을 침해하는 행위에 대해서 제대로 구제가 이뤄지지 않으면 피해자 권리의 실효성을 확보하기 어렵다. 따라서 범죄피해자보호법에 피해자 정보권 침해에 대한 구제조항을 마련하고 이를 형사소송법 제259조의2와 특정범죄신고자등보호법 제15조 등에 준용하는 방안을 강구할 필요가 있다.192)

넷째, 정보제공 규정을 둔 법령 간에 정합성을 확보해야 한다. 현재 범죄피해자보호법과 형사소송법의 피해자 정보권에 관한 규정은 양 법률 상호 간은 물론 위 법률과 하위 법체계라고 할 수 있는 「범죄피해자보호법 시행령」이나 「범죄수사규칙」, 「피해자 지원 및 보호 규칙」 상호 간에도 정합성이 취약하다.193) 예를 들어 범죄피해자보호법 시행령 제10조에서는 수사상황, 공판절차 진행상황, 형집행상황, 보호관찰 집행상황까지 통지하도록 되어 있어 형사소송법에서의 통지범위보다 광범위하지만, 정작 범죄자의 구속 등 구금에 관한 사실은 형사소송법에만 명시되어 있다. 아울러 형사소송법에서는 정보제공 요청이 있을 때 별다른 제한사유가 없지만, 범죄피해자보호법 시행령에서는 일정한 제한사유가 있어 사안에 따라 정보제공을 거절할 수 있게 하고 있는 것이다.194)

다섯째, 피해자의 인격권 보장과 알권리 실현을 위해서는 피해자 정보권이 실효적으로 보장되어야 함을 강조하였거니와 피해자에게 필요한 정보가 정확히 전달되려면 1:1 대면접촉을 통해 설명과 함께 서면으로 고지하는 방식을 채택할 것이 권장된다. 가정폭력 피해자에 대한 권리고지에 관한 실증적 연구에 따르면 경찰관이 권리내용에 대한 실질적 설명과 함께 권리내용이 담긴 문서를 함께 제공했을 때 피해자의 이해도가 높았다고 하는바, 이와 같은 병행방식의 피해자 권리고지가 제도적으로 정착되어야 할 것이다.195)

2) 검찰에서의 정보제공

가. 고소·고발인에 대한 검사의 정보제공

피해자의 신속한 피해회복을 위해서는 검찰 단계에서도 필요한 정보가 적시에 제공되어야 한다. 구 형사소송법에서도 검사는 고소를 제기한 피해자에게 일정한 정보제공을 해 주어야 할 의무가 있었다. 동법 제258조 고소인 등에의 처분고지와 제259조 고소인등에의 공소불제기 이유고지가 바로 그것이다. 전자는 검사가 고소 또는 고발이 있는 사건에 관하여 공소를 제기하거나 제기하지 아니하는 처분, 공소의 취소 또는 제256조의 타관송치를 한 때에는 그 처분한 날로부터 7일 이내에 서면으로 고소인 또는 고발인에게 그 취지를 통지하여야 한다는 것이며, 후자는 고소 또는 고발이 있는 사건에 관하여 공소를 제기하지 아니하는 처분을 검사가 한 경우에 고소인 또는 고발인의 청구가 있는 때에는 7일 이내에 고소인 또는 고발인에게 그 이유를 서면으로 설명해 주어야 한다는 것이었다. 이러한 조항은 피해자의 재판청구권 보장과 불기소 처분에 대한 불복을 용이하게 함으로써 피해자의 권익을 보호하는 작용을 했다고 볼 수 있다.196)

나. 형사절차 진행에 대한 검사의 정보제공

형사절차에서 피해자가 제공받아야 할 정보는 단지 고소·고발사건에 국한되지는 않는다. 일반 사건의 경우라도 자기 사건이 어떻게 처리되며 진행되고 있는지, 피의자·피고인의 신병처리는 어떻게 되었는지 알 필요가 있다. 특히 피의자·피고인의 구속·불구속·석방·가석방 등의 사실은 피해자 신변안전에 직결되는 중요 정보라고 할 수 있다.

그럼에도 불구하고 법적 근거가 미비함으로써 이러한 유형의 정보가 피해자에게 제대로 전달되지 않은 경우가 많았다.[197)]

이에 2007년 형사소송법 개정을 통하여 동법 제259조의2에 모든 피해자에 대하여 형사절차 진행과 관련된 중요 정보를 제공할 수 있도록 하였다. 즉, "검사는 범죄로 인한 피해자 또는 그 법정대리인(피해자가 사망한 경우에는 그 배우자·직계친족·형제자매를 포함한다)의 신청이 있는 때에는 당해 사건의 공소제기 여부, 공판의 일시·장소, 재판결과, 피의자·피고인의 구속·석방 등 구금에 관한 사실 등을 신속하게 통지하여야 한다."라고 규정하고 있는 것이다. 이에 따라 피해자는 과거보다 훨씬 더 자신의 형사사건에 대한 통제력이 향상되었고 권익 보장의 가능성도 높아졌으며, 신변안전을 위협하는 행위에 대한 대비도 잘 할 수 있게 되었다.[198)]

다. 피해자에 대한 '피해자 권리·지원제도 안내서' 교부

대검찰청예규 제777호에 의해 제정된 「범죄피해자 보호 및 지원에 관한 지침(이하 '피해자보호지침')」 제16조는 검찰의 정보제공에 관한 내용을 규정하고 있다. 이에 따르면 검사 또는 수사관은 범죄피해자를 조사하는 경우 ① 형사절차상 범죄피해자의 권리, ② 범죄피해구조금 지급 및 범죄피해자 지원에 관한 정보, ③ 기타 범죄피해자의 권리 보호 및 복지증진에 필요하다고 인정되는 정보 등이 기재된 별지 제4호의 '범죄피해자 권리 및 지원제도 안내서' 1부를 범죄피해자에게 교부하도록 하고 있으며, 성폭력·가정폭력·아동학대 피해자와 같은 특정 피해자에게는 별도의 안내서 문안을 배부하도록 하고 있다.

피해자보호지침상의 검찰의 일반 피해자에 대한 안내서의 내용을 보면 경찰의 것과 대동소이하나 검찰 안내서의 경우 범죄피해자 지원제도와 관련하여 심리상담·치료지원이 필요할 때 각 지방경찰청 청문감사관실로 문의할 것과 검찰 산하에 운영되고 있는 스마일센터 등을 이용할 것 등 필요한 사항을 좀 더 구체적으로 안내하고 있다는 점에서 경찰의 것과 구분된다. 또한 피해자 구조금 지급을 위하여 접촉할 수 있는 검찰청 안내전화(지역번호-1301)와 범죄피해자지원센터 전화번호(1577-1295)를 명시하고 있는 점도 차이점이라고 할 수 있겠으며, 안내서 말미에 형사사법포털 및 모바일 앱을 통해 자세한 피해자지원 정보를 확인할 수 있다는 것과, 강력 범죄피해자는 피해자 보호·지원과 관련하여 검찰청 피해자지원(법무) 담당관으로부터 종합적인 도움을 받을 수 있다는 점을 적시하고 있다는 점, 안내서 하단의 확인자란에 범죄피해자의 서명·날인을 받도록 하여 사건 기록에 편철하도록 하고 있는 점 등도 경찰의 안내서와 구별되는 차이점이라고 할 수 있겠다.

피해자보호지침에 규정된 검찰의 성폭력, 가정폭력, 아동학대 피해자에 대한 안내서의 주요 내용은 다음과 같다.199)

성폭력 피해자의 권리 및 지원제도 안내서 요지

- 성폭력 안내서의 경우에는 형사절차상의 권리에 속하는 것들, 즉 변호사 선임권 및 국선변호사의 도움을 받을 권리, 진술조력인의 도움을 받을 권리, 인적사항 기재의 생략을 요청할 권리, 증거보전 절차 진행을 할 수 있도록 청구해 달라고 요청할 권리, 법정에 증인으로 소환될 경우 방청인의 퇴정이나 공개법정 외의 장소에서 증인신문할 것을 신청할 권리 등을 고지하도록 하고 있다.
- 피해자를 위한 보호·지원 제도에 관한 정보제공으로서는 원스톱지원센터(해바라기센터), 여성긴급전화 등을 통해 전문상담과 치료지원을 받을 수 있다는 것과 비밀이 보장된다는 것, 보호시설 입소에 관한 정보, 13세 미만의 피해자나 피해자의 자녀가 있는 경우 돌보미 등 경제적 지원을 받을 수 있다는 정보, 기타 회복 및 자활 프로그램 참여 지원을 받을 수 있다는 점 등을 통지해 주도록 하고 있다.

가정폭력 피해자의 권리 및 지원제도 안내서 요지

- 가정폭력 안내서의 경우 ① 접근금지명령 등 임시조치에 관한 내용, ② 법원의 피해자보호명령 제도, ③ 기타 피해자를 위한 보호·지원

제도 등에 관한 정보를 소개하고 있다. 즉, 검사나 사법경찰관이 임시조치나 긴급임시조치를 청구 또는 신청하도록 요청하거나 이에 관한 의견진술을 할 수 있음을 알려주고, 가해자가 법원의 임시조치 결정에 위반하면 검사 또는 사법경찰관에게 가해자를 유치장이나 구치소에 유치하는 내용의 임시조치를 청구 또는 신청을 요청할 수 있거나 이에 관한 의견진술을 할 수 있음을 알려주도록 하고 있으며, 피해자가 직접 법원에 피해자보호명령을 청구할 수도 있음을 알려주도록 하고 있는 것이다.

- 기타 피해자를 위한 보호·지원제도에 관한 안내 역시 경찰의 것과 유사하나 임산부 및 태아보호를 위한 검사 및 치료비용, 신생아에 관한 의료비용 등 경제적 지원을 받을 수 있다는 것과 가정폭력 피해자가 가해자와 주민등록지를 달리하는 경우 시장, 군수, 구청장에게 가재하가 피해자의 주민등록표를 열람하거나 교부받는 것을 제한해 달라고 신청할 수 있음을 알리도록 하고 있다.

아동학대 피해자의 권리 및 지원제도 안내서 요지

- 아동학대 피해자에 대한 형사절차상의 권리는 성폭력 피해자의 것과 동일하다.
- 아동학대 피해자에 대한 접근금지명령 등 임시조치에 관한 안내와 법원의 피해자보호명령에 관한 내용은 가정폭력 피해자의 것과 동일하다. 다만 피해자보호명령의 경우 가정폭력 피해자에게 인정되는 가해자 주거로부터의 퇴거 등 격리조치, 피해자 주거나 직장 등으로부터 100m 이내 접근금지, 전화나 이메일을 통한 접근금지, 후견인 또는 친권행사의 제한 또는 정지와 같은 규정 외에도 아동보호전문기관에의 상담 및 위탁, 의료기관이나 그 밖의 요양시설에의 위탁, 경찰관서의 유치장 또는 구치소에의 유치 등 (긴급)임시조치의 청구 또는 신청을 요청하거나 이에 관한 의견진술을 할 수 있다는 것이 추가로 규정되어 있다.
- 법원의 피해자보호명령 제도의 경우도 가정폭력 피해자에게 통

지해야 할 정보의 내용과 모두 공통되나 그 이외에 복지시설 또는 장애인 복지시설에의 피해아동 보호위탁, 의료기관에의 피해아동 치료위탁, 연고자 등에게의 피해아동 가정위탁 등에 관한 정보제공을 추가하고 있다.

• 피해자를 위한 보호지원 제도는 전국 각 지역의 아동보호전문기관을 통해 피해아동에 대한 쉼터제공, 심리치료, 의료 및 법률지원, 피해아동의 가족이나 학대행위자에 대한 심리치료, 양육교육 등을 제공받을 수 있다는 것과 중앙 아동보호전문기관(02-558-1391)을 통하여 기타 복지 및 법률서비스를 연계 받을 수 있다는 사실을 알리도록 하고 있다.

라. 검찰의 정보제공 정책의 개선방향

범죄피해자의 피해회복에 도움이 되는 각종 정보는 형사절차에 진입하는 초기단계에서부터 경찰에 의해 제공되어야 하며 이후 검찰에서도 중복적으로 체크하여 제공될 필요가 있다. 그런데 검찰단계에서는 피해자의 반응에 따라 검찰이 직접 관련부서와 연계하여 바로 대응을 할 수 있는 성질의 정보제공이 이뤄질 수 있다는 점에 유의할 필요가 있다. 즉, 형사조정 신청, 검찰항고의 제기, 범죄피해자구조금 신청 등은 피해자의 피해회복에 직결되는 내용으로서 검사가 수사를 진행하고 있거나 수사를 종결한 직후에 피해자의 의사 여부에 따라 검찰의 즉각적인 대응이 필요하거나 자세한 안내가 필요한 영역들이다.[200)]

아울러 경찰과 마찬가지로 검찰에서도 정보유형에 따라 그 제공시기의 완급을 조절하여 적시에 피해자에게 정보를 제공할 수 있어야 한다. 예컨대 피해자의 신변안전 확보를 위한 정보는 피해자의 생명권 보장을 위해 필요한 특별정보로서 피의자·피고인이 석방되는 즉시 피해자에게 알려주어야 정보제공 소정의 목적을 달성할 수 있다. 그리고 이처럼 피해자의 생명권 확보에 직결되는 정보는 피해자의 신청이 없더라도 당연히 국가기관에 의해 제공되어야 하는 것이기 때문에 형사소송법 제259조의2에서 정하고 있는 것처럼 피해자 신청을 전제로 한 정보제공은 적합지 않아 개선이 요구된다. 아울러 범죄피해지원에 관련된 일반정보 등은 사건발생 직후의 단계에서는 그 현장에서, 출석요구를 통해 조사를 하는 단계에서는 처음 조사가 이뤄지는 장소에서 각각 정보제공이 이뤄져야 할 것이다.[201]

한편, 피해회복의 충실을 기하기 위해서는 피해자가 고소한 사건에 대해 검사가 공소를 제기하지 않은 경우, 고소인 또는 고발인의 청구를 기다려서 검사가 공소를 제기하지 아니한 이유를 고지하도록 하는 형사소송법 제259조도 개정되어야 한다. 즉, 고소인의 청구가 없어도 공소를 제기하지 않은 이유는 고소인에게 당연히 통지되어야 하는 것이다.

3. 법률조력 제도

1) 도입 취지

2011년 9월 청소년성보호법 개정(법률 제11047호)을 통해 성범죄 피해를 당한 19세 미만의 아동·청소년에 대한 수사 및 재판과정에서의 법률조력을 위해 검사가 무료 국선변호인을 지정하여 운영하는 '법률조력인 제도'를 마련하고 2012년 3월부터 본격 시행하게 되었다. 이 법의 제18조의6에서 규정하였던 변호인의 권한은 수사기관에의 출석권, 증거보전절차 청구권 및 참여권, 증거물 열람·등사권, 공판절차 출석권, 소송행위에 대한 포괄적 대리권 등이었다. 그런데 청소년성보호법상의 변호사 선임 특례규정이 성폭력처벌법에도 규정되면서 개정된 청소년성보호법(법률 제17641호, 2021.6.9.) 제30조 제2항에 의거하여 성폭력처벌법 제27조의 변호사 선임 특례규정을 준용하는 것으로 정리되었다.[202] 처음에 법률조력인 제도라는 명칭으로 도입된 제도가 2013년 6월에는 피해자국선변호사라는 명칭으로 변경되었으며, 처음에 아동·청소년에게만 적용되던 이 제도가 모든 성폭력 피해자에게로 확장된 데 이어 아동학대 피해자에까지 국선변호인 선임이

가능하게 되었다.203)

이 법률조력인 제도의 도입 취지를 보면, 아동·청소년대상 성범죄의 피해자 및 그 법정대리인(이하 '피해아동·청소년 등')이 형사절차상 피해자화될 수 있는 상황을 사전에 방어하기 위한 것이었다(청소년성보호법 제30조 제1항). 다시 말하면, 피해자가 소송과정에서 자신의 권리를 지키고 필요한 정보를 제공받으며, 심리적으로 안정된 상태에서 재판을 받음으로써 2차 피해를 방지함과 동시에 피해의 회복과 실체적 진실발견을 위해 피해자도 피고인 못지않은 법률적 조력이 필요하다는 취지에서 도입된 것이다.204)

2014년도 국선변호사 지정 건수를 보면 전체 신청건수의 93.4%인 13,363건에 대하여 피해자가 국선변호사 지정을 받았으며, 그중에 원스톱센터(해바라기센터)가 신청한 지정건수가 49.2%로 가장 많았고, 그 다음이 경찰로서 지정건수가 44.6%에 이르렀다. 이 제도가 처음 시작되었던 2012년 국선변호사 지정건수가 2,908건이었던 데 비해 2014년에는 13,363건으로 증가한 것은 위에서 언급한 바와 같이 변호인 선임 대상이 확대된 데 따른 현상이라고 볼 수 있다.205) 2018년 8월 현재 검찰청에서는 전국에 총 41명의 피해자지원 법무담당관(공익법무관)을 배치하여 범죄피해구조금 심의, 경제적 지원, 법률상담 및 법정동행 등 각종 피해자 보호업무를 수행하도록 하고 있다.206)

2) 법률조력인의 권한

현행 성폭력처벌법 제27조에는 피해자를 위해 선임된 변호사의 권한이 열거되어 있다. 즉, 검사 또는 사법경찰관이 피해아동·청소년 등에 대하여 조사할 경우 조사에 참여하거나 조사 도중에 검사 또는 사법경찰관의 승인을 얻어 의견을 진술할 수 있고(제2항), 피의자에 대한 구속 전 피의자심문, 증거보전절차, 공판준비기일 및 공판절차에 출석하여 의견을 진술할 수 있으며(제3항), 증거보전 후 관계 서류나 증거물, 소송계속 중의 관계 서류나 증거물을 열람하거나 등사할 수 있고(제4항), 형사절차에서 피해자등의 대리가 허용될 수 있는 모든 소송행위에 대한 포괄적인 대리권을 가진다고 명시하고 있다(제5항). 만일 피해자에게 변호사가 없는 경우 검사가 국선변호사를 선정하여 형사절차에서 피해자의 권익을 보호하도록 할 수 있다(제6항). 실무적으로는 법률조력인을 지정할 때 검사가 필요성을 판단하여 직권으로 지정하거나 성폭력상담소 등의 협조요청에 의하여 지정하는 등 2가지의 방법을 활용하고 있는데, 각 지방검찰청별로 관내 변호사협회 및 법률구조공단 소속 변호사 중에서 법률조력인을 지정하여 운영하는 방식을 취한다.207) 법률조력인은 피해자를 상담하거나 자문에 응하기도 하고, 고소장 또는 의견서 작성에도 관여하게 된다.208)

3) 개선 방향

경찰실무에서는 피해자에 대한 법률조력인의 역할에 대한 필요성을 자각하고 2006년도부터 사법경찰관리의 「피해자 조사과정에 관한 변호인 참여 지침」과 같은 경찰내부 자체 업무처리 기준을 만들어 피해자 조사과정에 변호인 참여를 허용하기 시작하였다. 이 지침에 따르면 조사과정에서 변호인의 역할은 피해자의 답변에 대한 조언, 상담 및 작성된 조서의 열람, 피해자 대질신문 시 피해자 답변에 대한 조언, 상담 등에 한정하고 있었기에(위 지침 제7조) 피해자에 대한 법률적 지원활동에는 한계가 있었다.209) 이러한 문제점이 있음에도 불구하고 아직 형사소송법에서는 피해자 변호인 제도를 도입하고 있지 않지만 성폭력처벌법과 청소년성보호법에 피해자 변호인 제도가 규정된 것은 그나마 다행이라 하겠다.

그러나 이러한 법률조력인제도가 특별법에 근거하여 특정범죄 피해자에게만 한정되고 있다는 점은 다소 아쉬운 측면이라고 볼 것이다. 위의 특정 범죄 외의 경우에 피해자가 변호인을 전혀 선임할 수 없다면 많은 피해자들이 수사나 재판과정에서 충분한 의사개진이 어려워 형사절차 진행과정에서 많은 어려움을 겪을 수 있음에도 피해자 변호인 제도 도입에 신중을 기하는 이유는 피해자에게는 형벌권을 대행해 주는 막강한 후원자인 국가권력이 있기에 변호인 선임권

마저 인정해 주면 국가와 피의자·피고인 간의 힘의 균형이 깨져 범죄혐의자에 대한 새로운 차원의 압제가 시작되리라는 우려 때문이다. 아울러 피해자에게 변호인 선임권을 인정해 주는 대신 현행법상의 '신뢰관계 있는 자와의 동석권(형사소송법 제163조의2)'을 인정해 주는 것으로 족하지 않은가 반문할 수도 있다.210)

하지만 국가 형벌권은 가해자에 대한 응보적 대응에 우선권을 두고 있기에 범죄피해로 초래된 위기상황에 섬세하게 개입하여 피해의 극복을 돕는 데는 한계가 있다. '신뢰관계에 있는 자'가 변호인을 대신할 수 있다고 볼 여지가 있으나 이들은 변호인과는 달리 법률적 조력이 미약할 수 있고, 재판 및 수사과정에서 활동제한 규정(동법 제163조의2 제3항, 제221조 제3항)의 영향을 받아 피해자의 실질적 보호활동을 펼치는 데 어려움이 있으며, 피해자의 변호인 선임권을 법적인 권리로 인정하지 않을 경우 국선변호인 제도의 도입 논거도 약화될 수 있는 것이다.211)

따라서 우리 형사소송법에 피해자에 대한 변호인 선임권의 근거를 마련하는 방안이 적극적으로 검토되어야 할 것이다. 입법론적으로 독일의 사례를 벤치마킹할 수 있을 것인바, 독일에서는 과거 연방헌법재판소 판례에 따라 증인에 한하여 명문규정 없이 인정되었던 변호인 선임권을 1986년 형사소송법 개정을 통하여 모든 피해자에게 보장하도록 하는 규정을 신설하였다. 즉, 부대공소의 권리가 없는 일반 피해자의 변호인에게는 피해자신문에 참석할 권한만을 인정해 주는 반면(StPO 제406조의 f 2항), 부대공소의 권리가 있는 피해자의 변호인에게는 피해자신문 참석권, 공판정 출석권, 검증절차 참여권 등을 인정하고 있는 것이다(StPO 제406조의 g 2항).212)

부대공소의 권리가 있느냐 없느냐에 따라 변호인의 권한범위에 차이가 있기는 하지만 피해자에게 변호인의 조력이 필요하다는 당위성은 명백히 표출된 것으로 볼 수 있다. 실제로 형사실무에서는 피해자 국선변호사들이 법원으로부터 공판기일통지를 못 받거나 공판기일변경신청권 내지 기일협의권도 인정받지 못하는 경우가 있다고 보고되

고 있는바, 형사소송법에 명문으로 피해자 변호인 제도를 규정하는 방향으로 개선하는 것이 필요하다.[213]

4. 진술조력 제도

1) 도입 취지

성폭력 피해를 당한 13세 미만의 아동이나 장애인의 경우 진술능력이 취약하거나 수사 및 재판과정에서 의사소통에 어려움이 있어 피해사실 조사 및 증언과정에서 항상 2차 피해가 우려되어 왔다. 2007년 형사소송법 개정으로 신뢰관계 있는 자가 피해자 조사과정에 동석할 수 있게 되었고, 2012년부터 청소년성보호법을 개정하여 법률조력인 제도를 시행하였으나 아동이나 장애인과 보다 원활하게 의사소통이 가능한 전문가의 참여가 절실하게 되었다. 이에 법무부에서는 2012년 6월 '진술조력인 제도' 도입에 관한 공청회를 실시한 후 성폭력처벌법 개정안을 마련하여 같은 해 12월 국회에 개정안을 제출하였던바, 이 안이 통과되어 2013년 12월부터 시행에 들어가게 되었다. 즉, 성폭력처벌법 제35조에서 의사소통 및 의사표현에 어려움이 있는 성폭력범죄의 피해자에 대한 형사사법절차에서의 조력을 위하여 진술조력인을 양성하도록 규정하게 된 것이다.[214]

진술조력인은 피해자 조사나 증인신문 과정에 수사기관·재판기관·피고인·피고인의 변호인 등과 피해자 간의 의사소통을 중개하거나 보조하는 한편, 피해자의 진술능력이나 심리적 특성에 관한 의견을 제출할 수 있게 하고, 공판준비절차 등에 참여하여 의견진술이 가능하도록 하는 자인바,[215] 이 진술조력인의 양성은 법무부 장관이 책임을 지고 있다(성폭력처벌법 제35조 제1항). 진술조력인의 자격이나 양성 등에 관하여 필요한 사항은 법무부령으로 정하되 정신건강의학, 심리학, 사회복지학, 교육학 등 아동·장애인의 심리나 의사소통 관련 전문지식이 있거나 관련 분야에서 상당 기간 종사한 사람으로 법무부 장관이 정하는 교육을 이수하도록 하고 있다(성폭력처벌법 제35조 제2항).[216]

2015년 9월 당시 총 60명의 진술조력인이 서울을 비롯한 전국 9개 시도에 소재한 해바라기센터, 아동보호전문기관 등 일선 현장에 상근직으로 배치되어 성범죄 피해자의 의사소통을 지원하도록 하였지만, 이 제도가 주로 성폭력 피해아동과 장애인에 주로 한정되어 있어 18세 미만의 아동학대 피해자나 장애인학대 피해사건으로까지 확대할 필요성이 제기되었다.217) 이에 2020년 아동학대처벌법을 개정하여 동법 제17조 제2항에 성폭력처벌법상의 진술조력인 규정을 준용하는 규정을 두게 됨으로써 아동학대 피해자도 진술조력인의 도움을 받을 길이 열리게 되었다.

2) 진술조력인의 주요 업무

성폭력처벌법상 진술조력인의 주요업무를 정리하면 다음과 같다.218)

첫째, 성폭력범죄의 피해자가 13세 미만의 아동이거나 신체적인 또는 정신적인 장애로 의사소통이나 의사표현에 어려움이 있는 경우 원활한 조사를 위하여 검사 또는 사법경찰관은 직권으로 혹은 피해자, 그 법정대리인 또는 변호사의 신청에 따라 진술조력인으로 하여금 조사과정에 참여하여 의사소통을 중개하거나 보조하게 할 수 있다. 다만, 피해자 또는 그 법정대리인이 이를 원하지 아니하는 의사를 표시한 경우에는 참여할 수 없다(성폭력처벌법 제36조 제1항).219)

둘째, 검사 또는 사법경찰관은 피해자를 조사하기 전에 피해자, 법정대리인 또는 변호사에게 진술조력인에 의한 의사소통 중개나 보조를 신청할 수 있음을 사전에 고지함으로써(성폭력처벌법 제36조 제2항) 피해자가 필요할 경우 이 제도를 활용하도록 해야 한다. 한편, 진술조력인도 조사 전에 피해자를 면담하여 진술조력인의 조력 필요성을 평가한 의견을 수사기관에 제출할 수도 있고, 조사과정에 참여한 후 피해자의 의사소통이나 표현능력, 특성 등에 관한 의견을 수사기관이나 법원에 제출할 수 있게끔 하고 있다(성폭력처벌법 제36조 제3항 내지 제4항).220)

셋째, 법원은 성폭력범죄의 피해자가 13세 미만 아동이거나 신체적인 또는 정신적인 장애로 의사소통이나 의사표현에 어려움이 있는 경우 원활한 증인 신문을 위하여 직권 또는 검사, 피해자, 그 법정대리인 및 변호사의 신청에 의한 결정으로 진술조력인으로 하여금 증인 신문에 참여하여 중개하거나 보조하게 할 수 있다(성폭력처벌법 제37조 제1항). 법원은 증인이 13세 미만 아동이거나 신체적인 또는 정신적인 장애로 의사소통이나 의사표현에 어려움이 있는 경우 증인신문 전에 피해자, 법정대리인 및 변호사에게 진술조력인에 의한 의사소통 중개나 보조를 신청할 수 있음을 고지하여야 한다(성폭력처벌법 제37조 제2항).[221]

넷째, 진술조력인은 수사 및 재판 과정에 참여함에 있어 중립적인 지위에서 상호 간의 진술이 왜곡 없이 전달될 수 있도록 노력하여야 하고(성폭력처벌법 제38조 제1항), 직무상 알게 된 피해자의 주소, 성명, 나이, 직업, 학교, 용모, 그 밖에 피해자를 특정하여 파악할 수 있게 하는 인적사항과 사진 및 사생활에 관한 비밀을 공개하거나 다른 사람에게 누설하여서는 아니 된다(성폭력처벌법 제37조 제2항). [222]

5. 법정진술권 보장

1) 개념 및 연혁

현행 헌법 제27조 제5항은 '피해자가 법률이 정하는 바에 의하여 당해 사건의 재판절차에서의 진술할 수 있다'고 규정함으로써 법정진술권을 피해자가 향유할 수 있는 기본적 권리 중의 하나로 제시하고 있다. 이 법정진술권은 재정신청 제도와 함께 피해자의 형사절차 참가에 관련된 중요한 권리라고 할 수 있다.[223] 위 헌법 규정 외에 현행 형사소송법 제294조의2 제2항에서도 '법원이 제1항에 따라 피해자 등을 신문하는 경우 피해의 정도 및 결과, 피고인의 처벌에 관한 의견, 그 밖에 당해 사건에 관한 의견을 진술할 기회를 주어야 한다'고 규정함으로써 피해자로 하여금 법정에서 자신의 피해경험을 진술할 수 있는 기회를 부여하고 있다.[224] 헌법재판소는 재판절차에서의 진술권, 곧 '피해자 의견진술권'은 공정한 재판을 위해서뿐만 아니라 법관으로 하여금 적절한 형벌권을 행사하여 줄 것을 청구할 수 있는 사법절차적 기본권으로 이해하고 있다.225)

　개정 형사소송법은 구 형사소송법에 비하여 피해자 진술을 할 수 있는 자의 범위를 확장하였고, 피해자 진술의 내용도 구체화되었다는 특징이 있다. 예를 들어 구 형사소송법 제294조의2는 '피해자의 진술권'이라는 제하에 '범죄로 인한 피해자의 신청이 있는 경우에는 그 피해자를 증인으로 신문하여야 한다'고 하고 있는데, 개정 형사소송법에서는 조문의 명칭을 '피해자 등의 진술권'이라고 바꾸고 '피해자 등'의 개념을 '범죄로 인한 피해자 또는 그 법정대리인(피해자가 사망한 경우에는 배우자·직계친족·형제자매를 포함한다)'이라고 하여 피해자의 범위를 확장하는 한편, 수사절차에서 충분히 진술했는지 여부에 따라 공판정에서 법정진술을 배제하였던 근거규정을 삭제하게 되었던 것이다. 이러한 피해자의 공판정진술권은 소년법 제25조의2, 가특법 제33조에도 규정되어 있다.226)

2) 법정진술권의 내용 및 문제점

　2007년 개정된 형사소송법 제294조의2의 피해자 공판정 진술권은 구 형사소송법상의 그것과 비교해 볼 때 상대적으로 내실화된 것이 사실이다. 즉, 구법이 단순히 '당해 사건에 관한 의견을 진술할 기회를 주어야 한다(구 형사소송법 제294조의2 제2항)'고 규정하였던 것을 신법에서는 '피해의 정도 및 결과, 피고인의 처벌에 관한 의견, 그 밖에 당해 사건에 관한 의견을 진술할 기회를 주어야 한다'고 규정함으로써 의견진술의 내용을 보다 구체화한 것이다.227) 2007년 개정 이전의 형사소송법은 피해자 의견진술에 있어서 '증언적 성격'이 강했다고 보나 2007년 형사소송법 개정으로 인해 피해자의 피해경험이나 피고인 처벌의견 등을 피력케 함으로써 이후 피해자의 '피해 보고적 성격'이 강화되었다고 보인다.228)

　하지만 현행 형사소송법 제294조의2 법규정을 살펴보면 피해자의 공판정 진술이 증인신문의 한 객체로서 행해지는 진술인지 아니면 헌법상의 기본권 행사 차원에서 행해지는 진술인지 그 성격이 명확하지 않다는 문제점이 있다. 헌법 제27조 제5항은 '피해자가 법률이 정하는 바에 의하여 당해 사건의 재판절차에서의 진술할 수 있다'고 규정함으로써 이를 기본권의 한 유형으로 제시한 것처럼 보이나 형사소송법은 제294조의2의 규정은 '법원은 범죄로 인한 피해자 또는 그 법정대리인(피해자가 사망한 경우에는 배우자 직계친족 형제자매를 포함한다)의 신청이 있는 때에는 그 피해자 등을 증인으로 신문하여야 한다'고 규정한 다음(형사소송법 제294조의2 제1항), '법원이 제1항에 따라 피해자 등을 신문하는 경우 …(중략)… 당해 사건에 관한 의견을 진술할 기회를 주어야 한다'고 규정함으로써(형사소송법 제294조의2 제2항), 피해자의 공판정 진술권이 피해자에 대한 증인신문의 일환으로 행해지는 인상을 주고 있기 때문이다.[229)]

결국 형사소송법 제294조의2상의 피해자 진술권 규정은 증인신문 절차 과정에서 인정되는 권리라고 볼 수밖에 없다. 이러한 법적 성질로 인해 피해자 등이 이미 당해 사건에 관하여 공판절차에서 충분히 진술하여 다시 진술할 필요가 없다고 인정되는 경우와 피해자 등의 진술로 인하여 공판절차가 현저하게 지연될 우려가 있는 경우 피해자 진술이 제한되고(형사소송법 제294조의2 제1항 2호 내지 3호),[230)] 피해자의 진술은 증인신문에 대한 답변 형식으로만 가능하게 되어 있어 신문자가 질문을 하지 않는 한 증인인 피해자가 먼저 적극적으로 진술할 수도 없으며, 진술의 주도권도 갖지 못할 뿐 아니라 증언거부권도 없어서 진술의 결과에 따라 위증죄의 부담도 지게 되므로 헌법상의 재판절차 진술권을 실질적으로 보장하는 것이 아니라는 비판이 제기되고 있는 것이다.[231)]

3) 개선 방향

피해자 권익 보호를 위해서는 피해자가 공판절차에서 법관의 증인 신문의 객체로서 자신의 의견을 진술하는 데 그치는 것이 아니라 형사절차 참가인의 자격으로 자신의 피해사실과 심리적 충격, 피해의 결과, 피해회복의 정도, 가해자에 대한 의견 등에 관하여 형사절차 전반에서 적극적으로 의견을 피력할 수 있는 기회를 부여하여야 한다. 미국 연방 형사소송규칙 제60조에서는 '법원은 범죄와 관련된 법원에서 피고인의 석방, 유죄인정 답변협상, 양형절차에 피해자에게 합리적으로 의견을 진술할 기회를 주어야 한다.'고 규정하고 있는바, 여기서의 피해자의견진술(victims statement of opinion)은 한국 형사재판에서의 증인신문절차에서 인정되는 피해자 진술과는 성격이 다른 것으로서 피해 결과에 대한 사실적 진술 외에 형사절차의 각 단계에 있어서 피해자의 주관이 개입된 진술을 청취하는 것을 의미한다.[232]

한국의 경우에도 2011년 법무부 형사소송법특별위원회에서 현행 피해자의견진술권을 보완하는 제도로 '피해자참가제도'를 논의하여 조문 신설을 논의한 바 있다. 이 안은 피해자에게 공판기일 출석권, 검사의 권한행사에 관한 의견진술권, 증인신문권, 피고인에 대한 신문권, 사실·법적용에 관한 의견진술권 등의 권한을 인정하는 것을 주된 내용으로 하고 있었다. 아직 이 제도가 시행되고 있지는 못하지만 이러한 개선 방향이 피해자에게 형사절차 참가를 적극적으로 할 수 있는 법적 지위를 부여하는 것인 만큼 피해자 보호를 충실히 한다는 차원에서 이러한 부분을 참고하여 형사소송법을 개정할 필요가 있다.[233]

6. 불기소처분에 대한 구제

1) 검찰항고 제도

가. 검찰항고의 개념

범죄로 인해 피해를 입은 피해자는 누구든지 수사기관에 그 처벌을 구하는 의사표시, 곧 고소를 할 수 있다. 전통적으로 이 고소제도는 피해자의 형사절차 참여를 상징하는 대표적인 제도로서 자리매김을 해 왔다고 해도 과언이 아니다. 그러나 피해자의 모든 고소사건이 항상 기소로 이어지는 것이 아니다. 기소 여부를 검찰이 재량으로 결정할 수 있기 때문에 피해자는 자기 사건을 법정에 진입조차 시키지 못하는 상황을 맞이할 수 있다. 검사가 사안을 잘못 판단하거나 기소 재량권을 남용하여 불기소 처분을 내리게 되면 결과적으로 피해자의 정당한 고소권 행사, 더 나아가 재판청구권 행사가 방해를 받게 된다. 이러한 경우에 피해자가 형사절차에 개입하여 검찰로 하여금 불기소 처분의 시정을 구할 수 있는 권리가 바로 검찰항고권이다.[234]

나. 검찰항고의 절차

피해자의 검찰항고권 행사는 행정법 분야의 이의신청이나 행정심판 청구에서 보는 바와 같이 처분청의 행정행위가 위법·부당할 경우 관할 상급관청에 그 처분의 시정을 구하는 원리와 유사하다. 즉, 피해자는 자기의 고소사건에 대하여 검사가 불기소처분을 한 경우 그 검사가 속하는 지방검찰청 또는 지청을 거쳐 서면으로 관할 고등검찰청 검사장에게 항고를 할 수 있는 것이다(검찰청법 제10조 제1항). 검사의 불기소처분에는 '죄 안됨·혐의 없음·공소권 없음' 등과 같은 협의의 불기소처분뿐만 아니라 기소유예, 기소중지, 참고인 중지와 같은 처분도 포함된다고 보아야 할 것이다. 만일 검찰항고 기각처분을 받은 피해자가 이에 불복하는 경우 그 검사가 속하는 고등검찰청을 거쳐 검찰총장에게 재항고할 수 있다(검찰청법 제10조 제3항). 검찰항고나 재항고는 고소인에 대한 통지 또는 항고기각 결정을 받은 때로부터 30일 이내에 행해야 하며(검찰청법 제10조 제4항 내지 제5항), 이 기간을 지나서 행한 항고나 재항고는 다른 새로운 증거가 발견되었다는 사실을 소명하지 못하는 한 기각된다(검찰청법 제10조 제7항).[235]

다. 개선 방향

검찰항고제도는 고소사건을 검사가 위법·부당하게 불기소 처분하지 못하도록 피해자가 형사절차 참여를 통해 검사의 기소권 남용을 통제한다는 점에서 그 존재 의미가 있다. 그러나 불기소처분 이후 다른 새로운 증거가 제시되지 않는 한 최초에 내린 결정이 상급 검찰관청에 의해 번복되기는 어려워 이 제도의 실효성이 떨어진다는 지적이 있다. 2019년도에 발행한 대검찰청의 검찰연감을 보면 2018년도 검찰항고 접수건수는 총 65,456건, 처리된 건수는 57,524건 이었는데, 처리된 사건 중에 기소명령이 내려진 건수는 43건(인원으로는 50명), 재기수사령명이 내려진 것은 4,402건으로서 이 둘을 합하더라도 전체 처리된 건수의 7.7%만이 검찰항고를 통해 불기소처분이 시정되고 있음을 알 수 있다.[236] 이는 검찰청 자체의 내부통제 수단이 갖게 되는 불가피한 태생적 약점이라고 하겠다.[237]

일본의 경우 검찰심사회에 의한 검찰의 불기소처분 심사제도가 있다. 검찰심사회는 선거인 명부 중에서 추첨하여 선택된 심사위원이 고소인 또는 범죄피해자의 신청을 받거나 검찰의 직권으로 검찰관의 불기소 처분을 심사하는 제도이다. 종래에는 검찰심사회의 의결이 법적 구속력을 갖지 않았으나 검찰심사회법이 개정되어 1회 차에 이미 기소상당으로 의결한 사건이 다시 불기소처분되어 심사회에 재차 회부되었을 때 또다시 기소의결을 하게 되면 재판소에서 지정변호사로 하여금 공소유지를 담당하게 함으로써 사실상 심사회의 의결에 법적 구속력을 부여하게 된 것이다. 한국의 경우에도 일본과 같이 법적 구속력 있는 검찰심사회를 시민대표로 구성하여 검찰의 공소권을 민주적으로 통제할 필요가 있다.[238]

2) 재정신청 제도

가. 재정신청의 개념

재정신청 제도는 우리 형사소송법 제260조에 근거를 두고 있는바, 피해자가 제기한 고소사건이 검찰에서 불기소처분을 받을 경우 고등법원에 그 불기소처분의 불법·부당에 관한 재정을 신청하는 제도이다. 다시 말하면 재정신청은 직무활동의 독립성이 담보되는 법관에게 검사의 불기소처분에 대한 불법·부당을 판단해 줄 것을 이해관계인이 청구하는 제도인 것이다.[239]

검사의 불기소처분에 대하여 재정신청을 할 수 있는 사람은 원칙적으로 고소를 한 자이기에 피해자가 여기에 포함됨은 물론이다. 그러므로 피의자나 고발인, 단순한 진정인은 재정신청을 할 수 없는데, 다만 고발인이라 할지라도 형법 제123조 내지 제125조의 죄에 대하여 고발을 한 자는 재정신청이 허용된다. 즉, 형법 제123조 직권남용, 제124조 불법체포, 불법감금, 제125조 폭행, 가혹행위 등의 범죄에 대하여 고발한 자는 검사의 불기소처분에 대하여 재정신청을 할 수 있는 것이다. 재정신청 대상 범죄가 구 형사소송법에서는 형법 제123조 내지 제125조의 공무원의 직무상 범죄에 한정되었으나 법이 개정되면서 모든 범죄로 확대되었다.[240]

나. 재정신청 절차

우리 형소법은 재정신청 전에 검찰항고를 반드시 거치도록 하고 있으므로(형사소송법 제260조 제2항) 원칙적으로 재정신청을 하려는 고등검찰청 검사장의 항고기각처분이 있을 때 비로소 고등법원에 재정신청을 할 수 있다.[241] 즉, 재정신청을 하려는 자는 항고기각 결정을 통지받은 날 또는 항고절차 불요의 사유가 발생한 날부터 10일 이내에 지방검찰청 검사장 또는 지청장에게 재정신청서를 제출하여야 하고(형사소송법 제260조 제3항) 재정신청서를 제출받은 지방검찰청 검사장 또는 지청장은 신청서를 받은 날로부터 7일 이내에 재정신청서 의견서 수사관계서류 및 증거물을 관할 고등검찰청을 경유하여 관할 고등법원에 송부하여야 하는 것이다(형사소송법 제261조 본문).[242]

재정신청서를 송부받은 관할 고등법원은 3개월 이내에 결정을 내려야 하며, 필요한 경우에는 사실과 증거조사를 할 수 있다. 재정신청 사건을 심리한 결과 신청이 법률상의 방식에 위배되거나 검사의 불기소처분이 적법하고 타당하여 이유 없는 경우에는 재정신청을 기각하여야 하지만, 이유 있는 때에는 사건에 대한 공소제기를 결정함으로써 기소가 강제된다(형사소송법 제262조 제2항). 이 경우 법원은 관할 지방검찰청검사장 또는 지청장에게 사건기록을 송부하게 되는데 기록을 송부 받은 검사장 또는 지청장은 지체 없이 담당 검사를 지정하여야 하고, 지정받은 검사는 공소를 제기하고 공소유지를 하여야 한다(형사소송법 제262조 제6항). 구법에서는 판사가 지정한 변호사가 공소제기 및 유지를 하였으나 법이 개정되면서 검사장 또는 지청장이 지정한 검사가 이 업무를 수행하게 되었다.[243]

다. 현행 재정신청 제도의 문제점

재정신청 대상범죄가 모든 범죄로 확대된 것은 피해자 보호에 매우 고무적인 일이라고 보이나 공소제기 및 공소유지를 검사가 수행토록 한 것은 검찰항고 전치주의 제도와 연계하여 살펴볼 때 재고해 볼 필요가 있다. 검찰항고 및 재항고에서 검찰청으로부터 이유 없다고 기각결정을 받은 사안에 대하여 법원에 의해 그 불기소처분이 위법·부당하다고 밝혀졌다 하더라도 검찰이 불기소처분의 논리를 파기하고 다시 기소의 논리를 개발하여 엄정하게 공소유지를 해나간다는 것은 기대하기 어렵기 때문이다.[244] 또한 피해자가 검사의 불기소처분에 대하여 재정신청을 하더라도 이것이 법원에 받아들여질 확률이 낮은 게 현실이다. 2019년 대검찰청의 검찰연감 자료를 보면 2018년도에 검찰항고를 거쳐 고등법원에 송치된 총 9,638건의 사건 중 법원의 결정으로 재정신청 심판절차에 회부된 사건은 80건(인원은 106명)에 불과하였고, 나머지 9,461건은 신청기각, 97건은 신청이 취소되었다. 이는 재정신청 목적으로 고등법원에 송부된 사건의 0.8%만이 심판절차에 회부되고 있음을 의미한다.[245]

라. 개선 방향

현행 재정신청 제도에 대하여 다음과 같은 몇 가지 개선 방안이 제시되고 있다. 첫째, 재정신청기간이 10일로 너무 짧아 필요한 증거를 수집하기가 어렵기에 그 기간을 늘리는 것이 필요하다. 둘째, 재정신청자에게는 기록의 열람·등사를 허용하여야 한다. 셋째, 일본의 부심판청구절차는 공무원의 직권남용 등의 죄에 대하여 고소인 또는 고발인의 청구에 따라 사건의 재판 여부를 법원이 심리하는 것으로서 법원에서 재판한다는 취지의 결정이 내려지면 공소제기의 효과가 발생하도록 한 제도로서 한국의 재정신청 제도와 유사하다. 이때 재판에 회부한다는 결정이 내려지면 재판소에 의해 변호사가 지정되어 검찰관을 대신하여 공소유지 활동을 하게 함으로써 공소유지의 공정성과 적정성을 확보하고 있는바,[246] 한국의 경우에도 재정결정에 의해 공소제기가 되더라도 검찰청의 검사가 공소를 유지하게 할 것이 아니라 구법에서와 같이 법원에서 지정한 공소유지 변호사가 그 업무를 담당하도록 하는 것이 바람직하다.[247]

한편, 구 형사소송법(법률 제13454호, 2014.12.30.) 제262조 제4항에서는 피해자는 법원의 재정신청 기각 결정이나 공소제기결정에 대하여 불복할 수 없었다. 그러나 2015년 7월에 형사소송법(법률 제13454호) 제262조 제4항을 개정하면서 재정신청이 법률상의 방식에 위배되거나 이유 없다는 사유로 기각결정을 내린 사안에 대하여 형사소송법 제415조에 따라 즉시항고를 허용한 반면, 공소제기결정에 대하여는 불복하지 못하도록 함으로써 피해자 권익보장을 강화하였다.

제4장 회복적 사법

제1절 회복적 사법의 개념

1. 회복적 사법의 정의

1) 회복적 사법의 필요성

범죄를 범한 가해자가 피해자에게 손해배상을 하였고, 자신의 잘못된 행동으로 형사처벌을 받았다고 해도 가해자가 자신의 행위를 반성하지 않은 채 살아간다면 피해자의 고통은 지속될 수 있다. 그런 의미에서 국가가 범죄자에게 응분의 징벌을 가함으로써 피해자가 당한 손해와 고통을 상쇄시켜 보고자 하는 전통적 형사사법 시스템은 가해자로 하여금 진정한 반성과 책임의식을 이끄는 데 한계가 있을 뿐만 아니라 피해자가 진정 필요로 하는 것을 충족시켜 주지 못하는 경우가 많아 이중 실패의 위험성이 있다. 이와 달리 회복적 사법 시스템은 종래 형벌시스템이 가지고 있는 한계를 타파하고 인도주의와 동정심에 기초한 화해와 용서를 통해 법적 평화를 추구하려는 이념을 지니고 있기에 그 실패 가능성을 줄여줄 수 있다.[248] 피해자에게는 범인의 검거 및 처벌이라는 형식적 정의도 필요하지만 파괴된 현실세계에 대한 신뢰회복과 같은 실질적 정의도 충족되어야 한다. 그래서 피해자학에서는 피해자를 위한 실질적 정의구현에 보다 큰 가능성을 보이고 있는 '회복적 사법(restorative justice)'에 최근 많은 관심을 표명하고 있는 것이다.[249]

2) 회복적 사법의 정의

회복적 사법의 개념을 단적으로 정의하면 '특정범죄에 이해관계가 있는 당사자들이 함께 모여 범죄의 결과 및 그 범죄가 장래에 가지는 의미에 대해서 의논하고 해결하는 과정'이라고 할 수 있다.[250] 여기에서의 당사자란 피해자와 가해자뿐만 아니라 지역공동체까지를 포함하는 개념이다. 이들이 함께 모여 비공식적 논의를 통해 이해관계를 조정하는 의사결정을 이뤄냄으로써 범죄가 발생하기 이전의 상태로 당사자들을 복귀시키는 일련의 과정이 바로 회복적 사법이라고 할 수 있는 것이다.[251] 이러한 이유로 김용세는 회복적 사법이 절차의 비공식성, 비정형성, 회복과 재통합 등을 회복적 사법의 필수적 개념 요소로 포함되어야 한다고 주장하면서 특히 개념적으로 아래의 2가지 특징을 지녀야 한다고 말한다.[252]

- 사건의 당사자를 포함하여 일반시민이 주도적으로 참여하는 비정형 절차로서의 특징을 지닌다.
- 범죄사건으로 인해 야기된 피해와 교란된 법질서의 회복을 위해 협상을 통하여 사건관련자와 지역사회의 재통합을 추구한다.

회복적 사법은 가해자로 하여금 피해자에게 직간접으로 손해를 변상할 기회를 제공하도록 위기개입을 하는 것이 보통이나 그 개입의 수준이 어느 정도까지 되어야 회복적이라고 말할 수 있는지에 대해서는 여론이 분분하다. 예를 들어 법원의 선고에 의해 가해자가 피해자에게 어떤 유익한 조치를 취하도록 공동체가 위기개입을 했더라도 가해자가 그 의미를 제대로 모르고 있는 경우라면 이것이 과연 회복적 개입이 되는지 의문이 제기되는 것이다.[253] 이러한 이유로 하워드 제르(Howard Zehr)와 해리 미카(Harry Mika)는 어떤 정책이 회복적 사법에 속한다고 말하기 위해서는 다음에서 제시하는 본질적 특성과 원리, 그리고 기본 논의들이 담겨 있어야 한다고 주장한다.[254]

회복적 사법에 대한 본질적 특성 및 원리

- 피해자와 공동체가 범죄로 인해 피해를 입었고 회복이 필요한 상태에 있을 것
- 피해자와 가해자, 그리고 범죄피해로 인해 영향을 받은 공동체가 사법정의를 이뤄 나가는 데 있어서 핵심적 역할을 할 것

- 가해자가 의무이행을 통해 범죄로 인해 뒤틀려진 사안을 가능한 한 많이 바로잡을 것
- 강요나 배제 등을 최소화하고 자발적인 참여가 이뤄지도록 할 것
- 지역공동체는 피해자와 가해자, 그리고 공동체 구성원들의 일반적 복지 등에 대해서 각각 회복의 의무를 질 것
- 피해자가 현재 필요로 하는 것을 충족시키는 것이 정의 회복의 출발점이 되도록 할 것
- 상호 간의 대화가 촉진되도록 할 것
- 회복적 사법시스템을 실행함에 있어서는 의도했건 의도하지 않았건 간에 범죄 및 피해자화에 대한 대응으로 위기개입을 할 때 초래되는 결과에 주의할 것

회복적 사법에서 피해의 회복이라 함은 재산상의 이익 회복, 상처 치유, 안전감·인간존엄성·자신감 회복, 사회정의에 대한 확신감의 회복, 사회적 지원의 회복 등을 의미하며, 사회문제에 대한 사회공동체의 공감의 촉진도 포함하는 의미를 지닌다.[255] 이처럼 회복적 사법은 가해자, 피해자, 지역사회 구성원 들이 대화의 장에 참여함을 통하여 사회불균형의 실상과 원인을 공감할 수 있게 되는 것을 의미하고, 이를 토대로 피해자 개인의 조화로운 삶의 회복과 공동체의 법적 평화의 회복을 추구하는 '신중한 사법(deliberate justice)'이다. 이 신중한 사법을 통해 조화의 복구 및 회복적 균형을 달성하는 것이 회복적 사법의 이념인 것이다.[256]

3) 회복적 사법 개념에 대한 재조명

하워드 제르(Howard Zehr)는 회복적 사법이 다음 3가지 중심 개념에 의해 떠받쳐 지고 있다고 말한다.[257]

첫째, 회복적 사법은 '해악(harm)'에 초점을 두고 있다. 이는 종래 전통형 사법시스템이 국가가 피해자라는 사고를 가지고 법 위반사실에 초점을 두게 되는 것과 대조된다.

둘째, 회복적 사법은 범죄로 인해 발생한 해악이 '의무(obligation)'를 발생시킨다는 것에 관심을 갖는다. 해악을 가한 자의 책임감이 피해

를 당한 자에 대한 의무이행으로 연결된다고 보는 것이다. 하지만 전통형 사법에서는 범죄자가 져야 할 책임감은 사법기관에 의해 선고될 형벌의 수용으로 이해된다.

셋째, 회복적 사법은 범죄로 인해 영향을 받은 당사자들의 '참여(engagement)'를 촉진하게 된다. 여기 당사자에는 피해자, 가해자, 범죄에 의해 영향을 받게 된 공동체가 포함된다.

이와 더불어 그는 과거 회복적 사법 개념을 정의함에 있어서 오해의 소지가 있었던 점을 적시하고, 초기에 진행했던 회복적 사법에 대한 연구를 좀 더 발전시켜 아래와 같은 주장을 피력하였다.[258]

가. 회복적 사법은 용서와 화해만을 주요 이슈로 다루는 것은 아니다.

어떤 피해자나 피해자 인권옹호가들은 회복적 사법 프로그램에 참여하도록 자신들을 권면 혹은 강요까지 하여 가해자를 용서 혹은 화해하도록 만들고자 하는 회복적 사법 프로그램에 대해서 부정적으로 반응할 수 있다는 점을 알아야 한다. 즉, 참가자의 개인별 특성에 따라 회복적 사법 프로그램은 다르게 작동될 수 있기에 이 프로그램을 운용함에 있어서 결코 용서와 화해의 결과 창출을 그 전제조건으로 삼아서는 안 되는 것이다.

나. 회복적 사법은 반드시 범죄 발생 이전 상태로의 회귀만을 의미하지는 않는다.

그는 과거 상태와 동일한 수준의 원상회복은 사실상 불가능하며 바람직하지도 않다고 말한다. 과거 학대를 당하거나 지속적인 범행으로 피해를 당한 피해자에 대한 회복적 사법의 목표는, 학대를 받을 수밖에 없었던 과거의 부조리한 상황에서 벗어나 건강한 상태로 새롭게 변화(transform)시키는 것이지, 범행에 취약한 상태에 있을 수밖에 없는 과거에로 단순히 회귀시키는 것이 아니라는 것이다. 회복적 사법에서 말하는 '회복'의 의미는 피해자에게 새로운 정체감을 제공해주고 건강한 인간관계를 설정해 주는 차원에서의 회복이라야 한다.

그는 여기에서 한걸음 더 나아가 '회복'의 개념을 인간 내면에 내재해 있는 선하고 거룩한 속성의 복원까지 연결시킨다.

다. 회복적 사법은 양 당사자가 서로 만나 단순히 이해관계를 조정하는 작업이 아니다.

회복적 사법이 항상 가해자와 피해자 상호 간의 만남을 전제할 수는 없다. 가해자가 체포되지 않았거나 가해자가 누구인지 모르는 상황에서도 회복적 사법은 진행되어야 한다. 설령 가해자와 피해자가 서로 만나 화해를 시도한다 하더라도 '조정(mediation)'이라는 용어는 종종 양 당사자 모두에게 도덕적 책임을 분담하도록 할 수 있어서 피해자에게도 도덕적 비난이 가해질 위험이 있다. 물론 피해자가 범행에 기여했을 경우에는 피해자도 도덕적 책임과 비난을 감수해야 하겠지만, 전혀 비난을 받을 필요가 없는 무고한 피해자에게도 '상호 갈등의 조정'이라는 표현을 쓰는 것은 가해자의 범죄에 대한 책임의식을 약화시킬 수 있어서 문제가 있는 것이다. 최근 '조정'이라는 용어가 '회합(conferencing)'이라든가 '대화(dialogue)'라는 용어로 대체되고 있는 것도 바로 이러한 이유에서다.

라. 회복적 사법은 상습범행과 재범을 줄이기 위해서 기획된 프로그램이 아니다.

물론 회복적 사법이 범행을 감소시켜 나아가는 데 공헌하는 측면이 있긴 하지만 상습적 범행의 예방이 이 프로그램을 운영하는 주요 목적이 아닌 것이다. 가해자가 자신의 범행을 줄여 나가든 그렇지 않든 상관없이, 범죄피해로 고통 받고 있는 피해자에게 무엇이 필요한지 파악해야 하고, 가해자는 자신의 행위에 대한 책임을 인정하도록 해야 하며, 범죄로 인해 영향 받는 자들이 이 절차에 참여할 수 있도록 하는 것이 바로 회복적 사법의 목표인 것이다. 상습범행과 재범예방은 이 프로그램 운영에 따른 부산물일 뿐이다.

마. 회복적 사법은 어떤 상황에도 구애 없이 적용할 수 있는 하나의 특별하고 이상적인 프로그램이 아니다.

회복적 사법은 이를 활용하는 문화적 환경이 어떠한가에 따라서 다양하게 전개될 수 있다. 즉, 회복적 사법은 공동체 내에서 피해자, 가해자, 구성원 들의 필요에 대한 평가와 대화 과정을 통해 회복적 사법의 기본원리를 자신의 상황에 적용함으로써 밑바닥으로부터 조성되는 것이다. 그래서 회복적 사법은 고정된 지도(map)라고 이해하기보다는 그 원리들을 통해 운영방향을 제시해 주는 나침반(compass)이라고 이해하는 것이 타당하다.

바. 회복적 사법은 초범이나 경미사범에만 적용되는 것은 아니다.

회복적 프로그램을 집행해 본 경험에 따르면 경미사건뿐만 아니라 강력사건에도 이 프로그램이 지대한 영향을 미칠 수 있다고 한다. 특히 가정폭력 사건에서 회복적 사법에 의한 접근이 최근 부상하고 있으며, 증오범죄·학교폭력·아동 성폭행 등과 같이 힘의 불균형이 심한 영역에서 발생하는 범죄에 있어서도 회복적 사법이 적용되어야 한다는 견해가 대두되고 있다. 이러한 영역에서 회복적 사법이 잘 적용되면, 통상적 형사사법 시스템에 의해 사안을 해결하는 것보다 훨씬 좋은 결과를 얻을 수 있다는 주장이 제기되고 있다.

사. 회복적 사법은 만병통치약이 아니며, 범죄자를 교도소에 수감하는 사법시스템을 필연적으로 대체해야 하는 것도 아니고, 응보형 사법의 반대개념이라고 볼 수도 없다.

우리가 이상적 세계에서 살고 있다 하여도 회복적 사법만으로 모든 사법시스템을 대체할 수는 없다. 회복적 사법 시스템이 광범위하게 적용되고 있는 서구사회라 할지라도 기존의 사법제도를 대체하는 차원으로 운용될 수는 없고, 전통적 사법제도의 허점을 보완하고 인권을 보장하는 기능을 수행하는 예비적 사법 시스템으로 운영되어야 하는 것이다. 특히 전통적 사법체계는 국가에 의해 대표되는 사회공공의 이익 보호에 주안점을 둔 나머지 개인적이거나 개인 상호 간, 혹은 지역공동체 구성원의 이익보호에 소홀히 해 왔었기에, 회복적 사법은 사법업무를 수행함에 있어서 공공의 이익과 개인적 이익의 균형을 잡아주는 역할을 해야 하는 것이다.

이상 7가지 측면에서 회복적 사법에 대한 하워드 제르의 주장을 살펴보았는바, 이하에서는 전통적 사법인 응보형 사법과 회복적 사법의 특징을 상호 비교해 보기로 한다.

2. 응보형 사법과 회복적 사법

1) 개념 구분

응보형 사법(retributive justice)은 범죄란 국가에 대한 침해라는 인식을 기본적 틀로 가지고 있다. 이러한 인식의 틀 아래에서는 가해자에 대한 처벌과 비난, 책임부과가 중시되기에, 형사사법기관은 범죄투쟁자로서의 역할을 자임하면서 범인의 검거 및 처벌에 주안점을 두게 된다. 그러므로 응보형 사법체계에서 피해자는 형사절차에 협력하는 증거방법의 일종에 불과할 뿐 형사절차의 의미 있는 주체로 취급되기 어려워지는 것이다.[259]

이에 반해 회복적 사법에서는 피해자의 실질적 피해회복이 중시되면서 범죄란 국가에 대한 침해가 아니라 사람들 간에 발생하는 분쟁이자, 관계에 대한 침해로 바라보며, 형사절차가 피해자 중심적으로 전개되고 당사자 및 이해관계인의 참여와 협력이 요구된다고 보고 있다. 이에 따라 회복적 사법에서는 피해자가 절차 진행에 영향을 미치는 주체로 등장하게 된다.[260]

2) 형사사법의 신·구 패러다임 비교

회복적 사법의 지지자들은 기존의 응보형 형벌체계를 구시대적 형사사법체계로, 회복적 사법을 새로운 형사사법체계로 바라보고 있다.

다음은 하워드 제르가 제시한 형사사법의 신·구 패러다임으로서 응보형 사법과 회복적 사법의 비교 내용을 살펴보기로 한다.261)

[표 9] 신구 형사사법의 패러다임 비교

구 패러다임인 응보형 사법	신 패러다임인 회복적 사법
범죄는 국가에 대한 침해	범죄는 한 개인의 타인에 대한 침해
비난과 유죄선고, 과거 사실에 초점	문제 해결과 향후 책임과 의무에 대해 초점
적대적인 관계와 진행 규정	대화와 협상의 규정
범죄를 벌하고 방지하기 위해 고통을 부과	화해나 원상회복을 목표로 피해자와 가해자 모두를 원상태로 복원
정의란 의도나 절차를 통해서 정의되는바, 이를 위해 정당한 규정이 필요	정의란 결과를 통해 판단되는 것으로서 올바른 관계를 의미
범죄가 대인적 갈등이라는 성격을 덮어두고 개인과 국가 간의 갈등으로 봄	범죄는 사람들 상호 간의 분쟁으로 봄
사회적 침해는 다른 것으로 보상됨	사회적 침해의 원상복원에 초점
국가에 의해 지역사회는 뒷전으로 밀려남	지역사회가 회복적 절차의 촉진제 역할
경쟁적이고 개인주의적 가치의 증대	상호성의 증대
국가로부터 가해자에게 직접적으로 조치가 가해짐 • 피해자 무시 • 수동적 가해자	피해자와 가해자의 역할이 모두 문제와 그 해결책으로 인식됨 • 피해자의 권리와 필요가 중요 • 가해자가 책임을 갖도록 장려
가해자의 책임은 형벌이라고 정의됨	가해자의 책임은 자신의 행위의 영향력을 이해하고 원상복구하는 데 어떻게 해야 할지 도와주는 것이라 정의됨
범행은 도덕적, 사회적, 경제적, 정치적 측면을 모두 배제하고 순수하게 법적인 언어로서 정의됨	범행은 모든 배경을 고려하여 도덕적, 사회적, 경제적, 정치적 상황을 포함시킴
'빚'은 추상적으로 국가와 사회에 대한 것	'빚, 책임'은 피해자에게 있음
가해자의 과거의 범죄 행위에 초점	가해자의 행위의 결과에 초점
범죄는 지울 수 없는 오점	원상회복 행위를 통해 범죄 오점을 지울 수 있음
회개와 용서가 없음	회개와 용서의 가능성이 있음
대리인인 전문가에게 의존	당사자들이 직접적으로 참여

(출처: Howard Zehr, "Retributive Justice, Restorative Justice", A Restorative Justice Reader, Willan Publishing., 2003. p.81)

하워드 제르에 의하면 응보형 사법은 범죄란 기본적으로 국가에 대한 침해라는 전제하에 가해자를 결함이 있는 존재로 간주하고 과거행위에 대한 비난과 처벌에 초점을 두며 과거의 범죄적 행위를 벌하고 재범을 방지하기 위해 고통을 부과하는 것을 가치 있게 보는 데 비하여, 회복적 사법은 범죄 행위가 한 개인에 대한 타인의 침해행위라는 기본적 전제하에 대화와 협상을 통한 상호 간의 문제해결 및 향후 책임과 의무이행에 대해 초점을 맞춤으로써 피해자와 가해자 모두를 원상태로 복원하는 것을 지향한다. 응보형 사법에서는 지역사회가 국가의 뒷전으로 물러나지만 회복적 사법에서는 단순한 처벌만으로는 지역사회의 조화를 깨뜨릴 수 있기에 지역사회가 원상회복 과정의 촉진자로 기능하여야 한다고 보고 있다.262)

그래서 응보형 사법을 채택한 전통적 사법시스템에서는 '어떤 법이 침해되었는가?, 누가 그 법을 어겼는가?, 그 법 위반자에게는 어떤 처분이 가해져야 마땅한가?'에 관한 질문이 가해지지만, 회복적 사법에서는 '누가 피해(harm)를 입었는가?, 피해 입은 자들의 필요(needs)는 무엇인가?, 그들의 필요를 충족시켜 주는 것은 누구의 의무(obligation)인가?'라는 질문을 던지게 된다.263)

요컨대, 이 두 사법모델의 핵심적 차이는 응보형 사법제도가 국가와 범죄자와의 대립구도를 통해서 가해자 처벌이라는 배타적이고도 단일한 관심을 표명하는 한편, 강제력 행사를 통한 복수·제재·처벌이라는 관점을 가지고 접근을 하는 데 비해서, 회복적 사법제도는 가해자와 피해자의 이해관계 균형 도모, 타협과 조정을 통한 문제해결, 피해회복 과정에 참여하는 피해자의 자발성 추구, 지역사회를 포괄하는 지역공동체의 평화와 안정감 회복 등에 관심을 가지고 접근한다는 데 있다.264)

그러므로 회복적 사법의 지지자들은 범죄로 인해 상처 입은 피해자 및 지역사회가 그 상처로부터 치유되기 위해서는 국가권력의 개입에 의한 응보보다는 지역사회의 중재에 의하여 피해자와 가해자가 합의하는 것이 최선의 방법이라고 한다. [그림 8]은 회복적 사법모델을 적용할 때 최고수준의 회복이 이뤄질 수 있음을 보여준다.265)

그러나 회복적 사법이 응보형 사법을 전면적으로 대체해야 한다고 주장하는 것은 옳지 못하다.266) 응보적 형사사법제도가 가진 개인의 범법행위에 대한 불법성 및 책임성 판단은 회복적 사법에서 피해회복의 기준 혹은 문제해결의 척도로 기능할 수 있기 때문이다. 따라서 회복적 사법과 응보형 사법의 상호 조화적 이해가 필요하다.267)

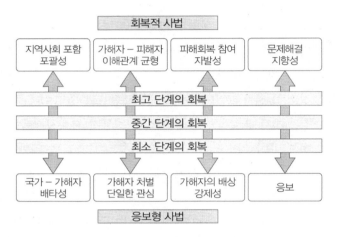

┃그림 8┃ 응보형 사법과 회복적 사법의 적용

(출처: 김재민(a), 피해자학, 청목출판사, 2016, p.276.)

제2절 회복적 사법의 관심 영역

회복적 사법을 실천하려는 운동은 범죄 행위가 발생함으로 인해 사건 관계자들이 어떤 역할을 해야 하는 것인지, 그리고 그 관계자들이 무엇을 필요로 하고 있는지를 숙고해 보고자 하는 노력으로부터 시작하였다. 우선 회복적 사법 시스템을 구현하고자 하는 사람들은 종래의 전통적 형사사법 절차가 사건 관계자들의 필요를 제대로 충족시켜 주지 못했다는 점에 주목한다. 아울러 누가 형사사법 절차에서 정당한 주체이자 당사자로서 참가할 수 있는지에 대해서 전통적 사법시스템이 지나치게 제한적으로 접근하고 있다고 지적한다. 즉, 형사사법 절차의 주체를 국가와 범죄자에 국한하려는 입장을 비판하면서 그 범위를 직접적으로 해악을 당한 피해자와 간접적으로 피해를 입은 지역공동체까지 확장시키고자 한다.268) 이하에서는 회복적 사법의 관심 영역이라고 할 수 있는 절차참여 주체들의 필요(needs)와 그들의 역할(role)에 관하여 간단히 살펴본다.

1. 피해자가 필요로 하는 것과 그 역할

회복적 사법의 특별한 관심은 바로 범죄피해자에게 주어진다. 종래의 전통적 형사사법 시스템이 피해자가 필요로 하는 것을 제대로 충족시켜 주지 못했다는 문제의식이 있기 때문이다. 어떤 때는 국가이익을 보호하려는 시도가 범죄피해를 당한 피해자의 이익보호 활동과 직접적인 갈등을 빚기도 한다. 이는 범죄 행위라는 것이 어떤 개인에 대한 피해 야기가 아니라 국가에 대한 피해 야기라고 이해하고 있는 잘못된 범죄에 관한 정의 때문에 벌어지는 현상이다. 피해자는 형사사법 절차에서 여러 가지 다양하고 특별한 필요(needs)가 발생하지만 전통적 형사사법 시스템은 다음 영역에서 이들을 소홀히 취급하고 있음으로 인해 회복적 사법의 필요성이 대두된다.269)

1) 필요한 정보로의 접근

피해자는 가해자로부터 왜 그런 범죄 행위를 했으며, 어떻게 그런 일을 할 수 있었는지, 그리고 그 이후로 어떤 일이 벌어졌는지에 대해서 답변을 듣기를 원한다. 단지 추측성 발언이나 법적으로 통제된 답변이 아니라 진실한 정보를 얻기 원하는 것이다. 이처럼 진실된 정보를 얻기 위해서는 가해자가 가지고 있는 정보에 직간접으로 접근할 수 있도록 해 주어야 한다.

2) 진실을 말할 기회의 부여

범죄피해 경험을 전달하는 일에 있어서나 그 아픈 경험을 치유하는 데 있어서 중요한 요소는 무슨 일이 벌어졌는지 피해자로 하여금 진실을 말할 기회를 부여해 주는 것이다. 진실을 말할 기회를 부여하면 치유의 효과가 나타나는 것이다. 범죄로 인해 심리적 외상을 입게 되면 피해자 자신은 물론 외부 세계에 대하여 왜곡된 관점을 갖게 된다. 자신의 피해 경험을 남에게 다시 진술해 보면 대중의 지지를 받을 수도 있고, 가해자에게 그 경험을 진술하게 되면 가해자 자신이 자행했던 행동이 얼마나 해로운 것이었고, 피해자에게 어떤 충격을 주었는지를 더 잘 이해할 수 있게 된다.

3) 지지와 격려

범죄피해자들은 종종 자신이 범죄로 인해 자기 삶과 재산, 자신의 신체와 자신의 정서 및 미래의 꿈에 대한 통제권을 상실했다고 느낀다. 그래서 형사절차에 피해자를 참여시키는 것은 그들에게 다시 자신감을 불어넣는 방법이 된다. 이때 국가나 피해자 인권옹호가들이 피해자의 필요를 타율적으로 규정하는 것보다 피해자 자신이 무엇을 필요로 하고 있는지 스스로 확인할 수 있도록 기회를 제공하고 지지와 격려를 보내는 것이 매우 중요하다.

4) 손해에 대한 배상

가해자에 의한 손해배상은 피해자에게 매우 중요하다. 이는 실제로 피해자에게 범죄피해 비용이 발생했기 때문이기도 하지만 더 중요한 것은 손해배상이 암시하는 상징적 효과 때문이다. 가해자가 부분적으로라도 손해배상을 위해서 노력했다는 것은 발생한 사건에 대하여 책임을 지겠다는 신호이자 피해자는 비난받지 않아도 된다는 것을 의미하는 것이다. 손해배상이라는 것은 보다 기본적인 필요에 대한 표지이며, 옹호와 지지가 필요하다는 것의 표지이기도 하다.

2. 가해자가 필요로 하는 것과 그 역할

회복적 사법의 두 번째 관심영역은 가해자가 자신의 범죄 행위에 대한 책임을 인정하는 것에 관한 것이다. 전통적인 형사사법에서는 가해자의 책임수용을 처벌로 연결하고자 한다. 그러나 이런 방식은

가해자로 하여금 자신이 저지른 행위의 결과를 이해하는 데 있어서
나 자신이 가한 해악에 대하여 피해자에 대해 동정의 마음을 갖는 데
있어서 거의 도움이 되지 않는다. 오히려 처벌을 면하고자 책임인정
을 기피하거나 자신이 져야 할 책임을 다하고자 피해자를 위해 구체
적 행동을 실행할 기회를 앗아가버리게 된다. 중한 형벌을 선고받아
장기간 수용되는 것을 피하기 위하여 진실을 말하려 들지 않을 것이
기 때문이다. 오히려 가해자는 자신의 범행을 정당화하거나 자신의
책임을 중화시키려는 노력을 기울이게 될 것이다. 심지어 처벌로 인
하여 사회로부터 소외감을 느끼게 되면 자신이 사법시스템과 사회제
도 내의 피해자라고 느낄 수도 있다. 이러한 이유로 회복적 사법은
전통적 형사사법이 지향하는 형벌의 부정적인 결과와 한계에 주목하
면서 이런 단점을 극복하고자 한다. 가해자가 진정으로 책임을 수용
하기 위해서는 자신의 범죄 행위가 야기한 해로운 결과를 이해하도
록 하고, 그것을 바로잡도록 촉구함으로써 가능하다. 이러한 방식의
책임수용은 피해자와 가해자, 더 나아가 사회공동체를 위해서도 유익
하다. 그러므로 회복적 사법은 가해자에게 다음과 같은 필요를 충족
시켜 주어야 한다.270)

1) 책임인정

가해자가 자기의 행위에 대한 책임을 인정할 수 있어야 비로소 화
해의 첫 단추가 끼워질 수 있다. 책임인정은 범죄로 인해 초래된 해
악을 설명해 주고, 피해자 입장에 대한 공감을 불러일으키며, 그 해악
에 대한 의무감을 갖도록 함으로써 가능하다.

2) 치유

개인적으로 경험하거나 혹은 성장 과정에서 경험했던 심리적 외상
을 포함하여 범법행위에 기여한, 가해자가 당한 과거 해악을 치유할
수 있어야 한다. 아울러 가해자의 중독증세나 다른 문제점도 치료받
을 기회를 제공해야 한다. 또한 개인적 유능성을 향상할 수 있도록

도와주어야 한다.

3) 재통합

범죄 행위는 가해자 자신의 인격을 분열시키는 행위인 동시에 사회공동체의 응집력을 와해하는 행위이다. 가해자가 아무리 자신의 악행에 대하여 형벌을 받았다 하더라도 공동체의 건강성을 위해서는 가해자가 소속되어 살아갈 공동체에 재통합되도록 지지하고 격려해 주어야 한다.

3. 공동체가 필요로 하는 것과 그 역할

공동체와 그 구성원들도 범죄로 인하여 충족되어야 할 필요가 발생하고 그들이 해야 할 역할이 주어진다. 회복적 사법 운동가들은 만일 국가가 공동체가 해야 할 일을 떠맡게 되면 공동체적 감각을 손상시킨다고 주장한다. 공동체도 범죄에 의해 영향을 받게 되기 때문에 많은 경우에 있어서 공동체 구성원들도 2차적 피해를 당하는 주체가 된다. 뿐만 아니라 공동체는 피해자와 가해자, 그리고 다른 공동체 구성원들에 대해서 책임을 질 수도 있다. 이에 공동체는 사법시스템이 다음과 같은 것을 제공해 주기를 요청한다.[271]

1) 공동체의 관심사에 대한 주목

범죄로 인한 충격과 피해는 직접 피해를 입은 피해자에게만 머무르는 것이 아니다. 피해자가 소속되어 있는 공동체도 범죄에 대한 두려움과 공포를 느끼게 되어 간접적인 피해자로 되는 만큼 피해자의 일원이라고 할 수 있는 공동체의 관심사에 주목을 해야 한다.

2) 공동체적 감각 형성의 기회 제공

집단응집력이 강한 지역의 경우에는 범죄 발생 가능성이 낮아진다. 지역사회 구성원들의 응집력은 공동체적 감각에서 비롯된다. 따라서 사법시스템에서는 지역사회 구성원들이 공동체적 감각을 형성하고 상호 책임감을 형성할 수 있도록 기회를 제공해 주어야 한다.

3) 공동체의 의무이행 독려

공동체가 그 구성원과 피해자, 그리고 가해자의 복지를 향상하는 것에 대한 의무를 질 수 있도록, 또한 건강한 공동체를 만들 수 있는 제반 조건들을 강화해 나갈 수 있도록 기회를 제공하고 독려해 주어야 한다.

제3절 회복적 사법의 유형

1. 피해자-가해자 조정 모델

피해자-가해자 조정(Victim-Offender Mediation, VOM) 모델은 회복적 특징을 갖춘 최초의 비공식적 절차로 알려져 있다. VOM은 프로그램 시작 초기 단계부터 훈련받은 조정자(mediator) 임석하에 피해자와 가해자가 직접 대면한 가운데 상호 조정해 나아가는 프로그램이라는 점에서 후술하는 피해자-가해자 협의(Victim Offender Conference, VOC) 모델과 차이가 있다. 여기서 조정자는 두 당사자 사이에서 중개 역할을 하게 되는데 당사자들에게 어떤 결정을 제안하거나 결정하도록 부담을 주는 행위가 허락되지 않을 수도 있다.272)

서로 대면하기를 원하지 않는 피해자와 가해자의 경우에는 비대면으로 간접적 조정을 받을 수도 있는데, 회복적 사법 지지자들의 경우 이러한 간접적 조정의 만족도가 낮다고 여기고 있지만 실제로는 많은 피해자들이 이런 비대면 상태의 간접조정이 덜 위험하다는 이유로 선호하고 있다.273)

이 프로그램은 1980년대 영국에서 처음 활용하기 시작한 후 1990년대에는 다른 지역으로 확산되었다. 특히 VOM의 시행 초기에 영국 내무성이 중요한 역할을 하였는데, 경찰과 법원의 위탁을 받아 재산범죄를 범한 청소년 사범에 초점을 두고 이 프로그램이 적용되었다.

그 결과 피해자 만족도는 높은 것으로 조사되었지만, 피해자 개인의 참여도가 낮아 VOM의 유용성은 빈약한 것으로 나타났다.274)

회복적 사법 지지자들은 피해자나 가해자 모두에게 VOM이 유익이 있다고 주장한다. 특히 피해자는 이 프로그램을 통해서 자기에게 해를 입힌 범죄에 대하여 질문을 할 수 있고, 범죄충격에 대하여 자신의 감정을 표출할 수 있으며, 자신감을 얻게 되고, 치유를 경험함으로 말미암아 이 사건을 최종적으로 마무리할 수 있는 장점이 있다는 것이다.

그러나 피해자 지원 단체에서는 피해자가 법원이나 가해자 측에서 VOM에 참여하도록 압박을 한다고 느끼거나, 치유목적을 가지고 자발적으로 참여하기보다는 한 시민으로서의 의무감으로 참여하게 될 때에 VOM의 운영은 곤란한 상황에 처할 수 있다고 말한다. 또한 범죄 감소와 가해자 재교육을 1차적 목적으로 삼으면서도 피해자의 치유를 약속하는 그릇된 방식으로 VOM을 운용해서는 안 된다고 주장한다.275)

2. 피해자-가해자 협의 모델

피해자-가해자 협의(Victim Offender Conference, VOC) 모델은 직접적으로 피해를 입은 자와 가해행위에 책임이 있는 당사자 간의 협의를 주로 의미한다. 이 협의에 임할 것인지 여부에 대한 요청이 있게 되면 먼저 두 당사자가 개별적인 만남을 갖게 된다. 협의절차를 진행하기로 서로 의견의 일치를 보게 되면 본격적인 협의에 참여하게 되는데 이 협의는 훈련을 받은 전문가 책임하에 진행된다. 촉진자(facilitator)의 역할을 하게 되는 이 전문가는 어느 한쪽에 치우치지 않고 균형감 있게 협의를 진행하여야 한다. 이때 당사자의 서명이 된 손해배상 합의문이 도출될 수 있지만 심각한 폭력행위 사건에 있어서는 이러한 합의가 그다지 쉽게 일어나지 않는다. 두 당사자의 가족 구성원들도 참여할 수는 있으나 VOC에서 그들은 2차적이면서도 보조적 역할을 하는 데 그치게 된다. 지역공동체를 대표하는 사람도 촉진자의 자격 혹은 프로

그램 진행 감시자의 자격으로 참여할 수는 있으나 협의에 잘 참여하지 않는 것이 보통이다.276)

3. 회복적 사법 협의 모델

회복적 사법 협의(Restorative Justice Conferencing, RJ) 모델은 가족 간 집단 협의 모델(FGC)과 유사하나 경찰이 촉진자의 역할을 맡아 프로그램 운영을 주도함으로써 국가의 통제가 FGC보다 더 많이 가해진다는 점에서 서로 차이가 난다. 이 모델은 잉글랜드 웨일즈에서 RJ의 원초적 형태라고 볼 수 있는 VOM모델의 입지를 인수하면서 정착된 프로그램이다. 처음에 영국 템스 밸리(Thames Valley) 경찰이 시범적으로 운영하다가 현재는 다른 경찰관서로 확대되었다. 본래 심각하지 않는 범죄 및 소년 범죄자들에 대하여 이 프로그램을 적용하였으나 지금은 강력범죄나 재범을 한 범죄자 및 성인 범죄자들에게도 활용되고 있다.277)

경찰에서 사용하는 RJ협의 모델은 3가지 유형으로 구분된다. 첫째는 법정에서 재판을 받아야 할 범죄자에게 사안의 경중에 따라 회복적 주의처분(restorative caution)을 받을 기회를 제공하는 유형이다. 회복적 주의처분 절차는 RJ촉진자의 역할을 맡은 경찰관의 주도로 진행되는데 범죄자와 그의 가족이 참여하게 된다. 청소년 범죄자들은 2가지 유형의 주의처분을 받게 되는데 1차 주의처분은 '경고(warning)' 내지 '견책(reprimand)'에 해당하고, 2차 주의처분은 '최후 경고(final warning)'이다. 범죄자가 최후 경고를 받게 되면 갱생 프로그램에 돌입하게 되는데 이때 RJ촉진자는 피해자에게 사과를 할 것과 피해자 및 공동체를 상대로 손해배상을 할 것을 요구하게 된다. 성인 범죄자의 경우에도 RJ협의 모델을 적용하여 갱생절차에서 조건부 주의처분을 내리기도 한다.278)

경찰에서 사용하는 RJ의 두 번째 유형은 RJ촉진자와 가해자 및 가해자 가족뿐만 아니라 피해자와 피해자를 지지하는 사람들까지를 포함시켜 운영하는 방식이며, 세 번째 유형은 두 번째 유형의 참가자들

외에 지역사회 공동체 대표자까지 출석하게 되는 형태로서 공동체 협의 방식으로 운영된다.279) 이 3가지 유형은 진행 절차보다는 참가자 범위 면에서 서로 차이가 있음을 알 수 있다.

가해자의 입장을 고려하고 있는 RJ협의 모델의 목표는 가해자로 하여금 자신이 저지른 행동의 충격에 직면하도록 하여 그 행동의 원인과 결과를 이해시켜 추후 재범을 하지 않도록 지도하며, 피해자에게 사과하고 손해배상 계획을 실천하도록 동의를 이끌어내는 것이다. 또한 피해자에게는 범죄로 인해 발생한 자신의 고통스런 감정을 표현하도록 해주고 가해자를 만나 가능하면 용서해 주도록 하는 데 그 목표를 두고 있다.280)

영국 템스 밸리 경찰이 사용했던 RJ협의 모델에서는 '재통합적 차원의 수치심(reintegrative shaming)' 이론을 활용하였다. 법정에서 가해자가 받게 되는 수치심은 범죄에 대해 비난을 가하는 것으로서 공동체와의 관계성을 깨뜨리는 결과를 낳지만 RJ에서 활용하는 재통합적 수치심 이론은 가해자를 지역공동체에 재통합시키는 것을 목표로 진행된다. 이것은 두 단계로 진행되는데 1단계에서는 가해자로 하여금 피해자와 그 가족, 친구 및 공동체 대표 앞에서 수치심을 느끼도록 한다. 여기서 수치심을 느낀다는 것은 가해자 자신의 존재에 대한 수치심이 아니라 그가 범한 행동에 대한 수치심을 의미한다. 2단계는 재통합의 단계이다. 수치심을 느끼는 단계가 끝나면 손해배상 수단 선택에 있어서 의견의 상호 일치를 이끌어낸 후 법질서를 준수하며 살아야 할 지역공동체에 재통합시키게 된다. 이때 가해자를 돌봐 줄 공동체의 존재가 재통합에 매우 중요한 역할을 하게 된다.281)

4. 가족 간 집단 협의 모델

가족단위 집단 협의 모델(family group conference, FGC)은 1989년 뉴질랜드에서 청소년범죄를 다루기 위한 수단으로 도입된 것으로서, 피해자와 가해자뿐만 아니라 피해자의 가족과 친구, 가해자의 가족과 친구, 범죄자를 체포한 경찰관과 범죄자의 변호사 등이 참여하는 가운데 가해자를 화해의 절차에 참여시키고 여러 형태의 지원을 함으로 말미암아 가해자를 사회에 재통합시키는 한편, 피해자의 피해가 실질적으로 회복되도록 노력하는 제도이다. 이 제도는 참가주체가 다양하다는 점, 사건의 직접관련자 이외에 관련분야 전문가도 참여할 수 있다는 점, 중립적 지위의 알선자가 반드시 있어야 하는 것은 아니라는 점 등에서 피해자－가해자 조정제도와 구별되고 있다.282) 또한 이 제도는 청소년 사법모델로 등장하였지만 현재 성인범죄로까지 확대하여 적용되고 있다.283)

이 프로그램의 진행절차를 보면, 중재자 혹은 촉진자가 우선 협의체의 성격과 목적에 대해서 참가자들에게 설명한 뒤, 경찰의 사건 설명이 뒤따르게 된다. 뒤이어 가해자의 범행사실 시인 절차가 있는데 이러한 시인 없이는 더이상의 절차가 진행되지 않는다. 가해자가 범행사실을 시인하고 나면 피해자로 하여금 피해체험과 피해당한 내용을 설명하도록 하고, 이후 협의체에 참가한 모든 사람들의 토론이 시작된다. 토론 후에 중재인(촉진자)이 범죄로 인한 피해를 보상하기 위해서 어떤 조치가 취해지기를 원하는지 참가자들의 의견을 묻고 피해자는 자기가 원하는 바를 말하게 된다. 그리고 가해자와 그 가족만 따로 남아서 피해보상을 위해서 무엇을 할지에 대해 비공개로 의논을 하고 나면 모든 참가자들이 다시 모여 가해자 측의 제안에 대해서 토론한다. 만약 가해자의 제안에 대해 피해자 측이 동의하면 합의사항을 기록으로 남기고 형사사법 기관에 합의내용을 서면으로 송부함으로써 이 협의체는 끝나게 된다.284)

FGC 진행 과정에서 가해자 가족은 가해자가 자신의 행동에 대한 책임을 인정하고 앞으로의 행동을 바꾸도록 하는 데 중요한 역할을 하게 된다. 또한 형사사법 관계자의 출석이 필수적인 것은 아니나 FGC의 결과가 사법적 판단에 영향을 줄 것으로 인정되는 경우에는 경찰관과 같은 형사사법 관계자가 출석할 수 있다.285)

한편, FGC 운영방식은 2가지 기본형태가 있다. 그 하나는 호주 경찰이 처음 개발해 북아메리카에서 주목을 받았던 모델인데 이것도 사실 부분적으로는 뉴질랜드의 FGC 사상에 영향을 받은 것이다. 이 운영방식에서는 협의를 이끄는 촉진자가 표준화된 대본을 가지고 회의를 진행하는데, 보통 훈련받은 경찰관이 이 역할을 맡게 된다. 촉진자는 수치심(shame)이 유발할 수 있는 역동적 기능에 주목하면서 이를 긍정적인 방식으로 활용하고자 노력한다. 이 협의의 성공은 가해자가 수치심을 갖도록 의도적인 독려를 하는 것에 있기보다는 그 수치심을 통해 가해자로부터 어떤 변화를 이끌어냈는가 하는 것에 있다.286)

또 다른 하나는 뉴질랜드에서 시작된 것으로서 오늘날 뉴질랜드 소년 형사사법의 기준이 되는 운영방식이다. 소년범의 복지와 소년사법 운영실태에 위기의식을 느낀 뉴질랜드 정부가 1989년 소년 형사사법 시스템을 개혁하여 이 방식을 채택하였다. 소년범죄에 대하여 공식적 법원 시스템을 예비적 장치로 두고서, 가장 심각한 소년범죄에 대해서도 공식적 사법절차에 '의도적으로 편입시키지 않는 대응(intended default response)'을 하고자 한 것이 바로 오늘날 뉴질랜드의 FGC인 것이다. 소년사법조정관(youth justice coordinators)이라 불리는 사회복지전문가가 협의절차를 진행하는데, 주로 가족들로 하여금 누가 출석하면 좋을지를 결정하도록 하거나 적합한 진행절차를 기획하도록 돕는 역할을 수행한다. 진행절차를 기획할 때의 목표는 협의의 진행이 참여자들의 성장배경이 된 문화에 적합한지를 검토하고, 협의의 형태가 모든 참여자들의 필요에 부응하는지를 살펴보는 것이다.287)

앞서 본 북아메리카의 모델과는 다르게 뉴질랜드 모델은 촉진자가 대본을 가지고 협의를 수행하지는 않는다. 보통 협의 진행 중에 가족구성원끼리 모여 의논하는 시간을 갖도록 한다. 예를 들어 가해자와 가해자 가족이 함께 다른 방으로 이동하여 사건발생 경위에 대하여 토론하고, 피해자의 피해회복을 위해 무슨 제안을 피해자 측에 해야할지를 의논하는 것이다. 지역공동체의 대표가 반드시 포함되는 것은 아니지만 피해자-가해자 협의 모델(VOC)보다는 참여가능성이 더 높다. 가해자의 가족이 이 협의과정에서 중요한 역할을 하게 되며, 피해자도 피해자의 가족이나 피해자를 지지해 주는 이들, 예를 들어 변호사나 청소년 인권옹호가 등을 협의과정에 참여시킬 수 있다. 뉴질랜드에서는 경찰이 기소를 담당하기에 협의 진행에 있어서 경찰관의 의사가 반드시 대표되어야 한다.[288]

5. 사죄 모델

가해자가 서면으로 사죄의 뜻을 표현하는 것이 피해자와 화해를 하는 데 유용할 경우가 있다. 이처럼 서면으로 가해자가 사죄를 구하게 되면 피해자가 이를 통해 용서를 하는 방식이 바로 사죄(Apologies) 모델이다. 이때 사죄의 글은 가해자 스스로가 작성한 것이어야 한다. 이때 작성한 문장의 논조(論調, tone)가 중요하다. 사죄의 글이 진정성 있다고 느껴지면 피해자는 감동을 받을 수 있기 때문이다. 반면 용서를 구하는 서면이 수정된 흔적을 가지고 있거나 가해자 편에서 일하는 사람들에 의해 깔끔하게 정리된 듯한 징후를 느끼게 되면 그런 서면에 감동도 받지 않고 감사하는 마음도 생기지 않는다. 만일 가해자가 보낸 서면이 법정에서 형벌을 경감받기 위한 목적으로 쓰여졌다는 것을 알게 되면 피해자는 분노의 감정까지 가질 수 있다.[289]

가해자가 피해자를 만나고자 하여도 피해자가 이를 거절할 수 있기 때문에 이렇게 서면으로 사죄의 편지를 쓰는 것을 가해자가 선호할 수도 있다. 그러나 청소년 범죄자의 경우에는 피해자에게 전혀 도움이 되지 않는 무익한 편지를 보내지 않도록 살펴볼 필요가 있고, 사죄 편지 작성을 위한 준비과정을 감독의 한 부분으로 삼아야 할 수도 있다. 사죄의 편지는 보통 직접 피해자 주소지로 보내지지 않는다. 피해자의 경우 자신의 주소지가 가해자에게 노출되는 것을 꺼리기 때문이다. 심지어 가해자가 그런 서면을 작성한다 해도 전혀 보내지지 못하는 경우도 있다. 하지만, 경우에 따라서 사죄의 편지를 가해자로 하여금 작성해 보도록 권면하는 것이 유익할 수도 있는데 그것은 가해자에게 자신이 저지른 행동의 결과에 대하여 반성할 기회를 제공해 줄 수 있기 때문이다.[290]

6. 평화위원회 모델

'평화위원회(Peace Committees)' 모델은 남아프리카에서 백색인종과 유색인종을 격리하는 차별정책을 집행하던 시기의 말기에 대두하였던 비공식적 공동체 사법의 영향을 받아 국가가 주도하는 형사사법의 대안으로 개발되었다. 평화위원회는 범죄 행위를 포함한 다양한 분쟁 사건의 당사자를 상대로 판결을 내려야 할 때 그 지역의 주민을 참여시키는 제도이다. 평화위원회에 참여하는 위원들은 미리 훈련을 받은 후 회의 실무규정에 서명을 거쳐 참여하게 되는데, 4개월 단위로 갱신이 가능한 인가제로 운영되며 이 인가는 철회될 수도 있다.[291]

이 회의에 참여한 모든 구성원들의 인권이 존중되어야 함이 특별히 강조되고 있다. 대부분의 회합은 피해자의 요청에 따라 열리게 되며 피해자도 항상 이 회합에 참여하게 된다. 회의는 수일 동안 열리게 되며, 경찰이 참여하지 않을 경우 위원회가 범죄와 분쟁의 원인 등에 대한 비공식적 수사활동을 전개하게 된다. 회의는 비공식적 절차를 통해 진행되는데, 개인적인 사건을 다루기도 하지만 빈곤문제와 같은 사회의 중요한 이슈를 다루기도 한다. 이 회의의 운영비는 국가가 지급하며 위원회 예산의 일정 비율을 평화위원회가 취급한 사건의 문제해결에 사용하기도 한다.[292]

7. 서클 모델

서클(Circle) 모델은 범죄자와 피해자뿐만 아니라 지역사회의 일원들이 함께 모여 서클을 형성하여 상호 협의를 하는 제도이다. 가족단위 협의체와 유사한 측면이 있지만 형사사건에 관심이 있는 지역사회의 구성원들이 참가할 수 있다는 점, 모든 사람들과 대화할 기회가 주어진다는 점, 이러한 자유로운 대화를 통하여 해결방법을 제안하게 된다는 점 등의 특색이 있다. 이 제도의 운영 초기에는 대부분 마을의 연장자나 목사가 조정자 역할을 담당하였다고 한다.[293]

서클 모델의 세부적 유형으로는 양형서클(sentencing circle), 화해서클(peacemaking circle), 치료서클(healing circle) 등이 있다.

첫째, 양형서클은 이해관계 있는 지역사회 구성원, 피해자 및 그 후원자, 가해자와 그 후원자, 판사, 검사, 변호인, 경찰, 법원관계자 등이 함께 절차에 참여하는 가운데 형사사법 조직과 공조하면서 이해 당사자의 관심을 반영할 수 있는 적절한 양형계획에 관한 합의를 도출하고자 노력하는 프로그램이다.294)

둘째, 화해서클은 가해자－피해자가 자율적인 분쟁해결에 도달하지 못한 경우에 존경받는 지역사회 지도자가 주재하여 관계회복을 추구하는 프로그램으로서 그 주재자가 분쟁의 해결방안을 양 당사자에게 설명하면 토론이 진행되고 이후 배상금을 포함한 해결책이 제시되는 시스템이다.

셋째, 치료서클은 알코올중독과 폭력, 성범죄에 의해 지역사회의 고유문화를 상실할 위기에 처한 캐나다 매니토바주 홀로워터(Hollow Water) 지역 주민들이 이러한 위기상황을 타개하기 위해 지역사회 정신치료 서클을 운영하면서 시작된 제도이다. 이 프로그램은 파괴된 친밀한 인간관계와 인간존엄성을 회복하고, 폭력 발생을 조장하는 사회환경을 정비하는 것을 주요 목표로 삼고 있다.295)

제4절 국내의 회복적 사법 활용 현황

1. 형사화해

수사단계에서 가해자와 피해자가 합의하여도 그 합의내용의 이행 여부는 국가에 의해 강제되지 않는다. 이로 인해 악질적인 경제사범들은 기소 전의 수사단계에서 당사자 간의 합의서가 갖는 이러한 취약점을 악용하곤 한다. 고소인의 요구대로 합의해 준 뒤 합의사항을 제대로 이행하지 않는 경우가 많은 것이다. 이것은 피해자의 물질적 피해회복에 매우 불리한 여건이 아닐 수 없다. 이에 재판단계에서 설

계된 당사자 간 합의이행 확보 수단이 바로 소송촉진법상의 '형사화해' 제도라고 볼 수 있다.296)

형사화해 제도는 민사적 다툼을 형사소송 절차에서 해결하자는 취지에서 2005년 12월 14일 신설된 것으로서 소송촉진법 제36조에 그 근거를 두고 있다. 즉, 형사피고사건의 피고인과 피해자 사이에 민사상 다툼에 관하여 합의한 경우, 피고인과 피해자는 그 피고사건이 계속 중인 제1심 또는 제2심 법원에 합의 사실을 공판조서에 기재하여 줄 것을 공동으로 신청할 수 있도록 한 뒤, 공판조서에 합의된 내용이 기재되면 이에 대해서는 민사소송법 제220조 및 제389조를 준용하게 함으로써 합의내용에 대한 집행력을 확보해 주는 제도인 것이다. 이 또한 당사자의 합의를 토대로 피해자의 피해회복을 촉진하는 제도로서 회복적 사법의 이념이 투영된 제도라고 할 수 있을 것이다.297)

2. 형사조정

전통적인 형사사법에서는 경찰, 검찰, 법원 등 국가기관이 형사사법 절차를 주도하기에 피해자가 자발적 의사에 따라 이 절차에 참여할 소지가 작아진다. 고소권 행사 등을 통해 일부 형사절차 참여가 인정되고 있지만 자기 사건에 대하여 피해자가 가지는 관여의 정도는 미약하다. 이에 반해 형사조정은 근래에 회복적 형사사법 분야에서 빈번하게 거론되고 있는 제도로서 사건 당사자와 지역사회가 적극적으로 절차진행에 참여하여 실질적 피해회복을 돕고 상호 화해와 법적 평화의 회복을 추구하는 제도이다. 국가기관이 주도하는 것이 아니라 당사자의 참여하에 중립적인 조정자가 조정절차를 이끌게 되고 지역사회의 동참을 유도하며 조정 결과가 사건처리에 반영된다는 점에서 기존의 형사절차와 구별된다.298)

한국의 형사조정제도는 2005년 처음 범죄피해자지원센터를 중심으로 자율적으로 시행해 오다가 2006년의 시범시행을 거쳐 2007년 전국적인 시행에 들어간 바 있다. 공식적으로 법제화되기 이전에는 형사조정 관련 업무의 운영을 검찰 내부의 「고소사건 형사조정 실무운용지침」과 형사조정을 실제로 실행하는 범죄피해자지원센터 형사조정위원회의 업무처리에 도움을 주기 위해 정한 「범죄지원센터 형사조정위원회 운영지침」 등 2개의 실무지침을 토대로 운영해 오다가 2011년 범죄피해자보호법 개정 시 동법에 이 제도의 근거를 명시함으로써 공식적으로 법제화되었다.[299] 검찰청은 현재 「형사조정 실무운용 지침(대검찰청 예규 제741호, 이하 '지침')」을 마련, 법과 시행령의 미비점을 보완하여 업무처리를 하도록 하고 있다.[300]

형사조정은 당사자의 신청 또는 검사 직권으로 수사 중인 아래의 특정 형사사건에 대하여 회부할 수 있는데, 주로 차용금 등 개인 간 금전거래로 인해 발생한 분쟁사건과 사기사건 등 재산범죄 사건, 개인 간 명예훼손·지식재산권 침해 등 사적분쟁에 관한 사건, 기타 형사조정에 회부하는 것이 분쟁해결에 적합하다고 판단되는 사건을 대상으로 한다. 형사조정을 위하여 관할 지방검찰청에 형사조정위원회를 두게 되는데 법적 지식과 전문성, 학식과 덕망을 갖춘 자를 임기 2년의 형사조정위원으로 위촉하게 된다(지침 제2조 내지 제4조).[301]

검사가 고소사건을 형사조정에 회부하기 위해서는 당사자로부터 형사조정신청서를 제출받아 회부하여야 하고(지침 제11조), 형사조정에 회부된 뒤에는 형사조정 위원들이 당사자들로부터 다시 한번 동의 여부를 확인한 후 절차를 진행하여야 하며(지침 제6조 제2항), 필요하다고 인정되는 경우 관련 기관이나 전문가로부터 의견을 청취하거나 자료를 제출받을 수도 있다(지침 제15조 제4항). 이해관계 있는 자의 참여를 허가할 수는 있으나, 형사조정 담당 검사는 조정 지원업무 외에는 형사조정에 간여를 하지 못하도록 하고 있다(지침 제6조 내지 제7조).[302]

형사조정위원회는 조정과정에서 형사조정조서를 작성하여야 하고, 형사조정이 성립되면 형사조정결정문을 작성하여야 하며, 절차 종료 후 그 결과를 형사조정에 회부한 검사에게 보내야 하는바(지침 제19조 내지 제20조), 형사조정에 회부된 날로부터 2개월 이내에 이러한 조정절차를 마쳐야 하며(지침 제9조), 검사는 사건을 수사하고 처리함에 있어서 형사조정결과를 고려할 수 있다(범죄피해자보호법 제45조 제4항).

비록 형사조정 회부 여부의 결정을 검사가 하도록 되어 있지만, 피해자는 형사조정을 직접 신청하거나 동의하는 형식으로 조정절차 참여 여부에 대한 결정권을 행사할 수 있는 점, 형사조정의 실제 과정에서도 가해자와 의견교환을 통해 분쟁을 주도적으로 해결해 나아갈 수 있어 피해자가 전통적 형사절차에 대하여 가졌던 소외감을 일정 부분 해소할 수 있다는 점, 가해자와 분쟁해결이 되었을 때 피해자의 정신적·물질적 피해의 회복이 공식적 형사사법 절차를 이용하는 것보다 빨라질 수 있다는 점 등에서 형사조정 제도는 피해자 보호에 유리한 새로운 방식의 형사절차 참여 제도라고 볼 것이다.[303]

3. 소년법상 화해권고

소년법상 화해권고 제도는 2007년 11월 22일 법제사법위원장이 제안한 소년법 일부개정 법률안이 같은 해 11월 23일 제269회 국회 본회의에서 가결되어 채택된 제도이다.[304] 이때 소년법 제25조의2 피해자진술권과 제25조의3 화해권고제도가 포함되었던바, 그중 화해권고 제도는 회복적 사법의 정신을 반영한 것으로 볼 수 있다. 이 제도는 소년부 판사가 범죄소년의 품행을 교정하고 피해자를 보호하기 위하여 필요하다고 인정하면 소년에게 피해 변상 등 피해자와의 화해를 권고할 수 있도록 하고 있다.[305]

소년보호사건을 심리하는 판사는 필요하다면 소년, 보호자 또는 참고인을 소환할 수 있으며, 권고에 따라 당사자들이 화해하였을 경우에는 보호처분을 결정할 때 이 사항을 고려하여 처분을 내릴 수 있게 하고 있는데(제25조의3 제3항), 수사단계의 합의 및 화해권고 제도가 2011년 범죄피해자보호법 제정에 의한 '형사조정' 제도의 출범으로 공식화되었다고 한다면, 소년범에 대한 소년보호사건 심리절차에서의 화해권고제도는 2007년 법 개정을 거쳐 2008년부터 공식화되었다.[306]

4. 가족회합

2007년 7월 한국의 평화여성회 갈등해결센터 회합조정팀의 주도하에 경찰단계의 가족회합제도라고 할 수 있는 '가해자-피해자 대화모임'이 처음으로 시도되었다. 평화여성회 갈등해결센터 회합조정팀은 2007년도 8명의 전문인력으로 구성되어 운영되었는데, 위 팀에 의해 수행된 프로그램의 진행단계를 보면, ① 경찰로부터 사건위탁을 받게 되는 단계, ② 평화여성회 갈등해결센터와 같은 조정센터로 사건을 의뢰하는 단계, ③ 의뢰를 받은 조정센터에서 가해자 및 피해자와 전화 접촉을 하고 개별적으로 예비조정을 위한 면담을 하는 단계, ④ 본격적인 대화모임 단계로서 조정자가 규칙과 절차를 소개하고, 사건개요를 확인하며, 상호 간의 입장을 나누게 하고, 사건핵심의 쟁점 및 책임의 범위를 찾은 후, 해결책을 모색하고, 합의안을 만들어 대화모임을 종결하는 단계, ⑤ 대화모임 결과를 의뢰기관에 보고하면 의뢰기관에서 관련 사건에 대하여 최종결정을 하는 단계 등으로 구분되었다.307)

시범실시 후 회합조정팀이 제시했던 가족회합 운영상의 문제를 살펴보면, 첫째, 담당 경찰관의 회복적 사법에 대한 이해 부족과 그로 인한 당사자들의 참여 설득 및 동의서 징수 곤란, 둘째, 당사자들의 경찰서 출두에 대한 거부감과 그로 인한 예비조정 진행의 어려움, 셋째, 소년전문가 참여제를 실시하고 있는 시범 경찰관서에 가족회합 프로그램이 추가적으로 진행되면서 소년경찰의 업무부담이 가중된 점, 넷째, 경찰에게 경찰훈방권 등 다이버전에 관한 명시적 법적 근거가 없어 경찰이 사건개입에 관한 의심을 받지 않으려고 소극적으로 행동한 점, 다섯째, 경찰에게 사건종결권이 없어서 합의가 되더라도 검찰에 다시 송치되어 조사를 받을 수 있기 때문에 당사자의 유인동기가 미약했다는 점 등이 제시 되었다.308)

5. 회복적 경찰활동

회복적 경찰활동이란 회복적 정의의 이념과 실천방식에 입각한 경찰활동으로, 지역사회에서 발생하는 갈등·분쟁 및 범죄해결에 있어 가해자와 피해자 및 공동체 구성원의 적극적이고 자발적인 참여를 통해 피해회복 및 관계회복, 그리고 궁극적으로 공동체의 평온을 유지하고자 하는 경찰활동의 새로운 패러다임이라고 할 수 있다.[309] 이는 2007년도에 시행된 가족회합제도와 유사한 성격을 가지고 있으나 과거의 프로그램보다 정교하게 구축되어 운영되고 있다고 보인다.

회복적 경찰활동의 운영은 총 5단계로 진행된다. 1단계에서는 지역경찰이나 수사부서에서 피해회복을 위해 상호 대화가 필요한 사건을 발굴한다(사건선정). 2단계에서는 당해 사건이 회복적 대화모임을 진행하는 데 적합한지를 판단한다(예비검토). 3단계에서는 외부 전문가의 주관으로 가해자와 피해자 및 이해관계자와 경찰관 등이 참여하여 회복적 대화모임을 진행한다(회복적 대화). 4단계에서는 대화결과보고서를 수사서류에 첨부하여 검찰에 송치함으로써 검찰처분 및 재판 양형에 반영되도록 한다(결과반영). 5단계에서는 약속 이행 여부 등을 확인하고 필요시 사후모임을 진행한다(모니터링).[310]

경찰청에서는 피해자의 실질적 피해회복을 도모하고, 범죄에 대한 문제해결적 접근을 통해 경찰활동에 대한 시민의 신뢰를 제고하고자 2019년 4월 30일부터 12월 31일까지 수도권 지역 15개 경찰서에서 발생한 총 95건의 형사사건에 대하여 이러한 회복적 경찰활동을 시범운영한 바 있다. 이 프로그램에 참여한 가해자는 성인이 45건, 소년이 50건이었으며, 범죄유형은 학교폭력·가정폭력·아동학대·폭행·협박·절도·강제추행·살인미수 등으로 다양하였다. 가해자와 피해자 간의 상호관계는 친구, 지인, 가족 등 당사자 간 관계성이 있는 경우가 81%로 절대 다수를 차지하였다.[311] 프로그램 진행 결과 95건 중 84건의 조정이 성사되었는데 조정의 유형은 상호 중복되긴 했지만 가해자 사과(70%), 재발방지와 관계회복 약속(86%), 피해변제(28%) 등으로 나타났다. 이 조정 결과를 토대로 경찰관서 자체 종결한 사건이 48건, 검찰 혹은 법원으로 송치한 사건이 36건이었으며, 경찰에서 종결한 사건은 즉심판결 4건 외에 접수 전 종결된 사건이 28건, 내사 종결한 사건이 14건, 훈방한 사건이 2건이었다.

이로 보건대 회복적 경찰활동이 피해자의 피해회복 촉진은 물론 가해자에 대해서는 전환처우(diversion) 제도로 기능함으로써 범죄자에 대한 낙인방지의 성과를 거둔 것으로 사료된다. 실제로 이 프로그램에 참여한 가해자의 83%와 피해자의 84%가 결과에 만족하였다는 답변을 하였고, 가해자의 90%와 피해자의 92%가 경찰에 대한 신뢰가 높아지는 것을 경험했다고 답을 하였다.312) 회복적 경찰활동을 통해 피해자에 대한 사과와 재발방지 약속, 피해 변제 등의 결과를 도출함으로써 피해회복의 성과가 인정된 만큼 향후 이 프로그램을 적극적으로 활용할 필요가 있다.

제2편 참고문헌

1) Genugten, Gestel, Groenhuijsen and Letschert, Loopholes, Risks and Ambivalences in International Lawmaking; The Case of a Framework Convention on Victims' Rights, *Victimiztion in a multidisciplinary key: Recent Advances in Victimology*, Wolf Legal Pub., 2009. p.7; 김재민(a), 피해자학, 청목출판사, 2016, p.142.

2) 김재민(f), "범죄피해자 인권보호를 위한 국제협약 초안의 내용분석과 그 시사점 고찰", 경찰법연구 제8권 제2호, 2010, pp.193-194; 김재민(a), 앞의 책, pp.141-142. 문단의 내용을 필자의 저서에서 그대로 인용함.

3) 김재민(f), 앞의 논문, p.195; 김재민(a), 앞의 책, pp.142-143. 문단의 내용을 필자의 저서에서 그대로 인용함.

4) 김재민(f), 앞의 논문, pp.195-196; 김재민(a), 앞의 책, p.143.

5) 이 핸드북은 피해자 지원 프로그램의 집행과 피해자 정책개발을 돕는 도구로서의 의미를 지니고 있었기에 '처방적' 성격을 지녔다기보다는 관련 기관이 최선의 정책집행을 할 수 있도록 도움을 주는 자체적 '점검기능'의 성격을 가지고 있었다(Genugten, Gestel, Groenhuijsen and Letschert, 앞의 책, p.18); 김재민(a), 앞의 책, p.144.

6) Groenhuijsen, M., Current Status of the Convention on Justice for Victims of Crime and Abuse of Power, The Function of UN Instruments and the Path Towards Success, *Raising the Global Standards for Victims: The Proposed Convention on Justice for Victims of Crime and Abuse of Power*, TIVI, 2008. p.7; 김재민(f), 앞의 논문, pp.197-198; 김재민(a), 앞의 책, p.144.

7) 김재민(a), 앞의 책, p.145.

8) Declaration of Basic Principles of Justice for Victims of Crime and Abuse of Power, A. Victims of Crime, Access to justice and fair treatment 1-2; 김재민(f), 앞의 논문, p.196; 김재민(a), 앞의 책, p.145.

9) 사법제도에 대한 접근보장 및 피해자에 대한 공정한 취급과 관련된 위 '범죄피해자 인권보호 선언'의 핵심적 내용은 국내법령인 범죄피해자보호법(범죄피해자보호법 제2조, 제8조)에도 이미 반영되어 있다(김재민(f), 앞의 논문, 같은 면); 김재민(a), 앞의 책, p.145.

10) Declaration of Basic Principles of Justice for Victims of Crime and Abuse of Power, A. Victims of Crime, Access to justice and fair treatment 4-7; 김재민(f), 앞의 논문, p.196; 김재민(a), 앞의 책, p.145.

11) Declaration of Basic Principles of Justice for Victims of Crime and Abuse of Power, A. Victims of Crime, Access to justice and fair treatment 8-13; 김재민(f), 앞의 논문, p.197; 김재민(a), 앞의 책, p.146. 문단의 내용을 필자의 저서에서 그대로 인용함.

12) Declaration of Basic Principles of Justice for Victims of Crime and Abuse of Power, A. Victims of Crime, Access to justice and fair treatment 14-17; 김재민(f), 앞의 논문, 같은 면; 김재민(a), 앞의 책, p.146.

13) Declaration of Basic Principles of Justice for Victims of Crime and Abuse of Power, A. Victims of Crime, Access to justice and fair treatment 18-21; 김재민(f), 앞의 논문, 같은 면; 김재민(a), 앞의 책, p.146.

14) 김재민(a), 앞의 책, p.147.

15) http://eur-lex.europa.eu/LexUriServ/LexUriServ.do?uri=OJ:L:20 12:315:0057:0073:EN:PDF (2016.8.1.검색); 김재민(g), "범죄피해자 인권보장을 위한 국제사회의 동향", 수사연구 7월호.2016.)

16) 김재민(a), 앞의 책, pp.147-148. 문단의 내용을 필자의 저서에서 그대로 인용함.

17) Groenhuijsen, M. Slides of presentation in 14th Asian Postgraduate Course on Victimology and Victim Assistance. Mito, July 29th. 2014. p.6; 김재민(g), 앞의 기고문, 2016; 김재민(a), 앞의 책, p.148.

18) 김재민(a), 위의 책, 2016. pp.149-154. 문단의 내용을 필자의 저서에서 그대로 인용함.

19) 김재민(a), 위의 책, p.150.

20) Kirchengast, T., *Victimology and Victim Rights,* Routledge, 2017. p.28.

21) Kirchengast, T., 위의 책, p.29.

22) '위기상황'이라 함은 '본인 또는 가족구성원이 부상을 당한 때, 부모 등으로부터 방임·유기되거나 학대 등을 당한 때, 가정폭력 또는 성폭력을 당한 때' 등도 포함시킴으로써 범죄피해로 인한 생존권 위협의 상황이 국가가 적극적인 개입을 해야 하는 상황을 말한다 (긴급복지지원법 제2조).

23) Victims Rights and Support Act 2013, (NSW) Section 6, Clause 6.2와 6.3.

24) 김재민(a), 앞의 책, p.153.

25) Kirchengast, T., Victimology and Victim Rights, Routledge, 2017. p.42.

26) 김재민(a), 앞의 책, p.152.

27) 김용세(a), 앞의 책, p.378.

28) Kirchengast, T., Victimology and Victim Rights, Routledge, 2017. p.54.

29) 김재민(a), 앞의 책, p.152.

30) Kirchengast, T., Victimology and Victim Rights, Routledge, 2017. p.43.

31) http://www.moj.go.kr/HP/COM/bbs_03/(법무부 홈페이지 정책마당 참조, 검색일자 2012.2.1); http://likms.assembly.go.kr(제298회 임시국회 회의록 참조, 검색일자 2012.2.1)

32) 김재민(a), 앞의 책, pp.154-162. 본문 내용의 대부분을 필자의 저서에서 직접 인용함.

33) 김재민(a), 위의 책, p.157.

34) 김재민(a), 위의 책, p.162.

35) 법무부, 범죄피해자 보호·지원에 관한 기본계획(2007-2011), 2006. p.1.

36) 김재민(a), 앞의 책, p.159.

37) Eurppean Union, Directive of the European Parliament and of the Council (2012) 2012/20/EU, 25 October 2012, Recital 32.

38) 김재민(a), 앞의 책, p.158. 문단의 내용을 필자의 저서에서 그대로 인용함.

39) http://www.law.go.kr/lsInfoP.do?lsiSeq=165486&lsId=010109&ancYd=20141230&ancNo=12883&chrClsCd=010202&urlMode=lsEfInfoR&viewCls=lsOldAndNew#0000. (법제처 국가법령정보센터 참조. 2016.2.10. 검색); 김재민(a), 앞의 책, p.158.

40) 김재민(a), 위의 책, p.159.

41) 김재민(h), "범죄피해자 권리의 실효적 보장", 피해자학연구 제25권 제3호, 2017. p.36.

42) 김재민(h), 위의 논문, p.37. 필자의 논문에서 전문을 인용함.

43) 김철수, 헌법개설, 박영사. 2015. p.133.

44) 헌법재판소 판례에 따르면 인간의 존엄과 가치에서 인격권이 파생되고 이 인격권에서 자기결정권(자주성)이 추출된다고 한다(헌법재판소 1990.9.10. 선고 89헌마82 판결).

45) 김도균, 권리의 문법, 박영사, 2008, pp.86, 91.

46) 김도균, 위의 책. pp.93-95.

47) Dearing, A., Justice for Victims of Crime, Springer, 2017, pp.9-17;김재민(h), 앞의 논문, pp.36-41. 필자의 논문에서 전문을 인용함.

48) 김재민(h), 위의 논문, pp.38-39.

49) 김재민(h), 위의 논문. p.39.

50) Illich, I, Disabling professions. In Illich et al, (Eds.), *Disabling professions* (pp.11-40). London: Marion Boyars. 1977. 28면.

51) 김재민(h), 앞의 논문, pp.39-40.

52) Brienen, M.E.I., & Hoegen, E.H., *Victims of crime in 22 European criminal justice systems.* Nijmegen, The Netherlands: Wolf Legal Productions. 2000. pp.30-31.; 김재민(h), 앞의 논문. p.40.

53) 김재민(h), 앞의 논문, pp.40-41.

54) 이승호, "공판절차에서 피해자의 지위에 관한 비교법적 고찰", 피해자학연구 제20권 제1호. 2012. pp.91-94; 김재민(h), 앞의 논문, pp.40-41.

55) 손병현, "프랑스 형사법상 범죄피해자의 당사자적 지위", 피해자학연구 제22권 제2호. 2014. pp.65-73; 김재민(h), 앞의 논문, pp.40-41.

56) UN Declaration 제4조.

57) UN Basic Principles and Guidelines on the Right to a Remedy and Reparation for Victims of Gross Violations of International Human Rights Law and Serious Violations of International Humanitarian Law, resolution GA/RES/60/147 of the UN General Assembly, 16 December 2005. Resolution 10.

58) Daigle, L.E., & Muftic, L.R., Victimology, Sage, 2020, p.102.

59) UN Declaration 제6조.

60) Victim Directive 2012, Recital 32.

61) Canadian Victims Bill of Rights (2015), Clause 6.

62) Canadian Victims Bill of Rights (2015), Clause 7.

63) Anonymous, *Handbook on Justice for Victims*, University of Michigan Library, 2011, pp.17-20.

64) Kirchengast, T., *Victimology and Victim Rights*, ROUTLEDGE, 2017. p.34.

65) Code of Practice for Victims of Crime 2015, Chapter 1, Enhanced Entitlements, Clause 1.4

66) Code of Practice for Victims of Crime 2015, Chapter 1, Adult Victims Part A: Victims' Entitlements, Section 1: Police investigation (i) Information, Referral to Victim Support Services and Needs Assessment, Clause 1.2.

67) Waller, I., *Rights for Victims of Crime*, Rowman & Littlefield, 2011, p.98.

68) Kirchengast, T., 앞의 책, pp.53-54.

69) Waller, I., 위의 책, pp.99-100.

70) Waller, I., 위의 책, pp.102-103.

71) Waller, I., 위의 책, p.104.

72) Kirchengast, T., 앞의 책, p.36

73) Kirchengast, T., 위의 책, pp.36-37.

74) Canadian Victims Bill of Rights (2015), Clause 9-10. 12.

75) Victims Rights and Support Act 2013 (NSW), Clause 6.7-6.8.

76) Anonymous, 앞의 책, p.36.

77) Anonymous, 위의 책, p.36.

78) Anonymous, 위의 책, p.37.

79) UN Declaration 제6조.

80) Canadian Victims Bill of Rights (2015), Clause 14-15.

81) 전윤경, 프랑스 범죄피해자의 권리 및 형사절차 참여방안 연구, 형사소송 이론과 실무 제 4권 제2호, 2012, p.87.

82) 전윤경, 위의 논문, pp.87-92.

83) Anonymous, 앞의 책, p.39.

84) Daigle, L.E., & Muftic, L.R., 앞의 책, pp.111-112.

85) Blumenthal, J.A., Affective Forecasting and Capital Sentencing: Reducing the effect of victim impact statememts, *American Criminal Law Review*, 46, 2009, pp.107-126.

86) Anonymous, 앞의 책, p.39.

87) Anonymous, 위의 책, p.39.

88) Anonymous, 위의 책, p.40.

89) 경찰청, 경찰백서, 2020, p.229.

90) Kirchengast, T., 앞의 책, p.35.

91) Jerin, R.A, & Moriarty, L.J., The Victims of Crime, Prentice Hall, 2010, p.64.

92) Jerin, R.A, & Moriarty, L.J., 위의 책, pp.64-65.

93) Anonymous, 앞의 책, p.21.

94) Anonymous, 위의 책, p.22.

95) Jerin, R.A, & Moriarty, L.J., 앞의 책, p.75.

96) 김재민(a), 앞의 책, p.193. 필자의 저서 전문을 인용함.

97) 김재민(a), 위의 책, p.195. 필자의 저서 전문을 인용함.

98) 경찰청, 경찰백서, 2020, p.229.

99) 여기서 말하는 중대범죄에는 강력범죄처벌법 제2조에 규정된 살인, 위계에 의한 촉탁살 인, 미성년자 약취·유인, 인신매매, 강간상해, 흉기휴대 강간, 합동 강간, 성폭력처벌법 및 청소년성보호법 위반으로 2회 이상 실형 받은 자의 강간, 강도, 특수강도, 인질강도, 강도 상해 등의 행위와 폭력행위처벌법의 단체 등의 구성 활동죄 및 마약거래방지법 제2조 제 2항의 마약류 불법수입 등의 죄가 있다. 중대범죄 신고자는 아직 피해자는 아니지만 보복 당할 우려가 있기 때문에 장차 피해를 당할 위험으로부터 보호하고자 하는 것이다.

100) 대검찰청 피해자인권과, "피해자 위치확인장치 및 이전비 지침 개요", 2012. pp.1-2; 김재 민(a), 앞의 책, p.242. 필자의 저서 전문을 인용함.

101) 대검찰청, "피해자 신상정보 노출 차단한다", 보도자료, 2014.2.4.

102) 김재민(i), "신형사소송법의 범죄피해자 보호적 규정에 관한 연구", 경대논문집 제27집, 2007. p.484.

103) 김재민(a), 앞의 책, p.194. 필자의 저서 전문을 인용함.

104) 김재민(a), 위의 책, p.195.

105) Wolhuter, L., Olley, N., & Denham, D., *Victimology: Victimization and Victims' Rights*, Routledge·Cavendish, 2009, pp.144, 146.

106) 경찰청, 경찰백서, 2020, p.230.

107) 경찰청, 위의 책, p.228.

108) 경찰청, 위의 책, p.230.

109) 경찰청, 위의 책, p.228.

110) 김재민(a), 앞의 책, pp.202-206. 필자의 저서 전문을 인용함.

111) 경찰청, 앞의 책, p.228.

112) http://www.police.go.kr (2015년 2월 경찰청 브리핑 자료. 2016.2.10. 검색); 김재민(a), 앞 의 책, p.205.

113) 대검찰청, 전국 범죄피해자 보호·지원 전담검사 워크숍 개최, 보도자료, 2016.9.2.

114) 대검찰청, "범죄피해자 더이상 혼자가 아닙니다.", 보도자료, 2014.7.11.

115) http://www.spo.go.kr/spo/major/victim/act/victim02.jsp (2012. 1. 27. 검색); 김재민(a), 앞의 책, p.248. 필자의 저서 전문을 인용함.

116) Jerin, R.A, & Moriarty, L.J., 앞의 책, p.92.

117) 김재민(a), 앞의 책, p.192. 필자의 저서 전문을 인용함.

118) http://www.police.go.kr (2013년 4월 경찰청 브리핑 자료. 2016.2.10. 검색); 김재민(a), 위의 책, pp.192-193. 필자의 저서 전문을 인용함.

119) 김재민(a), 위의 책, pp.205-206.

120) 김재민(a), 위의 책, p.193.

121) 김재민(a), 위의 책, pp.256-257. 필자의 저서에서 전문을 인용함.

122) 김재민(a), 위의 책, pp.202.

123) 김재민(a), 위의 책, pp.202.

124) 김재민(a), 위의 책, p.202; 여성가족부 홈페이지, http://www.mogef.go.kr/sp/hrp/sp_hrp_f011.do (검색일자 2020.11.4.);김재민(a), 위의 책, p.202.

125) 여성가족부 홈페이지, http://www.mogef.go.kr/sp/hrp/sp_hrp_f011.do (2020.11.4. 검색)

126) 서울해바라기센터 홈페이지, http://www.help0365.or.kr/(2020.11.4. 검색)

127) 김재민(a), 앞의 책, p.247. 필자의 저서에서 전문을 인용함.

128) 한국범죄피해자지원중앙센터 홈페이지, http://kcvc.kcva.or.kr/page/ page.php?ccode=kcvc&page_idx=1138&category_idx=3(2020.11.4.검색)

129) 법무부 공고 제2015-224호, p.2.

130) 법무부 공고 제2015-224호, p.3.

131) 법무부 공고 제2015-224호, pp.7-8; 김재민(a), 앞의 책, p.247.

132) 스마일센터 홈페이지, https://resmile.or.kr/pages/?p=13&b= B_1_1(2020.11.4.검색); 김지선·김성언, 제3차 범죄피해자 기본계획(2017-2021)의 방향과 과제, 한국형사정책연구원, 2015, p.279.

133) 김지선·김성언, 제3차 범죄피해자 기본계획(2017-2021)의 방향과 과제, 한국형사정책연구원, 2015, p.280.

134) 김지선·김성언, 위의 책, p.280.

135) 스마일센터 홈페이지, https://resmile.or.kr/pages/?p=13&b= B_1_1(2020.11.4.검색)

136) 김재민(a), 앞의 책, pp.244-245. 필자의 저서에서 전문을 인용함.

137) 김지선·김성언, 앞의 책, p.269.

138) 김재민(a), 앞의 책, p.245.

139) 대검찰청, 검찰연감, 2019, p.373.

140) 김재민(a), 앞의 책, pp.244-245.

141) 대검찰청, 검찰연감, 2019, p.376.

142) 김재민(a), 앞의 책, p.246. 필자의 저서에서 전문을 인용함.

143) 김지선·김성언, 앞의 책, p.265.

144) 김지선·김성언, 위의 책, p.267.

145) 김지선·김성언, 위의 책, p.269.

146) 김재민(a), 앞의 책, pp.260-263. 필자의 저서에서 전문을 인용함.

147) 김재민(a), 위의 책, pp.260-261.

148) 김재민(a), 위의 책, p.261.

149) 김재민(a), 위의 책, p.261.

150) 김재민(a), 위의 책, p.262.

151) 김재민(a), 위의 책, p.261; 김지선·김성언, 앞의 책, pp.290-291.

152) 대법원, 사법연감, 2020, p.636.

153) 김재민(a), 앞의 책, pp.262-263.

154) 김지선·김성언, 앞의 책, pp.269-270.

155) 김지선·김성언, 위의 책, p.271.

156) 김지선·김성언, 위의 책, p.271.

157) 대검찰청, 검찰연감, 2019, p.377.

158) 김지선·김성언, 앞의 책, p.274.

159) 김지선·김성언, 위의 책, p.274.

160) 김재민(a), 앞의 책, p.294. 필자의 저서에서 전문을 인용함.

161) 김재민(a), 위의 책, pp.292-293. 필자의 저서에서 전문을 인용함.

162) 김재민(a), 위의 책, pp.292-293.

163) 김지선·김성언, 앞의 책, pp.274-275.

164) 대검찰청, 검찰연감, 2019, p.377.

165) 김재민(a), 앞의 책, pp.295-296. 필자의 저서에서 전문을 인용함.

166) 김재민(a), 위의 책, pp.295-296.

167) 김지선·김성언, 앞의 책, p.287.

168) 강동욱·송귀채, 범죄피해자구조제도의 현황 및 개선방안: 실무적 접근을 중심으로, 피해자학연구, 제22권 제2호, pp.85-116.

169) 대검찰청, 검찰연감, 2019, p.374.

170) 김지선·김성언, 앞의 책, p.289.

171) 김재민(a), 앞의 책, pp.304-305. 필자의 저서에서 전문을 인용함.

172) 김재민(a), 위의 책, pp.304-305.

173) 박광민, "피해자참가제도의 바람직한 도입방안", 피해자학연구 제18권 제2호, 2010. p.110; 조균석, "형사재판절차에서의 범죄피해자 참가제도의 도입방안", 피해자학연구 제18권 제1호, 2010. p.7.

174) 이은모, 기본강의 형사소송법, 박영사, 2016, pp.103-104.

175) 김재민(j), 피해자 정보권에 대한 고찰, 경찰학논총 제10권 제3호, 2015, p.378.

176) 이정수, 범죄피해자 권리의 새로운 해석: 수사청구권을 중심으로, 학위논문, 연세대학교, 2012, p.169.

177) 이정수, 범죄피해자 권리의 새로운 해석: 수사청구권을 중심으로, 학위논문, 연세대학교, 2012, p.170.

178) 김재민(j), 앞의 논문, pp.380-384. 필자의 저서에서 전문을 인용함.

179) 경찰청, 경찰백서, 2009. p.177; 김재민(a), 앞의 책, p.199. 필자의 저서에서 전문을 인용함.

180) 피해자보호규칙 제18조 별지 제1호 서식, '범죄피해자 권리 및 지원제도 안내문' 참조.

181) 피해자보호규칙 제18조 별지 제2호 서식 참조.

182) 피해자보호규칙 제18조 별지 제3호 서식 참조.

183) 피해자보호규칙 제18조 별지 제4호 서식 참조.

184) 경찰청 자료, 「피해자 권리고지제도」 전국확대 시행 계획, 2010; 김재민(a), 위의 책, pp.200-201. 필자의 저서에서 전문을 인용함.

185) 김재민(a), 위의 책, pp.200-201.

186) 김지선·김성언, 앞의 책, p.300.

187) 김상훈·박노섭, "범죄피해자에 대한 권리고지 방식과 이해도에 관한 실증적 연구, — 가정폭력을 중심으로 —", 「경찰법연구」, 제13권 제1호, 2015. p.119; 김재민(a), 앞의 책, p.201.

188) 김재민(k), 피해자 정보권에 대한 고찰, 경찰학논총 제10권 제3호, 2015, p.383.

189) 김재민(k), 위의 논문, p.390; 김재민(a), 앞의 책, p.224. 필자의 저서에서 전문을 인용함.

190) 김봉수, "새로운 형사재판에서 피해자의 권리보호", 「피해자학 연구」, 제16권 제1호. 2008. p.286; 박상식, "범죄피해자 보호·지원을 위한 과제", 「피해자학연구」, 제16권 제1호. 2008. p.132; 김재민(a), 앞의 책, p.225. 필자의 저서에서 전문을 인용함.

191) 김재민(k), 앞의 논문, p.388; 김재민(a), 앞의 책, p.225.

192) 김재민(k), 앞의 논문, pp.393-394; 김재민(a), 앞의 책, p.225.

193) 김재민(k), 앞의 논문, pp.394-395; 김재민(a), 앞의 책, pp.225-227. 필자의 저서에서 전문을 인용함.

194) 김좌환, 검찰에 의한 범죄피해자 보호제도의 개선방안, 학위논문, 충북대학교, 2011, p.89; 김재민(a), 앞의 책, p.226.

195) 김재민(k), 앞의 논문, pp.395-396; 김재민(a), 앞의 책, pp.226-227.

196) 김재민(a), 위의 책, p.243. 필자의 저서에서 전문을 인용함.

197) 김재민(a), 위의 책, p.244. 필자의 저서에서 전문을 인용함.

198) 김재민(a), 위의 책, p.244.

199) 범죄피해자 보호 및 지원에 관한 지침 제16조 및 별지 제4호 내지 제7호 참조

200) 김재민(a), 앞의 책, pp.251-252. 필자의 저서에서 전문을 인용함.

201) 김재민(k), 앞의 논문, pp.390-397; 김재민(a), 앞의 책, p.252.

202) 김재민(a), 위의 책, pp.236-237. 필자의 저서에서 전문을 인용함.

203) 김지선·김성언, 앞의 책, p.308; 김재민(a), 앞의 책, p.236.

204) 김지선·김성언, 앞의 책, p.307.

205) 김지선·김성언, 위의 책, p.308.

206) 대검찰청, 검찰연감, 2019, p.374.

207) 대구지방검찰청 김천지청 보도자료, "성범죄 피해아동·청소년을 위한 법률조력인 지정", 2012. p.2).

208) 김재민(a), 앞의 책, pp.236-237.

209) 경찰청에서 2006년에 발행한 '피해자 조사과정에 관한 변호인 참여 지침' 제7조 참조.; 김재민(a), 앞의 책, pp.236-237.

210) 김재민(d), 피해자학, 청목출판사, 2012, p.215. 필자의 저서에서 전문을 인용함.

211) 김재민(d), 위의 책, pp.215-216. 필자의 저서에서 전문을 인용함.

212) 이승호, "피해자와 민간의 형사절차 참여를 위한 방안", 형사법연구 제19호, 한국형사법학회, 2003. p.89; 김재민(d), 앞의 책, p.217. 필자의 저서에서 전문을 인용함.

213) 김지선·김성언, 앞의 책, p.309.

214) 김재민(a), 앞의 책, pp.237-238. 필자의 저서에서 전문을 인용함.

215) 법무부 보도자료, "성폭력 피해 아동·장애인을 위한 진술조력인 제도 도입을 위한 입법공청회 개최", 2012.

216) 김재민(a), 앞의 책, p.238. 필자의 저서에서 전문을 인용함.

217) 김지선·김성언, 앞의 책, p.307.

218) 김재민(a), 앞의 책, pp.238-239. 필자의 저서에서 전문을 인용함.

219) 김재민(a), 위의 책, pp.238-239.

220) 김재민(a), 위의 책, pp.238-239.

221) 김재민(a), 위의 책, pp.238-239.

222) 김재민(a), 위의 책, pp.238-239.

223) 김지선·김성언, 앞의 책, p.299.

224) 김재민(a), 앞의 책, p.257. 필자의 저서에서 전문을 인용함.

225) 김지선·김성언, 앞의 책, p.297.

226) 김재민(a), 앞의 책, p.258. 필자의 저서에서 전문을 인용함.

227) 김재민(a), 위의 책, p.265.

228) 김재민(d), 앞의 책, p.145. 필자의 저서에서 전문을 인용함.

229) 김재민(a), 앞의 책, pp.265-266. 필자의 저서에서 전문을 인용함.

230) 김재민(a), 위의 책, p.258.

231) 임병락, 범죄피해자의 실질적 보호를 위한 제언, 아주법학 제8권 제1호, pp.339-362; 이정수, 범죄피해자 권리의 새로운 해석: 수사청구권을 중심으로, 학위논문, 연세대학교, 2012, p.61.

232) 박광민, 피해자 참가제도의 바람직한 도입방안, 피해자학연구, 제18권 제2호, 2010, p.113; 김재민(a), 앞의 책, p.266.

233) 박광민, 앞의 논문, p.113; 김재민(a), 앞의 책, p.266.

234) 김재민(a), 위의 책, p.232. 필자의 저서에서 전문을 인용함.

235) 김재민(a), 위의 책, p.233. 필자의 저서에서 전문을 인용함.

236) 대검찰청, 검찰연감, 2019, p.848.

237) 김재민(a), 앞의 책, p.233.

238) 장응혁·안성훈 역, 일본의 형사정책, 박영사, 2020. pp.75-76.

239) 신동운, 형사소송법, 법문사, 2007. p.99; 김재민(a), 앞의 책, p.234. 필자의 저서에서 전문을 인용함.

240) 김재민(a), 위의 책, p.234.

241) 신동운, 앞의 책, 같은 면.

242) 김재민(a), 앞의 책, p.234.

243) 김재민(a), 위의 책, p.235.

244) 김재민(a), 위의 책, pp.234-235.

245) 대검찰청, 2019 검찰연감, p.850.

246) 장응혁·안성훈 역, 앞의 책, p.75.

247) 김지선·김성언, 앞의 책, p.3.

248) 김용세(a), 피해자학, 형설출판사, 2009, p.196.

249) 김재민(a), 앞의 책, p.272. 필자의 저서에서 전문을 인용함.

250) Marshall, The Evolution of Restorative Justice in Britain, *European Journal of Criminal Policy and Research*, Vol. 4/4, 1996, 37면; 김재민(l), "경찰의 소년범 다이버전 정책에 관한 고찰", 소년보호연구 제15호, 2010. pp.224-225.

251) Williams, B., *Victims of Crime and Community Justice*, JKP, 2007, p.57.

252) 김용세(a), 앞의 책, pp.199-200.

253) Curry et al., *Restorative Justice in the Secure Estate*, London: Youth Justice Board, 2004.

254) Zehr, H. & Mika, H., *Fundamental concepts of restorative justice* , in McLaughlin, et. al, (eds.) Restorative Justice; Critical Issues, London: Sage. [First published in Contemporary Justice Review, 1(1) pp.47-56, 1997], 2003, pp.41-42.

255) John Braithwaite, *Restorative justice and a better future,* A Restorative Justice Reader, Willan Pub. 2002. 85면; 김재민(a), 앞의 책, p.272.

256) John Braithwaite, 앞의 책, 87면; 김재민(a), 앞의 책, p.272.

257) Zehr, H., *Restorative Justice*, Good Books, 2015, pp.31-34.

258) Zehr, H., 위의 책, pp.13-20.

259) 김재민(a), 앞의 책, p.273. 필자의 저서에서 전문을 인용함.

260) 김재민(a), 위의 책, p.273.

261) Zehr, H., *"Retributive Justice, Restorative Justice"*, A Restorative Justice Reader, Willan Publishing., 2003. p.81; 김재민(a), 앞의 책, p.274. 필자의 저서에서 전문을 인용함.

262) 김은경, "새로운 다이버전으로서 회복적 사법의 실제와 그 효과", 형사정책연구, 제19권 제2호, 2008, p.5; Zehr, H.,앞의 책, p.81; 김재민(a), 앞의 책, p.275. 필자의 저서에서 전문을 인용함.

263) Zehr, H., Restorative Justice, Good Books, 2015, p.31.

264) 김은경, 위의 논문, p.6; 김재민(a), 앞의 책, p.275.

265) 김재민(a), 위의 책, p.275.

266) 김재민(a), 위의 책, p.275.

267) 김재민(a), 위의 책, p.276. 필자의 저서에서 전문을 인용함.

268) Zehr, H., Restorative Justice, Good Books, 2015, pp.20-21.

269) Zehr, H., 위의 책, pp.21-23.

270) Zehr, H., 위의 책, pp.24-25.

271) Zehr, H., 위의 책, p.26.2

272) Dignan, *Understanding Victims and Restorative Justice*, Maidenhead: Open University Press, 2005, p.112.

273) Williams, B, *Victims of Crime and Community Justice*, London: Jessica Kinsley Publishers, 2005, p.79.

274) Goodey, J., *Victims and Victmology: research, policy and practice*, Harlow: Pearson Education Ltd., 2005, p.193.

275) Wright, M., The court as last resort‐victim-sensitive, community-based reponses to crime', *British Journal of Criminology*, 42: 654-67, 2002, p.657.

276) Zehr, H., *Restorative Justice*, Good Books, 2015, p.60.

277) Fox, et al., Restorative final warnings: policy and practice, *Howard Journal of Crimial Justice* 45(2): 129-40, 2006, p.133.

278) Wolhuter, L., Olley, N., & Denham, D., 앞의 책, p.223.

279) Wolhuter, L., Olley, N., & Denham, D., 위의 책, p.223.

280) Johnstone, G, *Restorative Justice‐Kdeas, Values, Debates*, Cullompton: Willan Publishing, 2002, pp.115-116.

281) Dignan, *Understanding Victims and Restorative Justice*, Maidenhead: Open University Press, 2005, pp.102, 103.

282) 박상식, 앞의 논문, p.152; 김용세(a), 앞의 책, p.233.

283) 김재민(a), 앞의 책, pp.284-285. 필자의 저서에서 전문을 인용함.

284) 박상식, 앞의 논문, pp.134-135; 김재민(a), 앞의 책, pp.364-366.

285) Zehr, H., *Restorative Justice*, Good Books, 2015, pp.60-61.

286) Zehr, H., 위의 책, pp.62-63.

287) Zehr, H., 위의 책, pp.60-61.

288) Zehr, H., 위의 책, pp.62-63.

289) Williams, B., *Victims of Crime and Community Justice*, 2005, pp.79-80.

290) Williams, B., 위의 책, p.80.

291) Williams, B., 위의 책, p.80.

292) Williams, B., 위의 책, p.81.

293) 박미숙, "회복적 사법과 피해자보호", 피해자학연구 제8호, 한국피해자학회, pp.208-209; 김재민(a), 앞의 책, pp.285-286. 필자의 저서에서 전문을 인용함.

294) 김용세(a), 앞의 책, p.232; 김재민(a), 앞의 책, p.286. 필자의 저서에서 전문을 인용함.

295) 김용세(a), 위의 책, p.232; 김재민(a), 앞의 책, p.286.

296) 김재민(a), 위의 책, p.288.

297) 김재민(a), 앞의 책, pp.287-289. 필자의 저서에서 전문을 인용함.

298) 김재민(a), 앞의 책, p.287.

299) 송길룡, 형사조정제도 개관 및 시행 매뉴얼, 법무부 사단법인 피해자지원센터, 2007. p.59.

300) 김재민(a), 앞의 책, p.240.

301) 김재민(a), 위의 책, p.240.

302) 김재민(a), 위의 책, p.240-241. 필자의 저서에서 전문을 인용함.

303) 김재민(a), 위의 책, pp.241-242. 필자의 저서에서 전문을 인용함.

304) 법제사법위원장, 소년법 일부개정법률안(대안), 의안번호 7924, 2007.11.22).

305) 김재민(a), 앞의 책, p.289.

306) 김재민(a), 앞의 책, p.289.

307) 박수선, "한국에서의 회복적 사법 '피해자 가해자 대화모임' 시범운영 사례", 이화여자대학교 법학연구소 및 회복적 사법센터 공동주최 국제세미나 자료집, 2010. 190면; 김재민(a), 앞의 책, p.290. 필자의 저서에서 전문을 인용함.

308) 박수선, 앞의 논문, p.192; 김재민(a), 앞의 책, p.290.

309) 경찰청 피해자보호담당관실, 회복적 경찰활동 가이드, p.5.

310) 경찰청, 회복적 경찰활동 리플릿, p.2.

311) 경찰청 피해자보호담당관실, 회복적 경찰활동 가이드, p.6.

312) 경찰청 피해자보호담당관실, 회복적 경찰활동 가이드, p.7.

PART 03
피해자 유형론

제1장 살인범죄 피해자

제1절 살인 피해자화의 개념과 유형

살인 피해자화라 함은 타인에 의해 생명권이 박탈당함으로 말미암아 사망자 본인과 그 가족이 신체적, 정신적, 경제적 피해를 입는 것을 말한다. 이때 살인행위는 처벌가능성과 피해자 대상에 따라 아래와 같이 분류할 수 있다.

1. 처벌 가능성에 따른 유형

1) 이유 있는 살인

살해의 고의가 없이 사고에 의해서 발생하는 살인으로서 원칙적으로 형사적 책임을 부과할 수 없는 살인이 이유 있는 살인(excusable homicide)이다. 의사가 환자 수술 전에 미리 그 위험성을 설명하였음에도 환자 가족이 수술에 동의하였고, 의사가 전문적 지식을 동원하여 성실하게 수술을 했음에도 환자가 사망한 경우라든가, 수영강사가 천식환자에 대하여 수영 금지를 지시했음에도 이를 어기고 수영을 하다가 천식 발작으로 숨진 경우가 이에 해당한다. 만일 의사가 수술의 위험성에 대한 충분한 설명이 없었다든지, 수영강사가 천식환자인 줄 알면서 제대로 대처를 잘 못했다면 과실치사의 죄책을 논할 수 있을 것이다.[1]

2) 정당화될 수 있는 살인

법에 의해 정당화될 수 있는 살인(justifiable homicide)도 있다. 살해의 고의는 있지만 피해자가 먼저 부당한 선제공격을 하였기 때문에 그 공격에 의한 방어행위가 정당화되어 살인행위의 위법성이 제거되는 경우가 바로 그것이다. 예를 들면 야간에 주거에 침입한 강도의 위협행동에 대하여 저항하다가 강도를 죽인 사례가 이에 해당한다. 물론 우리 형법은 일반 평균인의 상식을 뛰어넘는 과도한 방위행위에 대하여는 처벌규정을 두고 있으나 정당한 방어행위에 대하여는 위법성을 탈락시켜 범죄가 성립하지 않는 것으로 보고 있다.2)

3) 형사책임을 져야 하는 살인

형사책임을 져야 하는 살인(criminal homicide)의 대표적인 것이 바로 고의에 의한 살인이다. 살인의 죄책을 묻기 위해서는 자신의 행위로 인해 사람이 죽을 것이라고 예견하면서도 사망을 초래할 수 있는 행위를 의도적으로 실천하려는 고의가 있어야 하는 것이다.

살인행위 중에는 사전에 범행을 치밀하게 계획한 후에 실행하는 살인이 있는가 하면, 사전계획 없이 충동적으로 사람을 살해하는 경우도 있다. 우리 형법에서는 살인의 예비·음모 행위를 별도의 범죄로 처벌하고는 있지만, 예비·음모 행위가 있는 살인과 그것이 없는 충동적 살인의 법정형을 달리하지 않고 모두 보통살인죄로 처벌하고 있다.

그러나 영미법에서는 예비·음모가 있는 사전 고의에 의한 살인은 1급 살인(first degree murder)으로서 사형 등 중한 형벌로 처벌하지만, 예비·음모나 사전고의가 없이 충동적으로 사람을 살해한 경우에는 2급 살인(second degree murder)으로 분류하여 1급 살인보다 덜 심각한 범죄로 다루고 있다. 아울러 1·2급 살인보다 위법성이 더 약한 살인 행위를 맨슬로터(manslaughter)라 부르고 있는데 이는 한국 형법에 있어서 '과잉방위에 의한 살인'이나 '과실치사죄'에 해당한다.3)

2. 살인 대상에 따른 피해자화 유형

1) 자녀살해

부모나 보호자가 자녀나 돌봄을 받고 있는 자를 살해하는 유형이다. 성장한 자녀를 살해할 수도 있지만 그보다 훨씬 어린 영아를 살해할 수도 있다. 영아살해는 미국의 경우 1세 미만의 아이를 살해하는 경우를 지칭하지만, 한국 형법은 직계존속이 자신의 치욕을 숨기기 위하여 분만 중 또는 분만 직후의 아이를 살해한 경우에 영아살해죄가 성립된다고 하고 있다. 자녀살해나 영아살해는 아동학대의 한 유형이라고 볼 수 있는데, 자녀살해는 우연한 사고로 위장이 가능하기 때문에 아동학대에 의한 살인인지 여부를 판별하기가 어려운 점이 많다. 근래 계모의 학대행위로 자녀를 죽인 후 실종사건으로 둔갑시킨 2016년 2월 '평택 실종 아동사건'을 비롯해 아동학대에 의한 살인이 종종 보도되고 있다.[4]

2) 존속살해 및 노인살해

존속살해란 자신의 직계존속을 살해하는 경우를 말한다. 그중에 부모살해는 드물게 발생하지만 부친을 살해하는 경우가 모친 살해의 경우보다 많은 편이다. 부모를 살해하는 사건은 그의 부친이나 모친으로부터 어린 시절부터 학대를 당해왔던 역기능 가정에서 많이 발생한다는 특징이 있다.[5] 2019년 6월 3일 경기도 과천에서 친부모를 토막살해한 사건이 발생하였는데 당시 23세였던 범인은 엄격한 아버지와 신경질적인 어머니 사이에서 가정폭력을 당하며 성장하다가 정신병을 앓던 가운데 어머니와 아버지를 차례로 살해하였다.[6]

노인살해란 65세 이상의 연령에 있는 자를 살인하는 것을 말하는데 미국의 경우 전체 살인사건의 5% 정도가 노인살해 사건이라고 하며, 노인살인사건 중 피해자의 60%는 남성 노인이라고 한다.[7]

3) 친밀한 파트너 살해 및 여성 살해

친밀한 파트너(intimate partner)를 살해한다는 것은 보통 현재의 배우자, 이혼한 배우자, 사실상의 배우자, 남자친구, 여자친구, 동성연애 관계에 있는 자를 모두 포괄하는 의미를 가지고 있다. 미국에서는 전체 살인사건의 14%가 친밀한 파트너 사이의 살인이라고 한다. 2013년 당시 위 관계에 있는 자들 간의 살인피해 성비를 보면 여자가 남자보다 6배 더 많은 피해를 보고 있는 것으로 나타났다. 여성이 친밀

한 남성을 살해한 경우는 남편이나 과거에 자신을 폭행했던 남자친구인 경우가 다수였다.[8]

단지 여성이라는 이유로 폭력위험에 노출되고 이것이 살인으로까지 이어지기도 하는데 이를 여성살해(femicide)라 한다. 여성살해는 여성을 싫어하고 혐오하는 증상에서 비롯되기에 이를 젠더개념에 바탕을 둔 폭력(gender based violence)에 의한 살인이라 칭하기도 한다.[9]

4) 대량살인 또는 연쇄살인

살인유형에 따라 피해자가 다수 발생할 수 있다. 피해자가 2명인 경우에는 이중살인, 3명인 경우 3중살인이라 부르지만, 피해자가 4명 이상이 되면 대량살인(mass murder)이라 칭한다. 이는 한꺼번에 한 현장에서 많은 사람을 죽이는 끔직한 살인사건을 지칭하는 것이다. 이와 유사한 용어로 연속살인과 연쇄살인이 있다. 연속살인(spree murder)은 피해자가 다수이고 범행장소도 2개 이상의 다수인 경우를 말한다. 그 점에서 한 장소에서 4명 이상의 피해자를 동시에 살해하는 대량살인과 비교된다. 연쇄살인(serial murder)은 연속살인과 유사하지만 3곳 이상의 개별적 장소에서 피해자를 살해함과 동시에 피해자를 살해하는 도중에 심리적 냉각기를 갖는다는 점에서 연속살인과 차이가 난다.[10]

제2절 살인피해의 위험요인

1. 피해자와 가해자의 인구통계학적 위험요인

1) 성별

2011년에 수행된 미국 연구자료에 의하면 남성은 여성보다 4배 이상 많이 살해되었다고 한다. 이 경우 청년 후반기에 살해당한 남성 피해자들을 보면, 대개 범죄조직에 연루되어 다른 범죄를 범하다가 살해를 많이 당했는데, 전과자로서 조직폭력에 가담한 경우가 많고, 알코올이나 마약을 복용한 사례가 많았으나, 여성은 가정폭력이나 성폭력을 통해 살인 피해자화되는 사례가 많았다.[11)

2018년 한국 통계를 보면 살해당한 남자 피해자는 59%인 데 비해 여성은 41%인 것을 보면 미국보다는 성별 차이가 그리 크지 않음을 알 수 있다.[12)

2) 연령과 인종

미국의 경우 살인 피해는 18~24세 사이의 젊은이들 가운데 많이 발생하고 있다. 인종별로 피해자화 되는 성향도 달라서 미국의 경우 흑인이 백인보다 더 많이 살해당하고 있으며, 아시아계 여성들은 가정폭력에 의한 살인피해가 많으나 백인 여성들은 낯선 사람에 의한 살인피해가 많다고 한다.[13) 이에 비해 한국의 경우 살인범죄 피해자의 67.5%가 41세 이상의 연령층이어서 미국과 대조를 보인다.[14)

3) 지역과 사회경제적 지위

살인피해는 시골지역이나 교외지역보다 도시지역에서 많이 발생하고 있고, 도시의 인구밀도에 비례하여 살인범죄 피해율이 높아지고 있다. 또한 사회경제적 지위가 가장 낮은 가정에서 살인피해가 가장 많이 발생하고 있는 데 반해, 가계소득이 증가함에 따라 피해자화 비율도 줄어드는 성향을 보인다.[15)

4) 피해자와 가해자의 관계

한국의 경우 2018년 검찰의 범죄분석 통계를 보면 살인범과 피해자가 서로 전혀 모르는 경우가 20.3%에 불과하여 상호관계가 불분명한 기타사유 20.4%를 제외하더라도 적어도 50.3%는 서로 아는 관계에서 살인사건이 발생하고 있다.[16)

미국 살인범죄의 경우에도 가해자와 피해자 상호 간에 면식이 있는 경우가 4분의 3에 해당한다고 한다. 이와 같은 지인(知人)에 의한 살인

피해자학

중에서도 56%가 서로 알고 지내는 사이에서 발생하지만, 22%는 배우자에 의해 살해되고 있다. 특이 여성 피해자의 3분의 1에 해당하는 수가 남편이나 남자친구와 같은 연인에 의해 살해되고 있다.[17)

2. 살인사건 자체의 위험요인

1) 무기의 사용

미국의 경우 총기류를 사용해서 살인하는 것이 보통이다. 2018년 FBI통계에 따르면 71%가 총기를 사용한 살인이었다. 특히 13~20세 사이에 있는 피해자에게 가장 흔히 총기가 사용되고 있고 그보다 높은 연령층에서는 총기 사용이 둔화되는 성향을 보인다. 총기 중에는 권총이 가장 선호된다.[18) 한국의 경우 2018년 통계를 보면 총 639건의 살인사건 중 총기 사용은 2건에 불과하며 대부분은 칼(420건, 65.7%)을 살해수단으로 삼고 있다.[19)

2) 범죄상황과 범죄장소

살인범죄는 살인사건이 벌어지는 구체적 상황을 이해하는 것이 필요하다. 그 사건을 둘러싼 상황이 살인사건 수사에 있어서 중요하기 때문이다. FBI자료에 따르면 살인사건이 발생했을 때 그 발생한 시기의 40% 정도는 사건의 구체적 상황을 판단하기가 불가능했다고 하며, 살인피해자 5명 중 2명 정도만 살인사건 현장의 상황판단이 가능했다고 한다.[20)

살인장소도 살인사건 수사에 있어서 중요하다. 가정폭력에 의한 살인이나 노인살인의 경우에는 살인을 행하는 장소가 대부분 피해자의 주거지인 경우가 많다고 할 수 있다. 한국의 2018년 통계를 보면 총 849건의 살인사건 중 406건(47.8%)이 아파트, 연립주택, 단독주택 등에서 발생하고 있는바, 가정폭력에 국한한 것이 아님에도 범죄 발생 장소 중 주거지가 가장 큰 비율을 차지한다. 그다음 많이 발생하는 장소는 312건(15%)인 노상에서의 살인이다.[21)

3) 약물사용

약물사용과 살인과의 관계는 다소 복잡성을 띤다. 모두 다 그런 것은 아니지만 약물을 통해 살인을 한 살인범은 살인 사건 이전에 피해자와 같이 술이나 약물을 함께 복용할 가능성이 높다고 한다. 미국의 한 연구에 따르면 친밀한 관계를 유지하던 상대방을 살해하거나 살해미수에 그쳤던 사례의 3분의 2에 해당하는 남성들이 살인사건 진행 중에 피해자 혼자서, 혹은 가해자와 함께 술이나 약물을 복용한 상태에서 살해된 것으로 조사되었다.[22] 한국의 경우 2018년 살인범죄 총 639건 중 독극물을 사용하여 살해한 경우는 총 10건에 불과했다.[23]

제3절 피해자 촉발과 간접 피해의 문제

1. 피해자 촉발

많은 살인 피해자들이 억울한 죽음을 당하지만 어떤 피해자는 가해자가 살인행동을 개시하도록 부추기거나 자극을 가하기도 한다. 앞서 언급하였듯이 마빈 울프강(Marvin Wolfgang)은 피해자 촉발이론을 정립한 학자인데, 어떤 피해자들은 자신이 먼저 범행을 개시할 수도 있다고 주장하였다. 그는 미국 필라델피아에서 발생한 살인사건을 4년 동안 조사하였는데 그에 따르면 588건의 살인사건 중에서 26%가 피해자의 촉발행위로 살인행위가 발생하였다고 발표하였다.[24]

피해자 촉발이론은 일반적으로 한 개인의 행동이 어떻게 자신의 피해자화에 기여하는 결과를 초래하는가에 대한 설명을 포함하고 있다. 루켄빌(Dand Luckenbill)은 이와 관련하여 '상황적 거래행위(situated transaction)'로서의 살인사건이 있을 수 있다고 하면서, 많은 살인사건이 '명예 논쟁(honor contest)'이나 '대립관계로 인한 살인(confrontational homicide)'이라고도 표현되는 '성격 논쟁(character contest)' 형태를 띤다고 한다. 이러한 형태의 살인은 상대방을 모욕한다든지, 언어적·물리적으로 상대방에게 도전한다든지, 폭력을 사용하는 등의 행위를 서로 주고받다가 일방을 살해하기에 이르는 것이다.[25]

하지만 이러한 피해자 촉발이론이 메나헴 아미르(Menachem Amir)가 주장한 바와 같이 성범죄 피해자를 비난하는 논거로 사용되거나 부모의 권위에 도전하다 피해를 당한 아동 피해자를 비난하는 데 사용될 가능성이 있다는 비판을 받고 있다.

2. 간접적 피해자화

한 가정의 아내이자 어머니였던 여성이 살해당했다면 직접적인 피해자는 그 여성이겠지만 피해는 단지 그 한 사람에 그치지 않는다. 남편과 아이들, 더 나아가 친정 부모와 형제자매도 정서적 충격에 휩싸인다. 살인사건의 경우 피해자와 긴밀한 관계를 맺고 있던 사람들이 피해를 입는 것을 '간접적 피해자화(indirect victimization)' 혹은 '2차적 피해자화(secondary victimization)'라고 한다. 간접적 피해자화가 되면 대상자들은 불면증, 식욕부진, 분노, 악몽 등과 같은 사별의 아픔을 겪는다. 심하면 이로 인해 공황상태에 빠지거나 우울증과 강박증을 앓기도 하는 것이다.[26]

사망사실 통지(death notification)도 간접적인 피해자화를 야기할 수 있다. 아직 사망사실을 모르고 있는 가족에게 이 사실을 통지할 때 가급적이면 유족의 집에 직접 가서 통지하는 것이 좋고, 적당한 시간대를 정해 통지하는 것이 바람직하며, 적어도 2명 이상의 훈련받은 경찰관이 팀 형태로 방문해야 한다. 그렇지 않고 전화로 통지하거나, 불완전·불확실한 정보를 알려주거나, 언론을 통해 알려주게 되면 형사사법 시스템이 피해자의 유족에게 새로운 스트레스를 가하는 결과를 초래하게 된다.

사망사실 통지뿐 아니라 형사절차 진행 과정에서 형사사법 관계자들이 피해자를 불공정하게 대우한다든지, 무관심한 태도를 보인다든지, 상황에 적합지 못한 반응을 보이게 되면 다시 한번 피해자 유족들은 심리적 외상을 입게 된다. 범죄자 미체포, 혐의자의 무죄판결과

같이 사건 해결이 제대로 되지 않은 때에도 마찬가지이다.27)

제4절 살인 피해자화에 대한 대응

1. 형사사법기관의 대응

미국의 경우 1990년에 살인에 의한 피해자화를 줄이기 위하여 2가지 정책을 썼다고 한다. 하나는 '오퍼레이션 시즈파이어(Operation Ceasefire)'였고 다른 하나는 '컴스탯(CompStat)'이었다. 전자는 총기 관련 폭력행위 척결에 주안점을 두었고, 후자는 범죄정보를 필요한 지역에 배포해 주면서 범죄와 무질서를 줄이는 한편, 문제해결 능력 증진을 통해 살인범죄를 감소시키고자 한 프로그램이었다. 그 결과 컴스탯이 살인발생률을 다소 떨어뜨리긴 했지만 두 프로그램 모두 원하는 만큼 성공적이지는 못했다.28) 이는 살인사건 예방정책 수립 및 집행의 어려움을 보여주는 단면이라고 하겠다.

이와는 달리 조직폭력 관련 사건에 초점을 맞추어 2005년에 시행된 '프로젝트 엑시트(Project Exit)'라는 프로그램은 연방법원이 총기 사용과 관련된 마약 및 폭력범죄자들에 대해 형선고를 강화하는 내용을 담고 있었는데, 살인사건 발생률을 상당부분 감소시킴으로써 앞의 두 프로그램보다 성공적인 결과를 얻었다.29) 로스엔젤레스 검찰도 1970년대 중반경 조직폭력 관련 살인사건에 대응하고자 '살인범죄 특별 기소팀'을 운영하였는데 살인범죄 감소에 긍정적 결과를 얻었다.30)

한국의 경우 살인범죄 예방을 위한 특별 프로그램은 발견되지 않지만, 2018년도에 발생한 살인범죄를 분석한 결과를 보면 범죄자의 43.3%가 벌금형 이상의 전과가 있었으며, 41.1%는 주취상태였고, 8.1%는 정신장애가 있었다. 여성 살인범의 정신장애 비율은 11.6%로 남성(7.5%)에 비해 높았으며, 남성이 주취상태에서 살인을 한 비율은 43.6%로, 여성범죄자(27.7%)에 비하여 높게 나타났다.31) 살인범죄 위험성이 있는 자를 잘 통제하는 것이 살인 피해자화 예방의 한 수단임을 생각해 볼 때 전과자나 주취자, 정신장애자들에 대한 관리를 강화하는 프로그램을 운영할 필요가 있다.

2. 공동체의 대응

살인범죄에 대한 공동체적 대응전략으로 활용될 수 있는 것이 바로 '사망률 검토(fatality review)' 프로그램이다. 이 프로그램은 사망의 원인을 보다 잘 이해하기 위해 살인사건이 발생한 정황을 검토해 보고자 하는 데 그 취지가 있다.

미국에서는 사망률 검토를 함에 있어서 2가지 유형을 활용하고 있는데, 그 첫째가 아동 사망률 검토이고, 둘째가 가정폭력 사망률 검토이다. 아동 사망률 검토는 아동이 가장 많이 죽는 유형이 무엇인지를 조사해 보는 것이다. 여기에는 경찰관, 검사, 의사, 공중보건 책임 공무원, 응급의료 관계자, 아동보호 또는 아동복지기관 종사자 등이 함께 참여한다. 그런데 모든 유형의 아동 사망사고를 다 검토할 수 없기 때문에, 사전에 막을 수 있었음에도 사망을 초래하게 된 학대사건이나 유기사건 중심으로 검토를 진행한다.

둘째, 가정폭력 피해자에 대한 사망률 검토 과정에도 폭행당한 여성 및 아동들의 안전확보 방안에 대하여 사회적, 경제적, 정책적 측면에서 의견제시를 해 줄 수 있는 공동체 대표들이 참여한다. 이 프로그램을 통해 형사사법 시스템이나 정치적 전략들이 가지고 있는 결함이 드러나게 되고 이 영역들에 새로운 변화가 필요하다는 것을 각인시켜 주게 된다. 위의 2가지 공동체 대응 프로그램은 특수한 형태의 살인행위에 대하여 종합적 시각을 가지고 사건 검증할 기회를 제공한다는 측면에서 미국 사회에 긍정적 결과를 보여주고 있다고 한다.[32]

이 밖에 살인당한 피해자 유족들의 정서적 어려움을 해결해 주고, 살인 피해자화로 인한 재정적·사회적·법률적 문제점을 해소해 주기 위한 '사별 센터(Bereavement Center)' 운영이 있는가 하면, 주취운전으로 사망한 가족들의 정서적 문제, 재정적 문제, 법적 권리보호 문제 등을 다루는 방송 프로그램인 '주취운전 반대 어머니회(Mother Against Drunk Driving, MADD)'도 있다.[33)

3. 회복적 사법의 활용

회복적 사법이란 '범죄로 인해 초래된 해악을 해결하기 위해 피해자, 가해자 및 공동체 구성원이 함께 모여 해결책을 의논하는, 범죄행동에 대한 공동체에 기반 한 대응 시스템'이라고 할 수 있다. 래티머(Jeff Latimer)의 연구에 따르면 회복적 사법 과정에 참여한 피해자들은 이 프로그램에 참여하지 않은 피해자들보다 만족도가 훨씬 높았다고 한다. 특히 가해자에게 손해배상이 청구된 사건에 있어서 가해자가 회복적 사법 프로그램에 참여할 경우 실제로 손해배상을 실행에 옮길 가능성이 높았던 것으로 나타났다.[34) 많이 활용되었던 회복적 사법 프로그램의 유형은 피해자-가해자 조정 프로그램이었는데, 단순 폭행이나 재산범죄로 피해자화된 사건에 많이 적용되었다. 많은 피해자들이 이러한 회복적 사법에 의한 조정을 통해 전통적 사법에서 경험할 수 없었던 치유를 경험했었고 이 치유의 과정이 더욱 촉진되었던 것으로 나타났다.[35)

제2장 성폭력 피해자

제1절 성폭력 피해자화의 개념 및 유형

성폭력 피해자화란 한 개인에 대하여 원치 않는 성적 행동이 가해지는 일체의 행위를 말한다. 성폭력은 강요된 성교에서부터 본인 몰래 탈의장면을 촬영하는 데 이르기까지 다양하다. 최근 다양한 형태의 성범죄가 발생하고 있고, 그 발생건수도 [표 10]과 같이 점증하고 있는 상황이다.

[표 10] 성범죄 발생현황 (단위: 건수)

구분	'14년	'15년	'16년	'17년	'18년	'19년
합계	29,517	30,651	28,993	32,272	31,396	31,447
강간·강제 추행	21,172	21,352	22,229	24,139	23,467	23,550
카메라 등 이용촬영	6,623	7,623	5,185	6,470	5,925	5,763
통신매체 이용음란	1,257	1,135	1,109	1,249	1,365	1,438
성적목적 공공장소침입	465	541	470	414	639	666

(출처: 경찰청, 경찰백서, 2020, p.101)

한국 형법에서 강간죄의 보호법익을 성적 자기결정권의 침해로 보고 있는 것은 강간행위를 통해서 신체적·심리적 트라우마를 남기는 것도 문제지만, 무엇보다 성적 의사결정에 대한 개인의 자유권을 침해하는 것의 불법성을 강조하고 있기 때문으로 여겨진다. 이하에서 성폭력 피해자화 유형 몇 가지를 살펴본다.

1. 강간

1) 강간죄의 개념

강간행위에 관한 가장 전통적인 개념은 '남성이 자신의 아내가 아닌 여성의 반대의사에도 불구하고 물리적인 힘을 동원하여 불법적으로 성교를 하는 것'을 의미했다. 과거 영미 국가의 보통법에도 이러한 개념이 있었고[36] 개정 전 한국 형법에서도 강간죄의 객체를 '음행의 상습 없는 부녀'로 한정하고 있었다.

그러나 오늘날 법률상 강간행위의 개념은 그 행위 객체가 확장되고 행위방법도 다양화되고 있다. 우선 행위 객체에 여성뿐 아니라 남성도 함께 포함시켰기에 여성도 강간죄를 범할 수 있게 되었으며, 강간의 방법도 성기 간의 결합에 국한되지 않고 구강, 손가락, 항문 등을 이용하는 것을 아우르게 되었다. 예를 들어 현재 한국 형법 제297조는 강간죄의 객체를 '사람'으로 하여 범죄 행위의 대상을 여성과 남성 모두에게로 확장시켰으며, 같은 법 제297조의2에서는 폭행, 협박으로 사람에 대하여 구강, 항문 등에 성기를 넣거나 성기, 항문에 손가락 등 신체의 일부 또는 도구를 넣는 행위를 '유사강간죄'로 정의함으로써 성기 간의 결합에 국한하던 종래의 규율범위를 뛰어넘어 성범죄를 처벌하고 있는 것이다.

2) 강간죄에 준하는 유형

가. 준강간·준강제추행죄

강간행위는 상대방의 의사에 반한 성적 행동이므로 물리력을 통해 강제로 성교하는 행위가 기본적인 행위방식(forcible rape)이지만, 본인의 동의 없이 의도적으로 술이나 약물을 복용하게 한 다음, 성적 행동에 대해 동의할 수 없는 상황임을 이용하여 성교를 하는 방식(drug or alcohol facilitated rape), 혹은 피해자 스스로 약물이나 술을 복용했지만, 잠을 자거나 약물에 취해 동의할 수 없는 상황임을 이용하여 성교를 하는 방식(incapacitated rape)으로 진행될 수도 있다. 한국 형법 제299조는 후자의 2가지 경우를 '사람의 심신상실 또는 항거불능의 상태를 이용하여 간음 또는 추행을 한 자'를 준강간 또는 준강제추행범으로 규정하여 처벌하고 있다.

나. 미성년자 의제강간·강제추행죄

한국 형법을 보면, 상대방의 동의가 있는 성교라 할지라도 그 상대방이 아직 법이 정한 의사결정 가능 연령에 도달하지 못했을 때에는 이를 '미성년자 등 위계 등 간음·추행죄(형법 제302조)' 혹은 '미성년자 의제강간·강제추행죄(형법 제305조)'로 처벌하게 된다(statutory rape). 형법 제302조가 제305조와 서로 유사하긴 하나 다음과 같은 점에서 서로 구분된다. 즉, 제302조는 위계·위력을 수단으로 하여 만 19세 미만의 미성년자를 간음·추행하는 자를 5년 이하의 징역에 처하는 것으로서, 위계·위력의 수단 없이 동의하에 성교를 하더라도 강간죄에 준해 처벌하는 제305조와 구별된다. 즉, 형법 제305조는 13세 미만의 사람에 대하여 간음을 하거나 추행한 사람의 경우 상대방의 동의여부와 상관없이 강간죄 또는 강제추행죄를 범한 것으로 간주하여 처벌하겠다는 것인데 이는 의사결정능력이 없는 자의 성교에 대한 동의는 법적으로 무의미하다는 가정에 기초하고 있다.

그런데 한국은 2020년 5월 형법을 개정, 제305조에 제2항을 추가하여 '13세 이상 16세 미만의 사람에 대하여 간음 또는 추행을 한 19세 이상의 자' 역시 제297조 등 강간죄의 예에 따라 처벌하도록 하는 규정을 두게 되었다. 이는 미성년자 의제강간 대상이 되는 피해자의 연령 범위가 만 15세까지 상향 조정되는 효과가 있다고 볼 것이다. 미국에서는 성적 의사결정이 불가능한 연령의 범위가 최소 14세 이하에서 18세 이하까지 주(state)별로 다르게 규정하고 있다.[37]

2. 성행위의 강요

'강간죄(rape)'와 '성행위 강요(sexual coercion)'의 차이점은 범죄자가 사용하는 범죄수단에 있다. 강간죄는 물리적 폭력과 협박행위를 그 수단으로 삼지만 성행위의 강요는 폭행이나 협박 대신 강요적 행동 방식을 채택한다는 데 그 차이가 있다. 이러한 강요방식에는 정서적·심리적으로 압박을 가하는 기법이 활용되는데, 예를 들면 보상을 약속하는 행위, 비신체적 응징을 예고하는 행위, 성교를 하도록 압박하거나 성교에 응하기를 조르는 행위 등이 포함된다.[38]

한국은 형법 제302조의 '미성년자 등 위계 등 간음·추행죄'와 제303조 '업무상위력 등에 의한 간음죄'에서 위계나 위력의 방법으로 간음하거나 추행하는 행위를 처벌하고 있는데, 이러한 규정이 강요된 성행위에 해당한다고 볼 것이다. 여기서 위계란 상대방에게 오인·착각·부지를 일으킨 다음 그러한 정을 이용하여 간음이나 추행을 하는 것을 말한다.[39] 다만, 제302조의 경우에는 피해자가 미성년자라야 하고, 제303조는 피해자가 '업무, 고용 기타 관계로 인하여 자기의 보호 또는 감독을 받는 사람'이라야 한다는 제한이 있으므로, 미성년자도 아니고 업무 또는 고용관계나 보호감독 관계가 없는 자라도 위계, 위력을 사용하여 성적 행위를 강요받게 될 경우에는 보호를 받을 수 있는 법적 장치를 둘 필요가 있다.

3. 원치 않는 성적 접촉

원하지 않는 성적 접촉은, 반드시 물리적 힘을 사용하여 간음을 시도하거나 간음행위를 완성하는 수준에 이르지는 않더라도 성감대라고 여겨지는 부분을 만짐으로써 이루어진다. 물론 물리적 힘이 수반될 수도 있고 안 될 수도 있지만 상대방의 가슴이나 엉덩이, 입술, 성기 등을 만지거나 더듬거나 문지르는 행위, 애무하거나 핥거나 빠는 행위 등이 포함된다. 이러한 접촉은 옷 위로 할 수도 있고 옷 속으로 할 수도 있다.[40] 이때 가해자가 심리적·정서적 강요행위를 사용한다면 '원치 않는 성적 접촉(unwanted sexual contact)'은 '강요된 성적 접촉 (coerced sexual contact)'으로 전환된다. 만일 폭행이나 협박을 사용하여 원치 않는 성적 접촉을 하게 된다면 이는 '폭력행위에 의한 원치 않는 성적 접촉(unwanted sexual contact with force)'으로 분류된다.

한국 형법의 경우 제298조에 강제추행죄를 두고서 폭행이나 협박으로 성적 수치심을 느끼게 하는 행위를 처벌하고 있지만, 폭행 및 협박 이외의 수단으로 원치 않는 접촉으로 성적 수치심을 주는 행위는 따로 규정이 없다. 이에 성폭력처벌법 제11조의 '공중 밀집 장소에서의 추행죄'를 두고서 대중교통수단이나 공연장, 집회장소 그 밖에 공중이 밀집한 장소에서 사람을 추행할 경우를 처벌하고 있는데 이 규정이 '원치 않는 성적 접촉' 행위를 규제하고 있는 법적 근거 중의 하나라고 볼 것이다.

4. 비접촉 성폭행

모든 성범죄가 반드시 피해자를 물리적으로 접촉하면서 이루어지는 것은 아니다. 피해자와 물리적 접촉 없이도 시각적·언어적으로 성폭행을 할 수 있다. 이를 '비접촉 성폭행(noncontact sexual abuse)'이라 할 수 있다. 피해자가 원치 않는데도 시각적으로 성폭행(visual sexual abuse)을 한다는 것의 의미는 음란한 사진이나 영상물을 이메일이나 문자 등을 통해 피해자에게 전송하거나 페이스북과 같은 소셜 네트워크(social network)에 게시하는 것을 말한다. 언어적으로 성폭행(verbal sexual abuse)을 한다는 의미는 가해자가 피해자에게 어떤 말을 하거나 소리를 만들어 상대방을 멸시하는 느낌을 갖게 하거나 성적 수치심을 느끼게 하는 방식으로 공격하는 것을 말한다. 피해자에게 야유를 하거나, 성행위를 하는 듯한 소리를 내거나, 피해자가 나타날 때 휘슬을 불거나, 타인의 성생활에 대하여 부적합한 질문을 하는 것 등의 행위가 이에 해당한다.[41)]

한편, 인터넷 기술을 성적 가해행위에 이용하는 경우도 있다. 이른바 '리벤지 포르노(revenge porno)'가 바로 그것이다. 이는 피해자의 동의 없이 개인의 성적인 이미지가 담긴 사진이나 영상을 보복 차원에서 배포하는 행위를 말한다. 인터넷 댓글도 성폭행 피해자를 괴롭히는 수단으로 사용될 수 있다. 댓글을 통한 피해자 비난행위도 소셜미디어를 통해 성폭행을 가하는 행위의 일종인 것이다. 성폭행 피해자에 대한 다큐멘터리 방송을 지나치게 자세히 다루는 언론의 무분별함과, 이 방송을 시청한 후 온라인상에서 신상털기를 하는 시청자들의 행동이 모두 온라인 성폭행에 해당한다.[42]

한국의 경우 성폭력처벌법 제13조의 '통신매체를 이용한 음란행위'와 제14조 '카메라 등을 이용한 촬영', 그리고 제14조의2 '허위영상물 등의 반포 등'의 죄가 이러한 비접촉 성폭행에 대처하기 위한 규정에 해당한다. '통신매체를 이용한 음란행위'는 자기 또는 타인의 성적 욕망을 유발하거나 만족시킬 목적으로 전화, 우편, 컴퓨터, 그 밖의 통신매체를 통하여 성적 수치심이나 혐오감을 일으키는 말, 음향, 글, 그림, 영상 또는 물건을 상대방에게 도달하게 할 경우를 말하고, '카메라 등을 이용한 촬영'은 성적 욕망 또는 수치심을 유발할 수 있는 사람의 신체를 본인 의사에 반하여 촬영한 뒤 이를 반포, 판매, 임대, 제공, 전시, 상영하게 하거나, 촬영 당시에는 촬영대상자의 의사에 반하지 아니하였으나 그 촬영물이나 복제물을 본인의 의사에 반해 반포하는 행위를 뜻한다. '허위 영상물 등의 반포'는 사람의 얼굴, 신체, 음성을 대상으로 한 영상물을 대상자의 의사에 반하여 성적 욕망 또는 는 수치심을 유발할 형태로 편집, 합성, 가공한 자를 처벌하는 규정이다.

제2절 성폭력 피해자화의 위험요인

1. 성별 또는 연령별 위험요인

여성은 전 생애에 걸쳐 성폭력 피해자화할 위험이 남성보다 크다. 미국의 경우 여성의 경우에는 10대 후반에서 20대 초반까지가 성폭력을 당할 위험이 가장 큰 시기로 보고 있으며, 그 범위가 대학시절까지 확장되기도 한다. 남성의 경우도 12세 이하의 경우에는 성폭력을 당할 위험이 다른 연령대의 남성보다 높다. 이러한 연령대를 지나면 남성과 여성 모두 피해자화될 확률이 점점 줄어든다.[43]

한국의 경우 2018년도 성폭력을 당한 피해자의 연령을 보면 21~30세까지가 39.6%로 가장 높고, 16~20세 사이가 20%로서 그다음을 차지하고 있다. 2018년 전체 성폭력 사건 32,104건 중에서 남성 피해자는 1,938건으로 전체의 6%를 차지한 반면, 여성 피해자는 28,116건으로서 전체의 87.5%를 차지하였다.[44]

2. 사회경제적 지위와 거주지역 요인

사회경제적 지위가 어떠하고 거주하는 지역이 어디냐에 따라 성폭력 피해자화가 영향을 받기도 한다. 사회경제적 지위가 낮은 사람이나 실업상태 혹은 비고용 상태에 있는 사람은 다른 사람들보다 성폭행을 당할 위험이 훨씬 크다.[45] 미국의 국가 범죄피해자 조사(NCVS) 결과에 따르면 시골지역에 사는 사람들이 도시나 도시 근교에 사는 사람들보다 성폭력 피해자화될 위험이 더 높은 것으로 나타났다.[46]

한국의 2018년 범죄분석 자료를 보면 성폭력 범죄의 발생장소로 주거지가 20.9%로 가장 높고, 교통수단 이용 중에 발생하는 건수가 12.9%로 그다음을 차지하였으며, 유흥접객업소가 12.5%로 그 뒤를 잇고 있다. 주거지 유형별 발생현황을 보면 아파트나 연립주택, 다세대주택 등 공동주택이 3,679건으로 가장 많고, 그다음이 단독주택으로서 3,030건이 발생하였다.[47]

3. 생활양식과 일상활동 요인

앞서 살펴본 피해자화 이론 중 일상활동 이론에서 거론된 요인들이 충족될 경우에도 성폭행 피해자화가 발생한다. 예를 들어 동기화된 범죄자(motivated offender)는 어디나 존재하지만 그러한 범죄자에게 가장 근접해 있는 자가 피해자화된다. 즉, 그런 잠재적 범죄자와 단둘이만 있다거나, 남성 사교 클럽모임과 같이 남성이 많이 모인 파티에 참석한다거나, 사람들로 붐비는 술집에 간다거나 하는 행동이 그러한 것이다. 유능한 보호자가 없는 것(lack of capable guardian) 또한 피해자를 성폭력 위험에 빠뜨린다. 자기를 성폭행 위험으로부터 구해줄 사람(social guardianship)이 없거나, 가스총이나 알람과 같은 물리적 경보장치(physical guardianship)가 없으면 피해자화되기 쉬운 것이다. 마지막으로 범죄자가 적합한 표적(suitable target)이라 여긴 자가 피해자화된다. 범죄자가 적합한 표적으로 삼는 피해자의 예를 들면 저항력이 약한 여성이 술 취한 상태에서 한적한 곳에 홀로 있는 경우가 가장 대표적일 것이다.[48]

위험한 생활양식 역시 성폭력 피해자화를 초래하는 요인이다. 그중에 술을 즐겨 마시는 생활양식이 성폭력 피해와 밀접한 연관이 있다고 한다. 미국의 한 연구에 따르면 강간피해를 입은 성인 여성의 20% 정도가 술이나 약물을 복용한 것으로 나타났고, 술과 약물을 자주 사용하는 여대생이 그렇지 않은 여성보다 성폭력에 훨씬 취약한 것으로 보고되었다. 폭음의 경우도 대학생들 사이에 음주관련 성폭행과 긴밀한 연관성이 있다. 성폭행 범죄자들은 술 취한 여성을 보면 쉽게 성폭행을 할 수 있다고 생각하고 범행대상으로 선택하기 때문에 술은 여성을 피해자화 위험에 빠뜨리는 중요한 요소가 된다. 술을 마시면 자기가 있는 환경에서 위험성을 판단하는 능력이 떨어지게 되고, 현존하는 위험을 제대로 알아차리기가 어려워지는 것이다.[49]

4. 위험 인지 및 대응능력의 취약

인구통계학적 특성이나 위험한 생활양식과 무관하게 어떤 사람의 경우에는 피해자화될 위험이 있음에도 그 위험을 확인하고, 인식한 뒤 적절하게 대응하는 능력이 약하기 때문에 쉽게 피해자화되는 사람도 있다. 한 연구결과에 의하면 남성이 성폭행 의도를 가지고 접근해 올 때, 성폭력 피해를 경험한 여성이 그런 경험을 하지 않은 여성보다 위험을 인지하기까지 걸리는 시간이 더 길다고 한다. 즉, 위험요인 감지를 적절한 시기에 한 후에 그 위험을 극복하기 위한 조치를 취함으로써 올바른 대처를 해야 하지만, 그 위험성 판단에 시간이 걸리기 때문에 시기를 놓쳐 피해자화될 수 있다는 것이다.[50]

제3절 성폭력 피해자의 대응

1. 피해사실의 인정

피해자가 강간을 당하게 되면 분노나 두려움, 서글픔 등의 감정을 느끼게 되는데 놀랍게도 이런 피해를 당하고서도 자기가 당한 피해가 강간임을 인정 못하는 사람들이 있다. 즉, 가해자와 피해자 간에 심각한 오해가 있어서 일어난 사건 정도로 인식하는 사람이 있는 것이다.

실제로 1988년의 미국의 한 연구 결과를 보면 강간피해를 입은 여대생의 10.6%가 자신이 성폭력 피해자화된 것을 인정하지 않았다고 하며, 대부분의 피해자들도 강간이라는 명칭을 사용하는 대신 나쁜 일이 있었다든지 그저 피해를 입었다는 정도의 느낌을 갖는 것으로 응답했다고 한다.[51] 1998년에 진행된 다른 연구 결과를 보면 강간행위로 피해를 당한 여성의 47.4% 정도만이 자신이 당한 범죄가 법률상 강간죄에 해당한다고 인정했다고 한다.[52]

이처럼 피해자가 피해사실을 인정하지 못하는 이유는 자기가 당한 피해가 도대체 어떤 범죄에 속하는지 잘 모르기 때문이기도 하고, 성폭력에 의한 피해가 상호 간의 의사소통이 잘못된 것으로 생각한 탓이기도 하며, 서로 잘 알고 지내는 친구관계 때문이기도 하다.[53]

강간 피해를 당하고서도 그것을 강간죄로 인정하지 못하는 피해자는 도움을 요청하기 위해 자기의 피해사실을 가족이나 친구 혹은 전문가에게 알리기가 쉽지 않을뿐더러 경찰에 신고할 가능성도 작을 것이다. 이에 피해자 보호적 차원에서도 피해자가 성범죄 피해사실을 올바르게 인정하는 것이 필요하다고 할 것이다.

2. 피해신고의 촉진

피해자가 성폭력 피해를 입었을 때 그 사실을 인정할 수 있어야 성폭력 범죄 발생 후 신고도 용이할 것이다. 피해사실 인정과 범죄신고는 이처럼 밀접한 관계가 있는 것이다. 미국의 국가 범죄피해자 조사 결과에 따르면 50% 이하의 피해자만이 강간이나 성폭행 피해사실을 경찰에 신고한 것으로 나타났다.[54]

이처럼 성폭력 피해자가 범죄신고를 하지 않는 이유는 전술한 바와 같이 피해자가 자기가 당한 피해를 범죄라고 여기지 않기 때문이거나 가해자의 행위가 자신에게 의도적으로 해를 입히려는 행위였는지에 대하여 확신을 못하기 때문이다. 어떤 경우에는 피해자 자신의 사생활의 비밀을 지키고 싶어하거나, 가해자의 보복이 두려워 신고를 못하기도 한다. 피해를 당했다고 신고해도 경찰이 안 믿어 주거나 편견을 가지고 대할지도 모른다는 생각에 신고를 포기하는 일도 있다. 자기의 피해사실을 남에게 얘기했을 때 비난을 받거나 사회적 낙인을 가하는 등의 부정적 반응을 경험하게 되면 피해회복이 더뎌지고 지원요청을 꺼리게 되며 범죄신고도 포기할 수 있기에 주의할 필요가 있다.[55]

3. 저항 등 자기보호 행동

성폭력이 가해질 때 어떤 피해자들은 별다른 대응을 못하기도 하지만 어떤 피해자들이 성폭력이 가해지는 과정에서 그 행동을 멈추도록 하거나 자기를 보호하기 위한 행동을 취하기도 한다. 성폭력이 가해질 때 피해자가 취할 수 있는 행동은 저항하거나 아니면 자기보호적 행동을 하게 된다. 피해자의 자기보호적 행동(self-protective action)에는 ① 강력한 물리적 힘을 사용하는 전략(forceful physical strategies), ② 힘을 사용하지 않는 물리적 전략(nonforceful physical strategies), ③ 강력한 언어를 사용하는 행동 전략(forceful verbal strategies), ④ 힘없는 언어를 사용하는 행동 전략(nonforceful verbal strategies) 등이 있다. ①의 경우는 떠밀어 내기, 때리기, 물어뜯기와 같은 적극적 행동을 사용하는 전략이고, ②의 경우는 수동적 행동유형으로서 도망가거나 그 자리를 떠나는 전략이며, ③은 크게 소리치며 겁을 주거나 다른 사람의 주목을 끌수 있도록 고함을 지르는 전략이고, ④는 조용히 얘기하면서 행동을 멈추어 달라고 애걸하고 간청하는 전략을 말한다.[56]

대부분의 성폭력 피해자들은 가해자에게 저항, 협박, 경고 등을 하거나 도망가는 전략을 취하고 있다. 하지만 힘없는 언어를 사용하는 전략은 강간행위를 감소시키는 데 별다른 효과가 없다.[57] 성폭력과 관련된 연구들은 피해자가 가해자의 성폭력 행위를 멈추게 하고 신체적 손상을 입지 않도록 하기 위해서는 자기보호적 행동의 수준이 가해자의 공격에 상응하는 수준이 되어야 한다는 주장을 한다. 이를 '동등 가설(parity hypothesis)'이라고 하는데 가해자가 물리적 힘을 사용하면 피해자도 물리적 힘으로 자기를 보호하는 행동을 사용하는 것이 가장 효과적이라는 것이다.[58] 하지만 그러한 물리적 저항이 쉽지는 않다. 성폭력이 발생하게 되면 피해자가 긴장으로 인해 행동이 얼어붙어 꼼짝 못하는 증세(tonic immobility)가 발생할 수 있기 때문이다. 두려운 감정에 사로잡혀 신체적 긴장상태가 계속되면 이러한 증세가 생길 수 있는 것이다. 강간 피해자의 40%가 폭행 중에 이와 같이 꼼짝 못하는 증세를 보였다는 연구 결과도 있다.[59]

제4절 성폭력 피해자화의 결과

1. 신체적 또는 심리적 영향

성폭력 피해를 당한 피해자들 대부분이 심각한 신체적 손상을 입지는 않지만 어떤 경우이건 성폭력 피해를 당하게 되면 피해자들은 여러 가지 신체적·심리적 증상 등으로 고통스러워할 가능성이 있다. 성폭력 피해자에게 폭력이 행해진 즉시 또는 그 이후 시간이 지난 다음 통증과 타박상이 있을 수 있고, 피부가 찢어지거나 긁힌 것이 드러날 수 있으며, 항문이나 성기에 분비물이 생길 수 있고, 구토 증세나 두통이 발생할 수 있는 것이다.

성폭력 피해자가 겪는 정서적·심리적 피해가 더 문제인데, 피해를 당한 이후 이들은 자살을 생각할 정도의 우울증에 빠지기도 하고, 분노와 죄책감, 무력감, 짜증, 자기 존중감 및 집중력 저하, 지나친 자기 집중 등의 감정을 경험하며, 외상 후 스트레스 장애(PTSD)에 시달리기도 한다. 이로 인해 통상적 일을 수행하는 데 방해가 될 정도의 고통을 겪거나 사회생활에 어려움을 겪을 정도의 신체적·정서적 문제를 호소하기도 한다.[60]

2. 행동과 인간관계에 대한 영향

성폭력 피해자화는 인간행동에도 영향을 미쳐 사회적 비행, 범죄 행위, 강박적 행동, 약물남용 등과 같은 행위로 이어지게 한다. 어떤 피해자는 과거보다 더 고립적인 생활을 하거나 혼자 지내려는 생활양식을 갖게 되는가 하면 어떤 피해자는 자신의 신체를 손상하려 하거나 자살을 기도하기도 한다. 아울러 피해자들은 다른 사람들과 친밀한 인간관계를 맺거나 그 관계를 유지하기가 어려우며, 성기능 장애가 발생하여 성적 만족을 느끼지 못할 수 있고, 자녀를 양육하는 데 있어서 곤란을 겪을 가능성도 있다. 그런가 하면 어떤 피해자들은 성적인 행동 수준이 더 높아질 수도 있다고 한다.[61]

3. 비용 발생 및 재피해자화

성폭력 피해를 입게 되면 신체적·정서적·심리적·행태적 측면에서 문제가 생기고, 사회 속 인간관계에도 악영향을 미치기 때문에 많은 피해 비용이 발생한다. 정신과 의사의 치료를 받아야 하며, 직장에서 업무의 결손에 따른 임금 손실이 발생하기도 하고, 삶의 질도 저하된다. 1996년 밀러(Ted Miller)의 연구에 따르면 강간피해자가 입게 되는 가시적·비가시적 비용의 총합이 870억 달러에 이른다고 한다.[62]

한편, 성폭행 피해자화 경험을 한번 하게 되면 후속적으로 피해자화될 위험성이 증가한다. 어린 시절 성폭행 경험을 한 아동은 성인이 되어서도 성폭행을 당할 위험이 있다는 연구 결과도 있다.[63] 그리고 최초로 성폭행을 당한 후 후속 성폭행 피해를 당하기까지의 기간도 그리 길지 않다. 미국 여대생의 경우 한 학기에 반복적으로 피해를 당할 위험이 높은 것으로 조사되었으며, 전체 여대생의 7% 정도가 7 개월 동안에 1회 이상의 성폭행 경험을 했고, 최초 성폭행 경험을 한 여성은 피해를 당했던 같은 달에, 혹은 1개월 이내에 후속적 성폭행 이 뒤따랐다고 한다.[64]

제5절 형사사법 기관 등의 대응

1. 감염병 진단의뢰 및 의료기관의 대응

성폭력 피해자는 성범죄로 인해 '인체 면역결핍 바이러스(HIV)'라 든가 여러 가지 성병 등에 감염되기 쉬우므로 경찰 등 형사사법 기관 은 피해자를 발견한 즉시 병원에 감염병 진단을 의뢰하여야 한다. 감 염병 예방을 위해서 미국의 여러 주들이 성범죄자로 하여금 HIV테스 트 결과를 제출하도록 하고 있다. 피해자의 경우에도 본인이 요청하 거나 감염병에 노출되었다고 판단할 만한 상당한 이유가 존재하면 이러한 검사를 받도록 하고 있다.[65]

다만, 성폭행 피해자가 병원을 찾았을 때 피해자를 접촉하는 병원관 계자의 민감한 대응이 필요하다. 상처를 치료하는 목적도 있지만 피해 사실을 입증할 증거를 채취할 목적도 있기에 응급실에 가면 우선순위 를 두고 의료조치와 증거수집을 해야 하는 것이다. 이를 위해서는 의 료관계자에 대한 교육훈련이 필요하고, 경찰과 긴밀한 협력체계를 갖 추는 것이 필요하다. 이러한 문제 때문에 미국에서는 1970년대 중반부 터 '성폭행 검진전담 간호사(sexual assault nurse examiner, SANE)' 제도를 운영하고 있는데, 이들은 피해가 범죄로 인해 발생했는지를 평가하기 위한 각종 신체검사를 수행함과 동시에 범죄에 관한 증거수집 업무를 담당하고 있다.[66] 한국에서는 '성폭력 피해자 통합지원센터'가 바로 이러한 역할을 수행하고 있다.

2. 성범죄자 등록·고지제도 운영

미국에서는 1996년 메건법(Megan's Law) 발효에 따라 성폭행 범죄의 재발을 막기 위해서 성범죄자의 주거지 주소를 등록하는 제도와 성폭력 범죄사실에 대해 고지를 하는 제도를 운영하고 있다. 이 제도에 의거하여 성범죄자의 주소지가 추적될 수 있으며, 아동이 운집하는 학교 등에서 적어도 1,000피트(약 300미터) 격리된 곳에서 살아야 하는 등 주거지 선정에 대한 제한도 가능하다. 성범죄자 신상을 고지 받아야 할 대상자들은 성범죄자가 근무할 가능성이 있는 곳의 고용주, 지역 주민, 관련 기관, 성범죄 피해를 입을 가능성이 있는 사람과 함께 일하는 사람 등이다. 고지 방법은 유인물 배포, 개별 방문, 편지 등의 방식을 사용하고 있다. 제공하는 범죄자 정보로는 성명, 주소, 인상착의, 범죄사실 등이다.[67]

한국의 경우에도 성폭력처벌법 제42조 이하에서 성범죄자 신상등록 및 신상공개 제도를 규정하여 시행하고 있다. 즉, 성폭력처벌법상의 특정 성범죄와 청소년성보호법상의 특정 성범죄를 범한 범죄자가 유죄판결 혹은 약식명령 확정을 받게 되거나 또는 신상공개 명령이 확정되면 관할 경찰서장에게 기본 신상정보를 제출여야 하고, 관할 경찰서장은 이 신상정보를 법무부 장관에게 송달함으로써 법무부 장관이 이를 등록하도록 하고 있다.

등록대상 신상정보는 경찰이 수집한 기본 신상정보(성명, 주민등록번호, 주소 및 실제 거주지, 직업 및 직장 소재지, 연락처, 신체정보, 소유차량 등록번호) 외에 법무부에서 추가한 정보(등록대상 성범죄 경력정보, 성범죄 전과사실, 죄명, 횟수, 전자장치 부착 등에 관한 법률에 따른 전자장치 부착 여부) 등이 포함된다.

한국에서 범죄자 등록된 신상정보 공개과 고지의 집행은 여성가족부 장관이 한다. 신상정보 고지에 관한 절차는 아동청소년 성보호에 관한 법률 규정을 따르도록 하고 있다. 위 법 제51조에 따르면 법원은 고지명령의 판결이 확정되면 판결이 확정된 날부터 14일 이내에 판결문 등본을 법무부 장관에게 송달하고, 법무부장관은 이를 여성가족부장관에게 송부하여 고지하도록 하는 것이다. 고지를 받을 대상자들은 아동교육시설의 장, 초중등 학교장, 읍면동의 장, 학원 원장, 지역아동센터 등이 대표적이다.

3. 경찰의 대응

성폭력 피해가 발생했을 때 가족이나 민간이 운영하는 상담소를 찾을 수 있지만 경찰은 성폭력 피해자가 가장 먼저 접촉하는 형사사법기관이라고 할 수 있다. 경찰에 피해신고가 됨으로써 가해자를 추적하게 되고 피해자는 보호 및 지원을 받을 수 있게 되는 것이다. 그러나 경찰의 사건처리에 대하여 신뢰를 못할 때 범죄신고가 제대로 안 이루어질 수 있다. 사건이 신고되지 않으면 피해자는 피해회복이 안 된 상태에서 고통을 받거나 반복적으로 피해자화되는 상황이 전개될 수 있을 것이다. 피해자 수사를 하는 경찰관의 피해자에 대한 무관심과 무성의도 피해자의 신뢰를 떨어뜨리는 요인이 되며, 심지어 2차 피해를 가하는 원인이 된다.

경찰이 피해자의 신뢰를 회복하기 위해서는 형사절차 진행에 관한 정보를 잘 제공해 주어야 하며, 신변안전 위협요인을 철저히 관리해야 하고, 피해자 지원단체와 연계하여 상담·병원진료·법률지원을 받도록 하는 것 외에, 피해자구조금 지급절차 등 물질적 피해회복에 대한 내용도 안내해 줌으로써 피해회복을 도와야 한다. 한국 경찰은 전국 주요 지역에 성폭력피해자 통합지원센터를 두고서 성폭력 등의 피해자에 대하여 365일 24시간 상담, 의료, 법률, 수사지원을 원스톱으로 제공하고 있다.

그러나 없는 사실을 꾸며내는 악의적인 피해자도 있기에 경찰은 주의를 해야 한다. 이런 피해자의 '거짓 주장(false allegation)' 여부의 규명은 충분한 증거가 뒷받침되어야 한다. 성범죄 사건이 발생했다는 사실을 입증할 수 있는 증거가 부족할 경우 그것은 '근거 없는 주장 (baseless allegation)'이지 거짓 주장은 아니기 때문이다. 미국에서는 피해자의 거짓 주장과 근거 없는 주장 2가지를 합하여 '미확인 (unfounded)' 사건으로 통일시켜서 분류하고 있다.[68]

4. 성폭력 범죄의 기소

기소업무를 담당하는 검사는 법적으로 입증이 용이한 사건을 기소하려는 경향이 강하다. 이런 사건들은 피해를 당한 사실이 명확하고 가해자의 범죄를 입증할 수 있는 강력한 증거를 확보하고 있는 경우가 대부분이다. 반면, 성폭력 사건의 경우 증거부족으로 인하여 기소 여부를 망설이는 경우가 많다. 명백한 물리적 증거가 없으면 피해자와 가해자의 진술증거에 의존해야 하기 때문이다.

목격자가 없고 명백한 물리적 증거도 부족한 성폭력 사건의 기소 여부는 피해자의 성격, 평소의 행동, 그간 삶의 배경에 대한 평가에 의해 영향을 받는다. 최근 연구에 따르면, 피해자가 서로 알고 지내는 사람으로부터 성폭행 피해를 입었을 때에는, 사건 발생 시 피해자가 피해위험을 감수하면서도 가해자와 함께 자리를 했다는 점을 들어 기소를 덜 하게 되는 성향이 있다. 피해자에 대한 평소 평판이 안 좋을 경우에도 지인에 의한 성폭행은 기소되지 않을 가능성이 높다. 반면, 전혀 낯선 사람에 의해 성폭행을 당했을 때에는 범인이 흉기를 사용했는지, 현장에 물리적 증거가 있는지 등과 같은 법률적 요소만을 따져서 기소 여부를 결정하려는 성향이 강하고, 피해자의 성격이나 평소행동 등에 대한 평가는 기소 여부에 그다지 영향을 주지 않는다.[69]

제6절 성폭력 범죄의 예방

미국에서 강간이나 성폭력 범죄 발생을 줄이기 위한 많은 프로그램들이 여대생을 상대로 행해지고 있다. 그만큼 여대생들의 피해가 많기 때문이다. 클러리 법(Clery Act) 수정안은 바로 대학생들의 성폭

력 예방정책의 개발과 관련된다.70)

　성폭력 예방에 가장 효과적인 정책의 예를 들면, 피해위험이 가장 높은 상황이 어떤 것인지를 교육시키는 것, 강간으로 이어질 가능성이 농후한 상황을 사실 그대로 어떻게 인정하도록 할 것인지 가르치는 것, 성폭력에 저항할 수 있는 방법을 배우도록 하는 것 등이다. 이외에도 자기방어 훈련도 피해예방에 도움이 된다고 한다. 여기에는 자기 방어적 행동에 대한 방법론, 성적인 의사소통 수단의 사용, 가해자에 대해 저항할 능력을 가졌다는 신념 등을 교육하게 된다.71)

　이 밖에도 '방관자 교육 프로그램(Bystander program)'이 있는데 이는 남성이나 여성의 성인식 변화를 통한 성폭력 위기개입 요령을 교육하는 프로그램이다. 즉, 성차별주의자의 언행을 듣거나 성폭행 위험이 있는 상황을 봤을 경우 어떻게 행동해야 하는지, 그리고 강간사건이 발생했을 때 어떻게 개입을 해야 하는지를 교육시키고자 하는 것이다. 한 연구에 따르면 이 교육을 받은 사람이 안 받은 사람보다 강간범죄와 관련된 허구적 신화(神話, myth)를 받아들이지 않는 성향이 강하고, 성폭행에 관련된 태도나 행동, 지식이 개선되었으며, 남성의 경우 성적 공격행동도 줄어들었다고 한다.72)

제3장 가정폭력 피해자

제1절 가정폭력 피해자화의 개념과 유형

1. 피해자화에 대한 관심의 변화

가정폭력은 문화적 요인이 강하다. 과거에는 남편이 한 가정의 가장으로서 아내와 아이들에 대한 통제권이 있다는 인식이 강했기에 다소간의 폭력이 가해지는 것을 허용하는 시대도 있었다. 미국에서도 1870년에 이르기까지 남편의 아내 구타행위를 금지하는 법은 있었으나 공식적 형벌을 가하기보다는 가정폭력 감시단체가 비공식적으로 해결을 하는 방식을 채택했었고, 혹 가정폭력 사건이 공식 형사절차에 편입된다 하더라도 몇몇 법원에서는 부부간 사소한 폭행을 관대하게 처리하는 관행이 있었던 것이다. 이 시기 대부분의 법원이 물리적 폭행행위에 대해서는 용납하지 않으면서도 아내를 폭행한 남편을 관대하게 처리했던 이유는 남편의 행위가 죄를 구성하지 않았기 때문이 아니라 형사사법기관이 사적 문제에 개입해서는 안 된다고 생각했기 때문이었다.[73] 개인의 사생활에 형사사법기관이 개입해서는 안 된다는 원칙은 가정폭력처벌법이 제정되기 이전의 한국사회에도 유사하게 적용되어 가정폭력에 대한 경찰의 소극적 개입의 한 요인이 되었다.

그러나 오늘날은 사정이 달라졌다. 1970년대 이후 가정폭력 피해자화가 중요 이슈로 부각되면서, 여권운동의 중심에 가정폭력 피해자 문제가 자리하게 되었고, 페미니스트들은 전통적 형사사법이 남성 중심으로 움직이고 있음을 지적하면서 가정폭력 피해자 보호를 위한 적극적 대책 수립을 주문하게 된 것이다. 이에 따라 한국에서도 1990년대에 여성 인권단체의 가정폭력 피해자보호운동이 활발하게 전개되면서 가정폭력처벌법의 입법으로 이어졌고, 이후 여러 차례 개정을 통하여 가정폭력사건 발생 시 피해자 보호를 위해 형사사법기관의 개입을 적극화할 수 있는 규정을 마련하기에 이르렀다.

2. 가정폭력의 개념 및 유형

가정폭력의 개념을 명확히 하게 되면 가정폭력 피해자화의 유형을 분류하기가 쉬워진다. 한국의 경우 가정폭력 범죄를 규율하기 위해 가정폭력처벌법을 제정하여 시행하고 있는데, 가정폭력처벌법 제2조에서는 가정폭력의 대상이 되는 가정구성원의 범위를 '현재의 배우자, 과거 배우자였던 사람, 사실상 혼인관계에 있는 사람, 자기 또는 배우자와 직계존비속 관계에 있거나 있었던 사람, 자기 또는 배우자와 직계존비속관계(사실상의 양친자관계를 포함한다)에 있거나 있었던 사람, 동거하는 친족 등으로 정하고 있다. 배우자 간의 폭행이 주를 이루지만 자기나 배우자의 가족에 대한 폭행, 동거하는 친족에 대한 폭행도 가정폭력에 해당한다는 점이 특징이다.

영미권 국가에서의 가정폭력도 한국과 같이 현재와 과거의 배우자를 포함하고 있지만 그 범위가 데이트 파트너와 동성 파트너까지 확장되고 있는 것이 대체적인 경향이다. 그래서 가정폭력을 'domestic violence'로 표현하기도 하지만 'intimate violence'라고 부르기도 한다. 가정폭력을 사람을 때리는 물리적 폭행에 국한하는 입장도 있으나 물리적 폭행 외에도 협박, 정서적 괴롭힘, 언어폭력, 성희롱, 성폭행 등의 행동을 포함하는 것이 일반적이다.[74] 특히 정서적으로 괴롭히는 행태는 해악 행위를 고지하거나, 통상적 행동을 못하도록 자유를 통제하거나, 피해자가 필요로 하는 자원에의 접근을 차단하는 형태로 나타나며, 성폭행의 경우에는 원치 않는 성적 접촉, 성행위 강요 및 강간 등의 형태로 나타난다.[75]

한국에서는 가정폭력 범죄 개념을 형법 각칙의 개별 범죄유형을 활용하여 매우 광범위하게 정하고 있다. 예를 들어 상해와 폭행의 죄(형법 제257조 내지 제261조)뿐만 아니라, 유기죄(제271조), 학대죄(제273조), 아동혹사죄(제274조), 체포감금죄(제276조), 협박죄(제283조), 강간죄

(제297조), 강제추행죄(제298조), 명예훼손죄(제307조), 주거·신체수색(제321조), 강요죄(제324조), 공갈죄(제350조), 재물손괴죄(제366조) 등을 가정폭력의 개념에 포함시키고 있는 것이다.

가정폭력은 상대방에 대하여 우월적인 힘을 과시하고 통제력을 확보하기 위한 목적으로 행해지기도 하지만(intimate terrorism), 평범한 일상에서 배우자 상호 간의 갈등이 가정폭력으로 비화하기도 한다(situational couple violence). 전자의 경우에는 상대방에게 심각한 피해를 안겨줄 수 있는 폭력적 테러가 가해지고 형사사법기관으로부터 공식적 처벌을 받을 수 있지만, 후자의 경우에는 그다지 심각한 피해가 발생하지 않고 형사사법기관이나 사회복지기관의 관심을 끌지 못하는 경우가 많다.[76]

제2절 가정폭력 피해자화의 위험 요인

가정폭력 피해자화의 위험 요인으로는 ① 스트레스, ② 동거관계, ③ 가부장 제도 및 권력지향적 문화, ④ 사회학습, ⑤ 신체적·정신적 장애, ⑥ 지역사회 요인, ⑦ 위험을 야기하는 생활양식, ⑧ 범죄자와의 교류, ⑨ 술과 마약 등을 들 수 있다.

1. 스트레스

가정이 가족의 안식처이긴 하지만 얼마든지 스트레스를 받을 여지도 있다. 가족 간에 가까이서 신체적으로 밀접 접촉하면서 상호작용을 해야 하는 여건이라면 스트레스를 얼마든지 받을 수 있는 것이다. 예를 들어 경제적 사정은 안 좋은데, 아이들은 여러 이유로 법석을 떨고, 업무는 과중한 가운데 있다면 스트레스를 받기 쉬운 것이다. 모든 스트레스가 가정폭력으로 이어지지 않지만 스트레스를 어떻게 대처하느냐에 따라 가정폭력의 발생 가능성이 좌우된다.[77]

2. 동거관계

가정폭력은 동거하는 사이에서 자주 발생한다. 이런 동거관계에 있는 자들은 심각한 형태의 폭력을 행사하기 쉽다. 동거관계에 있는 자들이 왜 법률적 혼인관계 있는 자들보다 가정폭력 발생이 잦은가에 대해서는 2가지 이유를 제시할 수 있다. 첫째, 서로 간에 덜 헌신적이고 불안정한 관계이기 때문이다. 이러한 요소는 인간관계에 많은 갈등을 야기할 수가 있는 것이다. 둘째, 동거관계에 있는 자들은 부모나 가족으로부터 지지를 받지 못하는 상황에 있을 수 있어서, 사회적으로 고립되기 쉬워 가정폭력이 발생하더라도 주변의 도움을 얻기가 쉽지가 않은 것이다.[78]

3. 가부장제도 및 권력행사의 문제

여성이건 남성이건 가정 일을 처리하는 데 있어서 상호 간에 권력을 행사할 수 있다. 남성은 돈을 버는 일에, 여성은 가사를 처리하는 일에 각각 더 많은 의사결정을 내려야 하므로 자기가 맡은 영역에서 더 많은 권력을 행사할 수 있는 것이다. 여기서의 권력행사는 상대방을 소외시키거나 겁박하는 방식, 혹은 이익을 취하는 방식으로 전개된다.

가부장제는 위의 권력행사를 용이하게 하는 사회제도이다. 이러한 사회제도하에서는 남자가 가정을 지배한다고 인식하기에 여성과 아이들을 통제할 수 있는 권한이 주어지는 것이다. 가부장제도와 사회구조적 불평등 사이에는 긍정적 상호관계가 존재한다는 연구가 있고,[79] 가부장적 가치관을 가진 남자들이 여성에 대하여 더 많은 폭력을 행사하는 반면, 권력을 공유하는 부부 사이에서는 가정폭력이 적게 발생한다는 연구도 있다.[80] 하지만 남성과 여성의 역할에 대한 전통적 신념을 가진 남자들이 가정폭력을 덜 행사한다는 연구 결과도 있고, 가부장제도를 가정폭력의 역학관계에 적용할 여지가 없다는 희박하다는 반론도 있다.[81]

4. 사회학습

범죄는 타인의 범죄행동을 관찰하면서 배우는 것이라고 하는 이론이 바로 학습이론이다. 이러한 범죄 원인에 관한 사회학습이론은 가정폭력에도 적용된다. 어린 시절 가정폭력이 많이 발생한 가정에서 자란 아이들은 모두 가정폭력의 가해자가 되거나 피해자가 되기 쉽다는 주장은, 부모의 가정폭력 행위를 보며 자란 아동은 가정폭력 행위를 관찰하면서 배우기 때문에 그들도 성인이 되어 가정폭력을 행사하게 된다는 것이다.[82] 즉, 어린 시절 학대를 당하거나 방임 혹은 유기된 경험이 있는 아동은 성인이 되어서 가정폭력에 연루되거나 피해자화되기가 더 쉽다는 것인데, 실제로 한 연구에 따르면 11세 이하의 연령에서 학대와 방임·유기를 경험한 아동은 성인이 되어서 가정폭력을 당할 가능성이 높아졌다고 한다.[83]

이렇듯 가정폭력을 실제 경험했느냐 하는 것도 가정폭력 발생에 영향을 미치지만 가정폭력을 어떻게 정의하고 평가하느냐에 따른 개인의 가치관도 폭력행사에 영향을 미친다. 가정폭력은 경우에 따라 사용할 수도 있는 것이라고 긍정적 태도를 갖는 자는 그렇지 않은 자보다 가정폭력을 행사하기가 더 쉬운 것이다.[84]

5. 신체적·정신적 장애

신체적·정신적 장애는 피해자화 위험성을 증가시킨다. 신체적·정신적 취약성이 범죄피해와 긴밀한 연관성이 있다는 것은 1950년대 피해자학을 연구했던 한스 폰 헨티히의 주장이기도 했다. 이 같은 내용은 가정폭력 피해자에게도 동일하게 적용된다. 신체적·정신적 장애가 있는 자들이 가정폭력 피해를 당할 위험이 증가했다는 실증적 연구결과가 있는가 하면, 장애를 가진 여성이 장애가 없는 여성에 비해 가정폭력 피해를 당하기 쉬웠다는 연구 결과도 있다.[85]

6. 지역사회 요인

사회적으로 열악한 지역에 사는 사람은 가정폭력 피해자화될 가능성이 높다. 즉, 주거환경이 가정폭력에 영향을 미친다는 의미이다. 사회적으로 열악한 지역이라 함은 집단 구성원 상호 간의 응집력이 약하여 지역사회가 당면한 범죄문제 해결에 상호협력이 잘 이루어지지 않거나 사회가 해체되어 공동체 질서 유지를 위한 규범의 집행력이 약화된 지역을 의미한다. 열악한 지역 환경은 가정폭력과 긍정적 상관관계를 갖지만, 집단 응집력과 가정폭력과는 부정적 상관관계를 갖는다.[86]

7. 위험한 생활양식

힌델랑(Micheal Hindelang)과 가로팔로(James Garofalo) 등이 주장한 생활양식이론이 가정폭력에도 적용된다. 즉, 자기 자신을 가정폭력의 위험에 노출시키는 생활양식을 갖게 되면 피해를 당한다는 것이다.[87] 그중에 하나가 범죄자와의 접촉이고, 다른 하나가 술과 마약의 복용이다. 여성이 남성보다 피해자화될 확률은 작다고 하지만, 범죄경력이 있는 남성과 어울려 다니는 사람을 친구로 두고 있는 여성은, 친사회적 기술을 가지고 사회에 잘 적응하고 있는 사람을 남자친구로 두고 있는 여성보다 범죄피해를 당할 확률이 높다는 것이다.[88]

술이나 마약 복용도 가정폭력과 관련이 깊다. 폭음을 하는 사람은 그렇지 않은 사람보다 가정폭력을 행사할 확률이 3~5배 가량 높다고 하며, 피해자의 경우에도 약물을 복용하는 사람이 그렇지 않은 사람보다 가정폭력 피해자화될 가능성이 높은 것으로 나타났다. 또한 많은 피해자들이 피해를 당하기 전에 마약과 술을 복용했다고 한다.[89]

제3절 가정폭력 피해자화의 결과

1. 건강 악화 및 사망

가정폭력으로 인한 가장 흔한 결과는 바로 신체적 상해이다. 가정폭력으로 상해를 입게 되면 대개 병원 응급실을 찾게 된다. 랜드 (Micheal Rand)의 연구에 따르면 병원 응급실을 찾는 여성들의 3분의 1 이상이 배우자나 남자친구로부터 피해를 당해 온 것이라고 한다.[90] 베리오스(Daniel Berios)와 그래디(Deborah Grady)의 1991년 연구를 보면 대도시 병원의 응급실을 찾은 여성들 중 30%는 입원해야 할 수준이었으며, 10%는 중대한 의과적 치료를 요하는 수준이었다고 한다.[91] 그 밖에도 가정폭력을 당한 여성들은 습관적 두통, 소화 불량, 허리 통증, 부인과 계통의 문제, 임신 곤란, 성병, 중추신경 장애 등의 질병을 앓곤 한다.

한편, 가정폭력이 살인으로까지 이어질 수도 있다. 미국의 2007년 통계를 보면 전체 살인사건의 14%가 가정폭력에서 비롯된 것으로 나타났으며 살해된 피해자의 70%가 여성이었다. 임신한 여성이 살해당하거나 중상을 입게 되는 가장 큰 요인도 바로 가정폭력이라고 한다.[92]

한국의 경우 2018년 살인사건 통계를 보면 애인에 의해 살해되는 인원이 전체 살인사건(1,095건)의 6.2%(68건), 동거친족에 의해 살해되는 인원이 16.7%(183건)였다. 위 통계가 가정폭력에 의한 살인인지 여부는 명확하지 않으나, 가해자와 피해자의 관계가 애인 혹은 동거친족임을 볼 때, 한국의 가정폭력처벌법상의 가정구성원 사이의 살인사건이라고 해석할 수 있으므로 가정폭력에 의해 사망 추정자료로 활용할 수 있을 것이다.

2. 심리적·정신적 피해

가정폭력이 비단 물리적 폭력뿐 아니라 협박, 언어폭력, 필요한 자원에의 접근 차단 등 정서적·심리적 폭력으로도 행해질 수 있기 때문에 피해자들이 물리적인 폭행을 당하지 않았다 하더라도 정서적·심리적인 피해를 입을 수 있다. 피해자들이 주로 호소하는 정서적·심리적 피해들은 우울증, 염려, 불면증, PTSD 등이다. 이러한 심리적 해악은 매 맞는 여성의 경우에는 더욱 심각해질 수 있어서 매를 맞지 않은 여성보다 자살률이 훨씬 높다고 한다. 가정폭력을 당한 여성은 그렇지 않은 여성보다 자살을 시도하거나 자살을 숙고하는 빈도가 더 많다.[93] 데이트 관계에 있는 남자친구로부터 성적·신체적으로 피해를 입은 여성은 그렇지 않은 여성보다 자살할 확률이 6~9배 높았다는 연구 결과도 있다.[94]

3. 재피해자화

가정폭력 피해를 입은 자는 다시 가정폭력 피해를 당할 가능성이 높다. 이른바 재피해자화(revictimization)될 위험이 높은 것이다. 한 가정폭력 연구에 따르면 여성의 경우 동일한 파트너로부터 평균 6.9회에 걸쳐, 남성은 평균 4.4회에 걸쳐 물리적 폭행을 당했다고 한다. 피해자는 거듭해서 피해를 당하고, 가해자는 거듭해서 가정폭력을 행사한다는 것이다.[95] 또 피해자의 28%가 최초 피해를 당한 이후 3개월 동안 신체적 폭행과 협박, 원치 않는 접촉을 다시 경험했고, 가해자의 16%가 가정폭력으로 인해 다시 체포되어 고소를 당한 것으로 조사되었다.[96]

여성들이 재피해자화되는 이유에 대해서는 '폭력의 악순환(cycle of violence)' 때문이라는 주장이 있다. 이 이론에 따르면 가정폭력 1단계에서는 가해자와 피해자 간에 친밀한 관계에서 지내다가 미미한 폭행을 수반하면서 긴장이 조성된다(tension-building phase). 2단계에서는 그러한 긴장이 폭발하면서 가해자로부터 극렬한 폭행이 가해진다(acute battering phase). 3단계에서는 가해자가 피해자에게 용서를 구하며 상호 간의 관계가 회복되어 밀월단계(honeymoon phase)로 접어들게 된다. 하지만 일정 시간이 지나면 다시금 새로운 긴장이 조성되면서 폭력이 자행되는 등 악순환이 반복되기에 재피해자화된다는 것이다. 그러나 모든 폭력이 반복되는 것은 아니며, 폭력행사도 폭발적으로 행사되는 것은 아니라는 점에 유의할 필요가 있다.[97]

제4절 가정폭력 피해자화에 대한 대응

1. 경찰의 대응

가정폭력은 사생활 영역에 속하기 때문에 경찰이 개입할 필요가 없다는 인식이 과거 전통적 형사사법 체계에서 존재하고 있었다. 부부간의 싸움은 지극히 사적인 문제로부터 시작하기 때문에 강도행위에서 볼 수 있는 폭력행위와는 성질이 질적으로 다르다고 봤기 때문이다. 설령 부부싸움이 형사사건화되었다고 해도 나중에 고소를 취소해버리면 무혐의로 사건이 종결되는 경우가 많아 가정폭력 사건에 개입했다가는 경찰력이 낭비된다고 생각하기도 하였다. 아울러 가정폭력 사건에 개입하다가 경찰관이 죽거나 다치는 경우가 종종 발생하였다는 점, 피해자가 가해자 체포에 반대하거나 형사처벌을 원치 않는 경우도 있다는 점 등이 경찰이 가정폭력 사건 개입을 주저하게 만든 이유에 속한다.[98]

그러나 오늘날은 경찰도 가정폭력에 대한 위기개입을 적극화하고 있다. 가정폭력이 발생했다는 신고가 접수되면 경찰은 즉시 현장에 임장하여 폭력행위를 제지하거나 당사자를 분리한 후 수사에 착수하도록 하고, 폭력행위 재발 시 임시조치를 신청할 수 있음을 통보하는 등 응급조치를 취하도록 하고 있으며(가정폭력처벌법 제5조), 긴급하여 임시조치를 신청할 만한 여유가 없을 경우에는 직권으로 긴급임시조치를 취하도록 하고 있는 것이다(가정폭력처벌법 제8조의2).

미국에서는 가정폭력이 경미한 범죄(misdemeanor)에 속할 경우 영장 없이는 체포를 못하기 때문에 경찰 개입이 소극화된 측면도 있었다. 그러다가 1984년에 '미니애폴리스 가정폭력 실험(Mineapolis Domestic

Violence Experiment)'에 의해 이러한 관행에 변화가 일어나기 시작하였다. 이 실험은 가정폭력 가해자에 대한 체포가 어느 정도의 범죄 억제효과가 있는지를 알아보는 실험이었다. 이 실험은 경찰이 ① 1일 동안 가해자를 체포·구금하거나, ② 8시간 동안 가해자와 피해자를 분리시키거나, ③ 경찰 재량에 의해 부부를 지도하는 등 3가지 조치 가운데 1가지를 택하여 조치를 취하도록 하였다.

그 결과 ①번처럼 1일간 체포구금을 시켰던 가해자들이 다른 항목의 조치를 취했던 가해자보다 추가적인 가정폭력 행위를 덜 했다는 연구결과가 나왔다.[99] 이 실험의 영향으로 피해자 인권옹호가들은 경찰이 '체포의무정책(mandatory arrest policy)'을 채택해야 한다고 주장하게 되었고 급기야 많은 주정부에서 경미한 가정폭력 범죄가 발생하더라도 영장 없이 체포 가능하도록 하는 체포의무정책을 법률에 반영하게 되었다. 체포의무정책을 채택하게 되면 가해자가 죄를 범했다고 인정할 만한 상당한 이유가 있고, 체포하기에 충분한 증거가 있으면, 피해자가 가해자 체포를 원하지 않더라도 경찰은 그와 상관없이 가해자를 체포할 수 있는 것이다.[100]

그러나 미니애폴리스 가정폭력 실험 후에 진행된 또 다른 실험에서는 다소 차이가 나는 연구결과가 나왔다. 오마하(Omaha), 샬럿(Charlotte), 밀워키(Milwaukee) 등 세 지역에서 행한 실험에서 가정폭력 행위자에 대한 체포행위가 처음에는 범행 억제효과가 있었지만 시간이 흐름에 따라 가정폭력 빈도가 상승하였다는 사실과, 직장을 가진 가해자의 경우 체포가 범행 억제효과를 나타냈지만, 실업상태에 있는 가해자는 체포 이후 더 쉽게 추가적 가정폭력 행위로 이어진다는 사실을 밝힌 것이다.[101]

이러한 연구 결과를 반영하여 미국 몇 개 주에서 시행하고 있는 정책이 바로 '체포 친화 정책(pro-arrest policies)' 또는 '추정적 체포정책(presumptive arrest policies)'이다. 이 정책들은 특정 요건을 충족하는 특수한 상황하에서만 가해자를 체포하도록 한 것인데, 체포에 있어서 피해자의 동의에 의존하지 않는다는 점에서는 체포의무정책과 유사하지만, 체포의무정책보다는 체포행위에 다소 제약을 가하고 있다는 점이 특징이다.102) 이 외에도 경찰이 체포권을 행사함에 더 많은 재량을 행사하도록 한 것이 바로 '허용적 체포정책(permissive arrest policies)'이다. 이에 따르면 경찰은 가정폭력 상황에서 구체적으로 어떻게 대응해야 할지를 재량에 의거하여 가장 최선의 판단을 내려 결정하도록 하고 있다.

한국의 경우 가정폭력 예방 및 사례관리 강화를 위하여 민관경 각 기관의 책임성과 전문성을 살린 '다기관 협업체계'를 구축하여 피해자보호를 위해 노력 중이다. 예를 들면, 서울지방경찰청의 경우 '서울위기가정통합지원센터'와 같은 민관경 종합대응체계를 만들어 합동근무를 하고 있으며, 경찰이 가정폭력을 신고한 가정을 방문할 때에 전문상담사와 동행하는 한편, 가정폭력이 발생한 가정을 전문 상담기관에 연계하는 서비스도 제공하고 있다. 아울러 학대예방경찰관과 의사, 법률가, 상담원과 같은 전문가 및 지방자치단체 공무원과 함께 '통합솔루션 팀'을 만들어 1급지 경찰서의 경우 매월 1회 회의를 통해 분야별 맞춤형 피해자 대책을 강구하고 지원내용을 결정하고 있다. 2019년 현재 전국적으로 총 1,869명의 통합솔루션팀 위원이 활동 중이다.103)

[표 11] 통합 솔루션팀 사례회의와 사후 지원 현황

구분	개최 건수 (건)	사후지원 실적(명)						
		총계	상담소·보호 기관 연계	치료 지원	법률 진행	수사 진행	가해자 교정 기관 연계	기타
'15년	1,339	2,764	1,406	395	274	104	181	404
'16년	1,156	2,356	1,097	355	183	114	166	441
'17년	1,098	1,976	1,202	353	168	162	130	525
'18년	1,403	2,180	1,270	341	147	199	145	457
'19년	1,242	2,969	1,090	312	239	179	196	605

(출처: 경찰청, 경찰백서, 2020, p.107)

2. 검찰 및 법원의 대응

　아무리 경찰이 가정폭력사범을 체포하였다 하더라도 검찰이 가해자를 기소하지 않고 석방해버리면 가정폭력 억제를 위한 체포 효과가 반감될 수 있다. 미국에서는 1990년대와 2000년대 초반까지 가정폭력사범을 드물게 기소하고 있다는 비판을 받았으나, 2009년도 연구에 따르면 검찰에 정식으로 접수된 가정폭력사건의 3분의 1이 기소되고 있고, 체포된 가정폭력사범의 60%가 기소되고 있으며, 체포된 가정폭력사범의 3분의 1과 검찰에 의해 기소된 피고인의 50% 이상이 유죄판결을 받고 있는 상황이다.[104]

　검사의 기소에 영향을 미치는 요인으로서는 피해자가 신체적 상해를 입었는지 여부, 사건 발생 시 피해자 및 가해자가 술이나 약물을 복용했는지 여부, 가해자의 과거 범죄경력 여부, 피해자가 기꺼이 형사절차에 참여하고자 했는지 여부 등이 제시되고 있다. 피해자에게 신체적 상해가 있거나 가해자가 술과 약물에 중독되어 폭행을 하였거나 가해자에게 폭력전과가 많거나 피해자가 적극적으로 처벌을 원할 경우에는 기소가 적극적으로 이루어질 것이라는 추정이 가능하다.

　법원의 판결과 관련해서는 특히 피해자의 참여가 상당히 중요하다. 피해자의 적극적인 피해사실 증언, 처벌의사의 개진 등이 바로 그것이다. 피해자의 참여행위가 저조하면 기소행위는 물론 그에 기반 한 유죄판결이 어려워질 수 있는 것이다. 그런데 피해자는 자녀를 가해자와 공동으로 양육해야 하는 경우가 많고, 가해자의 사후 보복이 두려워 법원에서 피해자의 자격으로 증언을 하지 않으려 하거나, 형사절차 진행을 중단하거나 처벌의사를 철회하려는 경향이 있다. 그래서 미국의 몇몇 주의 형사사법기관에서는 피해자에게 형사절차 진행을 중단시킬 권한을 부여하지 않는 정책을 채택하고 있다. 이를 'no drop prosecution policies'라 한다. 뿐만 아니라 가해자를 임의로 불기소하지 못하도록 검사의 기소재량도 축소시키고 있다.[105]

　하지만 'no drop prosecution policies'가 너무 강경하게 시행되면 오

히려 피해자 보호에 악영향을 미칠 수가 있다. 피해자와 가해자의 화해와 재결합을 어렵게 할 수도 있고, 가해자의 보복행위가 이어질 수 있기 때문이다. 그래서 미국 몇몇 주에서는 법률상 배우자가 가해자인 경우에 한하여 피해자의 법정 증언을 거부할 수 있는 권한을 부여한 법을 제정하여 시행하고 있다. 이를 '배우자 특례법(spousal or marital privilege laws)'이라 한다. 증언 거부의 횟수는 주에 따라 다르다.[106)

최근에는 가정폭력사건을 다루는 특별법원을 설치하기도 한다. 이 법원은 형사사법기관과 사회복지기관이 서로 협업할 수 있도록 설계되는데, 재판업무를 수행하는 형사사법기관은 가해자의 법적 책임을 확인시켜 주는 기능을 한다면, 사회복지기관은 가해자로 하여금 범죄 원인이 무엇인지를 자각하게 하고, 이를 치료하는 방법을 익히게 함으로써, 자신의 폭력적 행동을 통제할 수 있는 능력을 길러주는 기능을 수행한다. 이처럼 재판 기관이 타 기관과 협력하는 특별법원 프로그램을 채택한 경우 피해자에 대한 보복 건수와 재범을 통한 재체포율이 줄어들었다고 한다.[107)

3. 법률적 대응

가정폭력이 발생했을 때 경찰의 가해자 체포, 검사의 범인 기소, 법원의 가해자에 대한 보호처분 또는 유죄판결 등으로 피해자를 보호할 수 있지만 피해자를 보호할 수 있는 또 하나의 법률적 수단이 있다면 그것은 바로 '피해자보호명령(protection order)' 제도이다. 한국의 가정폭력처벌법 제55조의2에 '판사는 피해자의 보호를 위하여 필요하다고 인정하는 때에는 피해자 또는 그 법정대리인의 청구에 따라 결정으로 가정폭력행위자에게 다음 각 호의 어느 하나에 해당하는 피해자보호명령을 할 수 있다'고 규정하고 있다. 피해자보호명령의 내용을 보면, ① 피해자 또는 가정구성원의 주거 또는 점유하는 방실로부터의 퇴거 등 격리(1호), ② 피해자 또는 가정구성원의 주거, 직장 등에서 100미터 이내의 접근금지(2호), ③ 피해자 또는 가정구성원에 대한 「전기통신사업법」 제2조 제1호의 전기통신을 이용한 접근

금지(3호), ④ 친권자인 가정폭력행위자의 피해자에 대한 친권행사의 제한 등이 있다(4호). 대법원의 2019년 사법연감을 보면 제1심에서 피해자보호명령을 발령한 총 건수가 3,101건이었는데 그중에 2호와 3호를 병합하여 발령한 것이 총 913건(29.4%)으로 가장 많았으며, 그다음이 2호 발령으로서 총 303건(9.7%)이었다. 피해자보호명령을 신청했으나 기각된 건수는 445건(14.3%)이었고, 피해자보호명령을 신청했다가 취하한 경우도 1,196건(38.5%)에 달하였다.108)

위 피해자보호명령은 병과할 수 있으며, 피해자 또는 그 법정대리인은 피해자보호명령의 취소 또는 그 종류의 변경을 신청할 수 있다. 아울러 법원은 피해자 또는 그 법정대리인의 청구를 받거나 혹은 법원의 직권적 결정으로, 법원에 출석하거나 자녀에 대한 면접교섭권을 행사하는 피해자를 위해 일정 기간 동안 신변안전조치를 하도록 검사에게 요청할 수 있다. 이때 요청받은 검사는 관할 경찰서장에게 신변안전조치를 하도록 요청할 수 있으며 경찰서장은 그 요청에 특별한 사유가 없는 한 따라야 한다. 피해자보호명령의 기간은 6개월을 초과할 수 없도록 하고 있으나 법원의 직권, 피해자나 그 법정대리인의 청구에 의하여 2개월 단위로 연장할 수 있는데 최대 2년을 초과할 수 없도록 하고 있다. 만일 가해자가 법원이 발령한 피해자보호명령을 위반하면 2년 이하의 징역 또는 2천만 원 이하의 벌금 또는 구류에 처하도록 하고 있다.

미국의 경우에도 피해자의 주거지 등에 접근금지와 퇴거 또는 격리 등을 내용으로 하는 피해자보호명령 제도를 두고 있다. 형사법원에서 피해자보호명령을 활용할 경우 이를 'protection order'라 칭하고, 민사법원에서 활용할 경우 이를 'restraining order'라 칭하는 것이 보통이다.109) 이때 본 명령의 유효기간은 주에 따라 다른데 캘리포니아주의 경우 민사상 접근금지 명령은 최장 5년까지 가능하다. 또한 대부분의 주들은 피해자보호명령 위반 시 형사적 제재를 가하게 되는데 그 정도에 따라 중죄(felony) 또는 경죄(misdemeanor)로 처벌하든지 법정모욕죄(contemp of court)로 다루고 있다. 아울러 위의 위반행위들을 새로운 범죄로 규정하여 처벌하거나, 일정기간 구금을 하는 주도 있으며, 보석·가석방·집행유예 등을 취소하는 주도 있다.

　피해자보호명령의 효과성에 관한 연구 결과를 살펴보면 이 명령의 발령으로 가해자의 보복행위가 감소되었다는 보고도 있지만, 피해자 보호명령이 발령된 후 피해자들이 재피해자화된 경우가 작게는 35% 에서 많게는 60%에 이르렀으며, 심지어 이 명령 발령 이후 가해자의 폭행 정도가 더 심화되었다는 연구 결과도 있다. 또한 이 제도로 인해 안전감이 높아져 만족스러웠다는 피해자들의 반응도 있었지만, 이 제도의 활용을 위한 절차가 복잡하고, 가해자가 명령위반을 할 때 경찰에게 알려야 하는 등의 부담으로 실망감을 보인 피해자도 있었다.[110]

4. 피해자지원단체 및 의료기관의 대응

　한국의 경우 가정폭력 피해자의 경우에도 성폭력 피해자의 경우에서와 같이 경찰의 성폭력피해자등통합지원센터(One-Stop지원센터, 해바라기센터) 및 검찰청 산하의 범죄피해자지원센터를 통해 법률지원, 의료지원, 상담지원 등 각종 피해자지원을 받을 수 있도록 하고 있다. 성폭력피해자등통합지원센터에는 수사업무를 수행할 수 있는 경찰관과 심리전문가, 진술조력인, 의료인 등이 함께 협업할 수 있는 거점으로 기능한다. 이곳에서는 피해자를 위한 위기개입이 24시간 가능하도록 인적·물적 구조를 갖추어 놓고 있다. 또한 가정폭력 피해자에 대한 쉼터를 제공함으로써 피해자의 신변안전을 보호하고 재피해자화를 예방하도록 하고 있다.

　아울러 가정폭력 피해자 지원업무를 수행하는 자들에게는 가정폭력 신고의무를 부여함으로써 경찰이 조기에 가정폭력사건을 인지하도록 하고 있다. 즉, 아동 교육기관 종사자, 아동·노인·판단능력 결여자를 치료하는 의료기관 종사자, 노인복지시설·아동복지시설·장애인복지시설 종사자와 기관장, 아동상담소·성폭력상담소·가정폭력상담소 상담원과 기관장 등이 가정폭력범죄를 알게 된 경우에는 정당한 사유가 없는 한 즉시 수사기관에 신고하여야 하는 것이다(가정폭력처벌법 제4조).

미국의 경우에도 가정폭력 피해자를 위한 쉼터를 운영하고 있는데 여기에서는 단기간의 주거 제공, 긴급 의류 및 교통수단 제공, 상담지원 및 법률지원 서비스, 취업 지원 등의 활동을 전개하고 있다. 쉼터는 짧게는 30일 이상, 길게는 60일 이상의 기간 동안 피해자들이 이용하고 있다.111)

한편, 전문 의료인은 병원에 내방하는 환자들의 상처가 가정폭력에 기인한 것인지 여부를 적극적으로 알아내려는 노력을 기울일 필요가 있다. 가정폭력으로 인한 부상임이 확인되면 단순히 피해자의 외과적 상처를 치료하는 데 그치는 것이 아니라, 피해의 신속한 회복과 재피해자화를 예방하기 위해서 경찰, 심리전문가, 사회복지전문가, 법률전문가 등이 함께 협업하면서 지원하는 것이 바람직하기 때문이다. 이를 위해서 각 병원에 가정폭력 피해자 발견을 위한 '건강검진 시스템(health care screening system)을 구축할 필요가 있다.112)

제4장 아동학대 피해자

제1절 아동학대의 개념

　　최근 아동학대 행위가 해마다 늘어나고 있다. 한국 경찰청 2020년 경찰백서에 따르면 2016년에 10,830건이던 아동학대 행위 신고건수가 2019년에는 14,484건으로서 매년 증가하고 있는 것을 보면 아동학대로 인한 피해자화의 문제가 점점 심각해진다고 볼 수 있다.[113]

[표 12] 아동학대 112 신고　　　　　　　　　(단위: 건수)

구분	'16년	'17년	'18년	'19년
아동학대112 신고	10,830	12,619	12,853	14,484

(출처: 경찰청, 경찰백서, 2020, p.114)

　　한국 아동복지법 제3조에서는 아동학대를 다음과 같이 정의하고 있다. 즉, '아동학대'란 보호자를 포함한 성인이 아동의 건강 또는 복지를 해치거나 정상적 발달을 저해할 수 있는 신체적·정신적·성적 폭력이나 가혹행위를 하는 것과 아동의 보호자가 아동을 유기하거나 방임하는 것을 의미한다고 규정하고 있다. 여기서 '보호자'란 친권자, 후견인, 아동을 보호·양육·교육하거나 그러한 의무가 있는 자 또는 업무·고용 등의 관계로 사실상 아동을 보호·감독하는 자를 일컫는다.
　　위에서 보는 바와 같이 아동학대는 크게 ① 폭력이나 가혹행위 (abuse)와 ② 유기나 방임(neglect) 2가지 형태로 이뤄진다. 폭력이나 가혹행위는 아동에게 해를 끼칠 수 있는 행위를 적극적으로 실행하는 것을 말하고, 유기나 방임은 직접적이고, 의도적으로 해악적 행동을 하는 것이 아니라 아동이 가장 기본적으로 필요로 하고 있는 것들을 충족시켜 주지 않는 소위 '부작위' 행위를 말한다.[114]
　　아동에 대한 폭력·가혹행위가 신체적 폭력의 형태로 행해질 경우 주먹이나 손바닥으로 때리거나, 매로 구타하거나 혹은 불로 신체를 지지거나, 칼로 신체 일부에 상처를 내는 등의 행동으로 나타난다. 이러한 행동은 친권자로서 정당하게 행사할 수 있는 훈육권의 범위를 벗어난 경우가 대부분으로서 보호자가 아동에게 분풀이를 하는 것에 불과하고 아동은 이를 통해 두려움과 공포 속에 살아가게 된다.[115]

정서적 폭력 또한 아동을 괴롭히는 수단이 된다. 이름 부르며 소리 지르기, 위협하며 겁주기, 따돌리며 소외시키기 등이 그러한 예이다. 이보다 조금 강도가 낮은 형태로서 창피 주기, 모욕감 주기, 얕보기, 무시하기, 거절하기, 신체적 접촉을 제한하기 등의 정서적 학대도 있다.[116]

아동에게 성폭행의 방식으로 학대하는 것은 아동을 강간하거나 강제로 신체를 만지는 형태로 행해지기도 하지만 꼭 신체적 접촉이 없다 하더라도 아동을 성적 착취가 가능한 상황에 처하게 만듦으로써도 가능하다. 예를 들어 아동으로 하여금 성매매를 시키는 것은 물론, 성착취가 가능한 곳에 취업하도록 유인하거나, 강요하거나, 설득하거나, 지원하는 모든 행동이 아동학대에 해당하는 것이다.[117]

제2절 아동학대의 위험 요인

아동은 신체적으로 연약하여 자기 보호능력이 없기 때문에 학대의 대상이 되기 쉽다. 그중에서도 자꾸 보채며 보호자를 성가시게 하는 기질을 가지고 있는 아이는 다른 아이들보다 학대를 당하기가 쉽다.[118] 아울러 가족구조라든가 보호자의 기질 또한 학대행위와 연관성이 있다. 이에 아동학대의 위험요인을 크게 가정적 위험 요소와 개인적 위험 요소 두 가지로 나누어 살펴본다.

1. 가정적 요인

빈곤한 가정환경이 아동학대가 지속적으로 행해지는 한 요인이 된다. 모든 학대받는 아동들의 가정환경이 빈곤한 것은 아니지만 가난과 아동학대와는 상관성이 있는 것으로 보고되고 있다. 이러한 빈곤은 부모의 실업과 종종 연계되고 있으며, 아동의 기본적 필요를 제대로 충족시켜 주지 못하는 상황을 만드는 요인으로 작용한다. 실제로 저소득층의 가정에 속한 아동이나 부모가 실업상태에 있는 가정의 아동들이 다른 아동들보다 더 많이 학대행위를 당하는 것으로 조사되었다.119)

가족구조도 아동학대의 위험을 높이는 요인이 된다. 아버지와 어머니가 모두 생존해 있는 가정의 아동은 학대받을 위험성이 가장 낮은데 비하여, 동거하는 파트너를 따로 두고 살아가는 한부모 가정의 경우가 아동학대 비율이 가장 높은 것으로 조사되었다. 이런 아이들은 다른 가정 아이들보다 10배 이상 학대를 당하고 있다는 것이다. 특히 어머니의 남자친구가 친부모 아닌 자에 의한 아동학대의 절반을 차지한다는 연구 결과도 있다. 그런가 하면 자녀를 2명 둔 가정보다 4명 이상 둔 가정에서 학대행위가 더 많다는 조사 결과도 존재한다.120)

2. 개인적 요인

보호자가 보호받고 있는 아동을 학대하는 이유는 자기가 어린 시절에 아동학대를 경험했거나 목격했기 때문이라는 이론이 있다. 이른바 '사회학습(social learning)' 이론이 바로 그것인데 아동학대를 경험하거나 목격한 사람들이 성인이 되면 역설적으로 학대자의 모습으로 변모할 수 있다는 것이다.121)

또 다른 요인은 보호자의 연령이다. 젊은 나이에 아버지가 된 남성의 경우 아동학대의 위험이 높아지고, 10대의 나이에 어머니가 된 여성의 경우 아동학대와 유기·방임의 위험이 높아진다는 연구가 있다.122) 의도적으로 아이를 유기·방임할 수도 있지만 지식이 모자라서 그러한 행위로 나아갈 수도 있다. 즉, 아동이 어느 때, 무엇을 필요로 하는지를 잘 모르기 때문에, 아동에게 적합한 음식을 주지 못하거나 의료적 지원을 적절한 시기에 하지 못할 수 있는 것이다. 보호자의 판단력 부족도 위험 요인이 될 수 있다. 아이가 몇 살 정도 되어야 혼자 둘 수 있는지 판단해야 하는데 이것이 잘못되면 방임이나 유기가 되기 때문이다.

한편, 보호자가 술이나 약물을 복용하게 되면 학대비율이 높아진다는 연구도 있다. 술과 약물을 복용하는 부모는 아동들에게 신체적으로나 정서적으로 필요한 지원을 해줄 능력도 없고, 그것을 잘 해주려 하지도 않으면서, 아동에게는 학대 행위를 일삼는다는 것이다. 술과 약물 복용은 정신질환과 실업, 스트레스를 동반하는 경우가 많기에 가정의 본래 기능이 제대로 작동되지 않아 아동학대의 위험을 가중시키게 된다. 이 밖에도 아동에게 신체적·정신적 장애가 있거나, 평소 행동에 문제가 있을 경우 학대 위험이 높아진다고 한다.[123]

제3절 아동학대의 결과

어떤 심리적 충격이 주어질 때 아동들이 어른들보다 회복이 훨씬 빠를 수도 있다. 그래서 학대행위를 당한 아동들이라 할지라도 외견상 별다른 상처를 갖고 있지 않는 것처럼 행동할 수도 있다. 그러나 어떤 아동들의 경우 학대행위의 여파가 오래 지속되거나 여러 가지 영역에 영향을 미쳐 부작용으로 나타나기도 한다. 신체적, 인지적 발달에 문제가 생긴다든지 향후 범죄행동에 영향을 줄 수도 있는 것이다.

1. 신체발달 및 인지능력 발달에의 영향

학대를 당한 아동은 뇌출혈이나 망막출혈을 일으키는 '흔들린 아기 증후군(shaken baby syndrome)'을 앓을 가능성이 높다. 보호자의 폭행으로 말미암아 뇌출혈, 두개골 골절, 망막출혈이 발생하기 쉬운 것이다.[124] 구체적으로 아동이 어느 정도 학대를 받느냐에 따라 인지능력, 언어능력, 학습능력을 관장하는 뇌의 발달이 저해된다. 방임된 아동은 아동기 방임 정도에 따라 발달이 지체될 수도 있다. 방임으로 인해 아동 신체발육과 뇌 발달에 필요한 영양공급이 잘 안 되기 때문이다.[125]

2. 심리적 문제의 야기

다양한 형태의 학대행위로 말미암아 아동은 죄책감, 수치심, 두려움, 분노와 같은 감정을 갖게 된다. 만일 가정이 이혼 등으로 해체되어버리면 자기 때문이라 생각하고 자기를 비난하게 된다. 어떤 아동들은 학대를 당한 후 공황장애, 불안, 우울, PTSD, 주의력 결핍, 과잉행동 장애, 애착 장애, 반사회성 장애 등을 나타낼 수 있다. 모든 아동이 다 그런 것은 아니지만 학대를 당한 아동은 이처럼 불안이나 우울증을 겪기 쉽고, 방임을 당한 아동의 경우 타인을 신뢰하지 못하기에 사람을 잘 사귀지 못하는 성향을 보이는 것이다. 특히 성적 학대를 당한 아동은 성인기에 건강한 성관계를 맺기가 어려울 가능성이 높다.[126)]

3. 범죄행동 및 경제력에의 영향

범죄피해를 당한 자가 거꾸로 범죄자가 될 수 있다. 피해자가 가해자로 뒤바뀌는 현상은 아동학대 사례에서도 발생한다. 아동기에 학대를 당한 아동은 학대를 당하지 않은 아동보다 비행이나 범죄행동에 훨씬 더 연루되기 쉬운 것이다. 위덤(Cathy Widom)의 연구에 따르면 학대나 방임의 피해를 입은 아동은 일반 아동보다 1.9배나 더 많이 폭력범죄나 일반 청소년 범죄에 연루된다고 한다.[127)] 성범죄자들을 조사해 보면 성범죄를 저지르지 않은 사람보다 과거 아동기에 성폭행을 당한 경력이 더 많았음을 알 수 있다. 이러한 아동기의 학대 경험이 성인기의 범죄에 미치는 영향은 남성보다 여성에게 더 크다고 한다. 아동학대가 성인기의 알코올중독이나 불법적 약물 사용과도 관련성이 있다는 연구도 있다.[128)]

아동학대의 여파는 성인기까지 오래도록 지속되면서 부정적 영향을 미칠 수 있다. 그 결과 실업상태에 빠질 가능성이 높아지고, 그로 인해 궁핍하게 살 가능성도 높아진다. 질린스키(David Zielinski)는 아동기에 학대를 당하게 되면 성인기에 가난하게 살 위험이 60% 증가한다는 연구 결과를 내 놓았다.[129)]

제4절 아동학대에 대한 대응

1. 입법적 대응

아동학대의 심각성을 인식한 한국 정부는 경찰청·보건복지부·법무부 등 관련 정부기관의 주도하에 '아동학대 방지를 위한 종합대책'을 마련한 후, 2014년 9월에 '아동학대 범죄의 처벌 등에 관한 특례법(이하 '아동학대처벌법')'을 제정함으로써 아동학대 범죄에 대한 처벌기준과 그 절차, 그리고 피해 아동에 대한 보호절차 등에 관한 규정을 두게 되었는데 같은 법 제10조에서는 아동학대범죄 신고의무와 절차를 규정하고 있다. 특히 2020년 10월 생후 16개월 된 입양아동이 양부모 학대로 숨진 사건이 발생하자 아동학대범죄의 신고에 따른 현장 대응의 실효성을 높이기 위한 아동학대처벌법 일부 개정 법률안이 2021년 1월 국회를 통과하였다.

개정안의 주요 내용으로는, ① 아동학대 신고의무자의 신고 시 조사·수사 착수 의무화, ② 현장조사를 위한 출입 장소 확대, ③ 아동학대행위자와 피해아동의 분리 조사, ④ 수사기관과 지방자치단체 간 현장조사 결과 상호 통지, ⑤ 아동학대행위자 등의 출석·진술 및 자료제출 의무 위반에 대한 제재, ⑥ 응급조치 기간 연장, ⑦ 증인에 대한 신변안전 조치, ⑧ 아동학대 관련 교육대상에 사법경찰관리 추가, ⑨ 벌금 및 과태료 법정형 상향 등이다.[130]

미국의 경우에는 1974년에 '아동학대 예방 및 조치에 관한 법률(Child Abuse Prevention and Treatment)'이 연방법으로 제정되어 시행되고 있다. 이 법에서도 아동학대와 방임에 관한 개념을 정의한 후 각 주 정부로 하여금 아동학대 의심사례가 있을 경우 신고를 의무화하는 법률을 제정하도록 함에 따라 모든 주들이 아동학대 의심사례 발견 시 신고를 의무화하는 법을 마련하게 되었다. 신고는 시·도, 시·군·구 또는 수사기관과 같이 지방자치단체와 국가 수사기관에 할 수 있다.[131]

한국에서 아동학대 의심사례 발견 시 신고의무가 있는 사람의 예를 들면, ① 아동권리보장원 및 가정위탁지원센터의 장과 그 종사자, ② 아동복지시설의 장과 그 종사자, ③ 가정폭력상담소 및 가정폭력 피해자 보호시설의 장과 그 종사자, ④ 건강가정 지원센터의 장과 그 종사자, ⑤ 다문화 가족지원센터의 장과 그 종사자, ⑥ 사회복지 전담 공무원 및 사회복지시설의 장과 그 종사자, ⑦ 성매매피해 상담소의 장과 그 종사자, ⑧ 성폭력상담소 및 성폭력피해자 보호시설의 장과 그 종사자, ⑨ 119 구급대의 대원, ⑩ 기타 응급구조사, 어린이집 원장 등 보육교직원, 유치원의 장과 그 종사자, 아동보호전문기관의 장과 그 종사자, 의료인 및 의료기사 등이다(아동학대처벌법 제10조).

여기서 아동학대를 당했다고 판단하는 데 있어서는 의심에 상당한 이유가 있을 것을 요구하는 '합리적 의심(reasonable suspicion)'의 수준이라야 한다. 만일 합리적 의심이 있음에도 불구하고 신고의무를 이행하지 아니하면 500만 원 이하의 과태료 처분을 가하고 있다(아동학대범죄처벌법 제63조 제1항 제2호). 미국에서는 이러한 미신고죄에 대하여 경죄에 해당하는 형사책임을 물어 벌금을 부과하기도 한다.[132]

한편, 미국 정부는 어머니 또는 보호자가 가정적·경제적 위기에 처해 있을 경우, 자기 아이의 양육과 보호를 포기한 채, 무명으로 법이 지정하는 특별한 장소에 둠으로써, 아이가 안전한 가정에서 보호받을 때까지 지정된 기관에서 보호받거나 의료적 조치를 받도록 해 놓으면, 어머니 또는 보호자가 형사처벌을 면하도록 하는 '안전한 피난처 법(safe haven laws)'도 제정함으로써 아동학대 행위를 감소시키고자 노력하고 있다. 법에서 허용하는 지정 장소로는 병원, 건강관리시설, 경찰서와 같은 법집행기관, 119와 같은 응급구조기관, 소방서 등이다.[133]

2. 행정적 대응

한국 경찰청은 2016년 4월부터 전국 경찰서에 '학대예방경찰관(Anti-abuse Police Officer, APO)'를 배치하여 아동보호시설 내에 근무하는 신고 의무자들의 인식 전환을 위해 아동학대 예방을 위한 교육을 시키고 있으며, 아동학대 의심신고가 발생할 때에는 아동보호전문기관에 통보하여 경찰이 현장에 출동할 때 함께 동행하여 줄 것을 요청하고 있다. 아울러 경찰서별로 운영되고 있는 통합솔루션팀 회의를 통해서 경찰, 지방자치단체, 아동보호전문기관, 상담소, 보호시설, 의료기관, 법률전문가 등의 분야별 전문가들이 모여 피해아동에 대한 학대 재발 방지 대책 및 종합적 지원 대책 마련을 위해 노력하고 있다.[134] 2019년에는 교육부가 수사 의뢰한 예비소집 불참, 미취학, 장기 결석 아동 518명에 대해 주거지 방문과 탐문수사를 통해 아동의 소재와 안전을 적극적으로 확인하는 활동을 전개하기도 하였다.[135]

뿐만 아니라 실종아동 사건을 수사한 결과 아동학대로 인해 사망한 사실이 종종 밝혀지면서 경찰청에서는 교육부와 합동으로 2017년부터 초등학교에 입학하지 않거나 장기 결석하고 있는 만 6세 이상의 아동의 실태를 점검하고 있다. 이를 통해 피해아동이 발견되면 아동보호전문기관에 보호와 지원을 의뢰하고, 아동학대 행위자에 대해서는 수사기관에 넘겨 범죄사실에 관한 수사를 받도록 하고 있다.[136]

미국의 경우 '가족아동부(Department of Family and Child Services)'에서 아동학대 사실을 데이터베이스화하여 관리하면서 이 자료를 주정부 또는 취업을 원하는 근로자들에게 활용하도록 하고 있다. 주정부가 면허증을 발급하거나 근로자가 취업하고자 할 때에 등록된 아동학대 자료에 명단이 있는지를 확인하는 절차를 밟도록 하고 있으며, 아동 입양을 원하는 사람들의 경우에도 이러한 데이터가 활용된다.[137]

3. 사법적 대응

아동학대 사건은 피해아동의 신체적 · 정서적 취약성과 진술능력 부족으로 인해 재판에 어려움이 발생한다. 이를 위해 한국 형사소송법에서는 신뢰관계 있는 자를 재판과정에 동석할 수 있도록 하고 있고(형사소송법 제163조의2), 아동이 성적 학대를 당했다면 아동 · 청소년 성보호에 관한 법률에 따라 법률적 조력을 보장하기 위하여 변호사를 선임하여 도움을 받을 수도 있다(청소년성보호법 제30조). 성적 학대가 아닌 일반 학대행위나 방임·유기의 행위로 피해를 당한 경우에도 피해아동에게 신체적·정신적 장애가 의심되거나 빈곤 그 밖의 사유로 보조인을 선임할 수 없는 경우 변호사를 피해아동의 보조인으로 선정할 수 있도록 하고 있다(아동학대처벌법 제49조). 미국에서는 '소송후견인(a guardian ad litem, GAL)' 제도를 운영하고 있는데, 이 소송후견인은 자원하는 자 중에서 법원이 임명하는 특별 변호인으로서 재판과정에서 아동의 이익을 대변하는 역할을 하게 된다. 한국 아동학대처벌법상의 보조인과 유사한 역할을 한다고 볼 수 있을 것이다.[138]

피해아동을 상대로 수사를 진행할 때에는 피해자의 진술 내용과 조사 과정을 비디오녹화기 등 영상물 녹화장치로 촬영·보존하도록 하고 있는데 이는 아동으로 하여금 수사 과정에서 반복적인 진술을 하는 고통을 피하도록 하기 위함이다(성폭력처벌법 제30조). 또한 피해아동이 법정에서 의사표현을 하는 데 어려움이 있으면 원활한 증인신문을 위하여 직권 또는 검사, 피해자, 그 법정대리인 및 변호사의 신청에 의한 결정으로 진술조력인으로 하여금 증인 신문에 참여하여 중개하거나 보조하게 할 수도 있다(성폭력처벌법 제37조).

미국의 법원에서는 재판 과정에서 피해아동이 피고인과 법정에서 마주치지 않도록 비디오 장치나 폐쇄회로 텔레비전을 이용해서 증언을 하도록 하거나 편면경을 활용하여 증언을 할 수 있는 시설을 갖추어 놓고 있으며, 아동이 증언을 할 때 피고인을 비롯해 방청객을 퇴정시킬 수 있도록 하고 있고, 학대행위에 대한 아동의 진술능력을 높이기 위해 인형을 사용하도록 하고 있는바,[139] 한국의 상황도 이와 유사하다.

한편, 아동학대처벌법은 아동학대자로부터 피해아동을 효과적으로 보호하기 위하여 가정폭력처벌법에서 규정하고 있는 것과 유사한 제도를 채택하고 있다. 즉, 사법경찰관의 응급조치, 긴급임시조치, 임시조치의 청구(아동학대처벌법 제12조 내지 15조, 제19조), 아동학대행위자에 대한 보호처분(아동학대처벌법 제36조), 피해아동에 대한 보호명령(아동학대처벌법 제47조) 등이 바로 그것이다.

제5장 노인학대 피해자

제1절 노인학대의 개념과 특징

1. 노인학대의 개념

미국에서의 노인학대는 보통 60세 이상인 사람에 대한 학대행위를 의미하는데 한국의 노인복지법은 그 연령을 65세 이상으로 정하고 있다. 어린이나 노인은 보통 다른 사람의 돌봄을 받아야 할 처지에 놓여 있기 때문에 그 돌봄의 책임을 지고 있는 사람들로부터 학대당할 가능성이 많다. 학대행위는 ① 신체적 학대, ② 정서적·심리적 학대, ③ 성적 학대, ④ 유기나 방임, ⑤ 경제적 착취 등의 방식이 사용된다.

①의 신체적 학대는 주먹이나 손바닥 혹은 물건으로 때리기, 밀치기, 누르기, 발로 차기, 불로 지지기 등의 방법이 사용되는데 이로 인해 노인들이 통증을 느끼거나 부상을 입게 되고 심지어 신체적 장애를 겪기도 한다. 더 나아가 강제로 음식을 먹이거나, 부적절하게 처방한 약을 먹게 하거나, 체벌을 가하기도 한다.

②의 정서적 학대행위로는 위협하기, 창피주기, 조롱하기, 책망하기, 욕설 등의 언어적 폭행, 모욕주기, 희롱하기 등의 방법과 같이 직접적인 학대방법이 있는가 하면, 노인을 어린애처럼 다룬다든지 가족행사에 소외시킨다든지, 아예 노인의 이야기를 들어주지 않거나 대화를 하지 않는 방법과 같이 간접적인 학대 방법도 있다.

③의 성적 학대는 노인의 동의 없이 성교를 하거나, 키스를 하는 등 신체적 접촉을 통해서도 하지만, 노인에게 음란물을 보여주거나 상대방 동의 없이 옷을 벗기는 등 비신체적 방법으로도 행할 수 있다.

④의 유기나 방임은 대개 노인을 집 밖에 내다 버리는 방식으로 이뤄지는데 노인을 돌볼 책임이 있는 가족이나 노인을 보호 중인 사람에 의해 발생한다. 유기나 방임은 이처럼 주로 타인에 의해 발생하지

만 노인 스스로 먹기를 거부한다든지, 치료받기를 거부하는 것과 같은 '자기방임(self-neglect)'의 형태도 있는데 이러한 자기방임 행위도 노인학대 행위로 분류된다.

⑤의 경제적 착취는 노인의 재산을 불법적으로 혹은 부당하게 사용하는 것을 말한다. 예를 들어 노인의 돈을 훔친다든지, 경제적 지출이 발생하는 문서에 노인을 강요하여 서명하게 하는 방식이 바로 그것이다. 가족들이 위와 같은 방식을 사용하여 착취를 한다면, 건강을 관리해 주는 의사나 간호사 등과 같은 전문직업인들은 건강관리를 해주지 않고도 마치 한 것처럼 비용만 청구하는 방식으로 속임수를 써서 착취할 수도 있다.[140]

한국의 노인복지법에서는 노인학대행위의 유형을 ① 노인의 신체에 폭행을 가하거나 상해를 입히는 행위, ② 노인에게 성적 수치심을 주는 성폭행·성희롱 등의 행위, ③ 자신의 보호·감독을 받는 노인을 유기하거나 의식주를 포함한 기본적 보호 및 치료를 소홀히 하는 방임행위, ④ 노인에게 구걸을 하게 하거나 노인을 이용하여 구걸하는 행위, ⑤ 노인을 위하여 증여 또는 급여된 금품을 그 목적 외의 용도에 사용하는 행위, ⑥ 폭언, 협박, 위협 등으로 노인의 정신건강에 해를 끼치는 정서적 학대행위 등을 규정하고 있다(노인복지법 제39조의9).

2. 노인학대의 특징

미국에서 2006년에 수행된 연구에 의하면 노인학대 유형 중 가장 빈번하게 발생하는 것은 '자기방임' 행위라고 한다. 그다음 발생빈도가 높은 것은 보호자의 방임행위이고, 경제적 착취행위가 그 뒤를 이었다. 하지만 1998년의 연구에서는 노인학대의 유형이 자기방임, 신체적 학대, 유기, 정서적 학대, 경제적 착취, 방임 순으로 그 빈도가 상호 차이를 보였다. 2008년도에 수행된 미국의 노인복지에 관한 연구프로젝트 결과에 따르면 가족에 의한 언어적 학대가 경제적 학대나 신체적 학대보다 빈도가 높은 것으로 조사되었다. 이처럼 연구별로 차이가 나는 것은 연구를 수행한 시기의 시대적 차이와 그 연구방법론에서 비롯된 것으로 보인다.[141]

제2절 노인학대의 위험 요인

1. 가해자 위험 요인

가정폭력이 이어져 온 가정이라면 노인학대 발생 가능성도 높다. 한때 자녀를 학대했던 부모가 나이가 들게 되면 자신의 자녀로부터 학대를 당할 수 있는 것이다. 설령 과거에 학대행위가 없었다 할지라도 노인을 돌보아야 할 처지가 되면 여러 가지 일로 자녀들이 스트레스를 받게 된다. 그 스트레스가 극에 달하면 학대행위로 이어질 수 있는 것이다. 노인의 자녀에 대한 의존도가 높을수록 스트레스도 높아지고 학대 가능성도 커진다는 것이 바로 '의존이론(dependency theory)'이다. 노인을 돌볼 책임을 지고 있는 자녀들은 비록 법에서는 허용하지 않는다 하더라도 돌봄을 받고 있는 분의 재산을 활용하거나 처분할 권한이 있다고 생각할 수도 있다.142)

노인 요양시설에서는 요양보호사들에 의해 학대행위가 발생할 수도 있다. 요양보호사들은 근무시간이 길고, 중증 치매환자 등과 같이 돌봄을 받아야 할 수준도 높은 경우가 많은 반면, 보수는 적고 돌봄에 관한 훈련도 미흡한 경우가 많아 학대행위로 이어질 가능성이 있는 것이다.143)

2. 사회적 위험 요인

일상활동이론(Routine Activities Theory)에 의하면 노인은 위험한 생활양식을 갖고 있지는 않다. 하지만 신체적으로 약하다는 특성 때문에 스스로의 보호능력이 약할 수밖에 없고 그래서 매력적인 표적이 될 수 있다. 예를 들어 떨어진 인지능력과 최신 인터넷 기술 등에 관한 무지 때문에 사기꾼의 표적이 되기 쉬운데 노인들이 보이스 피싱 피해를 많이 입는 것도 바로 이러한 이유에서다. 한 연구에 따르면 노인학대 피해자의 60% 가량이 인지적 혼란을 겪고 있는 것으로 나타났고, 요양원에 입소해 있는 노인들은 인지적 결함을 더 쉽게 경험하고 있다고 한다. 이러한 인지적 결함으로 인해 노인은 자기 스스로를 제대로 돌보지 못할 뿐 아니라, 돌보는 일에 대하여 교육을 받지 못했으면서도 돌봐야 할 책임이 있는 자들도 좌절감을 맛볼 가능성이 있고 그것이 학대행위로 이어지기가 용이하다.

제3절 노인학대에 대한 대응

1. 법적 대응

미국의 경우 '노인법(Older Americans Act of 1965)'이 제정되어 노인의 권리보호를 위한 정책들을 펼쳐 왔고, 장기적인 노인 돌봄을 위한 옴부즈만 프로그램 운영을 논의해 왔으며, 자금 지원을 통해 노인학대 문제를 부각시키기 위한 프로그램 개발을 위해 노력해 왔다. 2010년에 시행에 들어간 노인정의법(Elder Justice Act)에서는 4년 동안 400만 달러를 제공하여 노인 보호 서비스를 전개하고 있다. 이 재정은 노인 학대행위 조사와 예방, 노인학대 발생시 감식활동 지원, 장기요양 노인에 대한 옴부즈만 프로그램 가동 지원, 및 장기 요양보호사 지원 등에 쓰이고 있다. 미국에서도 대부분의 주들이 성인이 된 자녀들에게 부모를 돌볼 것을 법적 의무로 규정하고 있다. 그리고 어떤 사람이 일단 노인을 돌보겠다고 책임을 인수하면, 그는 노인 돌봄에 필요한 각종 지원을 할 의무를 지도록 하고 있는데, 만일 그런 지원활동을 하지 않게 되면 형사책임을 지게 된다.144)

한국의 노인복지법(법률 제17199호)에 따르면 노인학대 행위를 알게 된 자는 누구든지 노인보호전문기관 또는 수사기관에 신고할 수 있다고 규정하면서도, 특정인에게는 신고의무를 부과하고 그 의무 불이행 시 벌칙을 규정하고 있다. 즉, 의료인이나 방문요양과 돌봄서비스 종사자, 노인복지 상담원, 장애노인 상담·치료·훈련·요양 종사자, 가정폭력관련 상담소 종사자, 사회복지관 종사자, 장기요양기관 종사

자, 건강가정지원센터 종사자, 다문화가족지원센터 종사자, 성폭력상
담소 종사자, 지역보건의료기관 종사자 등과 그 시설의 장, 노인복지
시설 담당 공무원, 사회복지전담공무원, 의료기사, 119구급대원, 응급
구조사, 국민건강보험공단 소속 요양직 직원 등이 노인학대행위를 알
게 되면 노인보호전문기관 또는 수사기관에 즉시 신고해야 할 의무
가 있는 것이다. 이러한 신고의무를 위반할 경우 500만 원 이하의 과
태료를 부과한다(노인복지법 제61조의2).

아울러 노인학대 행위자에 대해서는 그 행위유형에 따라 처벌수준
을 달리하고 있다. 예를 들면 상해의 방식으로 노인학대를 하게 되면
7년 이하의 징역 또는 7천만 원 이하의 벌금이 부과되고(노인복지법 제
55조의 2), 노인을 위하여 증여 또는 급여된 물품을 그 목적 외의 용도
에 사용하면 3년 이하의 징역 또는 3천만 원 이하의 벌금에 처하고
있다(노인복지법 제55조의4).

이 밖에도 노인복지법에는 노인학대 신고가 있을 경우 노인보호전
문기관의 직원이나 사법경찰관리의 현장출동 의무 및 응급조치 의무,
사법경찰관리의 노인보호전문기관에 대한 노인학대 사실 통보의무,
노인학대 행위자에 대한 상담, 교육의 권고 등을 규정하고 있다.

2. 형사사법 시스템의 대응

노인학대 행위에 잘 대처하기 위해서는 형사사법기관은 여성가족
부와 노인보호전문기관 등을 비롯하여 다른 공공기관 및 민간기관
상호 간에 긴밀한 협력을 하여야 한다. 실제로 노인학대 범죄를 수사
하고 기소하기 위해서는 여러 기관의 협력이 필수적이다. 예를 들어
한국 노인복지법 제39조의7의 응급조치는 노인학대 신고를 접수하고
경찰이 현장에 출동할 때에는 노인보호전문기관의 장에게 소속 직원
이 현장에 동행해 줄 것을 요청할 수 있도록 하고, 요청받은 직원은
정당한 사유가 없으면 동행해야 할 의무가 있다고 규정하여 기관 간
상호협력 의무를 원칙으로 정하고 있다.

또한 노인복지법 제39조의15에서는 사법경찰관리가 노인 사망 및

상해사건, 가정폭력 사건 등에 관한 직무를 행하는 경우 노인학대가 있었다고 의심할 만한 사유가 있는 때에는 노인보호전문기관에 그 사실을 통보하여야 하며, 그 통보를 받은 노인보호전문기관은 피해노인 보호조치 등 필요한 조치를 하도록 하는 등 기관 간의 협조의무를 명시하고 있다.

한국 경찰청은 '노인학대 집중신고 기간'을 온라인 및 오프라인으로 운용하면서 각 지방자치단체와 노인보호전문기관 등과 협력하여 노인학대 근절에 관한 홍보 및 신고 캠페인을 벌이고 있는데, 2019년 6월에는 총 406건의 노인학대 신고가 접수되어 심각한 사건에 대해서는 가해자를 구속기소하고, 가정회복이 필요한 사건은 가정보호사건으로 처리하였다.[145)]

제6장 학교폭력 피해자

제1절 학교폭력 피해자화의 개념

'학교폭력예방 및 대책에 관한 법률(이하 '학교폭력예방법')' 제2조에 따르면 '학교폭력'이란 학교 내외에서 학생을 대상으로 발생한 상해, 폭행, 감금, 협박, 약취·유인, 명예훼손·모욕, 공갈, 강요·강제적인 심부름 및 성폭력, 따돌림, 사이버 따돌림, 정보통신망을 이용한 음란·폭력 정보 등에 의하여 신체·정신 또는 재산상의 피해를 수반하는 행위를 말한다.

여기서 '따돌림'이란 학교 내외에서 2명 이상의 학생이 특정인이나 특정집단의 학생을 대상으로 지속적이거나 반복적으로 신체적 또는 심리적 공격을 가하여 상대방이 고통을 느끼도록 하는 일체의 행위를 말하며, '사이버 따돌림'이란 인터넷, 휴대전화 등 정보통신기기를 이용하여 학생들이 특정 학생을 대상으로 지속적·반복적으로 심리적 공격을 가하거나, 특정 학생과 관련된 개인정보 또는 허위사실을 유포하여 상대방이 고통을 느끼도록 하는 일체의 행위를 말한다.

요컨대, 학교폭력 피해자화라 함은 학교폭력에 의해 피해자가 신체적, 정신적, 경제적, 사회적 피해를 입고 고통당하는 상태에 놓이게 되었다는 것을 의미한다.

제2절 학교폭력 발생 실태

경찰백서를 통해 2015년 이후의 한국의 학교폭력 발생 현황을 보면 2015년 12,495명에 달하던 범죄건수가 2017년 14,000명으로 정점을 찍은 후 2018년 다소 감소했다가 2019년 13,584명으로 다시 증가세에 있다.[146)]

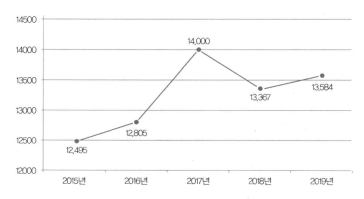

┃그림 9┃ 5년간 학교폭력 검거 현황 (단위: 건수)

(출처: 경찰청, 경찰백서, 2020, p.129)

한국 경찰이 집계한 최근 3년 동안 발생한 학교폭력의 범죄 유형을
보면, 폭행·상해와 같은 물리적 폭행은 줄어들고 있지만 강제추행, 카
메라이용촬영과 같은 성범죄는 증가추세에 있음을 알 수 있다.147)

[표 13] 학교폭력 유형별 검거 및 조치 현황 (단위: 명)

구분	계	검거현황				조치현황			
		폭행·상해	금품갈취	성폭력	기타	구속	불구속	소년부송치	즉심·훈방 등
'17년	14,000	10,038	1,191	1,695	1,076	61	10,556	1,296	2,087
비율	100%	71.7%	8.5%	12.1%	7.7%	0.4%	75.4%	9.3%	14.9%
'18년	13,367	7,935	1,377	2,529	1,526	86	9,546	1,319	2,416
비율	100%	59.4%	10.3%	18.9%	11.4%	0.6%	71.4%	9.9%	18.1%
'19년	13,584	7,485	1,328	3,060	1,711	84	9,233	1,587	2,680
비율	100%	55.1%	9.8%	22.5%	12.6%	0.6%	68.0%	11.7%	19.7%

(출처: 경찰청, 경찰백서, 2020, p.130)

이러한 학교폭력 사범의 발생 및 검거현황을 통해 학교폭력 피해
자화의 개략적 추세를 파악할 수 있다. 즉, 2018년에 비해 2019년 학

원 폭력 피해가 늘어났다는 것과, 2017년부터 2019년까지의 범죄동향을 살펴보면 폭행이나 상해의 피해는 대체로 줄어들고 있으나 성폭력 피해는 해마다 늘어나는 성향을 보이고 있다고 추정할 수 있는 것이다.

한편, 전국 지방경찰청에 설치된 117 학교폭력 신고센터는 경찰청·교육부·여성가족부 합동으로 24시간 신고접수 및 상담 등의 서비스를 제공하고 있는 곳인데, 여기에 신고되거나 상담 신청된 건수는 2013년 101,524건으로 정점을 이루었으나 이후 지속적으로 감소추세에 있으며, 2019년도의 경우 61,302건으로 전년도 61,887건에 비해 0.9% 감소하였다.[148]

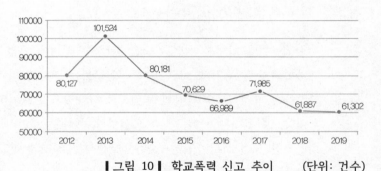

┃그림 10┃ 학교폭력 신고 추이   (단위: 건수)

(출처: 경찰청, 경찰백서, 2020, p.130)

위 통계치를 볼 때 2019년도 경찰에 의해 검거된 학교폭력 사범은 다소 증가하고 있음에도 불구하고, 117 학교폭력 신고센터의 신고접수 및 상담신청 건수가 감소하고 있는 것은, 전자의 경우는 정식 형사입건된 학생들의 검거 건수에 해당하지만, 후자인 117의 경우에는 단순 신고접수 및 상담건수에 관한 통계이기에 양자가 불일치할 수 있는 것이다. 다만, 117 신고의 감소 이유가 해당 센터의 신고접수 후 사후처리에 대한 신뢰도나 효과성 저하일 수도 있다.

미국 사례를 보면, 12~18세의 학생들 중 학원폭력 피해자화되는 비율은 남학생이 2.6%인 데 비해 여학생이 2.8%로서 남자보다 여자가 더 많이 피해를 입는 것으로 나타났다.[149] 이는 한국 청소년의 경우

여자보다 남자가 더 피해를 많이 입고 있는 현상과 비교된다. 다만, 미국의 중학교 3학년(Grade 9)부터 고등학교 3학년(Grade 12) 사이의 학생들은 남학생 피해자화 비율이 7%인 데 비해 여학생은 5%로 남자가 여자보다 더 많이 피해를 겪고 있다. 한편, 고교생 이하의 학생들은 폭력피해를 가장 많이 당하고 있는데, 중학교 3학년 학생들이 서로 싸우는 비율은 고교생보다 훨씬 높게 나타나고 있다. 아울러 시골지역에 사는 학생들보다 도시지역에 사는 학생들이 피해자화되는 사례가 더 많으며, 저소득층의 학생들의 피해자화 비율도 높다고 한다.150)

제3절 학교폭력 피해자화의 위험 요인

학교생활을 하면서 어떤 학생은 피해자화되는데 어떤 학생은 왜 피해자화되지 않는지 그 이유에 대한 연구들은 그다지 많지 않다. 다만, 학자들은 학원폭력 피해자화 원인으로 크게 2가지 요인이 작용한다고 말한다. 그 첫째는 사회구조적 요인이고, 둘째는 개인적 요인이다. 사회구조적 요인으로는 범죄가 많이 발생하는 지역에 학교가 위치하고 있다는 점이다. 로브와 로릿센(John Laub & Janet Lauritsen)의 연구에 따르면 범죄가 많이 발생하는 지역에 위치한 학교에서 폭력범죄를 비롯한 여타 범죄의 발생비율이 높았다고 한다. 그러나 범죄 발생이 많은 지역이라고 해서 그 지역에 있는 모든 학교 학생들의 범죄율이 높은 것은 아니다. 범죄 발생률이 높은 지역이라 하더라도 그 지역에는 학생들의 학업성적이 좋으면서도 범죄 발생률이 낮은 학교들도 있기 때문이다. 따라서 지역적 요인이 모든 것을 설명해 주지는 못한다.151)

한편, 개인적 요인이 학교폭력 발생의 주요 원인이라는 입장에서는 학생들의 자제력 부족, 유능한 보호자의 부재, 행실이 나쁜 친구들과의 교제 등을 문제 삼는다. 뿐만 아니라 청소년기에 있는 학생들은 신체적으로 크게 성장하면서 호르몬의 변화를 겪는 시기이고, 정서적·심리적으로 격동기에 접어드는 시기이기에, 사회적으로 부적합한 행

동이 쉽게 나타날 수 있고, 이러한 행동이 공격적인 폭력행위로 변화될 수 있다고 보고 있다.[152)

제4절 학교폭력 행사 방식과 그 결과

1. 학교폭력 행사 방식

앞서 살펴보았듯이 학원폭력의 행사 방식은 상해, 폭행, 감금, 협박, 약취·유인, 명예훼손·모욕, 공갈, 강요·강제적인 심부름 및 성폭력, 따돌림, 사이버 따돌림, 정보통신망을 이용한 음란·폭력 정보 등에 의하여 신체·정신 또는 재산상의 피해를 수반하는 행위 등으로 이루어진다. 신체적 피해를 수반하거나 신체의 자유를 침해하는 행위는 상해, 폭행, 감금, 약취, 유인행위가 대표적이며, 정신적 자유를 침해하거나 수치심 및 두려움을 유발시켜 심리적 피해를 수반하는 것으로는 협박, 강요, 강제 심부름, 따돌림, 명예훼손, 모욕 등이 있고, 재산상의 피해를 수반하는 행위로는 공갈행위가 있다. 최근에는 휴대전화나 인터넷 그리고 디지털 기술을 활용한 사이버 폭력 방식으로 학생들을 괴롭히기도 한다. 즉, 전자통신 장비를 이용하여 협박하거나 희롱하거나 성적 수치심을 자극하는 내용을 피해자에게 송신함으로써 괴롭히는 행동을 하는 것이다. 이른바 '사이버 따돌림'이나 정보통신망을 이용한 음란정보 송신이 이에 해당한다.

미국에서는 학교폭력 행위 유형을 '괴롭힘(bullying)'의 양태에 따라 '직접적 괴롭힘(direct bullying)'과 '간접적 괴롭힘(indirect bullying)'으로 분류한다. 직접적 괴롭힘에는 신체적 행동과 언어적 행동이 포함된다. 신체적 행동에 의한 괴롭힘에는 마구 때리기, 주먹질하기, 떠밀기, 의자 빼내 넘어뜨리기, 발걸어 넘어뜨리기 등의 행동이 있고, 언어적 행동에 의한 괴롭힘에는 직접 이름 부르며 협박하는 행동이 주를 이룬다. 간접적 괴롭힘에는 고립시키기, 동료 간 활동에서 배제하기, 동료 간 활동을 조작해서 고통 주기 등이 있다.[153) 2015년 통계 및 수행된 연구에 따르면 12~18살 사이에 있는 미국 학생의 21%가, 초등학교 6학년에서 고등학교 1학년 사이의 학생 17%가 학교에서 괴롭힘을 당한 경험이 있다고 조사되었다. 학교폭력의 유형을 보면 언어적 조롱행위가 13%로 가장 많았고, 5%는 몸을 밀거나 침을 뱉거나 발을 거는 행위였으며, 나머지 5%는 해악을 고지하여 위협하는 행위에 해당하였다.[154]

2. 학교폭력을 통한 피해자화의 영향

학생시절에 학교폭력 피해를 당하는 일이 누구에게나 발생할 수 있지만 그 행동이 끼치는 부정적 영향은 결코 적지 않다. 학교폭력 경험을 한 학생들은 자기가 불행하다고 느끼는 정도가 매우 높고, 자존감이 매우 낮다고 보고되고 있다. 청년기에 괴롭힘을 당하게 되면 우울증과 불안감 등이 발생하는데 이러한 정서는 청년기뿐만 아니라 성인기까지 이어질 수 있다. 또한 학교폭력을 당한 아동들은 잠을 잘 못자고, 자다가 식은땀을 흘리기도 하며, 두통이나 복통을 호소하고, 학업성적이 저하되며 학교생활에 적응력이 떨어지고, 결석률이 높아지며, 심지어 자살하는 학생도 있다.[155] 학교폭력 피해자가 오히려 가해자가 되는 수도 있다. 미국 통계에 따르면 학교에서 총을 쏘는 학생들의 71%가 학교폭력 피해자였다고 한다.[156]

3. 재피해자화의 위험

학교폭력 범죄 발생 및 검거현황을 역으로 해석하면 피해자화의 발생빈도를 추정할 수 있는 자료가 된다. 2019년 한국 경찰에 의해 검거된 학교폭력 사범이 1만 명 이상이었던 것을 보면 그에 상응하여 피해자화된 인원도 적지 않았을 것이다.

그런데 한국 검찰에 의해 사법처리된 학교폭력 사범 숫자는 매우 미미하다. 2019년 검찰연감에 따르면 학생관련 범죄로 인해 총 1,024명이 형법위반 사범으로 형사입건 되었는데, 그중 40명이 기소되었고, 534명이 불기소되었으며, 소년보호사건으로 처리된 인원은 336명에 달하였다. 그중 형법상의 상해·폭행으로 입건된 것은 총 159명 이었고 그중 5명만이 불구속 기소되었으며, 협박은 5명 입건되었지만 모두 불기소, 강간은 11명 입건에 1명만 불구속 기소되었다. 나머지 학생들은 소년보호사건 등으로 처리되었다. 또 학생이 '폭력행위 등 처벌에 관한 법률 위반'으로 입건된 전체 92명의 사례를 보면, 공동폭행이 35건, 공동상해가 34건으로 가장 많이 발생했고, 이들 중 형사기소된 인원은 총 4명이었으며, 22명은 소년보호사건으로 송치되었다.[157]

위의 통계에서 보듯이 경찰에서 형사입건된 학교폭력 피의자가 2019년에 13,584명에 달했음에도, 검찰조사를 통해 형법 위반으로 기소된 인원은 40명, 특별법 위반으로 기소된 인원은 4명에 불과했다. 소년보호사건으로 처리된 전체 인원 358명을 더하더라도 형사사법 시스템을 통해 사후 통제가 되었던 인원은 총 402명에 불과함을 알수 있다. 이는 많은 학교폭력 가해자들이 훈방이나 피해자와의 합의 등에 의해 수사가 종결되는 바람에 사후관리를 받지 않고 있음을 의미하며, 이것은 곧 많은 피해자들이 재피해자화의 위험에 놓일 수 있음을 뜻한다.

미국의 전국 범죄피해자 조사(NCVS) 결과에 따르면 전체 학생들의 3%가 학교 내 폭력행위에 대한 두려움을 가지고 있으며, 전체의 2%는 학교 밖에서의 폭력행위에 대한 두려움을 갖고 있는 것으로 나타났다. 학교폭력 피해를 당한 학생들은 피해를 당하지 않은 학생들보다 두려움의 수준이 더 높았으며, 이러한 학원폭력 피해자화의 경험이 재학 중인 학생들에게 주는 영향은 매우 강력한 것으로 조사되었다. 이런 두려움은 재피해자화에 대한 불안과 염려로 인해 발생하는 것이다. 학교폭력 피해자의 5%는 이러한 폭력에 대한 두려움 때문에 학교에서의 활동에 빠지거나 학교 건물 내부, 학교 정문, 학교 카페, 휴게실 등 특정 장소에 가는 것을 기피하는 것으로 나타났다.[158]

제5절 학교폭력에의 대응

경찰청은 학교폭력 예방을 위해 학원전담경찰관을 배치·운영하고 있다. 2019년 현재 전국의 학원전담경찰관은 총 1,138명으로 경찰관 1인당 10.9개의 학교를 담당하고 있다. 이들은 경찰－학교 간 핫라인을 구축하고 상설협의체를 운영하는 등 긴밀한 협력체계를 유지하면서 범죄예방을 위해 노력하고 있다. 아울러 이들은 학생들을 상대로 한 특별예방교육 실시와 함께 폭력발생 시 즉각적인 대응조치를 하고 있으며, 위기청소년 발견 시 이들을 적극적으로 선도하고 관리하는 임무도 수행하고 있다. 특히 주기적으로 학교를 방문하여 학생과 교사를 면담하고, 폭력서클 현황을 파악하면서, 117학교폭력 신고센터 홍보를 통해 학교폭력 발생 시 대응요령 등을 학생들에게 안내하고 있으며, 학교폭력대책심의위원회 위원으로 참석하여 의견을 제시하기도 한다. 또한 학생들 눈높이에 맞춘 체험형 범죄예방 교육을 위해 교육부와 협력하여 '청소년 경찰학교'를 개설, 전국 52개 경찰서에서 운영 중이다. 여기서는 학교폭력 가해자－피해자 역할극을 시연하기도 한다.[159]

미국의 경우에는 학교에서 직접 경찰인력을 채용하여 운용하고 있는 경우가 많다. 그들은 금속탐지기와 CCTV를 활용하여 출입자를 감시하는 역할을 한다. 2015과 2016년 통계에 따르면 공립학교의 45%가 안전요원이나 학교경찰 등을 채용하고 있는 것으로 나타났다. 또 2004년 '학교 내 총기류 청산법(Gun-free Schools Act)'이 제정됨에 따라 모든 학교들은 연방정부의 지원하에 학교에 총기를 가지고 온 학생을 1년 동안 정학처분을 내리고 있으며, 교내에서 무기나 흉기를 가지고 싸운 학생은 특별한 처벌을 내리도록 하고 있다. 이와 더불어 학원폭력 피해자 발견 시 의무적으로 신고하거나 학원폭력 예방을 위한 교육 프로그램을 운영하도록 의무화되어 있다.[160]

제7장 교통사고 피해자

제1절 피해자 보호의 필요성

자동차의 운행이 급증하고 있는 현대사회에서는 교통사고 및 자동차와 관련된 범죄가 많이 발생하고 있다. 그중에서도 교통사고를 야기하고 구호조치를 취하지 않은 채 도주하는 뺑소니 범죄와 사람이 죽거나 크게 다치는 교통사고에 있어서 공정하고 객관적인 교통사고 수사활동은 피해자보호적 측면에서 관심을 기울일 필요가 있는 영역이다. 뺑소니 범죄가 가지는 특징은 피해자에 대한 구호조치가 즉시 이뤄지지 않아 피해자의 생명이 위협받는다는 것과 가해자가 검거되더라도 무보험 차량의 소유자이거나 경제적 능력이 없을 경우 피해자가 물질적 지원을 받는 것이 어려워 피해자의 생계 유지에 타격을 입힐 수 있다는 점이다. 아울러 불공정하고 비과학적인 교통사고 수사를 통해 피해자가 가해자로 바뀌게 되어 고통을 당하는 경우도 있다. 이처럼 불의의 교통사고로 피해를 입는 사람들이 늘어나는 만큼 이들을 위한 적절한 피해자 대책이 마련되어야 한다.161)

제2절 교통사고 피해자 대책

뺑소니 사고나 피해자의 생명, 신체에 크게 손상을 가하는 교통사고로 인해 피해자의 생존이 위협을 받게 되는데 이를 타개해 나아가기 위한 몇 가지 피해자 대책을 한국 상황을 중심으로 제시하면 다음과 같다.

1. 사고 예방대책의 수립

교통사고 피해자를 위한 대책 중 가장 먼저 선행되어야 할 것이 있다면 사고요인을 감소시키기 위한 사고 예방대책이라고 볼 것이다. 도로조건을 개선하고 교통표지판과 신호등과 같은 교통안전시설을 보완하는 등 물리적 환경의 개선, 안전운전을 위한 운전자에 대한 교통법규 준수 교육, 교통법규 위반자에 대한 단속 강화 등이 바로 그러한 대책에 해당한다고 할 수 있다. 하지만 국가나 지방자치단체 및 유관기관의 각종 사고예방을 위한 시책의 추진에도 불구하고 교통사고와 자동차 관련 범죄가 끊이지 않고 있기 때문에 보다 적정한 피해자 대책이 요구되는 상황이다. 여기서는 교통사고 발생을 막기 위한 예방적 차원의 피해자 대책보다는 사고발생 이후 피해자 지원 차원의 피해자 대책에 중점을 두어 설명하기로 한다.[162]

2. 교통사고 조사의 공정성 확보

억울한 피해자가 발생하지 않기 위해서는 교통사고 피해조사가 공정하게 진행되도록 하여야 한다. 경찰청에서는 이를 위해 교통사고 조사지침을 수립하여 제시하고 있다. 즉, 표준화된 교통사고 처리체계를 구축하고, 전문성 있는 사고조사 경찰관을 배치하며, 피해자의 보호자를 동석시키고, 가해자는 물론 피해자도 자기의 과실을 축소·은폐하는 경향이 있기 때문에 주의하되 당사자들과 불필요한 언쟁을 하지 않도록 하며, 의문제기 시 충분히 납득할 수 있도록 설명해 주어야 하고, 사건처리에 상당한 기일이 소요되는 경우 수사상황·피의자 검거상황 및 처분상황·피해자의 물질적 피해회복을 위한 각종 제도 등에 대하여 정보를 제공해 주어야 하며, 많은 목격자를 확보함으로써 진실 발견에 노력하여야 한다는 것 등이다.[163]

3. 책임보험 제도 시행

교통사고 피해자들에 대한 물질적 지원을 위하여 「자동차손해배상보장법」을 제정하여 자동차보유자로 하여금 사고 피해자에 대한 최소한의 인적·물적 손해배상을 할 수 있도록 책임보험 가입을 의무화하고 있다. 또한 피해자가 사망하거나 부상한 경우에는 피해자에게 책임보험 등의 배상책임한도를 초과하여 일정 금액을 지급할 수 있도록 「보험업법」에 따른 보험이나 「여객자동차 운수사업법」, 「화물자동차 운수사업법」 및 「건설기계관리법」에 따른 공제에 가입하도록 하고 있다(자동차손해배상보장법 제5조 제1항 내지 제3항).164) 이에 따라 자동차 보유자를 알 수 없는 자동차 및 보험에 가입하지 않은 자동차의 운행으로 사망하거나 부상한 피해자에 대하여는 피해자의 청구가 있는 때에는 그 청구에 따라, 피해자의 청구가 없는 때에는 정부가 직권으로 조사하여 책임보험의 보험금 한도에서 피해자가 입은 손해를 보상하도록 하고 있다(자동차손해배상보장법 제30조).165)

아울러 도난당한 자동차로 사고를 당한 피해자의 경우에도 위 책임보험 제도를 통해 보상을 받을 수 있도록 하고 있는데, 사망 시는 최저 2,000만 원 이상에서 최고 1억 5,000만 원까지, 부상의 경우에는 상해 등급에 따라 최고 3,000만 원(1급)에서 최저 50만 원(14급), 후유장애의 경우 장해급수에 따라 최고 1억 5,000만 원(1급)에서 최저 1,000만 원(14급)까지 지급하도록 하고 있다(자동차손해배상보장법 시행령 제3조 제1항 2호, 3호, 대통령령 제31105호, 2020.10.8. 시행).

상해 1급의 경우의 예를 보면 뇌손상으로 신경학적 증상이 고도인 상해로서 신경학적 증상이 48시간 이상 지속되는 경우, 양안 안구 파열로 안구 적출술 또는 안구내용 제거술과 의안 삽입술을 시행한 상해, 심장파열로 수술을 시행한 상해, 척추손상으로 완전 사지마비 또는 완전 하반신마비를 동반한 상해 등이 있다. 후유장애 1급의 예를 들면 두 눈의 실명, 말하는 기능과 음식물 씹는 기능의 상실, 신경계통의 기능 또는 정신기능에 뚜렷한 장애가 남아 항상 보호가 필요한 사람, 반신불수가 된 사람, 두 팔을 완전히 사용 못하게 된 사람 등이 그 예이다.

보상신청을 위해 제출해야 할 서류로는 ① 경찰서에서 발행한 '교통사고 사실확인서', ② 피해자의 진단서 및 치료비 영수증, ③ 피해자의 주민등록등본 또는 호적등본, ④ 피해자 본인 또는 보상금 청구자의 인감증명서, ⑤ 기타 손해액 입증에 필요한 서류 등이다. 이러한 서류는 피해사실을 안 날로부터 2년 이내에 청구해야 한다. 자세한 사항은 각 화재보험사 보상서비스 센터에 문의해서 안내 받을 수 있다.166)

4. 취약한 피해자에 대한 정부 지원

정부는 자동차의 운행으로 인한 사망자나 중증 후유장애인의 유자녀 및 피부양가족이 경제적으로 어려워 생계가 곤란하거나 학업을 중단하여야 하는 문제 등을 해결하고 그들의 재활을 돕기 위한 지원을 하고 있는바, 중증후유장애인에 대하여는 재활시설을 이용하거나 그 밖에 요양을 하기 위해 필요한 재활보조금을 월 20만 원까지, 장학금은 분기별 30만 원까지 지원할 수 있도록 하고 있다. 또한 교통사고로 사망한 피해자의 유자녀에게는 월 15만 원의 생활자금 무이자 대출과 월 6만원의 자립지원금, 그리고 분기별로 30만 원에 이르는 장학금을 지급할 수 있으며, 피부양가족에게는 월 20만 원의 보조금을 지급할 수 있도록 하고 있다(자동차손해배상보장법 시행령 제22조 제2항).167)

5. 손해배상 가불금 제도

피해자에 따라서는 보험회사가 보험금을 지급하기까지 많은 시일이 소요되기 때문에 경제적 피해가 심화될 수 있다. 이때 피해자는 보험회사를 상대로 가불금 지급을 청구할 수 있도록 하고 있는데 이에 관한 정보 제공을 피해자에게 해 주어야 한다. 자동차손해배상보장법 제11조는 피해자에 대한 가불금 제도를 규정하고 있는데, '보험가입자 등이 자동차의 운행으로 다른 사람을 사망하게 하거나 부상하게 한 경우에는 피해자는 대통령령으로 정하는 바에 따라 보험회사 등에게 자동차보험진료수가에 대하여는 그 전액을, 그 외의 보험금 등에 대하여는 대통령령으로 정한 금액을 제10조에 따른 보험금 등을 지급하기 위한 가불금(假拂金)으로 지급할 것을 청구할 수 있다'고 한 것이 바로 그것이다. 가불금액은 사망의 경우 1억 5천만 원, 부상한 경우 최고 3천만 원, 후유장애가 있는 경우 최고 1억 5천만 원까지 각각 지급받을 수 있다(자동차손해배상보장법 시행령 제10조).

제8장 국가범죄 피해자

제1절 국가범죄 피해에 대한 정의

국가범죄로 인한 피해는 그 범위가 광역적이고 지속적으로 진행될 수 있지만 정작 피해자들은 그 피해가 어디에서 비롯되었는지조차 인식하지 못하는 경우가 많다. 반면, 현대 사회에서 국가의 기능과 역할이 매우 확장되고 있어서 국가기관의 작위, 부작위로 인한 범죄피해나 인권침해의 가능성도 늘어나고 있기에 국가범죄 피해에 대해서 관심을 가질 필요가 있다.

국가범죄 피해를 한마디로 정의하기란 어려운 문제이다. 피해자화 이론에 활용되는 종래의 일상활동 이론, 탈선장소 이론, 생활양식 이론 등을 이용하여 국가범죄 피해를 설명하는 것에는 한계가 있는 것이다. 그것은 일반 범죄와 구별되는 국가범죄 특유의 특성 때문이다.

그럼에도 불구하고 국가범죄 피해를 정의하고자 한다면 아래와 같이 법률위반 차원, 사회해악 차원, 인권침해 또는 권력남용 차원과 같이 크게 3가지 측면에서 생각해 볼 수 있을 것이다.

1. 법률위반 차원의 접근

국가범죄 피해를 법률위반 차원에서 정의할 수 있다. 즉, 국가범죄 피해란 국가 혹은 국가를 대표하는 공무원이 국내법이나 국제법규를 위반하여 범죄 행위를 했을 때 그 행위로 인하여 피해를 입게 된 개인이나 집단을 국가범죄 피해자라고 보는 것이다.

하지만 반민주적이고 독재적인 정치체제하에서는 반인륜적, 반인권적 법률을 생산할 수 있기 때문에 합법적 법집행이라고 표방한 행위 자체가 사후에 국가범죄가 될 수 있다. 비판범죄학자들이 '법'을 피지배층을 통제하면서도 지배권력의 이익에 봉사하는 '도구'에 불과할 뿐이라고 비난하는 이유가 바로 여기에 있다.[168] 따라서 국가범죄

피해를 법률위반 차원에서 올바르게 정의하고자 한다면, 국내에서 제정된 법이나 혹은 국제적으로 승인된 국제규범의 제정절차가 민주적으로 정당하고, 실질적 정의에 부합하는 내용을 가져야 한다는 전제가 필요하다.

2. 사회적 해악 차원의 접근

사회적 해악 차원에서 국가범죄를 접근하면, 법률위반 차원에서 국가범죄를 접근하는 것보다 그 인정범위가 확대될 수 있다. 국가의 여러 가지 정책으로 인해 사회구성원들이 본인의 의사에 반해 신체적, 경제적, 심리적, 문화적 타격을 입는다면 이를 사회적 해악을 끼친 국가범죄라고 볼 수 있기 때문이다.

국가의 잘못된 정책결정 때문에 생겨나는 사회적 해악에는 여러 가지가 있을 것이다. 예를 들면 국가의 정책실패로 수많은 사람이 기아상태에 처하는 경우, 의료정책의 실패로 인해 치료가 가능한 환자들을 치료하지 못한 채 방치하는 상황이 초래된 경우, 경제정책의 실패로 원하지 않는 곳으로 주민들을 이주시키는 경우 등이 바로 그것이다. 따라서 법률위반 차원의 접근을 통해서는 피해자라고 볼 수 없는 사람들도 사회적 해악 차원에서 접근하게 되면 국가의 작위·부작위 행위로 인해 직접적·간접적으로 피해를 입는 자들을 모두 국가범죄 피해자라고 볼 수 있게 된다.169)

하지만 사회적 해악 차원에서 국가범죄 피해를 정의하려는 입장에 서더라도 범죄를 존재론적인 실제라고 보기보다는, 광범위한 권력적 이슈를 선점하고 정치경제적 이익수호를 위해 국가가 주관적으로 정의하는 것이라고 보는 입장에서는 권력을 가진 자의 범죄 행위나 사회적으로 유해한 행동들도 범죄로 규정되기 어려울 수 있다. 심각한 해를 입힐 수 있는 행위조차도 국내 형법에 포함시키지 않거나 사회적 해악의 범위에서 배제할 수 있는 것이다.

3. 인권침해 또는 권력남용 차원의 접근

법률에 위반되지 않고, 사회에 해악을 가하지 않으면서도 한 개인에게 심각한 인권침해를 가할 수 있는 국가 차원의 작위 혹은 부작위 행위가 있을 수 있다. 피해자를 조사하는 수사관이 피해자의 인격을 능멸하거나, 피해자에게 마땅히 제공되어야 할 필수적 정보를 별다른 이유 없이 제공하지 않는 경우가 그 한 예일 것이다. 피해자를 존중하는 태도를 갖지 못하거나, 피해자에게 적절한 정보제공을 하지 않는 것을 범죄로 규정하기도 어려우며, 외견상 사회적 해악을 끼치는 행위로 포착하기도 쉽지 않은 것이다. 그래서 법률위반 차원의 접근과 사회해악 차원의 접근으로는 피해자로 규정할 수 없는 영역에 인권침해적 차원의 접근이 필요하다.

일찍이 초기 피해자학자들은 ① 일반적 피해자학(general victimology)을 통해 범죄 피해자뿐만 아니라 자연재해 피해자까지를 포괄하는 최광의의 피해자 개념을 제시했는가 하면, ② 특수 피해자학(special victimology)을 통해 오로지 법률에 의해 범죄라고 규정된 행위로 피해를 입는 자만을 피해자라고 보는 협의의 피해자 개념을 제시하였는데, 이후 ③ 법률위반으로 인한 범죄피해자 개념 외에 인권침해와 권력남용(human rights and abuse of power)으로 인한 피해자도 피해자학의 고찰 대상이 되어야 한다는 광의적 피해자 개념도 등장하였다. 자연재해까지를 피해자 개념에 포함시키는 최광의 개념으로 국가범죄 피해를 설명하기에는 무리가 있지만, 법률상 범죄로 인한 피해자뿐만 아니라 인권침해나 권력남용으로 인한 피해자도 국가범죄 피해자의 범주에 포함시켜 이해하는 광의적 개념이 피해자보호를 위해 타당하다고 볼 것이다.

1985년에 공포된 유엔의 '범죄 및 권력남용 피해자를 위한 정의에 관한 기본원칙 선언'은 피해자를 '범죄피해자(victim of crime)'와 '권력남용 피해자(victims of abuse of power)'로 구분하고 있다. 이 선언에 따르면 범죄피해자는 특정 국가의 실정 형법을 위반한 행위로 피해를 입은 자를 지칭하고, 권력남용 피해자는 실정 형법상 범죄를 구성하지 않지만 국제적으로 통용되는 인권규범을 침해하는 작위·부작위 행위로 신체적, 정신적, 정서적, 경제적 피해를 입은 개인이나 집단을 뜻한다고 밝히고 있다.170) 국가범죄 피해자는 바로 이러한 UN Declaration의 권력남용 피해자의 정의에 포함시켜 이해할 수 있다.

제2절 국가범죄 피해의 특성

1. 피해범위의 확장성

국가범죄는 그 가해행위가 전국 단위로 자행될 수 있는 광범성을 지니고 있기에 그 피해 범위도 크게 확장되는 성질이 있다. 독재국가에서는 반인권적 입법과 그를 토대로 한 법집행으로 말미암아 전 국민의 인권이 위법·부당하게 제약될 수 있기 때문에 전 국민이 피해자로 될 수 있고,171) 독재적인 정치권력에 의해 경찰, 검찰은 물론이고 법원도 부당하게 영향을 받기가 쉬워 구조적으로 많은 국가범죄 피해자가 양산될 가능성이 있다.172)

2. 피해상황의 지속성

국가기관의 행위가 위법한 권한행사로 밝혀지더라도 그 위법성을 법정에서 입증하기 까지는 오랜 시간이 소요된다. 피해자가 국가기관의 위법한 활동에 대하여 증거를 수집하기가 용이하지 않기에 수사기관이 적극적으로 수사를 하지 않거나, 법원이 실체적 진실을 밝히고자 하는 강력한 의지가 없는 한 피해자는 피해회복을 제때에 하지 못하고 피해상황이 지속되는 가운데 고통을 당하게 되는 것이다. 때로는 국가 안전보장, 질서유지라는 명목으로 국가폭력이 쉽게 정당화될 수 있기 때문에 위법한 국가작용에 대한 구제가 쉽지 않은 점도 피해상황 지속의 한 원인이 된다.173)

3. 책임의 분산과 희석

국가범죄의 가해자들은 자신은 상사의 명령에 따라 직무에 성실히 임했을 뿐 자신의 행동이 위법하다고 생각하지 않는 경우가 많다. 즉, 자신의 행동에 대한 법적 책임의식이 희박한 것이다. 공직자의 어떠한 위법행동이 집단으로 수행될 때 이처럼 개인의 책임의식은 약화되고 희석되기 쉽다. 아울러 국가범죄에 대한 법적 책임 추궁이 어려운 이유는 일반 시민의 무관심이다.[174] 특정 국가정책이 사회적 해악을 유발한 경우 그 책임소재를 가려내기 어려운 점도 시민의 무관심을 불러일으키는 한 요인이 된다.

4. 이중적 정의체계의 활용 가능성

국가는 사회구성원들에 의해 발생한 범죄를 통제하는 과정에서 이중적 정의체계를 활용할 가능성이 있다. 화이트칼라 계층이라든지 정치권력자나 경제권력자들에 의해 범해지는 범죄가 현존 사회질서를 크게 위협한다고 여겨지지 않는 한 살인, 강도, 절도, 사기와 같이 국가기관이 범죄관리의 지표로 삼고 있는 범죄 행위에 비해 관대하게 처리될 소지가 있는 것이다. 사법 민주주의가 충분히 성숙되지 못한 사회일수록 이 성향은 더욱 강하게 나타날 수 있다. 이러한 사회에서는 법관도 어떤 범죄자를 중하게 처벌하고 어떤 범죄자를 관대하게 처벌할 것인지에 대하여 이중적 기준을 가지고 판단을 내리기 쉽다.[175]

5. 비가시성과 은폐성

일반인이 왕래하는 공공장소에서 경찰이 위법, 부당하게 물리력을 행사하는 것처럼 가시적인 국가범죄도 종종 발생하지만 상당 부분의 국가범죄는 외부에 잘 드러나지 않는 것이 보통이다. 내부적으로 서류나 장부를 조작하기가 쉽고, 다양한 홍보와 선전을 통해 여론을 조작함으로써 범행을 은폐할 수 있는 것이다.[176] 그것은 일반 시민의 경우 국가기관이 처리하고 관리하는 제반 정보에 쉽게 접근하기 어렵다는 점 때문이기도 하지만 법을 실행하고 판단하는 데 있어서 합법적 절차를 경유하였기에 아무 문제가 없는 것으로 포장될 수 있기 때문이기도 하다. 법집행에 있어서 일정한 법적 절차가 존재하더라도 이 규칙의 내용을 실행하는 과정에서 실질적 불평등이 야기될 수 있는 것인데 마치 아무런 문제가 없는 것처럼 위장될 수 있다.[177]

제3절 국가범죄 피해의 유형

국가기관의 범죄 혹은 권력남용에 의한 피해의 대표적인 유형을 든다면 국내 정치권력에 의한 피해, 일반 국가 공권력에 의한 피해로 대별할 수 있겠다.

첫째, 국내 정치권력에 의한 범죄 혹은 권력남용에 의한 피해는 특정 국가의 국력과 정치발전 정도에 따라 그 피해의 수준과 범위가 영향을 받는다고 볼 수 있다. 국내 정치권력 남용의 예는 ① 1975~1979년 사이에 캄보디아의 폴 포트(Pol Pot)가 이끄는 크메르 루즈(Khmer Rouge)가 극단적인 공산주의를 내세우면서 기업인, 유학생, 부유층, 구정권의 관계자 등을 반동분자로 몰아 총 인구 800만 중 무려 170~200만 명 가량의 주민을 학살한 사건,[178] ② 1894년 프랑스 포병 대위 알프레드 드레퓌스(Alfred Dreyfus)가 독일대사관에 군사정보를 팔았다는 혐의로 체포되어 비공개 군법회의에서 종신유형의 판결을 받았으나, 여기에는 군부가 패전의 책임을 면하기 위해 유대인인 그를 희생양으로 삼고자 했던 동기가 숨어 있었으며, 군 수뇌부가 진상 발표를 거부하고 사건을 은폐하려 하였지만 결국 재심(再審)을 통해 무죄로 석방된 사건,[179] ③ 1974년 4월 한국의 전국민주청년학생총연맹(이하 민청학련)의 관련자 180여 명이 국가를 전복시키고 공산정권 수립을 추진했다는 혐의를 받아 23명이 구속, 기소되어 그중 8명에 대하여 대법원 상고가 기각된 지 하루가 지나지 않아 사형이 집행되고 나머지 인혁당 재건위 관련자들에게도 중형이 선고된 사건으로서, 2005년 국가정보원 과거사건 진실규명을 통한 발전위원회는 이 민청학련 사건에 대한 재조사를 통해 학생들의 반정부 시위를 인민혁명 시도로 왜곡한 학생운동 탄압사건이라고 발표했고, 2010년 대법원은 민청학련 사건 관련자들에 대한 재심에서 무죄를 선고한 사례 등을 들 수 있다.[180]

둘째, 국가의 일반 공권력 남용에 의한 피해의 경우이다. 이러한 공권력 남용은 일반 시민이 헌법에 근거하여 향유할 수 있는 양심의 자유, 언론·출판·집회·결사의 자유, 신체의 자유 등을 국가기관이 위법·부당하게 침해하는 경우를 들 수 있다. 예를 들면 수사와 기소 및 재판 과정에서 법해석 및 법적용을 그르쳐 무고한 시민에게 피해를 가하는 경우, 뇌물 등을 받고 법집행을 하지 않거나 지연시키는 경우 또는 진실을 왜곡하거나 사건을 불공정하게 처리하는 경우 등을 들 수 있다. 이러한 권력남용 행위의 경우 상당부분 현행 형사법상 범죄로 규정해 통제를 가하고 있으나 그러한 통제를 피해가는 사각지대가 있을 수 있고, 사후적 구제에만 의존해야 하며, 구제절차에 상당한 시간과 비용이 소요된다는 폐단이 있다.[181]

제4절 국가범죄 피해자의 보호 및 구제

UN Declaration은 권력남용 피해자 보호를 위하여 세계 각국이 자국법령에 권력남용 행위의 유형을 규정하고 권력남용에 따른 피해가 있을 때에는 구제수단을 강구해야 함을 강조하고 있다. 특히 그 구제수단에는 가해자의 손해배상, 국가의 보상금 지급, 피해자에게 필요한 물질적·의료적·심리학적·사회적 지원이 포함되어야 한다고 하였다.[182] 이것은 법의 사각지대에 놓여 있는 음성적 권력남용 행위를 노출시켜 사법적·행정적 통제가 가해지도록 형사법령 혹은 행정법령에 통제장치를 두어야 함을 의미한다.[183]

이와 더불어 UN Declaration은 권력남용 피해자 보호대책에 관하여 각 나라별로 다자간 국제협약 체결을 위한 협상의 필요성을 제기하고 있으며, 세계 각국이 정치적·사회적 환경변화에 책임 있게 대응함과 동시에 현존하는 법령이 권력남용의 길을 터주고 있는 것은 아닌지 검토를 해 보아야 한다는 것과, 만일 결함이 있다면 심각한 정치적·경제적 권력남용 행위를 규제할 수 있는 입법을 추진해야 한다는 것, 권력남용 행위를 사전에 예방할 수 있는 정책의 개발과 행정 메커니즘의 개선이 이뤄져야 한다는 것, 그리고 권력남용 피해자가 손쉽게 활용할 수 있는 구제제도를 마련하여야 한다는 것 등을 명시하고 있다.184)

정치권력 남용을 통한 국가범죄 방지를 위해서는 선거권 행사를 통한 국민의 직접통제가 있는가 하면, 국정감사권 발동, 탄핵소추, 국회 대정부 질문, 청문회 개최 등과 같이 국민의 대표기관인 국회에 의한 정치적 통제가 있을 수 있다. 그러나 이러한 것들은 주로 사후적 통제로서의 한계가 있기 때문에 NGO에 의한 감시, 언론에 의한 통제 등과 함께 결합시켜 시민이 주축이 된 사회운동 또는 피해자보호운동에 의한 정치적 통제가 함께 수반될 필요가 있다.185)

국가의 일반 공권력에 의한 범죄 및 권력남용은 주로 형사사법기관이 문제가 되므로 형사사법기관의 공권력 남용 통제 차원의 문제로 접근해야 한다. 형사사법기관의 권력남용과 관련하여서는 경찰과 검찰의 상호견제 기능을 통해 내사권 및 수사권을 통제하는 방안이 제시될 수 있고, 검찰의 공소권 남용을 통제하는 방안으로서는 검찰의 기소 여부 결정에 시민대표가 참여할 수 있도록 일본의 검찰심사회에 준하는 기소심의기구를 운영하는 방안이 거론될 수 있으며, 법원의 자의적 사법판단의 통제를 위해 판사의 부패범죄에 대해서는 가중처벌을 하거나, 법원의 판결에도 특정한 경우 헌법소원 심판청구가 가능하게 하는 방안 등을 검토해 볼 수 있을 것이다.186)

제3편 참고문헌

1) Daigle, L.E., & Muftic, L.R., Victimology, Sage, 2020, p.126.

2) Daigle, L.E., & Muftic, L.R., 위의 책, p.126.

3) Daigle, L.E., & Muftic, L.R., 위의 책, p.128.

4) MBC 뉴스 보도 (2016.3.12).

5) Heide, K.M., Patricide and steppatricide victims and offenders: An empirical analysis of US arrest data. *International Journal of Offender Therapy and Comparative Criminology*, 58, 2013, pp.1261-1278.

6) https://m.post.naver.com/viewer/postView.nhn?volumeNo=20795006&memberNo=3830854&vType=VERTICAL(2020.10.5. 검색)

7) Daigle, L.E., & Muftic, L.R., 앞의 책, p.137.

8) Daigle, L.E., & Muftic, L.R., 위의 책, p.137

9) Daigle, L.E., & Muftic, L.R., 위의 책, p.140.

10) 오윤성, 범죄 그 심리를 말하다. 박영사, 2016, pp.337-342.

11) Muftic, L.R., & Moreno, R.D., Juvenile homicide victims: Differences and similarities by gender, *Youth Violence and Juvenile Jistice: An Interdisciplinary Journal* 8(4), 2010, pp.386-398.

12) 대검찰청, 범죄분석, 2019, p.42(https://www.spo.go.kr/site/spo/crimeAnalysis.do#n, 2020.10.5. 검색)

13) Daigle, L.E., & Muftic, L.R., 앞의 책, p.136.

14) 대검찰청, 범죄분석, 2019, p.42(https://www.spo.go.kr/site/spo/crimeAnalysis.do#n, 2020.10.5. 검색)

15) Levitt., S.D., The limited role of changing age structure in explaining aggregate crime rates. Criminology, 37(3), 1999, pp.581-598.

16) https://www.spo.go.kr/site/spo/crimeAnalysis.do#n, 2020.10.5. 검색.

17) Daigle, L.E., & Muftic, L.R., 앞의 책, p.135.

18) Daigle, L.E., & Muftic, L.R., 위의 책, p.136.

19) 대검찰청, 범죄분석, 2019, p.68(https://www.spo.go.kr/site/spo/crimeAnalysis.do#n, 2020.10.5. 검색)

20) Daigle, L.E., & Muftic, L.R., 앞의 책, p.136.

21) 대검찰청, 범죄분석, 2019, p.11(https://www.spo.go.kr/site/spo/crimeAnalysis.do#n, 2020.10.5. 검색)

22) Daigle, L.E., & Muftic, L.R., 앞의 책, p.136.

23) 대검찰청, 범죄분석, 2019, p.68(https://www.spo.go.kr/site/spo/crimeAnalysis.do#n, 2020.10.5. 검색)

24) Muftic, L.R., & Hunt, D.E., Victim precipitation: Further understanding the linkage between victimization and offending in homicide. *Homicide Studies*, 17, 2013, pp.239-254.

25) Luckenbill, D.F., Criminal homicide as a situated transaction. *Social Problems*, 25(2), 1977, pp.17-35.

26) Morrall, P. et al., Homicide and its effect on secondary victims: Peter Morrall and colleagues discuss the impact of violent crime on the families, friends and associates of

its victims, and the potential forensic role of mental health nurses. *Mental Health Practice*, 15(3), 2011, pp.14-19.

27) Daigle, L.E., & Muftic, L.R., 앞의 책, p.146.

28) Daigle, L.E., & Muftic, L.R., 위의 책, p.147.

29) Rosenfeld, R., et al., Did Ceasefire, Compstat, and Exile reduce homicide? *Criminology and Public Policy*, 4(3), 2005, pp.419-449

30) Pyrooze, D.C., Wolfe, S.E., & Spohn, C. Gang-related homicide charging decisions: The implementation of a specialized prosecution unit in Los Angeles. *Criminal Justice Policy Review*, 22(1), 2011, pp.3-26.

31) 대검찰청, 범죄분석, 2019, p.6(https://www.spo.go.kr/site/spo/crimeAnalysis.do#n, 2020.10.5. 검색).

32) Daigle, L.E., & Muftic, L.R., 앞의 책, pp.147-148.

33) Daigle, L.E., & Muftic, L.R., 위의 책, p.148.

34) Daigle, L.E., & Muftic, L.R., 위의 책, p.149.

35) Umbreit, M.S., Coate, R.B., & Vos, B., Victim-offender mediation: Three decades of practice and research. *Conflict Resolution Quarterly*, 22(1-2), 2004, pp.279-303.

36) Daigle, L.E., & Muftic, L.R., 앞의 책, p.155.

37) Daigle, L.2E., & Muftic, L.R., 위의 책, p.155.

38) Fisher, B.S., & Cullen, F.T., Measuring the sexual victimization of women: Evolution, current controversies, and future research. In D. Duffee (Ed.), *Criminal justice 2000: Measurement and analysis of crime and justice* [Vol. 4., pp.317-390]. Washington, DC: National Institute of Justice. 2000.

39) 대판 2002.7.12., 2002도 2029.

40) Daigle, L.E., & Muftic, L.R., 앞의 책, p.158.

41) Daigle, L.E., & Muftic, L.R., 위의 책, p.158.

42) Daigle, L.E., & Muftic, L.R., 위의 책, p.172.

43) Tjaden, P., & Thonnes, N., Prevalence and consequences of male-to-female and female-to-male intimate partner violence as measured by the National Violence Against Women Survey. *Violence Against Women*, 6, 2006, pp.142-161.

44) 대검찰청, 범죄분석, 2019, p.578.

45) Rennison, C.M, *Criminal victimization in1998: Changes 1997-1998 with trends 1993-1998.* Washington, DC: Bureau of Justice Statistics, 1999.

46) Planty, M., et al., *Female victims of sexual violence, 1994-2010[Report No. NCJ 240665].* Washington, DC: Bureau of Justice Statistics, U.S. Department of Justice, 2013.

47) 대검찰청, 범죄분석, 2019, p.398.

48) Daigle, L.E., & Muftic, L.R., 앞의 책, p.163.

49) Daigle, L.E., & Muftic, L.R., 위의 책, p.163.

50) Soler-Baillo, J.M., Marx, B.P., & Sloan, D.M., The psychophysiological correlates of risk recognition among victims and non-victims of sexual assault. *Behaviour Research and Therapy*, 43(2), 2005, pp.169-181.

51) Koss, M.P., *Hidden rape.* In A. W. Burgess[Ed.], Rape and sexual assault [pp.3-25]. New York, NY: Garland. 1988.

52) Fisher, B.S., Cullen, F.T., & Turner, M.G. *The extent and nature of sexual victimization among college women: A national level analysis: Final report.* Washington, DC: U.S. Department of Justice, National Institute of Justice, 1998.

53) Daigle, L.E., & Muftic, L.R., 앞의 책, p.166.

54) Rennison, C.M., *Criminal victimization 2001: Changes 2000-2001 with trends 1993-2001.* Washington, DC: U.S. Government Pringting Office.

55) Daigle, L.E., & Muftic, L.R., 앞의 책, p.167.

56) Ullman, S.E., A 10-year update of "Review and critique of empirical studies of rape avoidance." *Criminal Justice and Behavior*, 34, 2007, pp.240-246.

57) Clay-Warner, J., Avoiding rape: The effects of situational factors on rape. *Violence and Victims*, 17, 2002, pp.691-705.

58) Fisher, B.S., Daigle, L.E., Cullen, F.T., & Santana, S.A., Assessing the efficacy of the protective action-sexual victimization completion nexus. *Violence and Victims*, 22, 2007, pp.18-42.

59) Galliano, G., Noble, L.M., Travis L.A., & Puechl, C., Victim reactions during rape/sexual assault: A preliminary study of the immobility response and its correlates. *Journal of Interpersonal Violence*, 8(1), 1993, pp.109-114.

60) Daigle, L.E., & Muftic, L.R., 앞의 책, p.169.

61) Maltz, W., *The sexual healing journey: A guide for survivors of sexual abuse.* New York, NY: Harper Collins. 2001.

62) Miller, T.R., et al., *Victim costs and consequences: A new look. Washington*, DC: United States National Institute of Justice. 1996.

63) Breitenbecher, K.H., Sexual assault on college campuses: Is an ounce of prevention enough? *Applied and Preventative Psaychology*, 9, 2001, pp.23-52.

64) Daigle, L.E., & Muftic, L.R., 앞의 책, p.170.

65) Daigle, L.E., & Muftic, L.R., 위의 책, p.174.

66) Campbell, R., et al., The effectiveness of sexual assault nurse examiner [sane] programs: A review of the psychological, medical, legal, and community outcomes. *Trauma, Violence, and Abuse*, 6, 2005, pp.313-329.

67) Daigle, L.E., & Muftic, L.R., 앞의 책, p.174.

68) Daigle, L.E., & Muftic, L.R., 위의 책, p.176.

69) Spohn, C., & Holleran, D., Prosecuting sexual assault: A comparison of charging decisions in sexual assault cases involving strangers, acquaintances, and intimate partners. *Justice Quarterly*, 18(3), pp.651-688.

70) Daigle, L.E., & Muftic, L.R., 앞의 책, p.180.

71) Daigle, L.E., & Muftic, L.R., 위의 책, p.180.

72) Daigle, L.E., & Muftic, L.R., 위의 책, p.180

73) Daigle, L.E., & Muftic, L.R., 위의 책, p.188.

74) Roberts, A.R., (edt.), *Handbook of Domestic Violence Intervention Strategies*, Oxford, 2002, pp.23-24.

75) Daigle, L.E., & Muftic, L.R., 앞의 책, p.187.

76) Daigle, L.E., & Muftic, L.R., 위의 책, p.187.

77) Daigle, L.E., & Muftic, L.R., 위의 책, p.196.

78) Stets, J., & Straus. M., *Gender differences in reporting marital violence and its medical and psychological consequences.* In M. Straus & R. Gelles [Eds.]] Physical violence in American families [pp.227-244]. New Brunswick, NJ: Transaction. 1990; 레아 196.

79) Yllo, K.A., & Straus, M.A., *Patriarchy and violence against wives: The impact of structural and normative factors.* In M.A. Straus & R.J. Gelles [Eds.], Physical violence in American

families [pp.383-389]. New Brunswick, NJ: Transaction. 1990.

80) Sugarman, D.B., & Frankel, S.L., Patriarchal ideology and wife-assault: A meta-analytic review. *Journal of Family Violence*, 11, 1996, pp.13-40.

81) Daigle, L.E., & Muftic, L.R., 앞의 책, p.197.

82) Riggs, D.S., Caulfield, M.B., & Street, A.E., Risk for domestic violence: Factors associated with perpetration and victimization. *Journal of Clinical Psychology*, 56, 2000, pp.1289-1316.

83) Widom, C.S., et al., Child abuse and neglect and intimate partner violence victimization and perpetration: A prospective investigation. *Child Abuse & Neglect*, 38, 2014, pp.650-663.

84) Foshee, V.A., et al., Family violence and perpetration of adolescent dating violence: Examining social learning and social control processes, *Journal of Marriage and the Family*, 61, 1999; pp.331-343.

85) Smith, D., Disability, gender, and intimate partner violence: Relationships from the behavioral risk factor surveillance system. *Sexuality and Disability*, 26, 2008, pp.15-28.

86) Wright, E.M., & Benson, M.L., Clarifying the effects of neighbourhood context on violence behind closed doors. *Justice Quarterly*, 28, 2011, pp.775-798.

87) Daigle, L.E., & Muftic, L.R., 앞의 책, p.198.

88) Carbone-Lopez, K., & Kruttschnitt, C., Risky relationships? Assortative mating and women's experiences of intimate partner violence. *Crime and Delinquency*, 56, 2010, pp.358-384.

89) Daigle, L.E., & Muftic, L.R., 앞의 책, p.198.

90) Rand, M.R., *Violence-related injuries treated in hospital emergency departments* [special report] Washington, DC: Bureau of Justice Statistics. 1997.

91) Berios, D.C., & Grady, D., Domestic violence: Risk factors and outcomes, *Western Journal of Medicine*, 155, 1991, pp.133-135.

92) Catalano, S., *Intimate partner violence: Attributes of victimization*, 1992-2011 [report No. NCJ 243300] Washington, DC: U.S. Department of Justice, Bureau of Justice Statistics, 2013.

93) Coker, A.L., et al. Social support protects against the negative effects of partner violence on mental health. *Journal of Women's Health & Gender-Based Medicine*, 5, 2002, pp.465-476.

94) Daigle, L.E., & Muftic, L.R., 앞의 책, p.200.

95) Cattaneo, L.B., & Goodman, L.A., *Risk factors for reabouse in intimate partner violence: A cross-disciplinary critical review. Trauma, Violence and Abuse: A Review Journal*, 2005; pp.141-175.

96) Taylor, B.G., Davis, R.C., & Maxwell, C.D., The effects of a group batterer treatment program in Brooklyn, *Justice Quarterly*, 18, 2001, pp.170-201.

97) Walker, L.E., *The battered woman*. New York, NY: Harpe & Row, 1979.

98) Kanno, H., & Newhill, C. Social workers and battered women: The need to study client violence in the domestic field. Journal of Aggression, *Maltreatment and Trauma*, 18, 2009, pp.46-63.

99) Daigle, L.E., & Muftic, L.R., 앞의 책, p.202.

100) Daigle, L.E., & Muftic, L.R., 위의 책, p.202.

101) Maxwell, C., Garner, J., & Fagen, J. *The effects of arrest on intimate partner violence: New evidence from the Spouse Assault Replication program.* Washington, DC: National Institute of Justice. 2001.

102) Payne, B.J., & Gainey, R.R., *Family violence and criminal justice: A life-course approach* [3rd ed.] Providence, NJ:Matthew Bender. 2009.

103) 경찰청, 경찰백서, 2020, p.107.

104) Garner, J., & Maxwell, C. Prosecution and conviction rates for intimate partner violence. *Criminal Justice Review*, 34, 2009, pp.44-79.

105) Davis, R.C., Smith, B.E., & Davies, H.J., Effects of no-drop prosecution of domestic violence upon conviction rates. *Justice Research and Policy*, 3, 2001, pp.1-13.

106) Bune, K.L., *Marital privilege law sends wrong message*. 2007.

107) Goldkamp, J.S., Weiland, D., Collins, M., & White, M., Role of drug and alcohol abuse in domestic violence and its treatment: Dade County's domestic violence experiment, appendices to the final reportl. Washington, DC:U.S. Department of Justice. 1996.

108) 대법원, 사법연감, 2020, p.1080.

109) Daigle, L.E., & Muftic, L.R., 앞의 책, p.205.

110) Daigle, L.E., & Muftic, L.R., 위의 책, pp.206-207.

111) Daigle, L.E., & Muftic, L.R., 위의 책, p.207.

112) Daigle, L.E., & Muftic, L.R., 위의 책, p.208.

113) 경찰청, 경찰백서, 2019, p.136.

114) Daigle, L.E., & Muftic, L.R., 앞의 책, p.213.

115) Saisan, J., Smith, M., & Segal, J., *Child abuse and neglect: Recognizing and preventing child abuse*. 2011.

116) Saisan, J., Smith, M., & Segal, J., 위의 책.

117) Daigle, L.E., & Muftic, L.R., 앞의 책, p.214.

118) Rycus, J., & Hughes, R., *Field guide to child welfare: placement and permanence* [vol. iv]. Washington, DC: Child Welfare League of America and Columbus, OH: Institute for Human Services. 1998.

119) Sedlak, A.J., et al, Fourth *National Incidence Study of child abuse and neglect* [NIS-4]: Report to Congress executive summary. Washington, DC:U.S. Department of Health and Human Services, Administration for Children and Families. 2010.

120) Sedlak et al, 위의 책, 2010; Margolin, L., Child abuse by mothers' boyfriends: Why the overrepresentation? *Child Abuse & Neglect*, 16, 1992, pp.541-551.

121) Guterman, N.B., & Lee, Y., The role of fathers in risk for physical child abuse and neglect: Possible pathways and unanswered questions. *Child Maltreatment*, 10, 2005. pp.136-149.

122) Afifi, T.O., & Brownridge, D.A., Physical abuse of children born to adolescent mothers: The continuation of the relationship into adult motherhood and the role of identity. In T.I. Richardson & M.V.Willians [Eds.] *Child abuse and violence* [pp.19-42]. Hauppauge, NY: Nova Science. 2008.

123) Daigle, L.E., & Muftic, L.R., 앞의 책, p.219.

124) U.S. National Library of Medicine, *Shaken baby syndrome*. Washington, DC: National Institutes of Health. 2011.

125) Child Welfare Information Gateway, *Long-term consequences of child abuse and neglect*. 2008a.

126) Bond, P.G., & Webb, J.R., *Child abuse, neglect, and maltreatment*. In B.S. Fisher & S.P. Lab. [Eds.] Encyclopedia of victimology and crime prevention [Vol.1. pp.75-83]. Thousand Oaks, CA:Sage. 2010; Browne, A., & Finkelhor, D., The impact of child sexual abuse: A review of the research. Psychological Bulletin, 99. 1986, pp.66-77.

127) Widom, C.S., Childhood victimization: Early adversity, later psychopathology. *National Institute of Justice Journal*, 2000, pp.2-9.

128) Daigle, L.E., & Muftic, L.R., 앞의 책, p.221.

129) Zielinski, D., Child maltreatment and adult socioeconomic well-being. *Child Abuse and Neglect*, 33(10), 2009, pp.666-678.

130) 아동학대범죄의 처벌 등에 관한 특례법 일부개정법률안(대안), 의안번호 7251, 2021.1.

131) Daigle, L.E., & Muftic, L.R., 앞의 책, pp.221-222.

132) Child Welfare Information Gateway, *Mandatory reporters of child abuse and neglect: Summary of state laws*, 2010.

133) Daigle, L.E., & Muftic, L.R., 앞의 책, p.222.

134) 경찰청, 경찰백서, 2019, p.136.

135) 경찰청, 경찰백서, 2020, p.115.

136) 경찰청, 경찰백서, 2019, p.136.

137) Daigle, L.E., & Muftic, L.R., 앞의 책, p.225.

138) Daigle, L.E., & Muftic, L.R., 위의 책, p.224.

139) Chon, S., *Carr v. United States[08-1301]*, Ithaca, NY: Legal Information Institute, Cornell University Law School. 2010.

140) National Center on Elder Abuse, *Why shoud I care about elder abuse?*, 2011;Daigle, L.E., & Muftic, L.R., 앞의 책, p.226.

141) Tatara T., et al., *National Elder Abuse Incidence Study: Final report.* Washington, DC: Adminiastration on Aging, U.S. Department of Health and Human Services, 1998; Lauman, E.I., et al., Elder mistreatment in the United States: Prevalence estimates from a nationally representative study. Journal of Gerontology, Social Sciences, 63, s248-s254.

142) Bonnie, R.J. & Wallace, R.B., *Elder mistreatment: Abuse, neglect and exploitation in aging America,* Washington, DC:National Academies Press. 2003.

143) Daigle, L.E., & Muftic, L.R., 앞의 책, p.232.

144) Daigle, L.E., & Muftic, L.R., 위의 책, pp.232-233.

145) 경찰청, 경찰백서, 2020, p.116.

146) 경찰청, 위의 책, pp.50-51.

147) 경찰청, 위의 책, pp.50-51.

148) 경찰청, 위의 책, p.52

149) Daigle, L.E., & Muftic, L.R., 앞의 책, p.268.

150) Daigle, L.E., & Muftic, L.R., 위의 책, p.268.

151) Laub, J.H., & Lauritsen, J.L., *The interdependence of school violence with neighborhood and family conditions.* In D.S. Elliott, B.A. Hamburg, & K.R. Williams [Eds.], Violence in American schools [pp.127-158]. New York, NY: Cambridge University Press. 1998.

152) Daigle, L.E., & Muftic, L.R., 앞의 책, p.269.

153) Daigle, L.E., & Muftic, L.R., 위의 책, p.270.

154) Musu-Gillette, L., et al., *Indicators of School Crime and Safety: 2017.* Washington, DC: U.S. Department of Education, U.S. Department of Justice, Office of Justice Programs. 2018.

155) Daigle, L.E., & Muftic, L.R., 앞의 책, p.271.

156) Espelage, D.L., & Swearer, S.M., Research on school bullying and victimization: What have we learned and where do we go from here? *School Psychology Review,* 32, 2003. pp.365-383.

157) 대검찰청, 검찰연감, 2019, pp.1380-1381.

158) Indicators of School Crime and Safety: 2017. Washington, DC: U.S. Department of Education, U.S. Department of Justice, Office of Justice Programs. 2018.

159) 경찰청, 경찰백서, 2020, p.53.

160) Daigle, L.E., & Muftic, L.R., 앞의 책, p.273.

161) 김재민(a), 피해자학, 청목출판사, 2016, pp.324-325. 필자의 저서에서 본문을 직접 인용함.

162) 김재민(a), 위의 책, p.325.

163) 경찰청, 경찰백서, 2020, pp.112-114; 김재민(a), 앞의 책, p.325.

164) 이러한 의무보험에 가입하지 않게 되면 300만 원 이하의 과태료 처분을 받게 된다(자동차손해배상보장법 제48조 제3항); 김재민(a), 앞의 책, p.326. 필자의 저서에서 본문을 직접 인용함.

165) 김재민(a), 위의 책, p.326.

166) 경찰청, 경찰백서, 2020, p.119; 김재민(a), 앞의 책, p.327. 필자의 저서에서 본문을 직접 인용함.

167) 김재민(a), 위의 책, p.327.

168) Rothe, D.L., Stage Crime in W. Chambliss (Ed.), *Key Issues in Crime and Punishment: Crime and Criminal Behavior*. Thousand Oaks, CA: Sage Publications, 2011, pp.213-24.

169) Dawn L. Rothe & David Kauzlarrich, *Towards a Victimology of State Crime*, Routledge, 2014, p.7.

170) Dussich, J. P. J. & Mundy, K. G. (edit.), *Raising the Global Standards for Victims: The Proposed Convention on Justice for Victims of Crime and Abuse of Power*, TIVI, 2008. p.187; 김재민(a), 앞의 책, p.328. 필자의 저서에서 본문을 직접 인용함.

171) 박기석, "국가폭력범죄와 피해자", 법학논총 제32집 제2호, 2012, p.321.

172) 김재민(m), 사법폭력 피해자 보호에 관한 소고, 경찰법연구 제17권 제3호, 2019, p.141. 필자의 저서에서 본문을 전부 인용함.

173) 김재민(m), 위의 논문, p.142. 필자의 저서에서 본문을 전부 인용함.

174) 이재승, 위의 책, 61면; 김재민(m), 앞의 논문, p.142.

175) 김재민(m), 위의 논문 p.143. 필자의 저서에서 본문을 전부 인용함.

176) 한인섭, "범죄와 권력남용 피해자의 피해 특성 및 피해자 구제", 법과 사회 12, 1995, p.63.

177) 심영희, 국가권력과 범죄통제, 한국학술정보(주), 2003, pp.95-108;김재민(m), 앞의 논문, p.144. 필자의 저서에서 본문을 전부 인용함.

178) 김재민(a), 앞의 책, p.330. 필자의 저서에서 본문을 직접 인용함.

179) 네이버 지식백과, 드레퓌스 사건(Dreyfus Affair), 두산백과, https://terms.naver.com/entry.nhn?docId=1085482&cid=40942&categoryId=31787.2020.11.18. 검색)

180) 네이버 지식백과, 민청학련 사건, 두산백과, https://terms.naver.com/entry.nhn?docId=1097043&cid= 40942&categoryId=31778,2020.11.18. 검색.

181) 김재민(a), 앞의 책, p.330.

182) Dussich, J. P. J. & Mundy, K. G. (edit.), 앞의 책, p.187.

183) 김재민(a), 앞의 책, p.331. 필자의 저서에서 본문을 직접 인용함.

184) Dussich, J. P. J. & Mundy, K. G. (edit.), 앞의 책, 같은 면; 김재민(a), 앞의 책, p.331.

185) 김재민(a), 위의 책, p.332. 필자의 저서에서 본문을 직접 인용함.

186) 김재민(a), 위의 책, pp.333-334. 필자의 저서에서 본문을 직접 인용함.

찾아보기

저자 약력

김 재 민(金在珉)

국립경찰대학 졸업(행정학사, 1987)
연세대학교 대학원 졸업(법학석사, 1994)
전남대학교 대학원 졸업(법학박사, 2004)

현 경일대학교 경찰행정학과 교수
　경찰청 회복적 경찰활동 자문위원
　한국경찰법학회 · 대한범죄학회 · 한국피해자학회 이사

전 국립경찰대학 경찰학과 전임교수
　경찰청 피해자보호정책 자문위원
　피해자학연구소장, 한국경찰법학회 회장
　서울대학교 법학연구소 객원연구원
　미국 Michigan State University 방문 교수
　Asian Post-Graduate Course on Victimology 강사

저서
범죄학 이론(박영사, 2018)
범죄피해조사론(공저, 박영사, 2018)
피해자학(청목출판사, 2016)
범죄피해자대책론(진리와 탐구사, 2006)

논문
사법폭력 피해자 보호에 관한 소고(경찰법연구, 2019) 외 약 30편

피해자학

초판발행	2021년 1월 20일
지은이	김재민
펴낸이	안종만·안상준
편 집	이면희
기획/마케팅	장규식
디자인	BEN STORY
제 작	고철민·조영환
펴낸곳	(주)**박영사**
	서울특별시 금천구 가산디지털2로 53, 210호(가산동, 한라시그마밸리)
	등록 1959. 3. 11. 제300-1959-1호(倫)
전 화	02)733-6771
f a x	02)736-4818
e-mail	pys@pybook.co.kr
homepage	www.pybook.co.kr
ISBN	979-11-303-1185-2 93350

정 가 20,000원